张忆群◎编著

邛岭老屋

——忠厚传家久

中国旅游出版社

责任编辑：李志忠
责任印制：孙颖慧
封面设计：中文天地
封面题字：马晓天

图书在版编目（CIP）数据

邙岭老屋 . 1, 忠厚传家久 / 张忆群编著 . —— 北京：
中国旅游出版社，2021.12
ISBN 978-7-5032-6826-7

Ⅰ. ①邙… Ⅱ. ①张… Ⅲ. ①革命人物 – 列传 – 巩义
Ⅳ. ① K820.861.4

中国版本图书馆 CIP 数据核字（2021）第 209306 号

书　　名：邙岭老屋——忠厚传家久

作　　者：张忆群　编著
出版发行：中国旅游出版社
　　　　　（北京静安东里 6 号　邮编：100028）
　　　　　http://www.cttp.net.cn　E-mail: cttp@mct.gov.cn
　　　　　营销中心电话：010-57377108，010-57377109
　　　　　读者服务部电话：010-57377151
排　　版：北京中文天地文化艺术有限公司
印　　刷：北京盛华达印刷科技有限公司
版　　次：2021 年 12 月第 1 版　2021 年 12 月第 1 次印刷
开　　本：710 毫米 × 1000 毫米　1/16
印　　张：22.25
字　　数：195 千
定　　价：86.00 元（全 2 册）
I S B N　978-7-5032-6826-7

　　我是 1962 年出生在北京的新一代北京人，打小就知道我的老家是在河南一个叫作张岭的地方，特别是"文化大革命"时，我的父亲蒙冤受屈，被遣返回原籍监督劳动。出于对父亲的思念，回到张岭便成了我儿时的梦想。可是，很长一段时间，我都没有机会回到那里，一直到 1978 年，我 16 岁的时候才第一次跟随父亲回到老家，看到了让我魂牵梦绕的那片故土，那片历史悠远的山山水水，看到了长辈们经常聊起的老屋。当时的老屋已经失修多年，不能住人了，以至于不得不借住在亲戚家中。再后来参加工作，走入社会，为人妻为人母，我开始经营自己的事业和生活，更没有时间回到老家了，但老屋却静静地留在了我的心底。

　　或许是因为上了岁数的缘故，20 世纪 90 年代之后，我的父亲愈发思念起故乡来。又或许是与我不同，张岭村只是我的老家，而却是父亲长大成人的地方，是他从小学习生活的地方，是他深受河洛文化滋养的地方，是他真正的家。所以，带着对家的怀念，他开始频繁地回去，回去看望始终挂念在心里的乡亲，回去看看他的老屋，生怕有一天突然和那里断绝了联系，生怕他的老屋消失在无声无息之中。也就是从那时候开始，我跟随父亲回家的次数多了起来，从父亲的讲述中和乡亲们的回忆里，了解了更多关于老屋的历史，关于老屋几代主人的传奇故事。

我家老屋是由四个院落组成的，主要建筑是黄土高原地区邙山岭典型的靠崖式窑洞，冬暖夏凉，非常舒适，我的祖辈世世代代就居住在窑洞里。而院中的配套建筑则是瓦屋，青砖为基、砌砖作柱、土坯为墙，采用了曾经小康之家的实用建筑标准，主要用于存放家居物品，后来曾经成为村里的"大锅饭"食堂。这几个院子是在距今将近180年的时候，在我家原有院落的基础上改扩建的。在这180年里，它曾经庇佑养育了我的高祖爷、曾祖爷、爷爷和父亲四代人，也曾经作为"八路军太行八分区情报联络站"，为国家和人民的解放事业做出了重要的贡献。如今的老屋，在当地党和政府的高度重视和支持下，作为八路军情报联络站旧址，已经被整修成为爱国主义教育基地，接待一批又一批的游人前来参观学习。老屋得到了良好的保护并发挥出传承红色基因的社会效益，算是了却了父亲的一桩心愿。但父亲更关心的是，与老屋有关的这几代人身上所展现的优良家风，能否被后人继续传承下去，几代人的共同努力能否被后人所牢记。

父亲的临终挂念，成为本书的缘起。为此，我仔细收集了曾祖爷、爷爷、奶奶、三姑奶、载尧伯、父亲等人的传奇故事和事迹，集成此书。

"月是故乡明"，这是我的巩义"老乡"——诗圣杜甫的名句，如今读来更是别有一番滋味在心头。

曾祖爷张荫南的后代们都已经离开了老家，在全国各地、各行各业，怀揣初心和理想，认真履行着建设和保卫祖国的光荣使命，而老屋也被我们捐赠给了巩义市人民政府作为爱国主义教育基地。但我相信将来无论走到哪里，无论到什么时候，我们都会永远继承先祖爱国家、爱人民、爱劳动的光荣传统和优良家风，我们会始终牢记，我们的根在河南巩义张岭村，我们永远是"邙岭老屋"的传人。

本书分为上下两册，上册主要介绍"邙岭老屋"，以及老屋的传人和传奇故事；下册主要集结了张荫南后代撰写的部分诗文，这些诗文传承了家教家风，传递了亲情友情，告诉张家的后人应该如何做人、如何做事、如何与人相处，是张荫南后代们人生观、世界观、价值观的集中体现。

想家的时候，张荫南的后人们会"举头望明月，低头读诗文"……

张忆群

2021 年 9 月 15 日

目录
CONTENTS

第一章
百年老屋

一、河洛文化的滋养

我的祖籍河南省巩义市（原称巩县 [①]），地处河洛地区，是河洛文化和中华文化的重要发祥地，自秦朝置县绵延至今2000多年。这里的山水、岭塬、川谷、滩涂，皆是大自然的别出心裁、造物主的鬼斧神工。嵩山、五指岭、邙山三大山系峻极于天，曲折绵延，错落有致。

[①] 1991年6月12日，经国务院批准，撤销巩县，建立巩义市。后文叙述中，特别是关于1949年以前的叙述中，为避免混淆依旧会使用巩县，特此说明。

山腰上有 2000 多年前的汉朝古道，有 1000 多年前的唐朝通衢，有民国时期的十八盘，更有 20 世纪 80 年代的207 国道，四条不同历史时期的国道，相互叠压，弯弯曲曲，形象展示了黄河流域中华民族的历史年轮。

邙山是巩义市境内第三大山系，我的祖籍就在邙山岭上。邙山两面临水，阴阳和谐，历来被将相王侯、达官贵人所垂青，并以邙山为人生最终归宿的风水宝地，"生在苏杭，死葬北邙"的谚语在民间广为流传。

邙山北坡的千沟万壑居住着 20 多万黄河儿女，作为母亲河，黄河为巩义人民默默奉献了几千年。20 世纪 70 年代，巩义人民在黄河岸修建三处提灌站，浇灌了邙山岭和沙渔沟岭上的旱地。黄河鲤鱼，肉质鲜嫩，堪称上乘佳肴。"黄河号子"，对地域音乐产生了极深的影响，从豫剧热情、奔放、高亢、激越的唱腔中，就可以听出船工们拉纤时深沉有力的黄河号子的韵味。

洛河是黄河的重要支流。在巩义境内全长 33 千米。洛河上游流域面积大，河道宽 250～300 米，是古洛阳东出的重要水道，故隋朝时在洛口修建了洛口仓，沿河设立了十个码头，西达洛阳，北进黄河，可上溯潼关、陕州，下行郑州、山东，能直达苏杭，形成了航运的黄金大道。洛河两岸滩涂千顷，河洛文化源远流长。

《易经》记载着"河出图，洛出书，圣人则之"的传说。战国时期纵横家苏秦、西汉政治家桑弘羊、晋代植物学家嵇含、唐代诗圣杜甫都是巩义人，河洛文化哺育了一代代圣贤大家，杜甫的"露从今夜白，月是故乡明"充分表达了离家游子对家乡故土的眷恋之情。北宋王朝永安陵、永昌陵、永熙陵等七帝八陵坐落在巩义三个乡镇的150多平方千米的土地上。"三田故里"的传说，使孝义远播。原巩县县政府所在地孝义镇的名字就由此而来。传说在汉朝时，这里住着一户姓田的人家。田家三兄弟恪守父母遗训，同心协力，相亲相爱，乡亲有难，慷慨相助，名声之佳，无出其右。后人为了表彰田氏三兄弟遵从父母遗言的孝心和赈济邻里的义举，就把这里取名孝义，亦称"三田故里"。

二、千年古村

据《巩义地名》记载，张岭村古称"马驼岭"，又叫"马驮岭"。原因有两个：

第一，村落地形地貌很像一匹骏马，但背上却长着驼峰，既像马又像骆驼，故名"马驼岭"。

第二，村子山高水低，人吃马饮全靠雨水，又是十年九旱之地，吃水相当困难，人们不得不到六里之外的西沟运水。沟深数十丈，坡陡路又窄，兜兜转转，步步惊心，即使一匹壮硕的高头大马驮上百十斤水到村里也是汗流浃背，呼哧带喘，小毛驴驮水根本就不可能。因

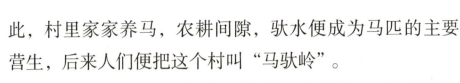

此，村里家家养马，农耕间隙，驮水便成为马匹的主要营生，后来人们便把这个村叫"马驮岭"。

张姓祖先是从明代才迁移到"马驮岭"，落地生根的。在明代之前的悠久岁月里，这里有过哪些先人居住生活，已经没有明确的历史可考。从张氏一世祖于明朝永乐四年（1406年）奉令自山西翼城南樑涧渡黄河南迁定居于此算起，已经经历了600年的沧桑岁月。

"马驮岭"张氏一世祖讳忠，曾娶焦孺人为妻，生二子，分别起名为张整和张顺。张整生六子，张顺生三子，共计九孙，故成九门。第三门族人自四世起移居巩县北关庄和温县西关张王庄等地，第九门族人自二世起移居巩县寺湾村，其他几门则留在了"马驮岭"。我的祖先名张宣，系一世祖第七孙，为第七门之祖。光阴荏苒，日月如梭，张氏各门子孙，备受河洛恩泽，繁衍生息于斯，很快在"马驼岭"占了绝对多数，后来便将此地更名为"张家岭"，也称张岭村。

张岭村文化底蕴深厚。先后建成了四大村门，十一庙堂，大鼓狮舞社三路。张家岭的戏班也赫赫有名，"生旦净末丑"行当齐全，特别是男串花旦韩荣，扮相俊美，唱腔甜润，名震豫陕。

张岭村历代人才辈出。据记载：张氏二门祖爷张纲曾任明朝陕西西安府礼泉县知县；张氏五门祖爷张缨曾任明朝砀山县主簿、县志。张氏七门祖爷张宣，为明朝户部省撰，主掌户部繁杂行政事务，因其胞弟九门祖爷张红移居他处，故而居家与胞弟八门祖爷张绣手足相处，成为我张氏大家族600多年的佳话。此外，张岭村明代有辽阳参将张红，清代有义士张若化等名人。相传，张氏迁始姑奶奶创建的精工太极拳，婚后带入温县陈家沟陈门并发扬光大，成为名扬世界的太极拳法，故有"陈氏太极出张门"之说。中华人民共和国成立后，张岭村在全国各行各业都产生过优秀人才。

邙山地区特产丰富，其中最出名的当属"防风"。"防风"是祛风止痛的一种中药材。263年出生于巩县亳丘的晋代著名植物学家嵇含在他的著作《南方草木状》中曾写道："南方榕树虽大，以其不材，故久而无伤。北方防风虽小，因其贵而名扬南北。"其中的防风指的就是邙山地区的防风。邙山"防风"因地道效优而名扬华夏，故此当地所产防风则被命名为"邙风"，又称邙岭花疙瘩防风。邙岭自古以来就是"防风"的重要产地和相关中草药的生产制造基地，后来，各地药商纷纷前来采购，张岭村附近的"东周故城"便成了防风的集散市场。

三、老坟底下百年老屋

我家老屋坐落在张岭村的一条壕沟之中，这条沟是南北走向，北高南低，沟中铺了一条长一千余米的土路。

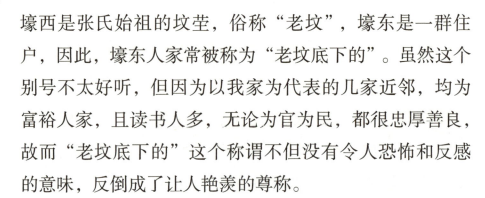

壕西是张氏始祖的坟茔，俗称"老坟"，壕东是一群住户，因此，壕东人家常被称为"老坟底下的"。虽然这个别号不太好听，但因为以我家为代表的几家近邻，均为富裕人家，且读书人多，无论为官为民，都很忠厚善良，故而"老坟底下的"这个称谓不但没有令人恐怖和反感的意味，反倒成了让人艳羡的尊称。

"老坟底下"有一座很普通的农家小院儿，就是我的祖宅——邙岭老屋。老屋修建于1850年前后，为清朝咸丰年间。当时我的祖上家境相对殷实，为了庆祝我的高祖张宪章的出生，便将原有的宅院重新进行了建设布局。总体来说，老屋建筑对旧中国时代的张岭村来说属于上乘，打造得有模有样，让人看了，既不觉得张扬，也不显得俗气，而是有一种风骨蕴含其中。我的三姑奶后来经常回忆起她年少时老屋的模样，当年的窑洞外，一边是白木槿，一边是红刺梅，点缀着满院春色，而到了炎夏伏天，梧桐树则遮得满院阴凉。

当时的老屋坐东向西（居住的窑洞坐东向西），靠壕沟土路这边是一排南北走向的临街瓦屋，有七八间，大门在瓦屋的南头，朝西开，约占半间屋的宽度，门口两边各有一个不到一米高的砖砌的平台，上面各有一块红石板，是专供骑骡马、上轿子用的，俗称"上马石"。但这个"上马石"除了发挥上马的功能以外，有一段时间成了高祖母的"观景台"。她老人家几乎每天都会坐在"观景台"上与过往的邻居和晚辈们说话，很多时候人们会陪她坐上 10 分钟 8 分钟的，或者送给她个黄黄的野甜瓜（只能闻不能吃），要不然就是一小把野蒜（中药叫薤白），到秋天，人们则会送给她一个或一串树上熟透了的大红烘柿子。

进了大门，在门过道还有一道既沉又厚的乌黑发亮的二门，两扇门上各凿了一个乒乓球大小的圆孔，据说这是为了防止土匪绑票而增加的一道门。

穿过大门道向北下一个台阶就进了前院（也称南院）。前院基本上是四方形。西面是前边提到的临街瓦屋（也称西屋），南面和门道相连的地方是夏天做饭用的灶棚，灶棚外面有两口大水缸。东面在沟壑的崖壁上挖了两孔窑洞，两个窑洞之间用砖砌了一个一尺见方的小窑龛，是专门张贴供奉天神（俗称天爷）画像的，下面是个石板供桌，距离大水缸不到 2 米远。但供桌平时不是用来放供品的，而是高祖母的小"菜畦"，她老人家常用破瓦盆栽种辣椒、小葱等蔬菜，或者九月菊、"死不了"等花草，她经常拿起水缸里浮动着的葫芦瓢，舀上半瓢水浇浇她的"自留地"。蔬菜长成的时候，她常掐半截小葱就着馍馍吃，或者摘两个辣椒放在蒜臼里和着一点儿盐砸烂，再加上一点儿柿子醋和棉花籽油调成汁儿，用酥馍（凉馒头）蘸着吃。

西屋前是一棵茂盛的梧桐树。树干直径有 7~8 寸，

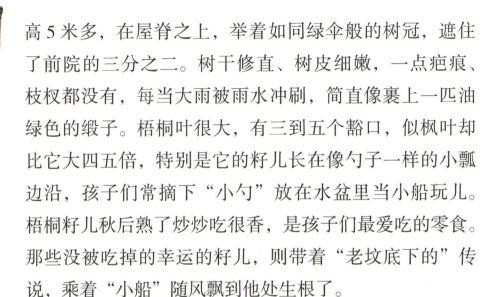

高5米多，在屋脊之上，举着如同绿伞般的树冠，遮住了前院的三分之二。树干修直、树皮细嫩，一点疤痕、枝杈都没有，每当大雨被雨水冲刷，简直像裹上一匹油绿色的缎子。梧桐叶很大，有三到五个豁口，似枫叶却比它大四五倍，特别是它的籽儿长在像勺子一样的小瓢边沿，孩子们常摘下"小勺"放在水盆里当小船玩儿。梧桐籽儿秋后熟了炒炒吃很香，是孩子们最爱吃的零食。那些没被吃掉的幸运的籽儿，则带着"老坟底下的"传说，乘着"小船"随风飘到他处生根了。

梧桐树下是张家人夏季晚餐兼乘凉的地方，也是大人们围坐在一起谈心的地方。有很长一段时间，这个地方是曾祖张荫南谈古论今、针砭时政、启蒙幼小的讲堂。当时很多老少乡亲，都在这里接受着难得的教育，这也是曾经张家的特色。张家的后人们也由此形成了喜欢提出问题、思考问题、争论问题的习惯。

我家的窑洞基本上都是2.5米宽、2米高、15米深。高祖母就住在从南边数的第一孔窑洞里。一进门就是一个2米长、1米宽的砖砌炉台，炉台有70～80厘米高，可以坐上两个大人。每到冬天，这个窑洞便成了全家妇孺取暖谈笑、家长里短的集散地。

神龛北面的窑洞，是曾祖张荫南居住过的，靠这孔窑门的北侧，登上三个石台阶有个角门，直接通往后院（也称北院）。在前后两个院子与角门平行的东西线上，是一座朝南的瓦屋，屋子有前檐，用三根有石础的明柱支撑。这三根明柱上，每逢农历新年，曾祖张荫南总要用隶书写上几条格言训示晚辈，比如："调理怒中气，谨防顺耳言；切忌忙中错，爱惜有时钱"，等等。

后院略呈长方形，东西宽度与前院大体相等。南北较前院长一些，但是地势高，所以从前院到后院要上三级台阶。

进角门就是一孔小窑洞，这是专供冬天做饭用的。再向北居中又是孔窑洞，是曾祖的长子、我大爷爷张九如居住的。继续向北到院子的顶头是曾祖的次子、我爷爷张晏如（柯岗）的住处，因为窑门被一座面南背北"一面坡"的北屋堵着，所以处于院子的东北犄角。我大爷爷和我爷爷是老屋的第三代传人。

大爷爷张九如的窑门右侧种着一丛小朵玫瑰，也叫刺玫，花开紫红；爷爷张晏如的窑门左侧栽着一棵木槿树，开出的花类似北京人说的"扶桑牡丹"那种，花瓣儿是白色的，花蕊是紫色的。两个窑洞中间靠崖壁栽了一棵石榴树，每年的5—6月间，火红的石榴花开满树，到秋季则结出满树的张嘴石榴，个个露着红玛瑙般的籽儿。在石榴树的上方崖顶处，不知何时生出了一丛野生的枸杞秧，直垂下来和石榴树梢缠绵在一起，枝蔓上挂满了女人耳坠似的透红发亮的果实，与下方"傻笑"的张嘴石榴争奇斗艳。

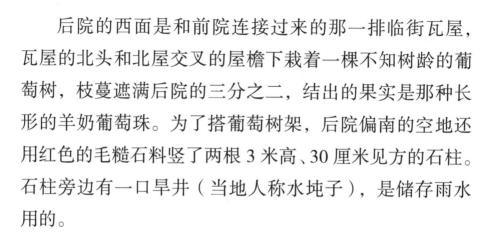
　　后院的西面是和前院连接过来的那一排临街瓦屋，瓦屋的北头和北屋交叉的屋檐下栽着一棵不知树龄的葡萄树，枝蔓遮满后院的三分之二，结出的果实是那种长形的羊奶葡萄珠。为了搭葡萄树架，后院偏南的空地还用红色的毛糙石料竖了两根 3 米高、30 厘米见方的石柱。石柱旁边有一口旱井（当地人称水坉子），是储存雨水用的。

　　后院临街瓦屋的屋檐下，吊着十几米长的木阁子，是专供鸽子寄宿的地方。我的高祖母有个喂养鸡和鸽子的爱好。这些小动物见了她老人家，先是鸽子不约而同地从屋脊上、崖头上急急地飞下来，白的、灰的、花的足有几十只到上百只，接着红公鸡、白母鸡、雪里迷等鸡子，也跟了上来。她老人家不停地"咕咕、咕咕"喊着，顺手大把大把地撒高粱籽儿，心满意足地看着满地的鸡和鸽子啄个不停。有一次，她不慎踩在高粱籽儿上，滑倒摔断了腿骨，所幸的是，在张岭村西边几十里的孟津县平乐镇，有位郭先生是家传的接骨名医，经郭先生医治，竟然没留下一点儿残疾。

　　在张家主宅院的斜对过，老坟底下沟壕的西边，还有一座客院，是我高祖和曾祖接待客人、商议张氏家族和乡里公务，以及为远近乡民诊疗疾患的场所，因为早年曾是张家的私塾"养源学校"，所以这个庭院又叫学院。这是依山就势建筑起来的院落，大辕门向东南方敞开，两扇木门板足有 3 厘米厚，门穹高 3 米、宽 2 米，每当转动时，东边宅院都能听到门轴的吱呀声。进大门向北上三个台阶是个小院子，台阶两侧有两株 3 米来高的桧柏，院子东西横向有一座二层瓦屋，屋内再上三个台阶有个门，直通后院，所以这座瓦屋又叫"过厅屋"，屋门上装饰有木雕门龛，两边窗棂也由几何图形构成，窗下各栽一株蜡梅花。过厅屋的后檐下，也就是后院，种了两株牡丹花和两株绣球花，花色都很艳丽，我的曾祖不愿让它们在门前招展，所以栽在了后院。

门龛正上方刻有曾祖张荫南的行书手迹"清宁和"三个大字，门龛左右两侧刻着他的隶书手迹，内容是杜甫《衡州送李大夫七丈勉赴广州》中的两句，上联："日月笼中鸟"，下联："乾坤水上萍"，从中可以看出老人家的非凡气度。

1946 年初至 1947 年解放战争全面爆发，八路军太行八分区情报处张岭联络站就设在这座院子里，往来情报人员都住在过厅屋旁边的小窑洞里，我的曾祖张荫南和三曾祖奶张贺氏负责接待、掩护，我的奶奶孟隐芳参与搜集和传递情报。三曾祖奶负责做饭送饭，每日三餐支应着，有时还要加早点和夜宵，甚至千方百计地淘换联合国救济署配给的美国奶粉，为情报员做加餐。三曾祖奶每次从主宅院悄悄地往客院给情报员送水送饭送衣物的时候，都要先将头探出大门，看看四周的动静，确认

安全后，才快速进到斜对过的客院里去。

过厅屋的南面沿着崖壁开凿并用条石铺就出了20多级台阶，可以上到另一个庭院。这座庭院南面是5间坐南向北的大瓦屋，屋前窗下栽种着大棵月季花，还有盆栽的玉珍花、龙舌掌等。曾祖张荫南还在院中开出了芦席大小的一片韭菜地，足够家人食用。

新中国成立后，当地政府利用张家学院开办了一所中学。后来，因年久失修，这座院子便坍塌得只剩下一座大门了。前几年，更是连大门都找不到了。幸而张家的主宅院除了窑洞坍塌以外，其他建筑还坚强地挺立着。

2016年12月，巩义市人民政府正式将老屋挂牌"八路军太行八分区北邙革命纪念地""巩义市青少年爱国主义教育基地"和"巩义市爱国主义教育示范基地"。2021年6月28日，在中国共产党百年华诞前夕，这座老屋作为巩义市红色旅游景点正式对外接待参观。

四、八路军情报联络站史话

1945年8月15日，日本帝国主义宣布无条件投降后，蒋介石一边下令不允许八路军、新四军接受日军投降，一边昼夜兼程由西北、西南向中原地区调遣中央军，抢夺八路军、新四军的抗战果实，蓄意发动大规模内战。同时，命令阎锡山的部队进攻我太行军区的上党地区。

蒋军调动的主要路线是沿陇海铁路至郑州向北，攻打新乡、安阳，妄图打通平（北平）汉（汉口）铁路。因此，掌握两条铁路枢纽——郑州地区的蒋军动向，成了当务之急。八分区情报处曾派侦查员到郑州火车站侦得一些敌情，但没有稳定的联络点依托，不便更好地开展工作。

八分区司令员黄新友同志（参加过百色起义的老红军）知道我的爷爷——武陟县情报站站长张克刚（晏如，柯岗）的家就在巩县张岭村，又了解到我的太爷爷张荫南是位开明绅士，行医济民，在当地声望很高，政治上反对蒋介石发动内战，又是送儿女参加八路军的老抗属，具备了为我军工作的基本条件。而且从张岭村的地理位置看，正好处于郑州与洛阳之间，俯视陇海铁路的咽喉洛河大桥，向南可乘火车涉足郑洛，向北可渡黄河回到温县解放区，非常具有建站优势。因此，组织上决定由我爷爷张克刚出面与阔别八年的老父亲张荫南设法取得联系。

1945 年 11 月间的一天清晨，曾祖爷像往常一样正在村头散步，忽然遇到一位身穿破棉袄、操豫北口音的老汉，打探张荫南的住家。因为天刚蒙蒙亮，村民很少出入家门，曾祖爷没有多说，赶紧将来人引进了自家学院儿（张家接待客人的院子，因清末民初办私塾得名）。来人从破棉絮中掏出一个小纸卷，交给我曾祖爷。曾祖爷展开一看，一手流畅的毛笔行楷，即刻确认是儿子的笔迹。那人自称"许发生"（实为许法政，系许剑同志的堂叔，由八分区情报部门派遣），说是张克刚让他来送信的。纸条上的内容是：家里人是否健在？如有可能请派个可靠的人，跟许老汉过黄河一趟。如果家里还有钱，让来人给我带点儿纸烟和棉布。纸条是手工白麻纸，宽约一寸半，长不过三寸。我曾祖爷手捧纸条，百感交集，八年前送子女参加八路军的情景又浮现在眼前：

明知行役苦，不忍便留汝。

丈夫志四方，岂别男与女。

汝有时乘车，我心寄轮轴；

汝有时乘船，我心寄桨橹；

有时徒步行，我心寄尘土；

异旅风霜赊，我心在露宿。

强颜悲做欢，汝去莫回顾。

后会如有期，同向光明路。

这是 1938 年深秋，我曾祖爷送儿女们赴延安的头一夜，一宿没睡，吟就的《送别诗》，他将这首诗分别抄录给了一双儿女，伫立村头，目送他们奔赴了抗日杀敌的前线。

八年过去了，儿女们音讯全无。今天攥在手里的这张贵抵万金的小纸条，传递了爱子离家多年后的第一个信息：儿子还活着！我曾祖爷激动万分。几天后，曾祖爷请本村族弟张同裕，跟随许法政过黄河到八路军太行八分区驻地接受任务。

▲ 在张岭情报联络站工作过的陈国屏同志

1946 年农历春节刚过，也就是 2 月初的一天，八分区司令员黄新友和参谋长陈皓把情报处温县情报站的外勤情报员陈国屏同志叫到司令部，当面交给他一项任务，让他随时掌握陇海路郑州至洛阳段蒋军调动的情况。具体要求以及联络站的地址、人员政治情况、情报传递方法等事项，由情报处领导详细介绍和布置。接见后，首长在司令部陪他吃了顿饭，大有壮行惜别的气氛。虽然只是一河之隔，但南岸蒋军杀气腾腾，此去能否站住脚开展工作，尚无把握，甚至连生死也难料。当时的情报处处长是崔星，副处长兼温县情报站站长是许剑。崔、许二人给陈国屏交代妥当后，临行之前，让他和一位南岸操豫西口音的老人见面，此人就是随许法政过黄河的张同裕。

陈国屏旋即随张同裕乘火车经郑州回到巩县张岭村，并见到我的曾祖张荫南。至此，情报员与联络站的联络员顺利接上了头，我曾祖爷义无反顾地接受了共产党的重托，将八路军太行八分区张岭情报联络站建在了自己家里，不惜身家性命在国民党占领区掩护、接待我军往

来情报人员，并为共产党搜集情报。

张岭情报联络站正式启动后，陈国屏化名陈忠义，拜张荫南为义父，对外称是本县益家窝村陈沂（字浴春，时任国民党政府开封县县长）的亲属。陈国屏吃住在张家，往来郑洛之间。

情报工作主要有两个方面，一是搜集，二是传递。情报处原决定给陈国屏配备一部电台，陈国屏考虑到联络站的人员皆是老人和妇孺，无人会操作和守机，使用率不高，反而目标很大，且伪洛西乡公所就在张岭村，易于暴露，故而经上级批准后改用土法传递。他先后把张岭村东南韩坟沿的石供桌下和村北头天齐庙后老柿树的树洞，定为放取一般情报的交换点，重要情报则亲自乘"鱼划子"木舟偷渡黄河回站报告。如此土法运作颇为顺利。

1946年5月15日凌晨，国民党38军55师师长孔从周为挫败蒋介石的内战阴谋，率部在巩县起义。

国民党38军是爱国将领杨虎城领导的具有反帝、反封建革命传统的部队。1938年6月在中条山一带抗击日军，由于部队中的中共地下党员政治鼓动工作做得好，官兵斗志极为高昂，在永济防御战中，将士们高呼："我为中华生，我为中华死。坚信抗战必胜，誓死抗战到底！"不论是在山西战场，还是在中原战场，在对日数百次作战中，38军都不愧为钢铁之师，他们创造了用手榴弹炸坦克，用机枪打飞机的战争奇迹。在驻守巩县期间，38军军纪严明，爱护百姓，百姓们称他们是"七路军"（意思是八路军的好兄弟），是深得民心的仁义之师。

但是，1945 年以后蒋介石为报"西安事变"被劫持之仇，不断发难，意欲剪断异己，以"异党"嫌疑为名，派特务暗中监视，38 军官兵危在旦夕。古人云："该断不断，必受其乱。"由于形势紧迫，孔从周当机立断，决定率部起义！

1946 年 5 月 15 日凌晨，起义部队兵分两路，沿着青龙山、浮戏山向东南山区进发。并商定，如第一方案不成功，士兵可返乡隐蔽，干部则化整为零，分散隐蔽。然后由安阳或菏泽进入解放区。同时，通电全国：

全国各界同胞，各报馆钧鉴：

迭经全国军民八年对日浴血奋战，始赢得抗战胜利。战后，政府理应组织民众发展生产，加强建设，医治战争创伤，安定人民生活，然而国民党蒋介石之辈竟置国家与人民于不顾，再次把人民推向内战的血火之中。

从周等不忍见父老百姓再次流血，特率全师将士起义。旨在反对蒋介石的内战政策。仰望全国各界同胞及爱国人士行动起来，以坚决遏制蒋介石的内战阴谋！

第二天，白色恐怖笼罩巩县。各交通要道、城门、关口等都张贴上了悬赏捉拿孔从周等人的通缉令。

这之前，中共陕西省工委负责联络孔部的联络员王国同志（男，1933 年入党，曾任中共陕西省委联络员，中华人民共和国成立后任甘肃省人民检察院检察长。）正在晋冀鲁豫中央局等待消息。当晚八分区获悉孔部行动后，分区陈参谋长立即将王国同志和军分区的孙卜义同志用汽车送到温县黄河渡口秘密潜往张岭。张荫南接待了王国、孙卜义二位同志，王国、孙卜义同志向陈国屏同志传达了上级的指示：尽力协助孔部行动。

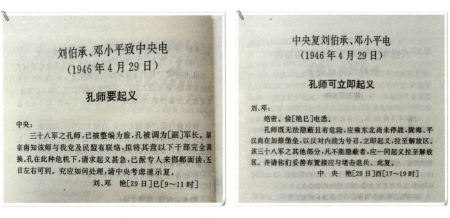

▲ 孔从周率部起义时刘邓与中央的电文

孔从周起义之前黄河北岸本来备有接应船只，但被蒋军发现炸毁，断了孔部北渡黄河的去路，只得向巩县南部山区边打边撤、绕道转移，遭遇蒋军疯狂追堵，孔师长去向不明。起义部队未能突出重围，节骨眼上又遭叛徒出卖，10 人被俘，后在南京雨花台英勇就义。我党派往孔部的地下人员，多数是团级军官及其随从护卫约 40 人，按约定分散隐蔽，但他们人生地不熟，被困在巩县境内，急需疏散、转移。情报员陈国屏接受任务后，立即让温县情报站备好渡船，同时将失散的同志收拢到联络站安置。经5月16日、17日两个夜晚，同志们陆续到达张家学院。一个农家院落骤然聚集数十口年轻人，很难没有响动，一旦暴露后果不堪设想。但张荫南老先生冒着杀身灭族的危险，从容应对毫无惧色，安置同志们分批吃饭、休息。原本约定凌晨2时，接应的渡船到于家沟口靠岸，同志们由张岭天齐庙后沟奔岸边渡河。但眼看已超过约定时间半个小时，仍不见对岸联络员送信来。陈国屏怀疑渡船被敌人发现扣留，也就是说行动败露，敌人很可能正向联络站包剿。按照情报工作的惯例，陈国屏决定撤销渡河计划，把同志们化装分批送出张岭村，另行转移。在我曾祖张荫南及其他家人的帮助下，几经周折，直至东方出现鱼肚白，最后一批同志才安全离去。

8月31日，数千人在邯郸剧院为起义部队举行盛大招待会。八路军晋冀鲁豫军区司令员刘伯承、政委邓小平、边区政府主席杨秀峰等出席大会，孔从周发表了振奋人心的讲话。

9月13日，西北民主联军第38军成立，孔从周任军长，汪锋任政治委员。此消息即刻被通电全国。

1947年3月，蒋军胡宗南部攻占延安，气焰嚣张，大有沿陇海铁路东进之势。陈国屏在国民党统战区的情报任务更加繁重而紧迫。当时国统区流通的货币是国民党发行的"法币"。这种钞票在解放区很少见到，为了给陈国屏筹集"法币"作活动经费，情报处曾派一个战斗排到刚被敌人占领的焦作市郊区隐蔽蹲守一天一夜，但分文未获。陈国屏只好凑够由新乡到巩县的单程火车票钱，回到张岭联络站。曾祖张荫南了解到他经费不足的窘况，二话没说，第二天就让家里的伙计用马车拉了1000多斤小麦到集市上卖掉，换得"法币"交给陈国屏。陈国屏用这些钱又在郑州至洛阳间活动了两个多月，完成侦查任务后，回豫北投入我军大反攻。至此，张岭情报联络站也光荣地完成了使命。之后，张岭情报联络站又积极配合中共陕西省工委开展了一系列善后工作，直至中原解放。

鉴于陈国屏同志在情报工作中的突出成绩，上级特予嘉奖，并称其为"无名英雄"。

其实，早在1944年豫西抗日先遣队皮定均、徐子荣部队到达巩县南山前后，我曾祖张荫南家便成了皮部的同志经常往来和开会议事的地方。钟发生同志就曾往来我曾祖张荫南家为我军传递情报。

八路军太行第七、第八军分区：林南战役胜利后，由于太南、豫北根据地扩大，太行军区于1943年9月组建成立了第七军分区和第八军分区。

▶ 拍摄于 1945 年 11 月 17 日，在焦作太行八分区司令部楼前。
宋之春（前蹲），左起陈皓、梁毓忠、赵增益、黄新友、刘毅、孔俊彪、肖永银、崔星

第七军分区活动范围为河南省林县、辉县、汲县、淇县、汤阴、获嘉、新乡、原阳、修（武）获（嘉）武（陟）一带。司令员为皮定均。1944 年 8 月，皮定均调任豫西抗日游击支队司令员后，张廷发接任司令员，政委高扬，情报处处长张增安。

第八军分区活动范围为山西省陵川、高平东部，晋城东部以及河南省沁阳、武陟、博爱、焦作一带。司令员黄新友，政委江明（后为刘毅），情报处处长崔星，副

▶ 八路军太行八分区情报处股以上干部拍摄于 1945 年 12 月。
前排左起雷立德、胡定巍、张璋。后排左起崔星、崔培民、许剑、李广文。

处长张璋（后由许剑接任）。一股秘书有：杨文彬、郝明友、王英、范会才、王哲贵、李金玉、熊子赓。

孔从周：原名祥瀛，字郁文，陕西西安灞桥人，生于1906年10月2日。1924年参加杨虎城部队。参加过北伐。

抗日战争时期，任国民革命军第四集团军独立第46旅少将旅长，新编第35师师长，第55师师长。1946年5月15日率部于河南巩县起义，后任西北民主联军第38军军长，并于同年加入中国共产党。1948年后任豫西军区副司令员，郑州市警备司令部司令员，第二野战军特种兵纵队副司令员。

中华人民共和国成立后，任中国人民解放军炮兵副司令员。1955年被授予中将军衔。

孔从周是毛泽东主席的儿女亲家。1959年，毛泽东与贺子珍之女李敏嫁给了孔从周的儿子孔令华。

钟发生：江西瑞金人，1932年参加革命，1934年参加中国工农红军，次年加入中国共产党。抗日战争时期，历任八路军总部特务团一营营长、一二九师特务营营长、太行军区第七军分区三团团长、晋冀鲁豫野战军旅长、第一野战军师长。解放战争时期，任华北军区第13纵队39旅旅长，第61军183师师长。参加了中原突围、孟良崮、临汾、太原、进军大西南等战役。中华人民共和国成立后，任江苏省军区副司令员等职。1955年被授予大

▲ 许剑同志先后拍摄于 1945 年、1955 年的照片。2000 年，许剑同志为八路军太行第八军分区张岭情报联络站旧址题写碑文。

校军衔，1961 年晋升为少将军衔。

　　许剑：河南焦作市修武县人，曾任八路军 129 师司令部侦察参谋，后接任张璋担任八分区情报处副处长，同时兼温县情报站站长，后任第二野战军司令部作战处绘图科科长。中华人民共和国成立后，历任西南军区司令部测绘局局长兼西南测绘学校校长，总参测绘局教育研究处处长，测绘科学研究院院长、党委副书记。

　　陈国屏：河南焦作市修武县人。1922 年 9 月 3 日出生，1944 年参加八路军，1945 年加入中国共产党，任八路军太行八分区情报处情报员，曾在张岭情报联络站工作生活。中华人民共和国成立后在北京军区空军工作，师职离休干部。2011 年 10 月在北京逝世，享年 89 岁。

▲ 晚年陈国屏同志和夫人庄俊田

▲ 崔星、崔玉如夫妇,拍摄于 1942 年。

▲ 崔星

崔星:河北深州市人,八路军太行第八军分区情报处处长。曾任八路军 129 师 385 旅统战科副科长、太南办事处调查科科长、太行四分区情报处一股股长。

张璋:河南省焦作人,曾任太行五分区修武情报站站长,后任八分区情报处副处长。转业到地方工作后,于 1945 年至 1949 年任焦作市市长。中华人民共和国成立后,历任政务院政法委干部处处长,中央人事部二局副局长,志愿军后勤运输部副部长,第一机械工业部八局局长、生产调度局局长,机械科学院党委书记兼院长。

范明:原名郝志勇,陕西临潼人。长期在国民党第 38 军做我党地下兵运工作。系从北路进军西藏的主要领导,曾任中共西藏

▲ 张璋

工委副书记，西藏军区第一副政委，少将军衔。1958年被错划为右派分子，后被划归彭德怀嫡系，被囚多年。

我的父亲张虚曾经在《炎黄春秋》2007年第3期看到并摘录了《观范老义诊有感》一诗：

银丝两鬓一老翁，伏案斗室济世穷。
忆昔神功杀仇日，喜今妙手救众生。
平生遍遭史迁祸，晚年深谙华佗功。
事虽无奇人却奇，谁信郎中是将军。

诗中"范老"即范明将军。

我族中有位老人叫张颖芃，岁数比我父亲还小，但辈分挺高，我管他叫颖芃爷。他对中华人民共和国成立后张家学院的印象很深。据他回忆：

该到初中开学的时候，同学们都陆续

▲ 张虚（右）与张颖芃（左）

收到了升学录取通知书，有的是小学东隔壁的十五中，有的是县城或郑州等外地技校，但我却没有收到自己的通知书。后来听说，还是由于社会关系、海外关系等原因，虽然考上了，但不予录取！

有幸，乡里在老坟底下张荫南家院里，办了所民办初中，才又继续学了点初中知识。

初中教室，在南院二楼，坐南向北，砖砌台阶，室内木板为棚，土墙、小瓦、侧门。虽说是民办，但各方面还正规。

民中分上院和下院，从上院到下院去要下五六个台阶，台阶两边种有两簇紫红色的木槿花，春暖花开时非常鲜艳。这种花朝开暮落，夏季更加旺盛。花树两侧是两孔砖砌蜂巢，一米见方，铁孔网门，平时只要不去招惹它，不会对学校秩序产生影响。

前院东南角种着一大簇紫丁香，花开时节，香溢满院，蜜蜂嗡嗡飞来飞去，忙而有序。

还有一处下院，即老坟底下的正院，朝南两层正屋，朝东两孔窑洞，砖砌窑头二十米宽、十多米高，临墙台阶四十余个。

▲ 历经沧桑的张家学院

我们很少到下院去。

学校大门在上院。门口朝北，侧门靠西，与几间小瓦房相连，东边几间是老师办公室。每次放学在上院排队，依次顺大门出去，经小根伯家窑坡或顺大路回家。

五、建成爱国主义教育基地
——老屋新生

（一）祖辈的殷切嘱托

为使后人永远记住该情报联络站所具有的重要历史意义，让爱国主义精神代代相传、发扬光大，原中共中央政治局常委、中央委员会副主席，老一辈无产阶级革

八路军太行八分区
北邙革命纪念地
李德生
一九九六年十二月廿七日

巩义市青少年爱国主义教育基地
李德生
一九九六年十二月三十日

▲ 李德生同志关于老屋的题字

命家，我党我军卓越的领导人李德生同志于 1996 年 12 月为该情报联络站亲笔题词："八路军太行八分区北邙革命纪念地""巩义市青少年爱国主义教育基地"。

从此，维护老屋建筑、保护红色资源、让老屋发挥爱国主义教育作用就成了我们张家几代人的共同心愿。爷爷和父亲在世时，时常提起曾祖张荫南老先生不惜身家性命，参加敌占区八路军情报站工作这段历史，曾多次说过："张岭情报联络站旧址本身就是宣传共产党和八路军的珍贵史料，是实实在在的物证。它见证了国统区人民在共产党领导下反抗日本帝国主义和国民党反动派的顽强斗争。这是巩义人民的精神财富，一定要很好地传承下去。"

而且，早在 1997 年 3 月 13 日，郑州市民政局就同意并签发了对巩义市民政局《关于拟命名"八路军太行八分区北邙革命纪念地暨巩义市青少年爱国主义教育基地"的请示》的批复；在巩义地方志和文史资料中也都对该情报联络站有较详尽的文字记载。

（二）爱国主义教育基地挂牌

2015 年 3 月 12 日，我们姐弟三人正式向巩义市人民政府递交了《建议书》，提出将我家祖宅无偿交予巩义市人民政府，用于设立"巩义市青少年爱国主义教育基地"，圆我祖辈的心愿——将巩义人民的精神财富，永远传承下去，让爱国主义精神代代相传。

2015 年 3 月 25 日，巩义市政府接到我们姐弟三人的《意见书》后，就该情报联络站旧址保护问题召开专题会议进行了研究，并由宣传部、民政局、文物局和旅游局组成联合勘查组到实地进行查看，认为该联络站在掌握黄河南岸特别是郑州至洛阳间国民党军队的调动、防务及国统区社情动向等方面发挥了重要作用，现存旧址有一定的史实资料和陈展内容，是对广大青少年开展爱国主义教育的重要资源。

为了让张家祖宅为社会公益事业出力，成为宣传共产党、八路军的阵地，我又在 2015 年 6 月下旬给有关领导写信报告了我们的想法，他们非常重视，全国妇联很快就派记者同志找到我了解相关情况。2015 年 7 月 14 日，《中国妇女报》头版显著位置刊登了题为《始终不忘祖训 内心从容坚定》的专访，首次向外界公开了八路军的这个情报联络站，对我们捐献祖宅的义举给予高度评价和热情支持。

2016 年 8 月 20 日，河南省民政厅、巩义市民政局等领导对该旧址又一次进行了认真考察，认为 70 多年前发生在这里的事情，就是军民团结奋战的可歌可泣的生动事迹，是隐蔽战线的双拥工作，具有很强的时代特点，该旧址应作为巩义市双拥工作的一个点进行大力宣传。

为了实现祖辈的遗愿，几年来，我多次往返于北京和巩义之间，甚至独自驾车回过巩义。除了继续出资维

护老屋外，还分别与村镇市各级领导探讨协商什么时候举行爱国主义教育基地挂牌仪式，怎样维护这个教育基地，让它发挥出最大的社会效益等，努力寻找解决问题的最佳途径。可是，仍旧困难重重。为此我整日寝食难安。

真是应了那句话：山重水复疑无路，柳暗花明又一村！一个非常偶然的机会，我见到了李德生将军的长子李和平同志，通过和平同志，我又找到了许多八路军将领的后代，有李远征、陈南征、石旭光、石磊光、张放、张卫光、张冬柏、孙铮铮、王兵、陈人康、傅晓钟、黄星旗、黄战旗、王万里等。

按照父亲生前留给我的线索，我还找到了皮旅的后代们，有皮定均之女皮卫平，徐子荣之子徐清漳，史向生之女史丽莎，王桂五之子女王秋生、王莉莉，席国光之女席夏玲等，我们很快就商定好了为老屋举行挂牌仪式的问题。

◀ 八路军将领后代欢聚一堂。前排右1为李德生长女李远征。张忆群（前排左1）、刘刚福（后排左2）夫妇陪同。拍摄于2017年春节。

▲ 前排左 1 康荣平，左 3 皮卫平，左 4 曹海涛，左 5 徐清漳，后排左 4 张忆群。拍摄于 2017 年国庆节前夕。

▲ 张忆群夫妇（右 1、右 2）与皮旅后代合影

　　我知道，八路军的后代们能够相聚，是缘于心中那份对先辈的真挚的爱，是"不忘初心"，让我们走到了一起！

　　2018 年，我们年逾 8 旬、有着 62 年党龄的老母亲李淑华，亲笔写下心里话：

　　我今年80岁了，18岁我加入了中国共产党，如今已有62年党龄了。我们这个家庭是个普普通通的家庭，但是共产党员在我们家占绝大多数，所以我们这个家庭又不普通。我经常跟孩子们说，共产党员要时刻想着老百姓，不能只想着自己。要坚决拥护习近平总书记，永远跟着共产党。我们家的每一个人都要做到"不忘初心、牢记使命"。2015年，三个孩子决定把河南老家的祖宅交给巩义市政府，用于设立爱国主义教育基地，我坚决支持，这是我们张家几代人的共同心愿，要让爱国家风薪火相传。

李淑华

2018年2月6日

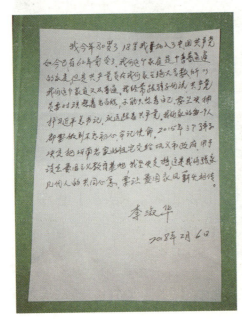

▲ 李淑华

有人问我："现在国家正在搞个人不动产确权，你怎么舍得把祖上留下的两个院子交给政府？"我说："从我太爷爷把八路军的情报站建在自己家里的那天起，这座老宅院就属于革命了，那时是跟着毛主席打江山，我的祖辈连身家性命都舍得；如今，我们跟着习主席实现中国梦，有什么可舍不得的呢？再说，这也是我们张家几代人的共同心愿！"

民政部、全国老龄委办公室、中央国家机关纪工委、妇工委、全国妇联对此情报联络站旧址的重要意义，以及张荫南老先生后代自觉传承良好家风，积极参与家庭助廉行动给予高度评价和热情支持，中央国家机关原党建宣传网紫光阁网站、人民网、央视新闻网、中国妇女

▲ 紫光阁网站的报道

▲ 人民网的报道

报、中国社会出版社、中国老年杂志、中华爱国网、中红网、巩义市电台电视台、郑州晚报等媒体及时进行了宣传报道。

2016年12月30日上午，在李德生将军为八路军太行八分区张岭情报联络站题词20周年之际，巩义市人民政府终于在我家的祖宅——康店镇张岭村"柯岗故居"，隆重举行了"八路军太行八分区北邙革命纪念地""巩义市青少年爱国主义教育基地"和"巩义市爱国主义教育示范基地"挂牌仪式。

李德生同志的长女李远征同志出席挂牌仪式并讲话。八路军将领朱良才、孙毅、石志本、黄新友、张文进、张杰、陈士榘、傅钟、王新亭、史向生、王桂五等同志的后代共计16人，中央国家机关妇工委主任马莉、郑州

▲ 中华爱国网的宣传

市有关领导、河南省民政厅老龄工作处有关领导，中华爱国网主任胡明，张家后代张小岗、刘思碚、张忆群、张振泓同志，巩义市文明办、市民政局、市关心下一代工作委员会等部门有关人员，以及张岭村百姓上百人出席了挂牌仪式，巩义市民政局局长王国锋同志主持了挂牌仪式。中华爱国网、中红网、《祖国》杂志社郑州市记者站、河南省和巩义市广播电台电视台进行了现场采访报道。

张家几代人为之不懈努力的共同心愿终于实现了！

李远征在挂牌仪式上说道，这是认真贯彻落实中共

◀ 中红网报道：挂牌仪式现场

◀ 中红网报道：李德生同志长女李远征与张家后人。
中李远征，右2陈南征，左3张小岗，左2刘思碚，左1张忆群，右1张振泓

▲ 出席挂牌仪式后八路军将领后代及张家后人的合影
李远征、陈南征、石旭光、石磊光、张放、张卫光、张冬柏、孙铮铮、王兵、陈人康、傅晓钟、黄星旗、黄战旗、王万里、史丽莎、王莉莉、王秋生、张忆群、张振泓等

▲ 李远征同志在挂牌仪式上讲话

中央《爱国主义教育实施纲要》和习近平总书记关于大力弘扬和践行社会主义核心价值观，弘扬爱国主义精神，唱响爱国主义主旋律，在广大青少年中开展深入、持久、生动的爱国主义宣传教育的指示精神的实际行动。

她说，79年前，抗日战争全面爆发，国难当头，这个院子的主人张荫南老先生，深明大义，毅然送一双儿女奔赴延安参加八路军。抗战胜利后，他又不惜身家性命，冒死在国民党占领区为共产党搜集情报，并将情报站建在自己的家里，为我军传递情报，掩护情报员，资助情报工作。可以说，这个老宅院本身就是宣传共产党和八路军的珍贵史料，是实实在在的物证。它见证了国统区人民在共产党领导下反抗日本帝国主义和国民党反动派的顽强斗争。所有关于八路军情报联络站的资料都是宣传爱国主义的活教材，值得我们保护好，维护好，并留给子孙后代。这是巩义人民的精神财富！

她继续说道，张荫南老先生的后代提出将祖宅无偿交付给巩义市人民政府用于设立"巩义市青少年爱国主义教育基地"，是为了完成祖辈的遗愿——将巩义人民的精神财富，永远传承下去。而我亲自为父亲的题词揭牌，同样也是为了实现先辈的遗愿。我们有着共同的心愿，就是将先辈们抛头颅洒热血、英勇斗争、艰苦创业的故事和精神传承下去，让我们的后代们踏着先辈的足迹继续前进。

乡亲张颖芃老人在"八路军太行八分区张岭情报联络站旧址"挂牌时写了四句诗以表心声：

悬壶济世菩萨心，爱国壮举为人民。
邙山岭上揭匾日，忆群不负曾祖荫。

（三）老屋的修缮维护及爱国主义教育基地的建设

多年来，张家几代人不断出资维护该情报联络站旧址（祖宅），为将该旧址无偿交予巩义市人民政府，用于设立青少年爱国主义教育基地做出了不懈努力。

从 1997 年开始，维护老屋、抢救红色资源便成了我们张家几代人的接力赛。先是爷爷、父亲、叔叔共同出资，将塌陷的窑洞重新整修一新，父亲还请匠人将多位领导同志为张岭情报联络站题写的题词镶嵌在窑洞的墙壁上，后来又请乡亲们在老屋的院子里，栽下了一棵花椒树，而且父亲还把爷爷在太行山抗日时发表的第一首小诗《采椒》刻在石碑上，也镶嵌在了窑洞的墙壁上：

> 我在漳河岸上走，
> 她们在花椒树下笑……
> 她们一声笑，
> 剪落一串红玛瑙……

每年春夏时节，院中花椒树的枝头都挂满了"红玛瑙"。

爷爷和父亲去世后，我作为老屋的第五代传人，责无旁贷地接过了维护老屋的接力棒。我觉得"清宁和"是祖辈留下的真正财富，是无价之宝，应代代相传；张家的老屋是传承红色基因和家教家风的重要载体，应切实保护好、利用好。

2019年上半年，河南省住房和城乡建设厅曾派人考察邙岭老屋的建筑设施，进一步推动了老屋的修缮工作。

2021年3月，巩义市政府为了进一步发挥八路军太行八分区张岭情报联络站旧址的爱国主义教育作用，并庆祝建党100周年，决定由康店镇投资500万元对旧址进行修缮布展，打造康店特色红色教育基地，争取在庆祝建党100周年时正式对外展出。

康店镇对张岭联络站进行重修改造，分2期进行。一期为院内工程，改造总面积613.91平方米，展馆面积183.26平方米；二期工程将围绕联络站修缮已损房屋，打造红色主题公园。目前，一期工程已经完工，二期工程将适时启动。

巩义市党委和政府高度重视张岭情报联络站旧址的改造建设工作，2021年6月28日下午，在中国共产党百年华诞前夕，由巩义市委书记袁聚平带队到位于康店镇的八路军太行八分区张岭联络站，调研红色教育基地建设情况，强调要传承保护利用好红色资源，高标准做好提升改造，结合党史学习教育，用活红色资源、讲好党史故事。

在调研期间，袁聚平走进各个展室，详细了解该联络站在峥嵘岁月里的红色故事、设计布展理念、工程进度及下步工作计划。袁聚平要求，要借助美丽乡村建设，统一规划设计，着力打造好联络站周边环境，让整体风

貌更加协调一致。同时，指出康店镇要借助康百万运河文化城核心板块建设，统筹全局、科学谋划、协调推进，让全镇的每个乡村都各具特色。

（四）文物捐赠

为了配合做好八路军太行八分区张岭情报联络站旧址的维修布展工作，张家后人向巩义市政府捐赠了收集整理的第一批相关文物史料，如表1-1所示。

巩义市副市长杜鹏懿，巩义市退役军人事务局局长赵东巍，巩义市民政局局长王国锋，康店镇党委副书记、镇长张炎杰，党委副书记、人大主席姚军安，张荫南孙子张小岗、刘思碚夫妇，外孙朱阿星、邓亚琳夫妇，外孙张鹰，曾孙女张忆群等出席了此次捐赠仪式。

这些宝贵的革命文物将丰富当地红色文化研究的史料，增强红色文化教育和党史学习教育的厚重感，有利于实现把"红色基因"一代代传下去的目的。其他史料还在整理之中，并将适时陆续捐赠给巩义市政府。

表1-1　张家后人捐献物品清单

涉及人物	物品类别	数量	具体内容
张克刚（柯岗）	印章、印模	3个	1. 张柯岗 2. 柯岗 3. 无限风光在险峰
	玉质印台	1个	

涉及人物	物品类别	数量	具体内容
张克刚（柯岗）	纪念章	4个	1. 淮海战役胜利纪念章（中原军区颁发） 2. 渡江战役胜利纪念章（华东军区颁发） 3. 解放西南胜利纪念章（西南军区颁发） 4. 全国人民慰问人民解放军代表团纪念章
	墨镜	1副	
	木质拐杖	1个	
	书法作品	3幅	1. 换了人间（赠熙如妹） 2. 学书熙如妹诗一首 3. 学书熙如妹诗两首
	家训		《留给孩子们的话》（摘编）
张熙如、朱何方	转业军人证书	2个	
	纪念章	4个	1.1948年解放东北纪念章 2.1949年中国人民政治协商会议纪念章 3.1950年华北解放纪念章（两个）
	军装扣	5枚	
张虚	书法作品	3幅	1. 叶帅八十书（抒）怀诗句："满目青山夕照明" 2. 叶帅诗句"老夫喜作黄昏颂，满目青山夕照明" 3. "多思慎行"
	家信	1封	写给儿子张振泓的信（复印件）

涉及人物	物品类别	数量	具体内容
江涛、吕班、傅涯、苏里、朱何方等	原版照片	5张	1. 江涛：曾为一二九师情报处处长 2. 吕班：原北京电影制片厂副厂长、著名导演 3. 苏里：原长春电影制片厂副厂长、著名导演 4. 史若虚：原中央戏曲学院党委书记 5. 傅涯：开国大将陈赓的夫人 6. 李廷荃：曾任我国驻捷克、罗马尼亚的大使 7. 朱何方：张熙如丈夫。历任抗大总校文工团团长，东北军政大学秘书科科长，最高人民法院办公厅副主任，宁夏大学党委副书记、副校长等职

注：捐献人为张小岗、刘思碚、朱阿星、邓亚琳、张忆群。

捐赠仪式中，巩义市副市长杜鹏懿对张家后人慷慨捐赠祖辈生前的革命文物表示感谢，并表示将做好这些文物的珍藏、保管、利用、宣传工作，切实发挥文物的历史价值和教育作用，生动讲好先辈们的红色故事，弘扬革命精神。

▲ 捐赠仪式现场及捐赠的相关文物

▲ 捐赠仪式现场及捐赠的相关文物

▲ 捐赠仪式集体合影

（五）完成祖辈的心愿

　　经过认真的改造建设和精心的设计布展，邱岭老屋终于在 2021 年 6 月 28 日迎来了新生，并以崭新的面貌迎接到此学习参观的社会各界团体和党员群众。

▲ 老屋新颜

▲ 爱国主义教育基地的精心布展

▲ 爱国主义教育基地的精心布展

　　巩义市康店镇党委也在八路军太行八分区张岭联络站旧址隆重举行了庆祝中国共产党百年华诞活动。

▲ 康店镇党委在此举行庆祝中国共产党百年华诞活动

▲ 康店镇党委在此举行庆祝中国共产党百年华诞活动

第二章
老屋的四代传人

一、记忆模糊的高祖张宪章

在我的记忆里高祖张宪章的形象并不是很清晰，对他的了解也就是父亲在对老家的回忆中提到的只言片语。其实父亲差不多两三岁时，我的高祖就去世了，所以，父亲对我高祖的记忆也不是很清晰。

据《张氏七门家谱》记载：张氏十五世张若命和妻子杨氏在清朝咸丰年间生下独子——我的高祖张宪章，即张氏十六世。父亲告诉我，村里人都说张宪章自小十分聪慧，爱好学习，崇尚知识，酷爱中医，是个青年才俊，很招人待见，特别是医术了得，十里八乡的人们很

早就称他为"张先生"。高祖成家后，与妻子康氏共同生养了4个儿子，分别是：张东方、张西庚、张南方、张北辰，即张氏十七世。其中有一个儿子很小就病逝了，但他对其他三个儿子寄予了厚望，非常重视对子孙的教育，开办了私塾，供子侄和乡间学子就读。废除科举制以后，他把长子东方送进河南法政学堂，把另外两个儿子送进了北京的京师大学堂（北京大学的前身），不料这两个儿子也因病先后离世。晚年，他又把两个孙子张九如和张晏如，分别送进河南大学和上海大夏大学。父亲说：在那片荒芜的黄土高坡上，正是因为家里世代都有读书人，才能够获得各方面的知识和信息，才有了开阔的眼界和博大的胸襟，在辛亥革命、抗日战争、新民主主义革命的几次重大社会变革中，才跟上了时代的潮流，也才有了在北京的我们这一支张氏后人。

二、"清宁和"的曾祖张荫南

我的曾祖（太爷爷）张东方，又名张毓森，字荫南，是老屋的第二代传人。他出生于1880年，为清朝光绪年间，毕业于清末开封河南法政学堂，曾参加辛亥革命。革命失败后，军阀混战，争权割据，太爷爷因而愤然脱离政界，立志行医报国，潜心研究中医学，为此亲笔写下堂号"清宁和"，刻成木匾，悬挂在我家厅堂之上，用以铭志，训诫后人。他自己一生遵循这三个字，数十年义务行医，为善乡里。老人提倡新学，给儿子聘请的启蒙塾师，不仅教经书、数学，还教英语；老人思想开明，追求民主、进步。抗日战争爆发后，深明大义的太爷爷毅然决然地先后送外孙马载尧和一双儿女奔赴延安参加了八路军，并约定：

▲ 曾祖张荫南

"后会如有期，同向光明路"。日本投降后，蒋介石发动内战，太爷爷积极参加八路军太行八分区敌后情报联络站工作，果然与儿女们战斗在了同一条战线上。

▲ 曾祖张荫南手书"清宁和"

关于太爷爷张荫南，我的同族兄长、作家古野是这样记述的：

张荫南生于1880年，按照村民的习惯说法，他曾经是村筋，即引导村民在正经路上奔走了多年的人。在窑

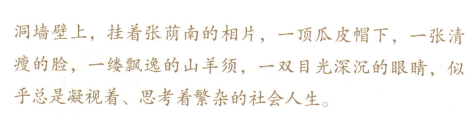
洞墙壁上，挂着张荫南的相片，一顶瓜皮帽下，一张清瘦的脸，一缕飘逸的山羊须，一双目光深沉的眼睛，似乎总是凝视着、思考着繁杂的社会人生。

洛河边邙山上的张岭村，是明代开埠的老村，张荫南出生在一个富裕的中医世家。小时候他聪慧过人，跟着父亲习医、习书法；再后离家追求新知识，毕业于昔日省会开封的河南法政学堂。一个乡村走出的年轻人，很想改变贫困的祖国，满腔大志，面对的却是一片昏沉沉的世界。那时稀疏的大学毕业生，家庭又有人脉，如果想钻营仕途，机会实在是太多了，随便就能捞个职位。但家人谁也没想到，他竟然又返回了被贫困笼罩的野村。

他接手父亲的医铺，开始了给人医病的行当。时或，也拿起毛笔坚持研习书法。他给自己定下了规矩，病人无论年老年少，随叫随到，穷苦人家看病吃药一律免费。给人家写碑匾对联等，完全是义务奉献。

一头大黑驴，成了他出行看病写字的坐骑。那会儿，他的医术和书法，已经在巩县、偃师、洛阳闻名了。那会儿，人们开始尊敬地叫他先生了。

巩县和偃师不少地方，都留下了他为人医病的踪迹；那时候，这片地方不少碑刻和匾额，也都是他的墨宝。

在他悉心为民的那会儿，许多人不了解，他还时刻关注着国家民族的命运，思考着救国救民。除却个人的大病难，治疗国家积贫积弱的病更难啊！他暗自有个决心，要为国家民众干点大事情。

辛亥革命爆发了，他悄悄地离开了村子，跑到了首义之地武汉，用实际行动支持翻天覆地的大革命。在那里，他为革新国家干了不少日子，但聪慧的理智告诉他，那是个很不彻底的革命，阴谋家们趁机盘踞，伺机做着自己的"大小生意"，算盘珠子多"扑哒扑哒"为个人揽权搂钱呢。

一颗热血沸腾的心又凉了，张荫南带着莫名的困惑和疑问又返回了乡里，继续为当地老百姓医治病疾，立志行医报国。他亲笔写下堂号"清宁和"，用以铭志，训诫后人。同时，自费开办了一所村学，免费让穷苦的孩子们读书习字。没有文化的愚昧之病，也是千万民众最大的疾病啊！

仍然黑暗的国度里，共产党像一盏明灯，使他看到了国家民族的前途命运。每每他都要利用时机，教育儿女后代要面向光明，寻求报国的生活道路。

若干年后，我问起父亲："清宁和"是什么意思？父亲告诉我说："100多年前，你太爷爷写这三个字的时候，肯定有他的特定含义。我理解，在那种动荡不安的社会大背景下，清，应该主要体现清醒和出淤泥而不染的清高，是用以明志和教育后代如何做人的；宁，应该是他想要追求的一种在宁静安详的生活环境中做事的理念，要求有控制自我的自律能力，要做到宠辱不惊，危难之时，能泰然处之的意思；和，就是和睦互助，是教育后

代人如何与人相处的。但是时间过去了100多年，结合现在的社会大背景和我个人的生活体验，我对这三个字又有了新的理解。清，就是清正廉洁；宁，就是宁静致远；和，就是和睦仁爱。"父亲说："这三个字是我们家的祖训，希望子孙在社会实践中继续充实完善对它的理解，最关键的是不要忘记这三个字。其实，这三个字与我们家祖传的另一个堂号'广心堂'是一致的，意思是：后辈子孙为人处世，心地要宽广、平和，既要有肚量，也要有眼量。"可惜，"广心堂"这个堂号匾额历经风雨，早已不知去向，万幸的是"清宁和"祖训的匾额留存了下来，现在已经传到了我弟弟手中。

我觉得太爷爷张荫南的人生有一个最亮的闪光点，就是"审时度势，顺势而为"。他从自己的亲身经历和社会现实出发，针砭时弊，看透了封建军阀和国民党的腐朽反动，认准了只有共产党才能救中国。因此，他能够用"清宁和"以明志和训诫后人；他能够在国家危难之时，亲送儿女们离开老屋，奔赴抗日杀敌的前线，并说出："强颜悲做欢，汝去莫回顾。后会如有期，同向光明路"；他能够义无反顾地接受共产党的重托，将八路军的情报站建在自己的家里……全国解放后，张荫南曾任巩县人民政府委员、开封地区人民代表。

我的三姑奶张熙如在《熙如诗草》中满怀深情地娓娓道出对父亲的深切怀念之情：

忆先父（古风）

布衣声望高，尊儒重情操。

林下从医道，惟求疾患消。

烽烟遍地起，鬼子夜狼嚎。

儿女投军去，抗击如怒潮。

军机谍报急，重担奋身挑。

鱼水情无限，犬鹰空自扰。

秋风扫落叶，穷寇望风逃。

红日当头照，行医复任劳。

▲ 1953 年春，张熙如、朱何方夫妇与张荫南老先生在北京颐和园合影

三、充满革命激情的爷爷张克刚

▲ 老年张克刚

我的爷爷张克刚（笔名柯岗）是老屋的第三代传人。原名张晏如，中共党员。1915 年出生于河南巩县张岭村老坟底下。从我家老宅门口向南遥望，相距四里处就是伟大的爱国主义诗人杜甫的故里。父亲对我说：你爷爷在 20 世纪 50 年代曾向苏联友人卡达耶夫、艾德林、田德里雅克夫讲过的"五彩石"的故事，就源于杜甫童年"化彩石为诗篇"的传说。他讴歌人民英雄的战地诗叶，全是在马背上吟就的，其热情与灵感正和诗圣杜甫一脉相通。

▲ 青年张克刚

柯岗在"清宁和"的训诫下长大，从小在自家私塾念书，不但学习"国学"、经书，还学习外语和数学，14、15 岁到开封读初中、高中时，接触了进步思想，成为一个热血青年，一心报国。1937 年的暑期，当他在上海大夏大学课堂里答完了大学政治经济系的毕业考卷，走下教室门外大理石台阶的时候，卢沟桥头抗战的枪声响了，

"国家兴亡，匹夫有责"这8个大字一下子显现在他的脑海里。于是，他把原本想在上海补习一下法语，再到巴黎去读研究生的念头，立即终止了。

柯岗积极参加抗日救亡运动，跟着进步诗人臧克家，走进抗战部队，走进城市乡村，宣传团结抗日，与志同道合的年轻人一起编辑出版进步报刊。随着抗战的深入，柯岗和一些年轻进步学生准备到延安参加八路军。

在1938年一个秋风萧瑟的夜晚，柯岗回到家里向年届花甲的父亲辞行："看来只有共产党、八路军才能救中国。天明我们要到延安去。"

在张荫南的鼓励、鞭策和资助下，1938年11月的一天，柯岗带上才学出众的妹妹熙如，共同奔赴革命圣地延安，到抗日军政大学总校学习。并于1939年在该校荣获"模范青年"奖章，是敬爱的毛泽东主席亲手为他佩戴的。

奔赴延安时，柯岗才是个23岁的小伙子，之后他参加八路军，深入华北敌后，夜以继日地同日寇白刀子进红刀子出地战斗起来。由于人民军队政治工作的需要，他断然一手握枪，一手拿笔，迈进了军队政治工作的战斗行列。先后任八路军129师政治部宣传部部员、情报站站长，晋冀鲁豫中央局《人民日报》编委、记者，新华总社、分社记者，晋冀鲁豫野战军第六纵队新华支社社长，第二野战军第12军政治部宣传部副部长，西南军

政委员会文教部文化处副处长，西南作家协会理事，文化部剧本委员会办公室主任等职。

关于柯岗在部队中的形象，原12军文工团团员、中国电视剧创作中心国家一级导演余琳同志回忆说：

▲ 革命时期张克刚

那时我很小，没有机会直接接触张部长，但他却给我留下难忘的印象。修长的个子，军装外面套了一件美式军官夹克（我想那一定是战利品）。太阳晒黑的脸庞上映出红光，细长的眼睛特别有神，豪放而自信。我还爱看他打的绑腿，和别人的不一样，脚脖子那里多绕几层，直直地一直到膝盖上边，平整极了，显得小腿很长，看上去是军人特有的那种英俊潇洒。我还悄悄地学着他的样打绑腿，后来我的绑腿打得也很漂亮，不再是邋遢兵了。还有最让我美慕的是他腰间不时露出的那支用红绸包着的精致的小手枪。后来我知道那枪叫"勃朗宁"，也是战利品。

柯岗从青年到壮年长期生活在人民军队中，在革命斗争实践中，逐步从一名文学爱好者成长为我国现代文坛上卓有成就的军事文学家，他是我国新文学史上为数不多的全面描写中国人民革命战争的著名军旅作家之一。

他南征北战二十余载，经历了抗日战争、解放战争、进军西藏、抗美援朝，把自己的青春年华，无私无畏地献给了民族解放战争和人民解放战争的伟大事业。在"文化大革命"期间，他备受"四人帮"的残酷迫害，但对党和社会主义事业，始终忠心耿耿、矢志不渝。正如古诗所说："疾风知劲草，板荡识忠臣"。我从爷爷张柯岗身上的确看到了他对党、对人民"劲草忠臣"的高尚品格。

1966年"文化大革命"开始，我的爷爷因为撰写我中国人民解放军某野战军斗争生活的长篇小说《三战陇海》而遭到残酷迫害。但他从没有怀疑过我们党，始终对党充满了赤子情怀，面对极左势力，他宁死不屈。"文化大革命"结束后，他重拾刀笔，继续为党为人民深耕不辍。

柯岗著有长篇小说《金桥》《逐鹿中原》《三战陇海》，诗集《小诗集》，散文集《因为我们是幸福的》（合作），短篇小说集《八朗里和五里河》《边疆》《一同成长》《这是发生在北京》《柳雪岚》，长诗《长着翅膀的朱银马》，多幕话剧剧本《针锋相对》，通讯集《三千七百万零三十元》，电影文学剧本《中央突破》（合作），以及《柯岗文集》（5卷）等。报告文学集《风雪高原红花开》获西南军区创作一等奖。

《逐鹿中原》由人民文学出版社于1962年2月首次出版发行，此后多次再版，好评如潮，是一部描写解放战争时期中原野战军战斗生活的现代军事小说，生动刻

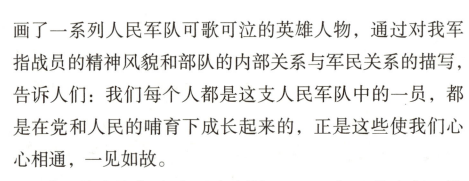

画了一系列人民军队可歌可泣的英雄人物，通过对我军指战员的精神风貌和部队的内部关系与军民关系的描写，告诉人们：我们每个人都是这支人民军队中的一员，都是在党和人民的哺育下成长起来的，正是这些使我们心心相通，一见如故。

《三战陇海》由人民出版社于 1977 年 9 月出版。分为上、下册。小说描写的是中国人民解放军于 1946 年 8 月至 1947 年 8 月，在陇海铁路两侧纵横驰骋，英勇歼敌的战斗故事。小说集中表现了解放军指战员逐步掌握毛泽东人民战争思想，不争一城一地的得失，大踏步进退，终于彻底粉碎敌人的重点攻势的故事，塑造了从野战军司令员到战士，从区委书记到子弟兵母亲等一系列栩栩如生的英雄形象。

《柯岗文集》5 卷本，1995 年由新华出版社出版发行。

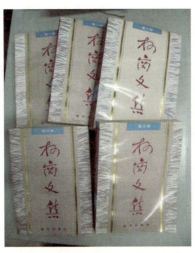

▲《柯岗文集》5 卷

几十年来，柯岗写下了千百万字的优秀作品。深刻地反映了刘邓大军在党中央领导下，从抗击日本侵略者到解放战争的光辉战绩，从太行山到大别山的战斗历程。其中详尽而深刻地反映了两位开国元戎刘伯承、邓小平的战略思想，高超的指挥艺术，勇敢机智、多谋善断的战斗风格；反映了革命战士为革命英勇牺牲的壮烈事迹；反映了解放军广大指战员艰苦卓绝的战斗生活。塑造了从普通士兵到纵队司令员众多的艺术典型，展现了人民军队的战斗英姿，歌颂了我党我军的伟大胜利。这些文学作品有不少毁于战争年代的炮火、雨雪之中，或散佚于"文化大革命"之时，非常令人惋惜。收在《柯岗文集》中的300多万字作品，只是硕果仅存的一部分，十分珍贵。其中包括诗歌、散文、歌剧、话剧、长篇及中短篇小说等，他的文学创作被评价为"中国人民革命战争的史诗"。这些作品为后代留下了翔实的历史资料和宝贵的文化遗产。

▲ 1996 年，"柯岗从事文学创作五十五周年暨《柯岗文集》出版座谈会"现场

▲ 张克刚奋笔疾书

柯岗的战地短诗《小诗集》，被收录到著名文学史专家唐弢主编的《中国现代文学史》中，并进行了专节介绍。其中写于1940年7月的《采椒》，曾在太行山《新华日报》上发表，堪称脍炙人口。《采椒》生动地描绘了边区人民自由欢乐的劳动场景，是爷爷张克刚在太行山上与日寇搏斗的间歇，在马背上写成的，它充分表达了在抗日战争的艰难困苦中，边区人民对新生活的向往，以及一个人民战士的革命现实主义和浪漫主义情怀。

唐弢先生在《中国现代文学史》中，曾高度评价柯岗的创作成就："柯岗的作品，大都是在战火纷飞的战役、战斗间隙中完成的。许多短诗、短文和素材，是在枪林弹雨的战地和追击行军的马背上草成或记录的。他堪称我们党、人民的'马背作家'之一"。

《采椒》

她们笑了，

她们笑红了花椒。

我在漳河岸下走，
她们在花椒树上笑。
她们一声笑，
剪落一串红玛瑙。

玛瑙落满筐，
河水带着笑意到远方。
玛瑙落满篮，
笑声飞遍了太行山。

谁再说做人难，
请他想想往年。
一棵花椒一行泪，
眼泪怎能当官税！？
椒刺刺破了手指，
自己的手指自己的心……
孩子哭了，
老人恼了，
日子呀！
在滚油里熬。

谁要说世事不会变，
在这花椒树下，
请他看看地，

再看看天。

我在漳河岸上走，
她们在花椒树下笑。
欢乐的笑呀，
笑红了花椒。

著名诗人、中共中央宣传部原副部长、原文化部代部长贺敬之同志说："作为写诗的人，柯岗的诗歌给了我许多启迪。我记得还有一首《茶棚》，也很耐人寻味。"

《茶棚》

月亮明光光的，
路边搭着蓝布棚。
多大的炉灶摆在当中，
孩子们不停地添水。
老人们把开水凉在碗里，
又把冷水打来一桶。
子弟兵静静地走过，
整夜不停。
他们把开水一碗一碗往兵们手里送，
直到天明。

贺敬之同志说："这首写于 1945 年 4 月的诗歌近于白描，却饱含着深情。多么难忘的岁月！多么美好的党群关系和军民关系！读着这首诗，使我感慨不已，心潮难平。这是战地生活的剪影，是战争年代的豪情与崇高美。"

著名文学评论家，北京师范大学教授、博士生导师童庆炳撰文《抒情寓含叙事　叙事寓含抒情——柯岗文学创作的美学特征》。文中写道：

抒情中有故事，故事中有抒情，这就是柯岗抒情诗的美学特征。柯岗的青春是美好的，他的作品是他的青春生命结出的果实。只有战斗过的诗人，才能真正写出战斗的诗意来。

由于他本人就是战争的参与者，有真实的切身体验，因此小说的纪实性很强，历史价值很高，忠实地、艺术地记录了中国人民解放军打垮蒋介石反动派的经过，可以视为我们党领导人民军队的战斗历史教科书。

彝族作家，中国作家协会党组成员、书记处书记吉狄马加说："柯岗是战士式的诗人，是把风花雪月和刀光剑影糅合在一起的创作者。"

关于爷爷的性格特征，我的叔叔张小岗在《大写的人生之路——父亲教我学做人》中写道：

　　每每在遭受不公正待遇时，父亲总会感慨地说："我们这些人不是被谁强迫来革命的，除了信仰，我们别无他求！"也许有人因此而认为，像父亲这样的一些知识分子干部都有些自傲，然而在我印象里，父亲并无傲气，但的确不乏傲骨。

　　其实，父亲的气质、本性早已决定了他不能得意于官场。"安能摧眉折腰事权贵，使我不得开心颜"。不能设想像父亲这样的人，能为一官半职而去说违心的话，做违心的事，让自己活得猥猥琐琐。他不是做"官"的料，或者说，他骨子里崇尚的人格平等与自由，与官场上的一些"龌龊规则"天生相左。

　　父亲的傲骨，在恶势力面前表现得尤为突出。"文化大革命"之初，父母因"为刘、邓树碑立传"而遭迫害，苦不堪言。忽一日，父亲从看守的谈话中得知他们当晚就要"动手"灭口，于是立即夺门而出，绝地求生，毫不犹豫地翻过走廊栏杆，高喊着"他们要杀人！"跳下楼去。"我就是死，也不能让他们悄悄弄死，要让群众知道真相"，父亲后来这样说。

　　万幸的是，死神放过了父亲，但给他留下了脊椎、左腕粉碎性骨折的终身残疾。说起来，这是父亲一生中的第二跳了。第一跳是在太行山反"扫荡"时，被日本兵围追几昼夜，突围无望的情况下，父亲与几位战友毅然跳下山崖，所幸被树枝牵挂，得以逃生。这两跳，时隔25载，却传承着一条信念：宁为玉碎，不为瓦全。多么难能可贵的男子汉宣言！

2002年4月21日，爷爷走了。带着他心中的战利品，带着对党和人民的无限热爱，带着对人生的无比眷恋，溘然长逝了，享年87岁。他的一生经历了很多的坎坷，遭受了很多的不公，也留有一些遗憾，但在正直的人们眼里，我爷爷的一生是刚正、坦诚、坚韧的一生，是不向恶势力低头、不趋炎附势、不追名逐利的一生，是堂堂正正、襟怀坦荡、光明磊落的一生。所以，爷爷是值得后人尊敬和怀念的人。

爷爷去世后，他的生前战友、文友、亲友60余人，撰写了许多纪念文章，并由中国延安文艺学会编辑、中国戏剧出版社出版发行了纪念文集《柯岗：人、文永生》。

作家甘耀稷同志为柯岗写下了这样的一副挽联：

宝塔山下　延河岸边　练就热血红心　纵然鬼魅迫害筋断肉裂犹头颅高昂　铁骨铮铮一战士
太行烽火　高原飞雪　迎来文思如潮　横枪倚马千言将帅士兵竞疾走笔端　洋洋洒洒五卷书

纵观爷爷张克刚的一生，我认为他身上有许多闪光点，对我的影响非常深刻。

一是他对共产主义的坚定信仰。他讲原则、讲党性、重大局，从不计较个人得失。他在"文化大革命"中受了很大的委屈，但没有出于个人的积怨，更没有因此产生对革命的怀疑。他冷静地对待党的事业的挫折，一如既往地忠于党、忠于人民。他心怀坦荡，一身正气，两袖清风，公而忘私；他艰苦朴素，严于律己，对腐败现象和不正之风深恶痛绝，表现出了一个共产党员的坚定的党性原则。

二是他始终保持人民本色、战士风骨和民族情怀。他自觉肩负起时代和历史赋予自己的光荣使命，甘当党和人民的歌手，把人民生活和人民创造历史的伟大实践作为创作的源泉，把自己的文学事业同民族命运、国家前途紧密联系在一起。他的创作历程，对我们认识文学创作的时代使命和社会责任具有重要的启示意义。

三是他爱憎分明，对敌人无情揭露、抨击，对人民热情讴歌、颂扬，坚定不移地为人民服务，为人民而放歌。他不求名利，不谋权位，全身心地为党和人民工作。毕生埋头文学创作，一心一意讴歌人民战争，热情颂扬人民战士的丰功伟绩，记录了中国人民在中国共产党领导下以"武装的革命反对武装的反革命"的伟大实践，为后代留下了鲜活的历史长卷。他是毛泽东主席《在延安文艺座谈会上的讲话》的忠实实践者。

四、刚正不阿的三姑奶张熙如

（一）为党的事业奔波辛劳一生

我的三姑奶张熙如，1919年
10月出生于河南巩县张岭村老坟底
下，中共党员。自幼在张家私塾念
书，与哥哥们一样接受各种教育，
在"清宁和"的训诫下长大。性格
开朗，喜欢文艺，有理想有抱负。
1938年跟随我的爷爷张晏如（柯岗）
一起参加革命。当时日寇大举入侵，

▲ 三姑奶张熙如

在中华民族生死存亡的危急关头，她毅然投笔从戎，奔
赴革命圣地延安，是延安抗大第五期学员。抗日战争胜
利后，她随军奔赴东北开展工作。辽沈战役胜利后，又
随军南下到武汉等地工作，为人民解放事业做出了贡献。
1949年中华人民共和国诞生前夕，中共中央决定从野战
军抽调一批营、团级干部，充实中央机关，我的三姑奶
随之转业，到最高人民法院工作。又先后在银川市委、
市民政局、市纪委、市人大常委会担任领导职务。1984
年12月，她在银川市人大常委会副主任兼秘书长任上光
荣离休。

（二）兄妹情深

▲ 戎装张熙如

三姑奶常说：是二哥晏如带领我投身于伟大的民族解放运动。长期的革命队伍中的磨炼，我们结下了不是一般血缘关系所能理解的友谊和兄妹亲情。

那时虽然同在革命队伍，但因工作的缘故，他们兄妹却很少见面，通信也很困难。1938年年末，他们俩路经西安八路军办事处到达延安，被编进抗日军政大学总校一支队。女生队住在校部附近的宝塔山下，男生队分散住在十几里外的大小村庄。入队头一年，每天都接受着严格的军事训练。

1939年秋天，学校向敌人后方转移，在行军路上，大队人马原地休息，晏如远远望见女生队中的妹妹，便大步流星地向她走过来。兄妹俩见面别提有多么高兴了，熙如忙把身上的干粮袋打开，把自制的炒面倒在搪瓷缸里，二人席地而坐，一边吃一边问长问短。晏如风趣地说："我们的炒面怎么这么甜，是不是放了白砂糖？"他的幽默和乐观把许多同志都逗乐了，同志们向他俩投来羡慕的目光。

行军到达敌人后方，校党委决定把女生队留给坚持在晋察冀抗日根据地的抗大二分校。总校继续向太行山晋东南抗日根据地进发。这天队伍进入宿营地，黄昏时分，晏如赶来和妹妹告别。熙如送他走出村口，晏如一边对妹妹说："敌人的大扫荡就要开始了"，一边把自己脖子上从家乡

▲ 青年张熙如

带出来的灰白色方格围巾取下给妹妹围上，然后依依不舍地转身归队。寒风吹在他们的身上，熙如忍不住热泪夺眶而出。谁料，这次分别竟长达 10 年之久。

大约 1941 年春，还是在晋察冀，晏如托人带给妹妹熙如一封信，那是当时她收到的唯一的一封亲人的来信。熙如抗大第五期毕业后，留在抗大二分校任文工团员，带信人是她熟悉的抗大二分校的保卫科科长。她接过信发现信封上已是多处磨损，并且留有被汗水多次浸透的痕迹，但笔体的确是二哥晏如的。她又惊又喜，又有点迷惑。于是，请带信人讲述了事情的经过。他说：1940年深秋，他奉命去太行山抗大总校请示工作，到达总校公事完毕，还没来得及休息，便得知敌人已有进攻根据地的动向，他便立即收拾行囊上路了。当他远离村庄走上大路的时候，忽然听到后面有人边追赶边喊："等等！

等等！"他转身下马，只见一位英俊的青年军人满头大汗，气喘吁吁地向他敬了个礼，又急忙从怀中掏出一封信，请他无论如何带给熙如。并再三叮嘱："我只有这一个妹妹……"带信人继续道："我收好信上马赶路，回头望时，你哥哥还站在那里远远地向我招手。我那次单独执行任务回来，半路上遭到了一场冬季反扫荡，我那匹马和随身携带的日用品都在转移中丢失了，唯有这封信始终紧紧地贴身收藏。"他当时半开玩笑地对熙如说："你这封信实在不简单，你哥哥很挂念你，有机会给他写封信去吧！"战争环境，生死未卜，互相通信，谈何容易！谁能说清这封信凝结着那位带信人多少无私的革命友情和晏如、熙如兄妹间无可比拟的亲情！

中华人民共和国成立后，他们兄妹二人走到一起的机会就更少了。先是妹妹在北京，哥哥在大西南的重庆和成都，后来哥哥到了北京，妹妹又到了大西北的宁夏银川，偶尔见一次面也是极为短暂。三姑奶记得有一年七月大热天，她因公从北京到了重庆，工作完临行的前一天去看望她的二哥晏如。爷爷当时住在重庆郊外的一个叫"山洞"的地方，是当地一个著名的避暑胜地，离市内较远。到达那里时天色已很晚，兄妹俩一见面就打开了话匣子，爷爷高兴地看着三姑奶问了工作又问生活，说到了战争时的危险，又说起了1942年延安整风运动的经过，说了许许多多宝贵的经验和收获。次日黎明，他们俩一起回到市内。先到重庆市的一家河南饭馆，吃了幼年时最爱吃的烙馍，外加一盘炒鸡蛋和绿豆小米粥，那时他们仿佛又回到了童年。

打那以后，他们再一次见面已是"文化大革命"之后，三姑奶到北京参加一个会议。会议住所离爷爷家不远，晚饭后爷爷便把她接到了家里。见面后，两人面面相觑，互相望着都已霜染双鬓，回想起多少难以言状的伤痛、苦闷和酸楚，竟不知由何说起。

▶ 1993 年回乡（郑州）合影。前排左起：曾克、柯岗、张熙如。后排为二姐张桂芬之女于秋彩（后中）、三子于正中（后右）、次子媳董育修（后左）。

▶ 1993 年春，柯岗（左2）、曾克（左3）、张熙如（左1）回到阔别55年的故乡河南巩义市。受中国延安文艺学会委托，向巩义市赠送《延安文艺丛书》。右2是巩义市市长武国瑞。

　　半个多世纪的沧桑巨变，爷爷和三姑奶都已是年过古稀的老人。1993 年，他们相约一同回故乡老家去看看。这也是三姑奶离休后心中常有的一个愿望。这次他们待在一起的时间最长，约一个月的时间。

　　新中国成立后的几十年间，老家的老人和一些同辈人都已先后去世，认识的晚辈也都已远走高飞。事实上回到老家，迎接他们的只有少年时住过的窑洞和多处破损的院落。三姑奶极力搜寻幼年时的记忆：

　　当年的窑洞外，一边是白木槿，一边是红刺梅，点缀着满院春色。炎夏伏天，梧桐树遮得满院阴凉，二哥晏如在树荫下，用整齐的细高粱秆编着蝈蝈笼，她蹲在旁边出神地看着。编好一个大的，再编一个小的，然后带她去野外捉蝈蝈。她双手抱着一截大约三尺长的秫秸秸，待在树荫下，二哥顺着蝈蝈的叫声，小心翼翼地下到田地里，蹲在浓密的棉花垅前，瞅准了蝈蝈猛然下手，准能捉住它。然后招手叫她到他身旁，劈下秫秸篾，夹住蝈蝈。就这样左一个、右一个插满秫秸瓤。太阳晒得他满头大汗，滴滴答答往下落。她跟着二哥回到家，看着二哥把蝈蝈一个一个取下来放进笼中。大笼的归二哥，小笼的就归她，二哥还不忘告诉她不要用手去触摸蝈蝈，它咬人很疼。她高兴地看着满笼跳来跳去的蝈蝈，又是害怕，又是喜欢。屋顶上飞来飞去的鸽群，不停地"咕咕""咕咕"地叫着……

三姑奶陷入深深的回忆之中，直到邻居老嫂子过来拉着她的手亲切地说："我们早就盼望着你们回来啦！"才使她从遥远的思绪中回过神来。

兄妹俩来到母亲墓前，因是清明节后，小小的朝阳沟被绿茵茵的果树遮盖着，一缕暖融融的阳光洒向曾祖母的墓碑。爷爷黯然神伤地在其母亲墓前说："妈妈，我把妹妹带回来了！"三姑奶知道此时此刻的爷爷正在回复他们母亲临终的嘱托："照顾好妹妹，她年纪最小。"

对晚年这次难得的聚会，兄妹俩倍加珍惜。那次别后不久，三姑奶接到爷爷的一封信，信中提道："你那天匆匆离我而去，不知一路是否平安？"随后三姑奶就写了一首诗回复他，题名为《早餐》：

早晨的太阳就要露面，

花树的芳香和着微风萦绕在窗外。

楼梯的响动使我苏醒，

年迈的兄长从晨练中归来。

▲ 1993 年，晏如、熙如兄妹在北京复兴门外 13 号楼家中。

今天我就要归去，

怎能贪睡偷懒？

临行前共进早餐，

兄妹俩满怀眷恋。

餐桌上一时默然，

离别的泪水和着早餐一起往下咽。

忆往昔共赏析壮丽的历史画卷，

看今朝春潮涌动滚滚向前。

岁月如流，

欢聚恨时短。

朝阳初升行程远。

（三）姑侄母子

对我的父亲来说，他的三姑熙如永远是他精神上的母亲。

父亲小时候对她的印象很模糊。能使他知道有个三姑的只有这样几个物件：

一枚开封静宜女子中学的校徽，珐琅质，色彩鲜艳，又有几个角，看上去很特别，很好看；一个橡胶质能吹起来的玩具兔子；一套白色短袖上衣、咖啡色短裤的西式童装；一张熙如穿校服的照片……

父亲第一次见到三姑，是在她离开老家 12 年后。那是 1949 年年底、1950 年春节之前，她带着 4 岁的大儿子

阿宏回老家探亲。当年我太爷爷张荫南等祖辈都还健在。她是从北京回来的。因为新中国刚成立，党中央迅速从各个野战军抽调一批干部组建国家机关，她被调到最高人民法院，各项工作都还没有就绪，她是抓住这个空隙回家的。

　　当时建国伊始，平汉、陇海铁路干线都没有恢复正常运行，火车走走停停，那天到郑州转车向西已经是夜间，车到巩县时，正是午夜时分，下车后站台上空无一人，连个候车室都没有。北风呼啸，远近的丘陵在昏暗的夜空下，如同摇动的鬼怪，向她们母子扑来……她因已调离部队，警卫员跟随进京后就另行分配工作了，不过手枪还带在身边。她想起火车站下边的山沟里是她的亲姑姑家，但相距4～5里，且山道崎岖难行，必须找个人帮着拿行李。于是，她让孩子坐在"马褡子"上（战时行军马背上的布袋），自己到站外找人。战火的熏陶把她的胆子练大了，连孩子也更懂话了，他不哭不喊，在等着妈妈。终于找了个业余"脚夫"，自称认识她姑姑家那个小山村的路，讲好多付些脚钱。但路上那人却"变卦"了，扔下马褡子和提箱就要走人。这时三姑可真的不客气了，她没说话，只是把腰间的手枪亮了一下。那脚夫没想到这女八路真有家伙，自然也就不敢跑了。不料她姑姑家的山寨门紧闭，无论怎么喊都没人敢开，她和孩子还有那脚夫只得在寨门外的破窑里点燃篝火取暖，等到天亮。

当天中午，三姑是骑着她姑姑家的大黑骡子回到邙岭老家的。她骑的虽然不是马，但在全家乃至全家族人的心目中，是花木兰回家了。我的父亲虽然不能"杀猪宰羊"，却喜滋滋地跟着跑前跑后，围着他的三姑转圈儿，逗表弟阿宏玩儿。

三姑奶和我奶奶可谓姑嫂情深。一来是同情我奶奶的婚姻遭遇；二来是从小她最爱听我奶奶给她讲《红楼梦》和《三国演义》中的故事。她每天早上去学堂之前，我的奶奶都要帮她梳妆，有什么好吃的，也给她留着。她长大后到开封上了新学堂，又给我奶奶讲《大众哲学》的新道理，还教奶奶练习"勃朗宁"（俗称"八响枪"）手枪射击。可惜我奶奶胆小，放了一枪就再不敢玩枪了。

三姑奶对我父亲的疼爱，缘于对我奶奶的同情。20世纪50年代初，爷爷反对封建包办婚姻，与奶奶离了婚，选择了与他并肩战斗、驰骋疆场、为人民打江山的曾克奶奶。

16岁的父亲，无法承受这种结局，又不能当着我奶奶的面流露出内心的痛苦，怕给奶奶增加精神上的负担，只能当着他三姑的面哭。等他哭够了，三姑就帮他洗脸，耐心地给他讲如何看待这个历史形成的社会问题。

1952年，我的爷爷作为中国人民解放军的代表到朝鲜前线慰问志愿军，回国途经北京，我三姑奶安排他们父子见了面，我的父亲再次当着他三姑的面，像个孩子似的掉了泪。

20世纪50年代末，我国遭遇严重的自然灾害，饥荒蔓延。三姑奶对我的父亲说："不要怕，党会有办法的，40年代我们在晋察冀边区抗日自救，很快就过了难关。"60年代初，灾荒更为严重，有的同志要求回家乡种地糊口，然而父亲想着他三姑的话，没有动摇。

三姑奶还曾给父亲讲她在延安整风审干中的经历，她说最要紧的是，实事求是，不能胡说八道，要相信党一定会正确结论的。

"实事求是，相信党"的信念，支撑着父亲熬过了"文化大革命"时期八个月的铁窗生活和四年多被遣返回乡监管的"黑五类"日子。

其实，"文化大革命"期间，三姑奶和很多坚定正派的老同志一样遭了难，她的日子更不好过啊！在机关

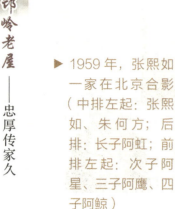

► 1959 年，张熙如一家在北京合影（中排左起：张熙如、朱何方；后排：长子阿虹；前排左起：次子阿星、三子阿鹰、四子阿鲸）

挨批斗，回家还要照顾四个未成年的儿子吃饭。尤其揪心的是她心爱的长子阿宏，在"文化大革命"期间被当成了反革命，逼成了精神病，终身未愈。晚年时，数十年的文字工作和方方面面的精神压力，导致三姑奶患上了严重的青光眼病，两次手术都不成功，几乎成了盲人。

1993 年，父亲陪她和爷爷回到了阔别半个多世纪的家乡。她所看到的那"一缕暖融融的阳光撒向母亲的墓碑"就是我父亲托人修葺的。虽然老家的庭院早已坍塌荒芜，但她仍然记得"当年的窑洞外，一边是白木槿，一边是红刺梅，点缀着满院春色。炎夏伏天，梧桐树遮得满院阴凉……"可见她对儿时生活过的老屋是多么留恋啊！

三姑奶离休后，选择进入了老年大学，钻研古诗词和古文学。她患有青光眼，视力严重下降，但她克服困难，用放大镜坚持学习，坚持写作。她把自己在革命战争年代的亲身经历、目睹改革开放取得的伟大成就，结合她在生活中的亲身感受，用诗词的形式记录下来。在写作中她坚持严谨的学风，虚心求教，逐字推敲，用汩汩心血凝聚成数百首诗词，辑录《熙如诗草》。

▲ 晚年的张熙如在银川家中

她的诗充满了对党、对国家、对人民、对生活的热爱，给人以启迪，发人深省，耐人寻味。

2017 年，三姑奶病逝于银川，享年 98 岁。

三姑奶熙如和爷爷晏如去世后，都安葬在北京万安公墓，兄妹俩的墓紧紧相依，他们再也不分开了。

我的三姑奶张熙如的一生，闪光之处有很多，其中最让我感慨的有如下几点：

一是当她还是个妙龄少女的时候，当别的富裕人家的女孩儿还在家里涂脂抹粉、发嗲撒娇的时候，她却为了追求真理，不惜离开温暖舒适的家，为人民的解放爬冰卧雪，扛枪打仗。

二是坚持实事求是原则，绝不趋炎附势。身处逆境，惨遭冤屈，却刚正不阿，始终相信党、拥护党。

三是胆大心细，遇事不慌。以高度的政治责任感和

强烈的事业心，认真履职尽责，出色地完成了党和人民交给的各项任务。

五、智勇双全的伯父马载尧

▲ 伯父马载尧

我大姑奶张月桂的独生子叫马载尧，中共党员，1920 年 11 月 23 日生于河南省巩县南河渡镇神堤村。因父亲英年早逝，母亲年轻守寡，母子俩在婆家生活不如意，母亲不得不带着他常年在张岭村自己的娘家生活。

1938 年，马载尧在河南省立开封高中肄业，奔赴延安抗日军政大学，先后在八路军晋察冀军区及第四野战军从事部队政治工作，1945 年奉调东北开辟东北根据地，任北满独立二师第四团政治处主任，1949 年调任解放军第四十九军青年军政干校任教育长（校长钟伟，政委刘随春），后任 145 师政治部副主任。1952 年到南京军事学院学习，1954 年毕业后到解放军政治学院，历任系主任、副教育长、院党委委员（正军职）等职。一生从事长达 30 余年的部队干部政治教育工作。他的妻子田薇是他在东北北满独立二师时的战友，曾任司令部直属队指导员。

载尧伯智勇双全。据说是在抗日战争时期，一次反扫荡突围时，眼看日本鬼子就要追上他们了，子弹在耳边呼啸着，载尧伯心想，与其被鬼子追着打，不如回过身来打鬼子，说不定还能活着冲出去。说时迟那时快，只见他双手端着枪，侧着身子瞄准离自己最近的敌人，边打边撤，竟然毫发无损地冲出了包围。

父亲与载尧伯感情非常深厚，这缘于大姑奶的一段悲苦的人生经历。

大姑奶张月桂（1898—1958 年）的命运很苦，出嫁不久，先是亲婆母去世，紧接着正在北京大学读书的丈夫也病逝了，后来唯一的儿子又当八路军离她远去，她的精神受到重大打击，经不住一点刺激。有时正走着路就会突然犯病，直立不动，双目向上仰视，如果没人扶她，能持续几个时辰痴痴站立。有时正在吃饭，她的右手会突然抖动，筷子把碗敲得山响，没有人扶她，自己没法控制，直至把一碗饭搅撒光或者把碗打到地上。她生活不能自理，在婆家得不到应有的照顾，因此带着孩子常年住在娘家，跟着其亲奶奶（我的高祖母）过活，同住一个窑洞。

他们母子初回老屋时，我的父亲还未出生。1933 年，父亲出生后，载尧伯已经 13 岁了，到开封读书，一个学期才回来一次。他每次从开封回来，总要与我的父亲在一起，给他讲故事，陪他一起到地里捉蚂蚱、粘知了、

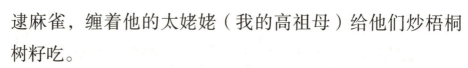

逮麻雀，缠着他的太姥姥（我的高祖母）给他们炒梧桐树籽吃。

大姑奶的苦楚，我父亲是亲眼看到的，加之我的爷爷也去当了八路军，念子之痛与思父之情，使这姑侄两人更加相互怜悯和疼惜。

父亲告诉我，太爷爷爱马也善于骑马，他心爱的坐骑是一匹大白马。这匹马毛色洁白、臀部肥硕、步幅小、行走稳，很少见它奋蹄腾飞。但它并非不会奔驰，而是没有到让它使劲的时候。

当年太爷爷已是年逾花甲的老人了，没有公务在身，出门也不骑它了。白马很少参与农田耕作，更多的时候是独自在露天马圈里守石桩子，春秋天晒太阳，夏天乘凉。父亲有时逃学无处玩耍，就站在马圈的土崖上，向白马身上投掷小土块，白马受到惊扰就绕着石桩又跳又叫。父亲便特别开心，还以为是给白马解闷哩。

有一次父亲正全神贯注地陪白马"玩"，突然屁股上被打了两巴掌，回头一看原来是他的伯父九如，父亲自然是狼狈地逃跑了。就在这事发生后不久，国民党的中央军把白马强行征用了。太爷爷自然是很伤心的，但老人家的性格是，越是不如意时，越是一言不发。父亲及全家人都很想念大白马。

不知过了多少个日夜，有一天晚上，白马突然自己跑回家了，它在牲口院的门外长啸、刨蹄。常年饲养驯导它的聚金爷闻听便知是白马回来了，激动地给它打开院门，白马浑身冒汗，一头就钻进了它的槽位，背上还有军用的皮马鞍。聚金爷猜想它可能是把新主人甩下跑回来的，过一会儿准会有当兵的追来。他眼含热泪抚摸着白马额头上的小辫儿，这辫子还是他亲手给编的。又轻轻擦去它身上的汗渍……

这些声响，惊动了主宅院的家人，反应最快的就是父亲的伯母。她是位快言快语但不思后果的人，分不清楚这军那军，只知道是兵。一听说牲口院里发生的事，不知怎么一下子就联想到是我父亲那当兵的大表哥载尧回来了，于是她就大呼小叫地把我大姑奶从窑洞里叫了出来。

大姑奶是多么希望儿子真的回来了，但又怕落空，嘴里说着"不会是他"，脚却本能地跟着弟媳妇出了宅院门。远远地看见当兵的从牲口院把大白马再一次拉走，却不见儿子的踪影时，她又犯病了。

但是，上天却眷顾了她。新中国成立后，大姑奶终于在北京见到了她日思夜想的儿子马载尧，但她更多的时间是躺在病床上，小孙子有时会骑着童车在床前和她对话。不过，她已经记不起白马回家的往事了。

载尧伯于 1982 年 1 月 15 日病逝，骨灰安放在北京八宝山革命公墓，享年 62 岁。

载尧伯的长子，就是那个骑着童车在床前和大姑奶

对话的孩子，叫马晓天，中共党员，1949 年 8 月出生于天津，比我大一轮，都是属牛的。他家兄弟姐妹 5 个，他在男孩儿中排行老大，我管他叫大哥。我幼儿时的玩具，有些就是这几个哥哥姐姐小时候曾经玩过的，他们长大不玩了，就送给我了。印象最深

▲ 马晓天上将

的是一个蓝绿色的铁质的像计算机一样的玩具，里面有个写着数字的滚筒，下面有两个按钮，用手一按，滚筒就转，当滚筒停下来的时候，数字框里就会随机显现出几个数字，可以进行加减乘除计算。我非常喜爱这个玩具，总是抱着它跑来跑去，使劲按着按钮，看里面的数字来回地翻滚，就像飞行员在训练。

▶ 马载尧
全家福

大哥家住在解放军政治学院（现国防大学）大院儿里。小时候，父亲经常带着我去大哥家玩儿，有时我生病了，因为我家条件太差，父亲也会

▲ 青年飞行员时的马晓天

把我送到他家去休养，只是那时大哥已经参军了，我们从未谋面。我每次去，总是看到他家客厅书柜的玻璃门里，摆放着他的一张身穿飞行员服装的照片，站在飞机上，微笑着目视前方，英姿飒爽，给我的印象非常深。

在大哥家里，给我留下的另一个深刻印象是，他家的水管子里居然流出的是热水。而当我家水管子里流出热水的时候，我已经出嫁了。我是在大哥家里跟着他的妈妈、我的大妈田薇学会包饺子的，可谓受益终身。

大哥的小学生涯是在政治学院子弟小学度过的，当时是罗荣桓元帅担任名誉校长。后来，根据贺龙元帅的命令，政治学院子弟小学划归北京市海淀区教育部门直属管理，更名为北京市海淀区玉泉小学，由国防大学院内迁至金沟河路35号（即现址）。学校把军旅（红色）、科技（绿色）和航天（蓝色）作为校园的"三色"主题文化教育内容，以"德如玉、智如泉"为校训，半个多

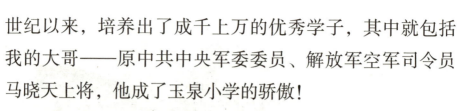

世纪以来，培养出了成千上万的优秀学子，其中就包括我的大哥——原中共中央军委委员、解放军空军司令员马晓天上将，他成了玉泉小学的骄傲！

然而，我觉得大哥更是我们这个国家的骄傲！同时，他也是我们这个家族的骄傲！

1965年，16岁的马晓天初中刚毕业，恰好遇到空军来学校招收飞行员。从小就渴望飞上蓝天的他赶紧报了名。经过身体素质、学习成绩等层层选拔，他被选中，成为一名预备飞行员。

在航校经过3年刻苦训练，1968年，他正式进入空军部队，终于实现了参军梦，成为一名阳刚帅气的真正的空军飞行员，开始了他的军旅生涯。之后，他的飞行技术和政治素质得到迅速提升，25岁那年成为副团长，是当时空军最年轻的副团长。军中记者徐建中敏锐地抓住了这个"新闻"，先后用了3个多月的时间，数次对马晓天进行跟踪采访，写出通讯《塔台上的"儿童团长"》，发表在《解放军报》上。大型纪录片《国庆颂》曾对马晓天进行过特别报道："塔台上，马晓天手拿话筒，沉着地指挥18架战鹰进行高难度训练……"从此，这名年轻的空军指挥官的英武形象便走进了千家万户，激励了无数"追梦"人。

马晓天45岁后历任空军某军参谋长、军长，并在46岁时晋升为空军少将军衔。此后，他又担任空军副参谋长、广州军区空军参谋长。令人印象深刻的是，1998年珠海航展，年近半百的他，以将军之身亲自驾驶苏30战机，一个筋斗直插云霄，干净利索的一系列精彩动作，让人眼花缭乱。他用精湛的飞行技术为中国空军和全体中国人民争得了荣誉，让瞧不起中国飞机、更瞧不起

▲ 飞行员马晓天

中国空军飞行员的俄方飞行员震惊不已。

　　同年，马晓天升任兰州军区空军司令员，并在50岁时晋升为空军中将军衔；53岁任空军副司令员；58岁任中国人民解放军副总参谋长，并在2009年7月20日，由胡锦涛主席颁布军令状，晋升为空军上将军衔；63岁任中共中央军事委员会委员、中华人民共和国中央军事委员会委员、空军司令员。此外，他还是中共第十六、十七、十八届中央委员会委员，中华人民共和国第十二届全国人民代表大会代表。

　　从士兵到将军，马晓天这个共和国的同龄人，一步一个脚印，脚踏实地，扎扎实实地走在人生的大道上。他没有辜负党的培养和教育，很好地继承了父亲马载尧和母亲田薇的优秀基因，善于调查研究，做事深思熟虑，作风朴实干练，严于律己修身，不忘初心使命。他对党忠诚，爱国爱民，刚正不阿，文武双全，深受空军将士

的喜爱。这既是他人生的闪光点，也是他成功的秘诀。他被称为"史上最帅空军司令"。

在晓天大哥的办公室里有一只雄鹰的标本，永远都是那种鹰击长空的姿态；他的办公桌和书柜上摆放着各种机型的飞机模型，大哥说，作为空军指挥员，他必须要对所有战机的性能了如指掌；挂在墙上的巨幅《孙子兵法》木刻，不经意间把我国优秀传统文化与现代军事指挥的实践巧妙地融合在一起，仿佛让人看到古战场上旌旗密布，仿佛让人听到蓝天之上战机轰鸣。"知己知彼，百战不殆"这句闪耀着古人智慧之光的兵法名言，将永远是我军制胜的法宝之一！

"不能把老祖宗留下的地盘守小了！"这句朴素深刻的大白话，是马晓天上将有感而发的。兵是国之骨，关乎存亡之道。马晓天说，军队的主要职能概括起来就两条：一条是战争没有爆发时准备战争，另一条是在战争爆发后打赢战争。

军人生来为战胜。马晓天司令员指出，平时不对胜利负责，战时只能接受失败的屈辱。无论面对什么境况，心中都应始终想着胜利，行动始终为了胜利，除了胜利一无所求，为了胜利一无所惜，这是任何国家、任何军队每名军人的永恒追求。

天下虽安、忘战必危。马晓天司令员告诫空军将士：如果战争离我们很近，而我们的心态离战争很远，这对军队各级领导干部、领导机关来说都是最大的隐患。我们各级领导干部，都应该增强危机意识、忧患意识、使命意识，强化当兵打仗、带兵打仗、练兵打仗的思想，把政绩追求聚焦到对胜利负责上来，怀打赢之志、谋打赢之事、尽打赢之责。否则，说得再好也是无稽之谈，做得再多也是无用之功。只有军中每一人每一事都"对胜利负责"了，才不会把老祖宗留下的地盘守小了！也才能真正"告慰蓝天"！

大哥的儿子张昊也是一名"空中雄鹰"，他性格直爽，血气方刚，飞过多种机型，包括中国空军最新型的歼20战斗机，飞行技术相当好，曾经拿过对抗团体第一。在2019年新中国70年华诞阅兵式和2021年中国共产党成立百年华诞庆典上，我国空军战鹰列阵在雄伟的天安门广场上空，那架歼20长机就是大哥的儿子张昊驾驶的！革命自有后来人！张昊继承和发扬了先辈忠诚于党、忠诚于祖国、忠诚于人民的政治品质，以及甘洒热血写长空的英雄豪气！看！战机在蓝天翱翔，他的心永远与

祖国同在，永远与人民同在，永远与巩义市家乡父老同在！正是：虎父无犬子，将门出良才。卫国守领空，一代追一代！

从马载尧到马晓天再到张昊，这种一门三代军人，为民族的独立和解放、为祖国的发展和强大，不追求财富，不追逐名利的红色家庭有很多，但是父子两代人同为战斗机飞行员的家庭并不多见。在各个军兵种中，战斗机飞行员无疑是素质要求最高危险系数最高的一个。作为空军司令的儿子，有多少高薪舒服又没有风险的工作可做？"能让自己的子女当战斗机飞行员，这样的空军司令非常了不起。让人从心底里佩服！"百姓们这样说。老百姓有理由相信中国共产党，定能让人民长长久久地过上幸福安宁的生活！

啊！曾几何时，曾祖父张荫南老先生将一双儿女和外孙马载尧送往延安的时候，他是否想到了今天？"后会如有期，同向光明路。"我们党披荆斩棘带领人民所取得的伟大成就，不正是他老人家所向往的光明之路吗？！曾经他用实际行动诠释了对共产党、八路军的热爱。如今，这种红色基因已经通过血浓于水的亲情得以代代相传，曾祖父若在天有灵，一定笑得胡子都抖动起

◀马晓天上将参加《庆祝中华人民共和国成立70周年系列活动暨共和国将军书画展（1949—2019）》，并书写了"天道酬勤"四个苍劲有力的大字。

来了。

我觉得，载尧伯虽然不姓张，但他从小和母亲一起在姥姥家长大，同样受到张家家教家风的熏陶，骨子里流淌着张家人的血，和张荫南有着相同的气质。他有理想，有抱负，足智多谋，英勇善战。他走过枪林弹雨，迎来祖国解放；他养育优秀儿女，为民奉献子孙。这就是他人生的闪光之处！

六、忠于职守的父亲张虚

我的父亲张虚，1933年10月出生于河南巩县张岭村老坟底下。中共党员。他是老屋的第四代传人。父亲同样也是在自家的私塾接受启蒙，也是在"清宁和"的训诫下长大的。

父亲告诉我：他出生时，我的爷爷正在上海读大学，那年寒假，爷爷特意从上海带回两桶冠生园生产的高级饼干，并向全家人"郑重"宣布：这是给我儿子买的！为此，奶奶嗔怪他——不足成（不够成熟）。后来，奶奶一直将那两只湛蓝、锃亮的方形饼干桶放在八仙桌上的座钟两边，父亲看见它们，总能想起爷爷。可惜，这两

▲ 父亲张虚

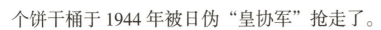
个饼干桶于 1944 年被日伪"皇协军"抢走了。

父亲记得，就在爷爷投奔八路军的那年冬天，一天傍晚，爷爷匆匆赶回了老家。第二天，他用一张红纸条写上"打倒日本"四个字，贴在我家学院过厅屋的墙上，让我的父亲坐在特制的黑漆小罗圈靠背椅子上，面对墙壁教他认识这几个字，还教他唱："大刀向鬼子们的头上砍去！"

在一个雪后的早上，爷爷领着父亲到家门外南沟的园子里拔菠菜。爷爷手持长把铲在前边开路，父亲跟在后边。到园子里，爷爷拨开积雪、拔出菠菜，他的动作是那么矫捷有力，在父亲的眼里显得比谁都高大。

（一）随母长大

没过几天，爷爷和三姑奶便向家人告别，离家去延安了。那天清晨，奶奶抱着我刚满 5 岁的父亲迎着凛冽寒风，站在村头韩坟边沿的高岗上，目送他们兄妹远去。太爷爷心爱的大白马驮着他们的行李缓缓向东，猩红色的鞍套在白马背上格外显眼……看不见人影了，却仍然依稀听到马的嘶鸣声。后来的岁月里，父亲只要一听到"风在吼，马在叫，黄河在咆哮……"的歌声，就会想起这令人难忘的送别。

幼年时，战乱频仍，父亲跟着家人东奔西跑，躲避战火。青少年时在巩县中学（初中）读书，学校位于老县城鳌岭，校园里绒花香气扑鼻，学校附近的"文庙"静静地聆听孩子们的读书声，排排瓦屋里，学生们将稻草垫在苇席之下，夜晚席地而卧，吃红薯面发糕苦中作乐。

在父亲的童年记忆里，还有一个关于"红皮带儿"的故事。

那是1940年的一个暮春的傍晚，在我家宅院的梧桐树下，全家老少四代人，分别在窑洞门口、房檐下边、小方桌旁，手捧黑色粗瓷大碗，呼呼噜噜大口喝着"酸汤"（主要以醋和盐调味的面条汤）。因为家乡农民在旧社会，晚餐历来不吃干粮，"喝汤"便成了晚餐的代名词。如傍晚出门遇上熟人，习惯的问候就是"喝汤了没有?"

父亲是全家人的宝贝疙瘩，每每喝汤时，他的曾祖母都会掰给他一块"酥馍"（凉馒头），算是享受了"小灶"待遇，那天父亲接过酥馍，便高高兴兴丢下汤碗，啃着馍出门玩儿去了。

在家门外面的"上马石"上，一个叫兵娃的男孩儿，向父亲显摆他的皮带儿。他撩起上衣，鼓着肚子，十分神气。那是条三节皮带，扣子是铜铸的，圆形，"智、仁、勇"三个字呈扇面铸在上面，黄灿灿熠熠闪光。父亲着实被吸引住了，情不自禁地伸手去摸，但手被对方轻蔑地打开了。

　　父亲委屈地跑回家来，见我的奶奶正在土窑洞里，趁着铁灯台上勺样棉籽油灯的亮光，低头用红布给他缝"皮"带儿，因为父亲闹着要皮带儿已多天了。听说买皮带要到百十里的洛阳城，路远价贵谁舍得花这项钱，况且我奶奶也没钱。可是奶奶不忍心让父亲失望，就动手仿制。父亲见了奶奶第一句话就说："兵娃爸给他买的三节皮带儿真美。我不要你做的。"奶奶说："一样能搇（束）裤子。"父亲说："不好看。"边和她对嘴边哭闹。

　　奶奶越是低声哄他，父亲越是不识哄，哭得劲儿更大。奶奶终于生气了，提高嗓门吼道："兵娃他爸会买，我买不来，你也去找你爸！"父亲一听愣住了，觉得"你爸"这词是那样生疏。他记不得爸爸的模样，只影影绰绰记得爸爸教唱过"大刀向鬼子们的头上砍去。"现在把买皮带儿的事儿推给爸爸，显然半点儿指望也没有了。于是，父亲躺在地上打着滚大嚎起来。奶奶便拿出扫床的笤帚，用把儿抽打父亲的屁股。父亲赶快爬起来蹿到

前院喊姥姥儿。奶奶又追到前院，父亲吓得绕着梧桐树转圈，直到把奶奶气得扔下笤帚，颤抖着瘫在树下的柳框竹墩儿上，大放悲声。母子俩的哭叫声，惊动了姥姥儿和太爷

爷他们，还有位住在客院儿里（张家学院）的军官太太。大伙儿自然要问缘由。

几天以后，"喝汤"时分，梧桐树下。聚金爷把一条通长的红皮带儿递给了我父亲。大人们忙问哪来的？聚金爷说："是在咱家住过的那位当官儿的张太太给买的。"他又压低嗓子说："张太太还说，要好生照看这孩子。娃他爸迟早要从太行山上打下来的。"父亲不太专心听大人们的谈话，只是一个劲儿端详、抚摸那条红皮带儿。虽然不是"童子军"的三节皮带，但总算是皮的，而且又是正红色的，比兵娃那黑红色的还美气。又摸摸屁股，小心眼思忖：红皮带儿来得不易呀！

张太太为什么会给我父亲买皮带呢？原来她丈夫所在的"游击纵队"的司令魏凤楼，早年是爱国将领冯玉祥将军的卫士。抗日战争期间他组织"抗日游击纵队"，驻扎在邙山岭，守卫黄河南岸。这支队伍的官兵，有很多共产党员。那天聚金爷赶牲口送张太太到偃师县城，转道去洛阳。张太太想起我父亲为要"红皮带儿"挨打的事，特意给我父亲买了条"红皮带儿"，让聚金爷带回来的。可见，在民族危难的关头，八路军的后代系着多少颗善良人的心啊！

父亲告诉我，他小的时候家里养了两只狗。一只是黄色的，另一只是棕色的。它们的妈妈是一只德国狼狗，尖耳朵，黑黄相间的毛色，拖着一条下垂的扫帚长尾巴。

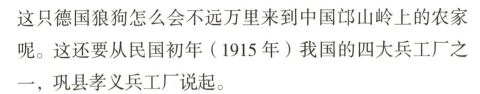

这只德国狼狗怎么会不远万里来到中国邙山岭上的农家呢。这还要从民国初年（1915年）我国的四大兵工厂之一，巩县孝义兵工厂说起。

该厂在筹建与投产期间聘请了不少外国专家，特别是德国人。1937年"七七"事变后，孝义兵工厂成了侵华日军的重要轰炸目标，国民政府被迫于同年9月下令该厂南迁。狗的德国主人不知何故把它丢弃在当地。因为我家与孝义兵工厂隔着一条洛河，相距十余华里。我的大爷爷是位专攻英语的大学毕业生，在知识和趣味上有点倾洋，加上当时家境还算殷实，养只大洋狗不成问题，于是几经周折领回了这条花狼狗，给它取名"花娄"。可惜花娄找不到与其血缘相近的伙伴作配偶，便马马虎虎生下一群体形较小尾巴向上卷的狗仔。不过有的狗仔毛色却很特殊，棕色的尤为少见，我的大爷爷便挑黄色与棕色的各留一只，其余的全都送人了。然后又按照它俩的毛色分别起名叫耶娄（Yellow）和布朗（Brown）。可怜的是它们的妈妈后来叫驻守黄河南岸的国民党军官相中了，硬是被强拉随军去了。

耶娄和布朗很快就能看家了。我的高祖母当时已经80多岁了，白天总喜欢坐在我家大门两侧的"上马石"上边，乡亲邻居从门前经过时，顺便会问候她一声或说上几句话。没有人时，她就闭目养神，耶娄或布朗就卧在石台下陪伴老人，夜里它俩会分别在门洞里或北屋的廊子下守护。有时父亲和小伙伴们也带它们到山沟或荒野追逐野兔和松鼠，玩得非常开心。

1944 年麦收之前，日本侵略军攻占洛阳城。我的家乡成了日军的占领区，随着跟进的是黄河北岸的土匪，也就是号称"皇协军"的汉奸队。有一天中午，人们正吃午饭时，匪徒涌进我们村，我的家人和乡亲们哭喊着四散奔逃。耶娄和布朗却坚守岗位，尽职尽责。它们先是在大门口守护吼叫，匪徒们向大门里冲，它们边叫边退，双双退进窑洞，守住窑洞门，匪徒们始终进不去，便向窑洞里投掷火把点燃了窑内的桌椅、床铺和木隔扇，引起大火。耶娄见大火封门便冲出窑洞，布朗一时头脑发昏，只知往窑底垴跑，断了出路，被活活烧死。匪徒被周边愤怒的村民们赶跑后，父亲回到家，只见被烧成黑窟窿的窑里，布朗的骨骸已成焦炭，但保持着完整的体形趴在窑洞的地上。耶娄在冲出火海时，背部和大腿被烧伤几块，露出鲜红的嫩肉。幸亏我奶奶多少懂点医治烧伤的知识，立即用陈年的石灰墙皮，拌上植物油，溶解后涂到伤处，它伤愈后又活了许多年。耶娄和布朗这两个忠实可爱又可敬的小伙伴，陪伴我的父亲度过了残酷的抗日战争年代，同时也见证了日军侵华的滔天罪行。

（二）成年随父

我的爷爷随刘邓大军进军大西南后，给我父亲写了

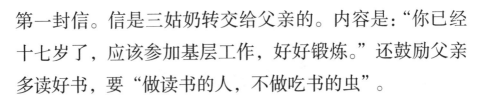

第一封信。信是三姑奶转交给父亲的。内容是："你已经十七岁了，应该参加基层工作，好好锻炼。"还鼓励父亲多读好书，要"做读书的人，不做吃书的虫"。

受父辈影响，我的父亲1948年开始追随革命，先是参加了巩县民教科工作，协助做一些抄抄写写和走门串户的群众性基础工作。年满16岁以后，他又按照爷爷张克刚的教诲，在三姑奶张熙如的具体引领下来到了北京。

1950年"国庆"前夕，北京朝阳门城楼下，从尾部烧着木柴铁桶的叫不出名号的老式汽车上，走下一个身材瘦小、面色发黄，不足17周岁的小青年，上身穿一件靛蓝色土布缝制的学生服，下身穿一条又短又肥的白色土布"制服"裤，肩扛一个被窝卷，口操浓重的豫西口音，沿着秋雨后凹进地面很深的朝外大街，一边问路一边跺脚甩着泥巴，向东岳庙走去。这青年就是我的父亲张虚。

他掏出由中共北京市委组织部经市公安局人事处批转的介绍信，交给红墙下肃立的身着解放军军服、左臂佩戴盾牌、印有"公安"字样臂章的门卫检验后，顺利地进了东岳庙山门。当他迈进二门门槛时，一位老红军的声音在他的耳边回响起来："我是长征路上就做保卫工作的。干公安保卫工作，一进门就要准备干一辈子，轻易不会让你出来。"脑子想着，脚步不禁慢了下来："能坚持一辈子吗？"他暗自问着自己，然后定定神，在心中回答："能。"于是抬脚迈进了北京市公安局的门槛。从那天起，父亲在首都公安战线整整奋斗了 44 年。

（三）献身公安

1950 年冬天，父亲在位于朝阳门外东岳庙的北京市公安局公安学校第三期学习。有一天，在作为学校礼堂的第三层院子中间的大殿里，学员每人坐个马扎，临时摆上几张桌椅权当是讲台，北京市公安局副局长兼公安学校校长张明和开始给学员们讲课。他在讲课中提到了这么一件事，说的是 1949 年为便于举行开国庆典时国家领导人阅兵和群众游行，北京市人民政府在会前决定把天安门金水桥前面的一对华表和两尊石狮子，分别由原地各自向北移动 6 米。有一天，一群"老北京"围着石狮子七嘴八舌地议论着。这时在天安门前值勤的一个战士，见众人对这事颇为关心，便参与进去煞有介事地说："挪动石狮子可不是件小事，英国、美国、法国都通知了……"那位战士正在眉飞色舞地高谈阔论时，市纠察总队长张明河在人群中走出来制止了他。事后狠狠训斥了那个战士，他说："按你的说法，我们挪动两个石狮子都要告知英国、美国和法国，那么我们还能叫独立自主的新中国吗？你虽然是个战士，一言一行也是代表解放军和新中国的，不要不懂装懂、胡说八道！"这个例子对父亲教育深刻，他牢记住了作为一名首都公安战士，不仅要有业务功夫，更要讲政治。

由于抗美援朝、土地改革、镇压反革命三大斗争的需要，经过几个月的政治审查和公安基础业务知识培训，到年底，第三期学员就毕业了。最让父亲难忘的是，公安部部长（兼北京市公安局局长）罗瑞卿同志在毕业典礼大会上的讲话。那天上午，在一阵热烈的掌声中，罗部长走上临时讲台，学员都兴奋地站了起来，当大伙都坐回"马扎"上时，父亲仍呆呆地站着。因为他个子小，刚才没看清楚罗部长，再者他也没见过这么大的"官儿"。罗部长那高大魁梧的身材和严整的寸头给他留下了第一个印象。他与其他领导不同之处是，脱下军大衣后，脖子上还衬着一条咖啡色毛围巾。一直到罗部长开始讲话时，父亲才被团小组长拽到"马扎"上。罗部长在讲话中说："我们北京有北京大学、清华大学，为什么没有公安大学？因为公安大学就在人民之中，你们走上工作岗位，向人民学习，也就进了人民公安大学，可以学到很多其他大学学不到的学问。"父亲当时虽然参加了公安工作，但还是想继续上学，认为只有大学毕业才算有学问，罗部长给他解开了这个心结。

1951 年，庆祝中国共产党诞生 30 周年的纪念大会，是在先农坛体育场举行的。毛泽东主席和刘少奇、周恩来、朱德等党和国家领导人都要出席。主会场在外五公安分局管界，但外围警戒任务涉及外一、外二、外三等分局。父亲当时在外一分局第四派出所，为加强警卫，昼夜在前门大街沿线巡逻。7月1日中午，父亲突然接到通知，叫他到东珠市口大街分局大院开会。原来是让他和另外4位同志作为分局的代表，参加先农坛的庆祝大会，那4位同志是李修、何瑛、高广志、张翔。他们站在主席台下正前方。那天从夜里就下雨，下午3点钟毛主席等国家领导人登上主席台时，雨小多了，当时似乎天上还出现了彩虹，因为父亲两眼大睁只顾看毛主席，所以也没有记得太真。他记得最清楚的是，毛主席把两个献花的小朋友拉到身边，用他那宽大的驼色风雨衣遮住小孩的身体。当天毛主席没有讲话。为此，台下递了好多纸条，请毛主席讲几句。毛主席始终没讲，但也没怪罪递纸条的人。那天主讲的是刘少奇同志。他提出"光荣、伟大、正确的中国共产党万岁"，并且以建党30年的实践征程，分别论述了光荣、伟大、正确之所在。接着诗人郭沫若朗诵他的祝贺诗："你，顶天立地的巨人……"散会时，风雨大作，父亲他们蹚着土路上的积水，回到分局。

在父亲的记忆里，20世纪50年代初，鲜鱼口内的大众剧场算是北京城有名的戏园子了，爱国艺人常香玉进京，就是在这里演出名剧《花木兰》的，他也是在这里第一次见到这位巩县老乡的。父亲说，那晚他在大众剧场的门庭还露了一次怯。

那时父亲已经是派出所的外勤干事了，负责检查娱乐场所的治安情况，当时剧场里还保留着旧警察局为维护剧场"风化"和"秩序"而专门设置的"弹压席"，偶尔父亲也会上去坐一刻。那天他听说常香玉在那里演戏，一股乡情油然而生，便骑自行车在辖区转了一圈之后，推车进了大众剧场门庭，票房的茶役还帮他开门搬车，当他把那辆又旧又重的日本富士牌自行车支起来后，去拔车钥匙，可怎么也拔不下来，开始茶役们不便出声，他还一个劲拔，后来一位年长的看不过，才说：你得先锁上才能拔下来。父亲的脸顿时有一种发烧的感觉。好在，那时京城里的多数人对他们这些刚进城的"土包子"还是怀有善意的。

那时父亲单位的伙食是每天上午9点和下午4点两餐糙米饭、玉米杂面窝头和熬白菜，炊事员的工钱还得由吃饭的警员们分担。这对于昼夜24小时分班轮流徒步巡逻的十七八岁的小伙子来说，实在是一种煎熬，每天饿得心发慌。"三反""五反"后，市公安局才命令改为三餐，并且由公家出钱给雇炊事员。于是父亲他们用退回的炊事员工资，买了一台"克郎"球，算是全所的文体活动器械。

父亲记得在玄帝庙东口路北有一座小院，北房和西房住着一户姓汪的，是电业局的退休工人。他的女儿患精神病，经常跑到前门大街，站在五牌楼下马路中心

"指挥"车辆交通，害得我父亲数次去通知她爸爸到交通队领人。这院东厢房的住户姓刘，通县（通州）人，经营纽扣等类小百货。有一天，我父亲到刘家查户口，见炕上坐着一位小青年，他就是后来成了著名乡土文学作家的刘绍棠，当时正在保定中学读高中。因为那时他的处女作《大青骡子》已问世，给父亲留下了很深刻的印象。

玄帝庙 39 号坐南朝北，大门冲着空场，房屋建造的质量在那一片数上乘，主人是开绸缎庄的坐商。他把门里西跨院的一间小北房，不知是租给还是借给了一位老太太住，这位老太太姓段，是河北冀县（冀州）人，国民党军统行动特务、人称"飞贼"的段云鹏管老太太叫婶娘。段云鹏曾潜回大陆密谋刺杀毛泽东主席及其他中央领导人，公安部陈龙副部长亲自指挥，在全国"架网"捕捉飞贼，我父亲负责的就是这个"网孔"。

玄帝庙附近的豆腐巷（现改为得丰巷）里有一位长者名叫吴克玉，以卖回民小食品为生，那时已 60 多岁了，高鼻梁、花白连鬓长髯使人望而起敬，是位爱国的穆斯林。他不惜耽误买卖，在街头巷尾和年轻人结伴，奔走宣传抗美援朝，发动捐献购买飞机大炮；开展爱国卫生运动，帮助居民灭蚊蝇，翻盆倒罐堵树洞，抗击美帝细菌战；带头揭发反革命分子和欺行霸市的恶势力，积极参加镇压反革命运动……

　　出了豆腐巷，进到和大栅栏相对的鲜鱼口街，在路北有个兴华园浴池，解放前有位姓芦的就在这里以"看池子"为掩护，从事我党的地下工作。那时前门外的"一品香""东升平""兴华园""清华池"等几家大澡堂的员工中都有中共地下党员，他们还有个地下党支部，归中共北平市委的"平委"领导。后来老芦从兴华园调出，和我父亲同时在前门公安分局侦察科当科员，他们成了亲密的战友。

　　在父亲的味觉记忆里有个"会仙居"炒肝店，当年每当巡逻路经这里，那夹杂熟蒜味的炒肝是那么诱人，可惜囊中羞涩，始终不敢品尝。后来虽然是吃得起了，但他已调离前门地区，其他地方的炒肝一来不如"会仙居"的地道，二来父亲怕那些肠子洗得不干净，竟再无问津的兴趣。

　　"会仙居"的斜对过就是当年的"震环"帽店，那时帽店门前蹲着一只木刻的黑漆猴子，栩栩如生，惹人喜欢，也为主人招来了不少买卖，因此"黑猴"便代替了"震环"的官称。这家掌柜之所以要以黑猴为幌子，据说是清末民初开店之始，掌柜的在店门口拴了一只真的黑猴用于看门，当"黑猴帽店"传开后，黑猴却死了，掌柜的只得用木猴取代。

　　1951年开始的"三反""五反"运动中，为了清除旧警察作风，树立人民警察的新形象，当时北京市公安局出版的《首都公安报》于1952年4月4日，曾发表了一篇专访我父亲的文章，题目是《青年团员张虚同志》。文章是这样写的：

提起张虚同志，外一第四派出所的同志们都说："张同志真是个好同志！在工作上总是踏踏实实的，能往工作里钻，政治上进取心很强。别看他年岁小，比别的同志都进步得快。"

张虚同志今年19岁，是青年团员。1950年12月从公安学校毕业后，就到外一第四派出所担任户籍警。对这一套生疏的业务，他曾下了很大的功夫去钻研。在他负责的责任区里，一共有400多户。他常常在休息时间翻看这些户口簿子，把每一家户主的名字、职业等默默记在心里，等到下去了解情况时，就很容易熟悉每户的情况。为了便于检查工作，他作了一张表，每次下去工作回来，都在表上做记号。到一定的时期，他就检查一下自己是否有漏掉了的户口没去了解。由于他肯在工作上下功夫，他很快就把户籍工作熟悉了。

第四派出所缺一个做民政工作的同志，后来又调他作民政工作。他以同样积极负责的态度，担负起这件新工作。有时候群众来找他问

▲ 青年张虚

事情，因为他的河南口音不大容易听懂，他往往一遍又一遍地和别人解释，态度总是那么和蔼。因此，群众都说："张同志脾气真好，一点也不爱着急。"

张虚同志对学习抓得很紧，派出所同志都愿意选他做学习小组长。他对大家的学习很负责任，如果派出所领导上还没有布置学习什么，他就自动在《人民日报》上或《首都公安报》上找些材料，帮助大家学习。

无论在哪方面，张虚同志都能热心地帮助同志们进步。当他发现哪一个同志有点错误的时候，他总是想办法耐心地去说服别人，对个别同志的落后现象，从来是采取积极帮助的态度，及时提出批评。因此，全所同志都说："张虚同志能在政治上团结同志。"

有一次，我见到张虚同志，我说："张同志！大家都说你工作很好。"他笑着说："哪里能说好呢？我工作日子这么短，一切工作只能说刚开始学习，我现在唯一的目的就是从实际工作中提高自己，使自己能更多地给人民做些事情。"这时候，他像回忆起什么事情似的，从抽屉里拿出一封信来，他说："这是我父亲给我的信，他从 1937 年参加革命后我还没有见过他，是个光荣的老党员哩。"说着，指了信上做了记号的一段话给我看——"你要下决心努力进步，

▲ 中年张虚

不要空想做大官，做大事。要想着去做劳动英雄，去做无名英雄。一个人最好是把一件小事做好，最可怕的是天天想做大事，而连小事也做不成。你要做老实人，不要想讨巧。要记着：世界上没有近路，任何事情都要自己去下苦功夫……"接着，他又说："我把父亲的话当成座右铭，每当思想上稍微有点波动，我就拿出父亲的信看看，并且我时时刻刻想着自己是一个青年团员，以一个青年团员在各方面应起的模范作用来要求自己，我做的还很不够，我只有在组织的培养下，努力进步，做个人民的好勤务员。"

这篇文章刊发后不久，父亲就光荣地加入了中国共产党。

在 1955 年 7 月开始的"肃反"工作中，我父亲是赴东北三省调查组的领队，从 1958 年夏到同年 10 月底，多半年时间，奔走于沈阳、长春、哈尔滨、齐齐哈尔等地，外调中经历了很多既后怕又好笑的事。

那一天，我父亲带领两名调查员直奔兴凯湖劳改农场。该场是 20 世纪 50 年代继茶淀农场之后，北京市公安局在外地建的又一个大型劳改场所，地处黑龙江省密山县境内的兴凯湖腹地，与苏联国境相连。兴凯湖有大小之分，小兴凯湖全属我国，大兴凯湖的 2/3 属苏联。农场就建在两湖相夹的荒地东边，紧靠松阿察河国境线。他们到密山县下火车，接着坐卡车到湖边，准备乘木船横渡小兴凯湖到农场去。上船时已是午后三四点钟了，他们坐在船板上远望水天一线，湖光山色在西斜的阳光映照下更加多彩多姿，心情颇为惬意。不料船行不远，同行的一位大个子调查员，突然腹疼拉肚，船上没有卫生间，我父亲只好拽住他的双手，让他向湖里拉屎。当时船已行到湖中心，扯起风帆，行速相当快，他的屎随风飞舞，打着转儿落入湖中，招引来众多鱼类，其中号称"游泳冠军"的大白鱼最多。我父亲低头看着水面，不一会儿就头晕眼花，胃部痉挛，生怕拽不住他一同坠入湖中，好在这样的担忧没有发生。

还有一次，我父亲接到任务，独自前往齐齐哈尔市监狱提讯犯人取证。不巧，那个犯人所在的劳改队头一天调到哈尔滨以东的"干提溜"山挖铁矿石去了，我父亲连夜乘火车向东追去，在一个叫笔架山的小车站下车。那时已是第二天的午后了，老乡指着南边的山峦说，听说"干提溜"就在那群山之中，走近了你再打听吧！当时父亲对"看山跑死马"这句话的含义还没有过体会，便兴冲冲地向南边走去。走了一程又一程，眼看太阳就要落山了，还没走到大山脚下，连行人也没有。有的是山谷间的片片乔木林和林边的潺潺溪流。好不容易从林中走出个老乡，没等上前和他搭话，就钻进另一片林子了。他多了个心眼，怕在林中遇害，但又不愿舍弃这位义务向导，于是便尾随其后，穿过两三片树林才遇到个小村庄。父亲心想在村边即便前头的是坏人，他也不敢下手，便紧走几步追上他，不料那人是个朝鲜族人不会说汉话。正在走投无路的时候，村子里出来个老乡是汉民，他说相距不远了，进了前面山口，顺着他们新劈开的小路就能找到山上的营地。父亲边走边察看被砍断的荆棘茬子和新土痕迹，掌灯时分，终于走近一幢窝棚，原来这就是劳改队的队部。他连夜提讯了那个犯人。躺下睡觉闲谈时，父亲问先期上山的管教干部，"干提溜"是什么意思，他说这山上生长着一种草本植物，类似瓦松，十分耐旱，连根拔出，倒悬空中，长时间内不仅根须不干，而且叶茎还能生长，生命力极其顽强，故名"干提溜"。

在 1957 年的整风运动中，党中央提出知识分子劳动化，要求"三门"（出家门、进校门、入机关门）干部，接受劳动锻炼。于是北京市公安局"造林大队"应运而生，它的前身是茶淀清河农场的干部农场，当年近 500 名"三门"干部奔赴茶淀。后来按照上级指示精神，以茶淀清河干部农场的 500 名下乡干部为基础，组建造林的专业机构。从此，北京市公安局造林大队宣告成立。

造林大队自 1958 年建队到 1978 年正式撤销，常年参加造林劳动的干警多达 700 多人，加上短期锻炼的，高峰时超过 1000 人。这些人，除了开始的"三门"干部

外，有相当一部分是按照当时"左"倾路线的尺度，被认定为需要下乡劳动的干警。我父亲是在20世纪60年代初期下放"造林大队"的。

这么一大批人马火速开进山村驻扎，困难是相当多的。移师之前，经与当地有关部门反复协商，选定在房山县城西周口店附近龙骨山下的娄子水村安营扎寨。

之所以选定娄子水村，原因有三：一是村子较大，队员可以暂时分散借居民房。二是娄子水村是几条主要山沟的会集点。三是距周口店火车站较近，交通运输方便。娄子水村历史上就小有名气，清末诗人王邦屏在他的《过娄子水村》诗中用"山花多杂色，野草不知名。屋每循崖结，田都累石成"的诗句，描绘了这座古朴村落的自然美景。

父亲说，他和几个同事在娄子水村住在一座农家小院的一间西屋里，大约有10平方米，进门一字形火炕，正中间是火炉，在炕沿边突出一个半圆形的台子，可以放水壶和茶具，没有家具，只有两个矮凳。房间低矮，四壁黝黑，阴暗潮湿。"这和家乡当年的老屋相比，条件差多了。"父亲在心里默默地说。

整个冬天，积雪封山，异常寒冷，拉煤御寒是主要劳动内容，开山伐木、垒石盖房解决住宿问题成了重中之重。很快，队员们在娄子水村西的荒山坡上，建造了50多间平房，解决了大队部和直属队的办公和住宿问题。

110

后来又盖了一座 100 多平方米的礼堂兼饭厅。

造林大队的植树绿化区域是以娄子水村为起点向西北、西南延伸的，覆盖大金山、宝金山、黄山店、上方山等数百平方千米范围的荒山、秃岭、沟壑、水峪以及河滩。因地制宜，能造梯田的山头就造田，能挖水平条的就开水平条，连水平条都开不出来的就挖鱼鳞坑。无论在什么地块上种树，对树坑都有严格的质量要求，达不到质量标准，不许验收。在石多土薄的荒山上作业，主要工作是凿坑，壮劳力半天也挖不成 2 个坑，有的挖成个石臼，植树时还需从远处背土填进去。大多数队员的任务是挖坑备用，待雨季到来再突击种树。选的树种也是按照土壤条件分配的。适合油松生长的山头种油松，宜于洋槐生长的山沟种洋槐，鱼鳞坑就种紫荆花条等灌木，沙河滩挖石垒堰平整后栽种桃、梨、苹果、葡萄等果树。全大队栽种的果树至少有 1600 亩。育林面积就更大了，仅上方山周边这个作业区就栽种 3000 多亩。建队三年以后，队员们的汗水就结了果。1960 年桃树首先挂果，当年就收获 10 万多斤，被选定为人民大会堂国宴的特供果品。1962 年以后果树普遍进入成熟期，每年仅销售出的鲜果就在 30 万到 40 万斤，还远销到香港。

父亲说，造林大队从建立到撤销，经历了"大跃进"、三年自然灾害和"文化大革命"，正是我们国家动荡和困难的历史时期。在这特定的社会环境中，通过从

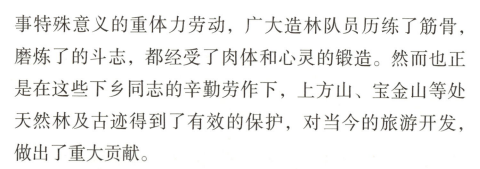

事特殊意义的重体力劳动，广大造林队员历练了筋骨，磨炼了的斗志，都经受了肉体和心灵的锻造。然而也正是在这些下乡同志的辛勤劳作下，上方山、宝金山等处天然林及古迹得到了有效的保护，对当今的旅游开发，做出了重大贡献。

父亲告诉我，人们常说"南有苏杭，北有上方"，"上方"指的就是房山县的上方山。上方山古树参天，绿荫蔽日，名刹庵院棋布，山泉清泓映翠，历代都是京畿名士的旅游胜地。前人曾以"境比桃源信不惠（惭），莳花种竹似江南"的诗句，描绘其迷人的景色。山上不仅有茂盛的竹子，而且有印度的菩提树以及黄檀树等华北罕见的树种。中科院植物所把这里当作天然植物园，派人长年进行观察研究。至于兜率寺、云水洞、云梯、摘星坨等古迹，前人吟咏的诗篇就更多了。有以"万丈悬崖万丈梯"形容云梯险峻的；有以"归来携得星双袖，供向香龛做佛灯"抒发登摘星坨举手摘星的豪迈心情的；还有以"千重云气绕，几道水声通"诠释云水洞之命名的，等等不一而足。当年，造林大队特派一个中队进驻上方山封山护林，维修了行将倒塌的禅房、庵堂。在寺庙废墟栽种果树，在桑树林中养蚕，还派专人看守云水洞。队员们在天然林腹地劳动时，从盈尺的落叶层中发现了华北罕见的木本灵芝，大的15厘米，状如云朵，色似重枣，曾分别送国家自然博物馆和植物研究所，供展览和研究，受到褒奖。

定金山位于堵墙山的北支脉，上有净业寺，另有一所俗称老公院的别墅式庭院，据称是清末慈禧太后宠爱的太监头子李莲英的避暑去处。造林队员进驻后，尚有一名年迈的老太监在那里苦熬残年。队员们帮老人护理庭院，照料生活，相处多年。改革开放后，上方山、定金山均成为休闲旅游区。

父亲说，造林大队是人才荟萃的所在。能写能画的、吹拉弹唱的、会开飞机的、会翻译外国话的、领过兵打过仗的、钻入敌营潜伏战斗的，等等，要文的有文的，要武的有武的，各类人才都有。有些同志重返工作岗位之后，不少人成了北京市公安局内外各条战线的骨干。

▲ 前排中是我的父亲张虚

有的同志调到外交部、外经部工作，均发挥了他们的专业造诣，走上了不同的领导岗位。当然，也有的同志在那个特殊年代，致伤致残，甚至献出了年轻的宝贵生命。

娄子水村是造林大队队部所在地，也是造林大队的大门槛，凡到造林大队下乡劳动的干警，必须先踏进娄子水村，娄子水村见证了北京市公安局干部下乡劳动植树造林的历史。多年来，娄子水人与造林队员结下了深情厚谊。据说还有三名干警与娄子水村的姑娘结了婚，在山村扎根守业了。

父亲说，造林队员不仅用血汗绿化了京西的山川，甚至把血脉扎根在山野，这种奉献精神应该永载公安史册。

（四）遭遇"文化大革命"

父亲说，爷爷坦诚、正直甚至不失童真本色的性格和为人对他影响很深。父亲因此在一段时期里吃了不少苦头，尤其是在"文化大革命"期间。但也正因如此，他和爷爷一样终生捍卫了做人的正理。

不知怎的，"文化大革命"在我幼小的心灵中留下的阴影，总是挥之不去。

我记得我5岁那年夏天的一个傍晚，妈妈刚刚把我从幼儿园接回家，正忙着做饭。我和两岁多的妹妹在院子里玩儿着，突然听到大门外有汽车的喇叭声，我们俩就跑了出去。一看，是爸爸下班回家了。后边还跟着几个和爸爸穿戴一样的人，一看就知道是公安局的。我们刚要开口叫"叔叔"，突然发现这些人脸色怎么那样难看呀，像凶神一样，只有爸爸一个人安然地迈着大步走在前头。他们一进屋，那几个跟着的人就开始翻箱倒柜地折腾开了。他们把我家的许多部中外名著搜走了，同时还把爷爷写的小说的手稿也搜走了。那搜走的是革命的小说，是爷爷的心血啊！最可恨的是，他们竟然把马列、毛主席的著作也一起搜走了。我和妈妈、妹妹都睁大惊奇的眼睛看着这一切。院里的邻居和胡同里的人们都跑来看，小小的院子一时被挤得水泄不通。

那几个搜东西的人，看看他们所需要的东西都已经拿到了，便指着爸爸对妈妈说："他是现行反革命。组织上决定开除党籍和公职，立即逮捕！"

妈妈被这突如其来的话惊呆了，两只眼睛直勾勾地瞧着爸爸那消瘦的脸。围观的人们听到这句话，轰的一声，像炸雷一样地叫开了："什么？他是反革命？""诶呀，真没想到，好好的一个人，怎么就成反革命啦？""不好了，咱们胡同里出了个反革命！"一瞬间，消息传遍了整个街道。我当时不懂这些话的意思，只是看到那几个人马上要把爸爸带走，样子还那么凶狠，妈妈的脸色变得惨白，我又着急又害怕，跺着脚哭闹着，妹妹看见我哭了，她也大声地哭起来。这时，那几个人已经推着爸爸走出了屋门。爸爸忍着心里的剧痛，回过

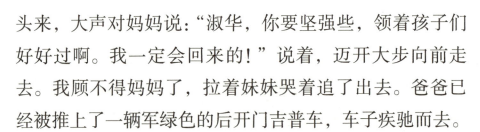

头来，大声对妈妈说："淑华，你要坚强些，领着孩子们好好过啊。我一定会回来的！"说着，迈开大步向前走去。我顾不得妈妈了，拉着妹妹哭着追了出去。爸爸已经被推上了一辆军绿色的后开门吉普车，车子疾驰而去。

后来，父亲被强迫遣送回原籍——河南省巩县（今巩义市），从此一别数年。我永远也忘不了父亲离开家的那一天。

父亲离开家的那一天恰好是端午节。在这之前，一天夜晚，造反派来到我家，逼迫我母亲与我父亲划清界限，否则全家 4 口都得被遣送回河南老家。母亲考虑到河南离北京千里之遥，老家又是个严重缺水的山区，两个孩子这么小怎么能受得了呢？她不同意全家被遣送。造反派们说，除非你们夫妻两个离婚，彻底划清界限，否则必须全家一起走。万般无奈之下，我的父母为了孩子的幸福选择了离婚。但是造反派却只许我母亲留下一个孩子，并且问她留下谁？孩子都是妈妈身上掉下的肉，她哪一个都不舍得呀！于是造反派们让我自己选择跟着爸爸还是跟着妈妈？我毫不犹豫地选择了爸爸。我的爸爸伸出双臂一下子把我拥抱在怀里，流着泪问："我的好孩子。你为啥要跟着爸爸？"妈妈一下子又把我抢回来，哭着对我说："小群儿，你还太小，老家连水都吃不上，你不能跟着你爸爸走。"我说："我已经 5 岁多了，我不怕吃苦。我不让爸爸一个人回老家，我要给他做饭、洗衣服。"妹妹被这场面吓得哇哇大哭。在一旁陪同造反派的我母亲单位的同事李阿姨，看着我们即将被拆散的一家4口和悲伤欲绝的母亲，心中十分不忍，连忙向造反派说情，担保我的母亲一定会彻底划清界限，看在两个孩子都还很小的份上，就让她把孩子们都留下吧。就这样，我的父母被迫离了婚，我和妹妹都随母亲留在了北京。

1967年的端午节是我这辈子都无法忘却的日子，因为这天是父亲被遣送回原籍的日子。

这天一大早，父亲到机关附近的小胡同口，买了一把城外农民应节期偷着卖的鲜苇叶送回家，让母亲给我们姐妹两个包粽子。我们母女三人呆坐在占去半间小屋的双人床上，母亲没有一丝表情，妹妹伸手要父亲抱，我按着她不让扑向父亲。父亲把苇叶放在从寄卖店买回多年的五屉柜上，开始默默收拾他的行囊。

母亲拿起苇叶，坐在屋门口的小木凳子上包粽子。我蹲在母亲的身边，看着她一只手从泡着江米的水盆里抓起一把米，放进另外一只手里已经折成椎筒形的苇叶里，然后又放上两颗小红枣，仔细地包好，用苇绳捆紧，如此这般一个个粽子就包了出来。在这个过程中，母亲始终默默无语，但我却分明听到了滴答滴答的落水声，我寻声向地上的水盆里看去，只见一颗一颗晶莹的小水花轻轻溅起，抬头一看，啊，原来是母亲落下的眼泪！母亲当时的心情到底是怎样的，我一个5岁多的孩子无法理解，但看到母亲流泪了，我也非常悲伤。这时父亲已经将收拾好的行囊背在背上，他在屋门口停了下来，低声对母亲说："我走啦。你们保重吧！"然后就头也不回地走出家门。这时，母亲突然想起了什么，叫住了父亲，对他说："你带上粽子吧。""这还是生的，我怎么带呀？又不能生吃。你还是煮熟跟孩子们吃吧。"父亲说着就走出了院门。这时，我看见母亲的眼泪已经不再是一颗一颗的了，而是像两条小溪一样哗哗流淌着，"妈妈，你别哭哦。我去追爸爸！""快，快追上你爸爸，告诉他，让他有时间回家来看看咱们！"

当我跑出院门的时候，父亲已经走出很远了，我大声喊着："爸爸，爸爸！"父亲听到喊声，转回身子，看到站在院门口小小的我，快速地奔着我一路小跑过来，然后蹲在我身边，问道："小群儿，有什么事吗？""爸爸，我肚子疼。你给我揉揉肚子吧。""好，爸爸给你揉揉肚子。"父亲一边揉一边说："以后你再肚子疼，就叫妈妈给你揉吧。爸爸走了。""爸爸是要回老家去吗？""是的。""咱们的老家在哪儿呀？""你记住：咱们的老家在河南巩县张岭村。""好。我记住了。""你再说一遍咱们老家在哪里？""河南巩县张岭村。""好孩子，你一定要记住，等你上了学，会写字了，一定要给爸爸写信，就寄到这个地方，我肯定能收到。""哎！"我答应着，看着爸爸的背影渐渐消失在胡同的尽头。

回到家后，母亲问我："我叫你跟你爸爸说的话你说了吗？"啊，我突然想起居然忘记了这么重要的事情，但我不想骗妈妈，实话告诉她说："我，我忘了。"我看到母亲的眼神是那么的失落和忧伤，但她并没有怪罪我，又默默地继续包起了粽子。

后来，我常常独自一人坐在院门口的小石狮子门墩儿上等父亲，还经常到胡同口去张望，盼着父亲有朝一日回家来，我一定先把母亲的那句话告诉他。有一次，在胡同口我真的看到了一个和父亲长得很像的男人，赶紧追上去，但又不敢认，一直跟了很远，那男人突然回头冲着我说了一句话："你这小孩儿干吗老跟着我？"我一听口音不像父亲，不是河南话，"哇"的一声哭着往回跑，差一点就找不到家了。

其实，父亲被遣送回原籍后，才得知我的奶奶被重新戴上"右派"帽子，列入"黑五类"。考虑到她的处境，父亲不忍心再给她伤口上撒盐，一直没和她联系。

父亲 16 岁进北京，作为八路军的后代，他光荣地成为北京市公安局的一员。谁能想到会被遣返回乡呢？！

端午节的第二天中午，父亲回到阔别 20 年的家乡——洛河与黄河夹着的邙山岭。那时我的爷爷奶奶早已离家投奔革命队伍，家中祖辈也相继下世，老屋易了主人，父亲随身携带的行李都没处存放，只好堆在打麦场上听候生产队长的"话"。

那些天黄河以南已进入麦收高潮，打麦场里全是社员。于是，父亲那只印有红太阳的木板箱连同他这个说话有点"蛮"的陌生人，都成了被众人围观的稀罕物。直到傍晚，父亲才被安置在一孔破窑洞里，和一位娶不上媳妇的远房亲戚结伴住下，躺在了用条凳和旧时匾额临时搭成的铺板上。

我的二姑奶知道了，不顾别人的阻拦，坚决给我父亲送馍，使他精神上和肚皮里都得到了安慰，因而熬过了回乡后最难过的几天。二姑奶自幼被封建枷锁套住，年纪轻轻就嫁到于家沟，终年为全家大人、小孩的吃穿挣扎、劳累、烦恼……苦难尤甚。可是，二姑奶并没有因生活担子重而消沉。她依然乐观开朗，待人特别诚恳，对晚辈教育方法有时虽然简单些，内心却是十分疼爱的。她苦熬着进了新社会，孩子们也都长大成人，参加了革命工作，不料又被"左"的锁链套住了。

秋天来了，邙山岭的"下蛋"红薯熟了。这可是赖以活命的全年口粮呀！要把上千斤的红薯从岭上肩挑回家，每次往返数里路，对于二姑奶来说实在不易。于是她便托人带信调我父亲这准劳动力帮着运。父亲咬着牙、弓着腰，一担担往家挑。二姑奶总是站在大门口迎送。父亲进门放下担子，她急忙塞给父亲一卷豆面烙馍……

一天傍晚，我的同族兄长孔仁一家正在喝红薯叶面条汤，父亲走进了他们的坑子院内，经过他的自我介绍，孔仁的父母热情地请他喝了汤面条。同时，也知道了他是遭了大难才回来的。

父亲听说孔仁的二弟有病，得的是癫痫病，俗名羊角疯，很难治，很聪明的一个人只得退了学。后来父亲借着祖传中医的底子，又自学针灸，为孔仁的二弟治病，还真是有些起色。村里人大都懂得人情世故，对于乡亲们来说，他们并不过多去考虑政治上的谁对谁错，他们最关心的是自己和家人的温饱康健。父亲的善举，至少让乡亲们知道了他不是所谓的"阶级敌人"。

过了半年多，在乡亲们的催促下，父亲才到密县和我的奶奶见面。那一年的春节，父亲和奶奶是在老家度过的。

除夕夜，家家户户欢声笑语，母子俩却在破窑洞里凄凄凉凉，相对无语。儿想远在京城的妻和女；母想儿媳和小孙女……此时，窑洞里点燃的是用奶奶几十年前结婚时陪嫁的雪花膏瓶改制的煤油灯，灯头如同磷火闪闪烁烁，无比昏暗，母子二人谁也看不清谁的面部表情。终于，还是奶

▲ 张虚和母亲孟隐芳

奶打破了沉闷窒息的气氛，对父亲说："咱们唱个歌吧！"父亲本来是不会唱歌的，何况更没有心情唱，但他深知自己母亲的良苦用心，便清了清嗓子唱起了家乡戏："辕

▲ 张虚和母亲孟隐芳

门外三声炮如同雷震，天波府里走出我保国臣。一不为官，二不为宦，为的是那江山和黎民……"奶奶说："唱得不错，就是嗓子没放开。"

1971年的国庆节，父亲是在家乡忍气吞声度过的。那天正赶上中秋节，乡亲们都想在家团圆，父亲孤身一人，出于保卫国庆的热情和习惯，就主动请求到距村子4里的南岗看白薯地。夜里他高高兴兴钻进窝棚，正在和其他乡亲"侃"以往节日里天安门广场联欢的盛况，生产大队通讯员跑来，说家里有急事，让我父亲赶快回村。乡亲们都十分惊讶，说"你一人吃饱全家不饿，会有啥急事？"不住地安慰他。父亲心知肚明，这分明是大队干部把他当阶级敌人看待的。于是他二话没说，挟上铺盖卷就回村了。

但是村民们并不认为父亲是阶级敌人，甚至还有人准备把一个离了婚的女人介绍给父亲。介绍人说：这女人很好，只是她男人大学毕业后心里又有了人，这才离了婚。也有的人说：人家少旭（我父亲的乳名）在北京有老婆孩子，怎么会在家里再娶呢？

父亲终究没有同意这门婚事，那女人远嫁到了另一个村子。于是，关心父亲命运的乡亲们，在深夜的牲口棚里，就着一盏飘忽不定的马灯，又议论开了。

有人说："少旭那么好的人，咋会挨批判，一下子给批到老家呢？"

孔仁父亲说："肯定是得罪了不能得罪的人了，人家给他小鞋穿哩！"

"干部也不好当，还是咱们好，虽说吃穿差点，开门干活儿，关门睡觉，管他娘谁是谁呢！"

"少旭为啥不愿意娶那女子，人家心里有数，还想着北京那一窝子人哩！将来肯定能打回北京去！"

"能吗？"

"肯定，"孔仁的父亲说，"万事都在变化中，好人总会有好报的！"

听乡亲们说，那些年，父亲在老家吃了不少苦头。虽然村里尽量地安排了他的生活，乡亲们也很怜悯照顾他，但当时农村条件实在太差，连粗茶淡饭都是一种奢望。农业学大寨运动如火如荼，公社里搞大兵团作战，引黄河水上山，父亲也和村民一样，挖隧道，砌水渠。虽然很累，但也省却了自己做饭的麻烦。

孔仁高中毕业前夕当了兵，部队驻扎在河北宣化炮兵学院。父亲平反回京后还曾借办公之余到部队上看望过他。后来，他们之间书信来往、见面就多了起来。1997年，孔仁写了他第一部长篇小说《河洛沉梦》，在父亲的努力下，找到了中国文联出版社一个很负责任的编辑，没多久小说就出版了，并受到多方好评，孔仁很快就加

入了中国作家协会。

当然，这都是后话。

孔仁，原名张鑫奇，笔名古野。

"林彪事件"后，父亲被允许回北京。二姑奶当时在郑州秋彩姑姑家住，父亲去看望她。由于连日奔波劳累，肝火上攻，临要登上返京的火车时，父亲突然觉得舌头僵硬，照镜子一看舌苔发黑。二姑奶大惊失色，一面惊呼着："咦！咋整呢！"一面急忙从一个小口袋里抓出一把生绿豆，放进蒜臼里，一只手捂着、一只手用蒜槌子噼里啪啦地捣着，两只眼睛一直盯着蒜臼，捣碎后，立刻用温开水冲好让父亲喝了。父亲上火车后终于缓解了。这是父亲与二姑奶最后一次相见的情景。

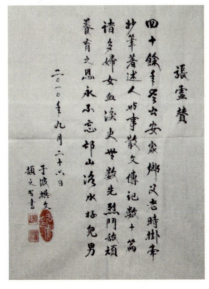

▲《张虚赞》

（五）老骥伏枥

父亲在首都公安战线奋斗了 44 年，他积极投身于维护首都安全的刑侦、治安工作，参与了多次重大活动的安全保卫工作，出色完成了党和人民交给的各项任务，多次受到上级的嘉奖和表彰。

父亲为人正直，群众威

望高，他思维敏捷，工作扎实，办事果断，原则性强，作风朴实，廉洁自律，襟怀坦荡，是一名深受广大民警和百姓尊敬的好党员、好同志。

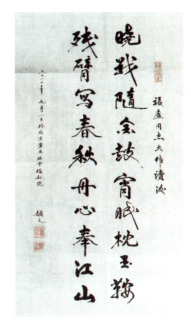

▲ 颉之为张虚所题

党的十一届三中全会后，为配合政法机关拨乱反正，父亲率先发表了剖析青少年失足犯罪的长篇报道，并创作出版了普法教育故事集。他自幼爱好文学，晚年更以习作充实生活。由于在"文化大革命"期间遭受迫害，右手致残无法正常书写，他便克服种种困难，用左手练习写字，并笔耕不辍，先后发表了数十万字的中短篇小说、纪实文学、散文、杂文等作品。代表作有《盾苑拾遗》《洛水悠悠》《嵩洛晚霞》等。

父亲始终不忘自己是一名共产党员。1994年退休后，他围绕国际、国内发生的重大事件和热点问题，自觉学习党的政策文件，自觉接受党的教育，撰写了多篇回忆性文章，在公安刊物上刊登。尤其是父亲的回忆录还为解决"文化大革命"期间原北京市公安局十三处援疆干部回京落户问题提供了宝贵资料和重要线索，表现出一名老共产党员对历史负责、对同志负责的崇高精神和革命情怀。

▲ 我们一家的合影

　　父亲非常重视对子女的教育，经常教导我们姐弟三人要永远继承和发扬先祖爱国家、爱人民、爱劳动的光荣传统。

　　2009年春节，他和母亲给我们姐弟三人写下"牛年寄语"：

自信自强，谦虚谨慎。以俭养廉，敬业上进。

不攀不比，量入为出。教养子女，平安是福。

尊姐爱弟，珍惜同胞。互诚互助，都走正道。

　　为教育后代子孙，父亲克服"文化大革命"时期右手致残造成的书写困难，坚持练习用左手抄录一些诗词名句，与子女共勉。如汉·马援的《诫兄子严敦书》、唐·刘禹锡的《陋室铭》、宋·周敦颐的《爱莲说》等。

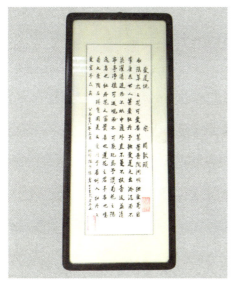

▲ 父亲留下的墨宝

父亲生命的最后时刻，仍然对党和国家充满了无限的热爱和由衷的关切。我永远也忘不了2012年12月的一天，我的父亲病重期间，在北京医院的病床上，他对我说："明天晚上你下班来看我的时候，把中央的'八项规定'带来，我要好好看看。"第二天，我把从网上下载的中央"八项规定"带到了医院。父亲戴上老花镜，双手捧着这张纸，仔仔细细地看了很久，沉思了很久，然后他对我说："中央的'八项规定'太好了！你们要坚决拥护习近平同志，永远跟着共产党！"这也成了父亲给儿女们留下的政治遗言。这正是他一生政治追求的集中体现，也是对祖训"清宁和"的最好诠释。

2011年，在中国共产党建党90周年的时候，父亲撰写了《九旬赞歌》，用以表达对党的无限热爱之情。

九旬赞歌（古风）

——庆祝中国共产党建党90周年

慈母九旬庆华诞，
神州老幼笑开颜。
披荆斩棘拓蹊径，
风雨征程书诗篇。
南湖泛舟红日升，
华夏开启新纪元。
改造散沙国民党，
诚心诚意助中山①。
国民革命军威振，
平定军阀大混战。

蒋系军阀窃军权，
先烈血洒黄浦滩。
揩干血迹挺起胸，
红旗插上井冈山。

共产国际指挥乱，
教条主义硬照搬。

---

① 即民主革命先驱孙中山。

反击"围剿"路线错，

"苏区"被毁一大半。

被迫走上长征路，

屡遇凶险闯难关。

多亏主席毛泽东，

拨正航向奔延安。

敌后开展游击战，

边区军民大生产。

粉碎日蒋齐封锁，

赶走倭寇收河山。

解放战争整三年，

摧枯拉朽驱蒋顽。

五星红旗迎风飘，

建立人民新政权。

三大任务①奠国基，

五年计划始开展。

勒紧裤带抗灾荒，

沙海腹地试"两弹"。

五洲回响《东方红》，

---

① 即 1950 年开始开展的抗美援朝、土地改革、镇压反革命三大任务。

全国人民挺腰板。
如今发声增分量，
缘自前辈有远见。

前进道路须探索，
检验成败靠实践。
改革开放顺潮流，
小平同志走在前。
芝麻开花节节高，
乘风破浪行大船。
坚持基本四原则①，
掌握科学发展观。
防腐打黑勤消毒，
社会主义定完善。
十三亿人达小康，
天下为公做贡献。

2011 年 5 月 5 日

　　父亲对故乡无比眷恋，退休后，他经常回乡祭祖并看望乡亲们。重病期间，他自知时日无多，思乡之情尤甚，于是一首小诗《我的家乡》便吟诵而出。他想告诉子孙后代，我们的根在哪里？告诫后人，树高千尺不能忘本！

————————

① 即党的四项基本原则。

▲ 父亲张虚退休后经常回家乡祭祖并看望乡亲们

我的家乡

豫西邙山我的家乡，

面向嵩岳背靠太行，

黄河洛水环绕膝旁。

古东周封地遗迹犹存，

伯夷叔齐二大贤相让在首阳，

唐杜甫墓郁郁葱葱，引无数后人敬仰。

日照充足土壤肥沃，适宜种植棉粮，

百姓勤劳朴实不张扬。

沿沟壑之势挖洞而居，尽享冬暖夏凉。

皂角树下聚欢村头，沐浴夏日夕阳。

冬来也，挂满大刀御强梁。

六百年张姓传扬，

九支脉共处安详。

啊，可爱的故乡，

我日夜都在遥望。

2013 年 4 月 22 日

2013 年 6 月 28 日，父亲永远离开了我。这一次离去，再也没有了归期，我们只能在梦中相见，互诉衷肠。

父亲曾经对我说："身为共产党员，热爱共产党是不需要理由的。如果非要一个理由不可的话，那就是：没有共产党，我就活不成！如果非要一个期限的话，那就是永远。"

　　父亲一生对党忠诚、襟怀坦荡、恪尽职守、一身正气、两袖清风。他继承和发扬了祖辈的优秀品质，把祖训"清宁和"与党的教导相结合，用他的大写人生诠释了一名共产党员无私奉献的崇高品格。他的这些闪光点为我照亮了人生的旅途。站在父亲的肩膀上，我看到了多彩而美丽的世界。

第三章
走进老屋的女人

一、祖母之前的女人们

我的高祖母康氏出身于书香门第，父亲是清朝年间巩县的"教谕"，相当于后来的教育科长，官儿不大，但嗜书如命，经常给女儿讲授一些中国古典神话故事。康氏很想读书，可当时的社会崇尚"女子无才便是德"，不允许女孩儿读书。她虽不识字，但凭借惊人的记忆力，将父亲讲的这些故事熟记于心。嫁进老屋之后，与我的高祖张宪章共同生养了4个儿子，她将从娘家带来的藏于心中的神话故事一个一个掏出来，奉献给她的子孙们。她一边讲着故事，一边思念着父亲，受父亲的影响，她

也非常重视孩子们的教育，支持丈夫将孩子们送出去上学，也算是圆了她上学读书的心愿。

高祖母康氏还是个性格开朗的女人，喜欢在老屋的院子里侍弄一些花花草草；她还在老屋的后院儿喂养了上百只鸽子。每天上午，只要她迈着三寸金莲的小脚从前院儿窑洞里出来，走到后院儿"咕咕、咕咕"一叫，高粱籽儿一撒，你瞧吧，那些灰、白、花颜色不一的飞禽们便"扑扑啦啦"地从房顶、崖头或树梢上俯冲下来，风卷残云一般，院子里立时便传出康氏爽朗的大笑声。性格开朗的康氏长寿得很，活到了90多岁。晚年的康氏无力养花、喂鸽子了，但她老人家不甘寂寞，几乎每天都坐在老屋大门口的"上马石"上，与过往的邻居和晚辈们说话聊天，给村里的孩子们讲故事……

我共有三位曾祖母：第一位也姓康，嫁进老屋，生下我的大姑奶张月桂后不久就去世了；后来曾祖父又续弦娶了任氏为妻，生下张九如、张晏如两个儿子和小女儿张熙如。曾祖母任氏体弱多病，在张熙如不大时就撒手人寰；第三位曾祖母赵氏，没有生养。我的曾祖母们嫁进老屋之后，都是体弱多病，不久于人世。好在高祖母康氏长寿，帮她们养育了子女，庇护子孙们长大成人。可以说，高祖母康氏是走进老屋的几代女人中的第一功臣。

二、遗风岭上香的祖母孟隐芳

清康熙年间诗人赵锡琳的《黑石渡怀古》中有这样两句：

黑石关前洛河流，
昔人从此泛仙舟。
无恙西风吹落叶，
有情黄菊放深秋。

黑石关因邙山与黑石山在此东西对峙形成关隘而得名，又因洛河穿流其间，设有通津渡口故称黑石渡。

1912 年农历九月十日，西黑石关南沟人称"孟善人"之家，恰在"有情黄菊放深秋"的季节，生下一个女婴，乳名绿菊（人称菊姑娘），这女子历经20 世纪的风云变幻，虽受尽人间百般磨难，但最终还是迎风傲然挺立于霜露之中。她，就是我的祖母孟隐芳。

▲ 祖母孟隐芳

（一）祖母娘家

祖母孟隐芳的娘家在当地是个大家族，耕读传家。

▲ 孟宪琪

她的父亲孟宪琪（字华村）虽未赶上应试科举，却是清末民初兴起的法政学堂的高才生，毕业后曾任开封地方法院典狱长。后因吸食鸦片，精神潦倒，不到四十岁就弃政回乡，靠吃田租生活。1944年日军侵占豫西的那年冬天，病死于家乡。享年不到60岁。

祖母的母亲陈氏，是巩县益家窝村人，她勤劳善良，却终年受丈夫的责骂，忍气吞声。陈氏的二兄陈灼三是辛亥革命时期豫西的精英人物，曾参与创建废除"八股"教材后巩县的第一所新式学堂——崇实学堂。后主持船商公会，造福陕豫船户，因而在省内外声望颇高。

▲ 孟陈氏

陈氏的侄子陈沂，字浴春，复旦大学高才生。历任民国时期的河南省泌阳县、南阳县、开封县县长，中华人民共和国成立后在四川重庆任教，20世纪90年代病逝于重庆，享年90余岁。陈沂对姑母陈氏十分孝敬。20世纪40年代初豫西大旱，他曾将姑母接到南阳度饥荒。

祖母孟隐芳同胞姐弟3人（另有一个同父异母弟弟），妹妹自幼许配偃师县张家，后患肺结核病少亡。胞弟孟

邙岭老屋——忠厚传家久

庆友比祖母小 12 岁，自幼常遭父亲和庶母的精神虐待，对封建制度产生了叛逆心理，适逢日寇侵华，爱国抗日情绪激发，于 1940 年 16 岁时，在巩县遗爱中学参加中国共产党。后来中共河南地下党组织遭敌人破坏，党组织决定让他留在国民党统治区，投奔他的表哥泌阳县县

▲ 孟庆友

长陈沂，长期隐蔽，等待组织联系。1948 年春巩县解放，上级党组织派徐宝森、吕英回巩县恢复党组织，建立人民政府。孟庆友被任命为巩县第一区（洛河西）区长，后任县教育科长。1957 年被错划成右派分子，下放养猪，监督劳动。历经 20 余年后，终于被平反，又回到教育岗位。虽青春早已逝去，但对共产主义事业的信念却矢志不移，他戏称自己"牛性"不改，并于病逝前撰写《戏说生平》[1]一文，可谓文采飞扬，造诣非凡。

（二）奉命成婚

祖母自幼聪明好学，备受父母呵护和珍爱，闲暇时父母经常领她登开封古城墙，讲典怀古抒情。她从识字后就爱读《三国演义》《红楼梦》等小说，特别是《红楼

---

① 此文可见下册。

梦》对她影响很深。民国建立但封建婚姻制度并未革除，子女婚姻依然是靠"父母之命，媒妁之言"，因此她也和其他女孩一样，遵从父母之命，结下了"娃娃亲"。其实她父亲的本意还是好的，是要给女儿找个同样聪颖好学的少年，并不看重男家是否有钱有势。我祖母的父亲曾经和我爷爷的父亲在河南法政学堂是同窗好友，两个人的学习成绩总是名列前茅，于是就认定"他的儿子晏如肯定也错不了"。但是做母亲的为女儿想得更实际，她认为岭上水贵如油，不能把孩子送去受罪。父亲把脸一沉说：妇道人家懂什么？只要人有出息，什么都有了。

男方的母亲经常闹病，需要有人伺候，又怕见不到孙子，便急着给儿子操办婚事。于是，1928 年，虚岁男15、女 17，两个未成年的孩子，被双方父母包办成婚了。

祖母出嫁时穿的是红缎子绣花筒子裙，回门时穿的是两片交错的绣花裙，都很长，穿上后，筒子裙会盖住脚面，两片裙会拖到地上，整个人婀娜多姿，端庄大气。婚后，在开封任上的岳父大人，曾郑重设宴准备款待在开封读初中的女婿，结果恭候一天，爱婿也没上门，老泰山感觉有失尊严。其实老人家忘了女婿还是个看见篮球就忘掉一切的孩子。

（三）婆家生活

祖父母小夫妻俩当年在老屋的窑洞与其他人居住的

窑洞在高、宽、深方面大体相同，不同的是内部的摆设和布局，这就涉及了祖母的嫁妆。

第一个嫁妆是"风门"，就是窑洞木门外边用于冬季防风雪飞沙的门，因为窑洞没有窗户，白天不能把又厚又笨的大木门关上，而"风门"上有窗子，既轻便又可以透亮，白天都是关上"风门"，而打开屋门。因此，"风门"便成为嫁妆中的一件重要家什，有钱人家的新娘子往往在"风门"的用料、款式、颜色和制作工艺等方面相互比试，以显示自己娘家的实力。

大奶奶陪嫁的"风门"，上半扇窗棂是"井"字形，较为一般；下半扇护板上刻的是丹凤朝阳，刻工很细，但图案有点俗，且油工色调有点老旧。

奶奶陪嫁的"风门"，上半扇窗棂是"米"字形，护板上画的是菊花，从底色到门闩的颜色都很鲜艳透亮，特别是门上的闩销、环扣等饰物，都是黄铜订制的。但是安到窑门上却很不合适，门总是关不严。后来奶奶才知道，因为她大嫂成亲时，其娘家派来量"风门"尺寸的木匠量错了门，做出来的"风门"显得又短又窄，等奶奶成亲时，其婆婆有意让奶奶家派来的木匠照着其大嫂的窑门尺寸做，打算日后换着用，结果两副"风门"都不合适。奶奶为此埋怨了多半辈子。

其实，大奶奶和奶奶除了妯娌关系，还有一层亲戚关系：大奶奶的母亲是奶奶亲舅舅的大女儿，大奶奶在娘家应该管奶奶叫表姑，但在婆家，奶奶却要管她叫嫂子。她年长奶奶一岁，不太识字，但却很会做事，嘴也特别灵巧，深得婆婆喜爱。而奶奶自幼跟随其父亲在开封上学，养成了看小说的兴趣和习惯。婚后仍旧爱看小说，诸如《红楼梦》《桃花扇》《孟丽君》《龙凤再生缘》等。当时，她的婆婆长年卧病，奶奶只会煎药、端药、送饭，然后就坐在一旁看书，听候差遣，而不会像她嫂子那样坐在床前说宽心话，逗婆婆开心。因此，婆婆说她"圣"（就是反应迟钝，不机灵）。奶奶从不争着要吃要穿，刚刚生完儿子少旭那年，她的身体极为虚弱，我的高祖特许她到家用的库窑里，从剥好的羊身上割块肉补养补养，她拿着刀就是割不了多少肉，连奶母都急了，夺过刀，"咔嚓"一声砍下一只羊腿，拿起就走，奶奶冲着奶母直喊："太多了，太多了！"

奶奶的第二个嫁妆是座钟，这又涉及了窑洞里的布局。祖父母夫妻俩的窑洞分为里外三层：

最外边一层是会客室。一进窑门，南边的犄角是一个方形铸铁的老式取暖煤炉，旁边放了一个 1 米来高的圆盘木质高凳，供人坐上烤手取暖。离门 3 米处是砖砌的隔间墙，上面留"十"字形的砖花眼，中间有门框但没有门，挂着布门帘，隔墙外算是会客室。窑洞是坐东朝西的，因此北面算上首。靠北墙放着一张黑漆八仙桌，桌子面四角是半圆的，下边刻有 3 道木线，既大方又精致。漆桌面时是先铺布后上漆，显得特别亮。桌子两边是一对红漆太师椅，桌上摆着一架一尺高的座钟，顶部是椭圆形的，奶奶总是用一块红布搭在上边遮尘土，看上去如同一个小屋子。座钟的两边各放了一个很大的湛蓝色的正方形铁质饼干桶，是爷爷从上海永安公司买回来的。那时小夫妻已经有了儿子少旭，爷爷对全家宣称："这是给我儿子买的！"为此，奶奶还嗔怪他："不足成！"（不够成熟）这是爷爷给父亲买的唯一的礼物。里面的饼干早已吃光了，这两个桶成了娘俩的念想。

紧靠隔断墙摆放的是第三个嫁妆，一个双开门红漆立柜，这也是奶奶嫁妆中最大的一件。虽然是双开门，但足有后来北京时兴的"三开门"那么宽、那么高。特殊的是，这个柜子没有普通立柜那种半尺来高的腿，而是立柱直通到地，下边刻着兽爪形的脚，两扇柜门的下边各有一个放鞋用的大抽屉，爷爷的一双"三接头"深红色皮鞋和用了多半盒的"金鸡牌"深红色鞋油，在其中一个抽屉里放了很多年，但却从来都不曾蒙尘。立柜的对面是一对红漆靠背椅，还有张红漆两屉桌，上面放着茶壶、茶碗、茶叶等用品，专供接待访客之用。

从隔断墙往里边走，就是窑洞的第二层，也就是卧室。冲隔断门横放一张双人簸箕掌大床，是红色打底，用桐油油漆过的，床又长又宽，再挂上高高下垂的床帐子（注意：不是蚊帐），形成了又一道"隔断墙"。床帐

子有两套，一套是粉红色市布的，因为常年使用和洗涤，已经褪色发白。另一套是夹的，有里儿有面儿，面儿是浅绿色的麻葛料针织品，里儿是粉红色的市布，只有在过春节的时候，奶奶才舍得挂上它，然后再配套铺上一个粉红色的花绒毯。这套夹的床帐和花绒毯是奶奶的父亲从开封买回来的东洋货，也是她的第四个嫁妆。

其他的嫁妆都在大床后边、窑洞的第三层，也就是起居室。起居室靠北墙放了一个洗脸盆架，靠南墙放了一对摞在一起的对开门大红木箱，木箱上放了一对小漆皮箱。木箱的旁边是一对半截红漆立柜，每个立柜上又各放一只老式黑漆大皮箱。然而，奶奶最喜欢的嫁妆却是那个洗脸盆架和那对小漆皮箱。

洗脸盆架堪称木雕工艺上品。它由上下两部分组成：盆架的上半部分是1米半高的靠背，专供搭晾面巾。靠背的木雕又分3层，工艺更为精致。第一层搭晾面巾的横杆两头各刻一个龙头，昂首、张口、睁目，龙须丝丝欲飘，活灵活现，金光熠熠；第二层的木刻是镂空的，图案是蜡梅枝头一对喜鹊相戏，取意"喜上眉梢"，梅枝交错有序，饰红漆，梅花和喜鹊

▲ 奶奶的洗脸盆架

涂金粉，光耀夺目，栩栩如生；第三层是放香皂的，自然需要留有空间，但工匠并没有让人们视觉上有空旷感，他在周边装了两排"福贵不断头"的镂空木刻锁子练。盆架的下半部分是用6根圆木支柱组成的直径半米的放盆用的圆形架子，每根圆木的柱头，都刻有一个竖立的金瓜，线条清晰流畅，涂上金粉与红漆柱相辉映。

那两个小漆皮箱，一红一黑，都是长1尺半，宽1尺，厚5寸，各有一把特别的小铜锁。红箱里放的全是奶奶出嫁时各色各样的绢花，足有几十朵；黑箱里放的全是奶奶的首饰，金器很少，多数是银的、玉的、翠的。

然而世事弄人，怎奈由于小夫妻俩最初没有感情基础，再好的嫁妆又有什么用呢?！婚后一方在城里上新学，另一方在乡村奉高堂。外界的影响不同，接受的知识又有所差异，尽管女方对男方心存爱恋，百依百顺，通宵达旦为男方精裁细缝四季服装和便鞋棉靴，双方思想还是无法交流，感情也就不可能融洽。于是，二人渐渐疏远了，成为包办婚姻的受害者。

（四）学习自强

婚后10年的一个深秋的下午，奶奶抱着幼子送丈夫和小姑子到村头的韩坟沿，他们兄妹俩从此走上了奔赴延安的光明大道，抛家舍业干革命去了。奶奶透过一双泪眼，远远地看着驮行李的大白马那圆硕的屁股和鞍桥上猩红色的坐褥，仿佛感到自己和儿子被无情地遗弃了。

丈夫离家之后，她痛不欲生。一天夜里，她将自己居住的土窑洞的两扇木门闩上，在娘家陪送的众多块印花土布和格子土布缝制的专用包袱皮上，拆下一条特制的 5～6 尺长、近一寸宽的红色编织包袱带，踩着椅子，把带子搭在窑顶的横梁上，决心悬梁自尽。可当她回头最后看一眼簸箕掌床上安睡的儿子时，她的心软了。

在这之前，她在小姑子的影响下，多少接触到一些进步书刊，诸如《大众哲学》以及提倡妇女自力更生的杂志，还听说过谢冰莹当女兵的故事。面对现实，她丢掉一切幻想，意识到不走出这个家门是没有出路的。也有好心的姐妹责怪她"傻"，说放着有吃有穿的好日子不过，跑到外边找罪受，是有福不会享。可她明白在国难当头的社会中，这个家庭能维持多久，谁也难以预测。她下定了离家外出求学的决心，但是学费由谁供给呢？娘家的"九世同堂"大厦早已瓦解，父亲解甲不是归田，而是卖了地吸鸦片，自然无力资助。于是，她只得硬着头皮向婆家的当家人、丈夫的大哥九如请求资助。

那是 1939 年的春节，年轻的大伯子在打麦场上正观看掌鞭长工调教小骡驹"走步"，那新买的骡驹浑身棕红，仰头摆尾，不时还尥几下蹶子，逗得围观者大笑。作为少掌柜的大伯子更是全神贯注，如醉如痴。这也难怪，在那穷乡僻壤的山村，看小骡驹学"走步"也算是一项节日的消遣活动了。正当他兴高采烈的时候，倒霉的"小做活的"（未成年的杂工）来喊他回家，他自然没好气地把来人训斥了一顿，继续取乐。如此反复数次，奶奶在窑洞里如坐针毡足足等了好几个小时，大伯子兴尽倦怠了，才回到家，板着脸孔问她："找我啥事？"她霎时感到无比屈辱，但人在屋檐下，怎能不低头呢！

好在大伯子毕竟是大学毕业生，有新思想，加之自知弟弟伤了弟媳的心，只好勉强允许供她外出学习。

奶奶在私塾里读过"四书""五经"，认识不少汉字，语文没有问题，但对数理化和英语一窍不通，该上什么学校呢？恰巧，抗战后国民党设在巩县孝义的兵工厂南迁，留下大片厂房，有个叫崔传如的知识分子和兵工厂留守处人员利用旧址合伙创办了一所私立"遗爱中学"，奶奶当时已经20多岁了，硬是带着孩子上了初中。上课时，孩子被关在女生宿舍里自己玩儿，早晚自习课，其他同学都到教室，奶奶就留在宿舍陪着儿子，她有高声朗读课文的习惯，五六岁的儿子就在一边听："燕子去了有再来的时候，桃花谢了有再开的时候，杨柳枯了有再青的时候，可是，光阴一去不复返……"这是朱自清的散文《匆匆》。儿子对于文学的爱好，就在母亲的郎朗读书声中潜移默化而来。

奶奶在遗爱中学大概上了一学期，便和女友孟荷荫、张坤元等到河南大学文学院选修班旁听。当时开封早已

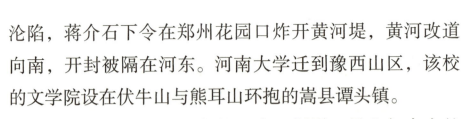

沦陷，蒋介石下令在郑州花园口炸开黄河堤，黄河改道向南，开封被隔在河东。河南大学迁到豫西山区，该校的文学院设在伏牛山与熊耳山环抱的嵩县谭头镇。

谭头镇有个远近驰名的温泉，据说，早些年泉水的温度可以把鸡蛋烫熟，吸引了很多城里学生。学院搬去之后，在温泉边上建了一个简易的浴室。奶奶她们一行在学院附近租住一间民房。一次假日结伴去相距4里地的温泉洗澡，行前奶奶把她的帆布提箱上的"鸡心"洋锁，锁在房门上以防君子。她们浴后一路说笑着回到房门口，当众人等她开门时，她大喊一声："老天爷，钥匙咋不见了！"回忆起来，肯定是脱衣服时从衣兜里掉出来了，可是那么个小物件在野地里寻找岂不是大海捞针？大家都急欲进屋休息，有的同学们说，把锁砸开吧。但奶奶说什么也不同意，坚持返回去找，不让砸锁。

于是，她只身一人匆匆返回，路上边走边想，这箱子和洋锁是小姑子熙如在开封上学时用过的，她们姑嫂自幼感情就很深，现在熙如远在延安，有人还传说她被日本鬼子的飞机炸死了，如今生死不明，睹物思人，无限悲凄，绝不能把她仅留的念物给破坏了。由于当时社会险恶，所以她特别相信命运。她想：如果万一找回钥匙，就是我从此前程亨通的吉兆，因此决心碰碰运气，不知不觉迈开了她那双"解放脚"……

再说那几位在门口等她的同学，早已口干舌燥不耐烦了，其中有个高个子的女生张坤元，是巩县大煤窑主的侄女，财大气粗，在家使奴唤婢，说一不二，岂能忍受这等约束，几次掂着砖头要砸锁，都被孟荷荫挡住了。孟荷荫在孟家虽然比奶奶年幼，但辈分却高，奶奶得管她叫六姑。她深知奶奶刚强不屈的性格，对张坤元说："你别看她平时不爱说话，性子刚硬得很，如果她找不回钥匙，砸锁她无话可说，万一她找回来了，你已经把锁砸坏，她准和你闹翻天。咱们出门在外，还是以和为贵，再等等吧。"就在同学们争议"和为贵"的时候，她气喘吁吁地来到温泉边，只见一位在泉边洗衣服的村妇，手提钥匙上的小线儿，正在高喊："谁的钥匙？……"

往返8里地，笑逐颜开见到同学们时，大家异口同声说："你的犟劲我们真服了！"

奶奶一行人在"河大"文学院旁听了一阵子，觉得前途茫然，不免彷徨苦闷起来。正在这时，她结识了表兄陈沂的好友——河南南阳县人、教育界知名人士陶某的女儿陶建昌，她当时正在"河大"本科学习。她根据奶奶的年龄和文化基础以及经济条件，诚心劝导说：旁听是没有出路的，只能落个枉费岁月，不如抓紧时间学一门有助于谋生的专项技能，并热情地写信推荐她去洛阳投考助产学校。

当时南京、武汉相继失守，洛阳一度成为国民政府的"行都"。从东北、华北、华中奔向大后方的各路人士

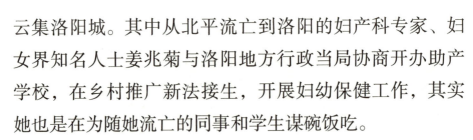

云集洛阳城。其中从北平流亡到洛阳的妇产科专家、妇女界知名人士姜兆菊与洛阳地方行政当局协商开办助产学校，在乡村推广新法接生，开展妇幼保健工作，其实她也是在为随她流亡的同事和学生谋碗饭吃。

究竟去不去学助产，她拿不定主意，便返回老家请教她父亲。父亲虽然沾染上不良嗜好，但头脑还是很清醒的，凭着他丰富的经验，精辟地说："不可小看这一行，这是很实际很有意义的事业，不论到什么年代，人都要生孩子的，这是家家都离不开的事。学好这一技之长，你就有立足之地了。这比学文科要有用得多，不能错过这个机会。"这一席肺腑之言，让她终身受益。

1940年的农历腊月间，她从黑石关出发去100里外的洛阳。因为陇海铁路郑洛段早已被鬼子炸断，公路上也没有客运汽车，奶奶的父亲只能在当地给她雇了一辆人力架子车，沿洛河岸的砂石公路西行。车夫怕白天日军飞机沿途追随轰炸扫射，要求五更起程，那时幼儿还在她怀中酣睡。待她悄悄起床，迈步出家门时，儿子却大哭起来。原来不爱言语的"小鬼"是在佯睡，他在思忖妈妈走了自己该怎么办。等到妈妈洗漱、用餐完毕，真的要出门了，他知道再不哭喊，妈妈就听不见了。

她听到儿子的哭声，心如刀割，再也迈不开步子，只好转身回来抱起儿子。车夫在门外催促，她无奈地把儿子抱到车上搂在怀里。车夫拉车上了碎石子铺成的坑坑洼洼的破公路，奶奶的弟弟庆友跟在车后。漫长的路向前延伸，凌晨的寒星在闪烁，西风刺骨，洛水拍岸，快要散架的人力车在坑坑洼洼的碎石路上，吱吱呀呀地缓慢行进，儿子的泪水浸湿了妈妈的衣襟，妈妈的泪珠洒在儿子的头上，车前年迈的车夫在叹息，车后送行的弟弟在抽泣……如此默默地走了十里路，将要走出县界的时候，儿子突然不哭了，他对妈妈说："你走吧，我要回邙岭咱的家。"于是，她弟弟赶快背起小外甥向东走去。奶奶的泪水一直流到洛阳城。

（五）艰难谋生

奶奶从洛阳助产培训班毕业后，被分配回巩县卫生院工作。和她一道学习回来的还有个叫周静安的。此人是从县里保送去学习的。她也有一段悲惨传奇的经历。她本来是开封的中学生，父母在世时无忧无虑，但天有不测风云，父亲突然下世，母亲重病卧床，百药不治。她听说人肉可治愈，为了母亲，她忍痛在自己左臂内侧割下一块肉，母亲的病自然不可能治好，她的手臂上却永远留卜了一个大疤痕。她母亲死后，兄嫂不愿意养活她，便逼她嫁到巩县，给县政府的赵科长做妾，所以被保送去学助产。不过，她毕竟是青年学生，据说还经常看共产党发行的《新华日报》，尽管会抽烟、喝酒、唱皇戏（京剧），但生活并不算腐烂，只是不经常上班而已。

因此，奶奶就成了那个小医院妇产科的长期值班护士。

那时陇海铁路已经被炸坏，卫生院设在站街火车站月台后边的一所小院里，奶奶母子俩就住在药房。药柜里有个玻璃瓶，里边用药水泡着一条10多米长的绦虫标本深深地吸引着孩子的注意力，他第一次知道如果不讲卫生，人的肚子里就能长出那么长的虫子。

车站在县城外一个很偏僻的地方，火车停运后，人烟更是稀少，医院里也没有几个人，每天晚上睡觉前，奶奶总要用儿子在小学校用的童子军军棍顶住屋门。当时孟家有位亲戚任巩县救济院院长，他每晚派两名救济院年纪较大的女孩，睡在药房的外间，为母子俩做伴。父亲的三奶奶后来到站街来看望他们，一看到那根童子军军棍就叹气掉泪，埋怨奶奶为什么要带着孩子离家来这里担惊受罪？！不久，国民党军队从荥阳、虎牢关退了下来，强占了卫生院。卫生院这才迁到了城里县政府的旁边。

1944年春天，日军发动河南战役，经常轰炸郑州至洛阳沿线的目标。那时水、旱、蝗灾连年不断，在巩县县城所在地站街大石桥东边的河滩上，灾民自发形成了一个集市，交易物品以衣物为主，也有食品、牲畜，交易人群加上妇女儿童，甚至乞讨要饭的，每天都要聚集数千人，目标很大，随时有被日军轰炸的危险。曾经一连几日拉响空袭警报，搞得人心惶惶。

4月20日这天，奶奶没有让儿子少旭去上学。果不其然，上午10点来钟，人们又听见不远处传来飞机的响声，奶奶赶紧拉着儿子往医院门外路东的一条沟壕跑去。沟壕是个斜坡，冲着集市有个农家小院，里边有窑洞。刚跑进院子，敌机就到了头顶上空，立即俯冲下来，集上的人们便向窑洞涌来。菊姑娘拉着儿子钻进窑洞里垴（最里边）人家的床底下。这时窑洞里已经塞满了人，门都堵严了。附近每一颗炸弹爆炸，窑洞顶上的土都会被震得落下一大片，幸亏这个小窑洞顶上没挨炸，人们躲过了一劫。敌机在距窑洞不到百米的集市上，投下数十枚炸弹和燃烧弹，炸死炸伤20多人，房屋倒塌几十处。这次轰炸后，学校解散了，县政府各机关也瘫痪了，奶奶母子俩不得不回到了张岭村老家。

　　既当了亡国奴，张岭岂能安居？！5月，巩县沦陷了。6月，张岭遭了大劫难。

　　经过连续三年的大旱，那一年的小麦长得特别好。勤劳的邙岭人，顶着骄阳收割碾场，火中炼金一般刚刚把饱满的麦粒归仓，把金光闪亮的秸秆堆成形态各异的麦秸垛，还没有喘过气来，黄河北岸的汉奸队就过河抢粮食来了。他们打着"皇协军"的旗号，还挂了一块日本"渡边特务机关"的招牌。自从日本兵占领铁路沿线后，百姓们都成了惊弓之鸟，随时提防鬼子兵进村。

　　麦收以后，奶奶一个妇道人家无人陪伴去往远处躲

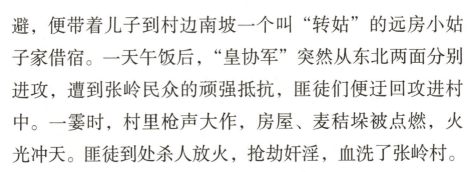

避，便带着儿子到村边南坡一个叫"转姑"的远房小姑子家借宿。一天午饭后，"皇协军"突然从东北两面分别进攻，遭到张岭民众的顽强抵抗，匪徒们便迂回攻进村中。一霎时，村里枪声大作，房屋、麦秸垛被点燃，火光冲天。匪徒到处杀人放火，抢劫奸淫，血洗了张岭村。

奶奶和"转姑"带着少旭从家门前的土崖上跳下来，沿着一条山沟向西南方向逃跑。此时村西通往偃师县的山沟，已经汇集了数百名难民，她们便随着人流向南猛跑，匪兵在山头上向沟里射击，男女老少一片高呼乱喊，不辨飞弹高低远近，盲目拥挤躲藏，一伙人钻进沟边的窑洞，另一群藏进土崖的缝隙，后面又赶来一拨人，喊着："敌人撵上来了，快跑！"在混乱中，奶奶和儿子跑散了。

她向南边跑出一里多地，回头一看，儿子没在身边，便疯了似的高声喊着儿子的名字又往回跑，幸亏一位乡亲认识她儿子，领着孩子往南跑，母子才碰上面。经过如此惊吓、焦急、奔跑，加之天气火热，口干舌燥，见到儿子后，她昏厥瘫倒在土坎上，儿子呆立在她跟前，吓得哭不出声。一群群难民迅速从他们身边逃过。正在这危难的时刻，那位"转姑"和后来赶到的慧如姑娘（小名大刀，1944年逃难后不久就到苏北找到她在新四军的丈夫，改名张鸿。中华人民共和国成立后定居安徽芜湖）还有其他姐妹也转身来找她母子。众人把她抬到一棵小树下，掐"人中"、曲四肢，急救了一番，她才缓过气来，继续向南逃跑。他们从山沟里跑出，到了偃师县的牙庄村暂时落脚。这就是抗日英雄、河南人民义勇军司令员张之朴烈士的家乡。

奶奶的那两个小漆皮箱子里的东西，在"皇协军"（汉奸队）血洗张岭村时被抢光了，只剩了一只空的小黑箱子。

（六）搜集敌情

老百姓恨透了日本鬼子，暗地传唱着民谣："洛阳——落洋！日本鬼子到了洛阳就要亡。"日本鬼子在中国亿万人民的拼杀声和咒骂声中，终于在1945年夹起尾巴投降了。奶奶又回到县城的卫生院重操旧业。当时一般平民百姓不把生孩子当回事，也请不起城里的助产士，她实际上只能为县政府、当地驻军的官太太以及富商等有钱人家的女眷服务，经常被接到家里助产。

1945年8月，日本鬼子投降不久，蒋介石就酝酿发动内战消灭八路军。八路军太行八分区司令部情报处，为了掌握蒋军在郑州至洛阳沿线调动和布防情况，在我们老家建立了情报联络站，并且派情报员陈国屏同志住在家中。奶奶以八路军家属的身份在情报员的指导下，以行医作掩护，积极参与情报的收集工作。诸如国民党县政府的机构编制，主要官员姓名、住址，当地驻军的番号等。孔从周将军在巩县率部起义的时候，她也在县城，她把孔部

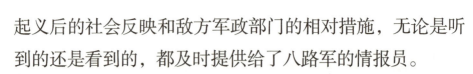

起义后的社会反映和敌方军政部门的相对措施，无论是听到的还是看到的，都及时提供给了八路军的情报员。

在这同时，奶奶思夫心切，她用丈夫离家去延安时留下的一支"派克"自来水金笔，以儿子的口吻给丈夫写了一封长信，还附了儿子的小学生照片，请陈国屏同志转交。但她并不懂得情报人员的工作纪律，陈国屏同志是无权传递这种信件的，途中一旦被敌人发现，将会危害情报工作，只是假意收下，事后却销毁了。

这只名贵的"派克"金笔，是爷爷在上海上大学时买的，笔尖是 14K 金制，笔杆是塑料配以玫瑰紫和黑色混合的不规则菱形图案，加镀金笔卡和三道金箍，着实大方秀丽。笔杆上的名字——晏如，刀工极细但很清晰。情报员陈国屏初到张家接头时，爷爷曾托他询问这支笔的下落，为的是让他通过对这支笔的描述，取得张家人对他的信任，俗称"接头话"。

1948 年春天，我人民解放军陈谢兵团解放洛阳，建立并巩固了巩县的民主政权，奶奶立即参加了革命工作。因为县人民政府尚无卫生院，她先从事了一段教育工作，不久郑州专区成立人民医院，她被调去从事妇产医疗工作。她穿上了"列宁服"，过着供给制生活，精神焕发，日夜穿行在荥阳县曹李镇古老的街巷，为专署和地委机关的革命同志服务，同志们亲切地叫她"大姐"。有时正在露天广场看电影或看戏，有人就用喇叭高声叫她的名字。她嘴里说最怕人们在这种场合叫她，心里却甜滋滋的，因为又有一个"小革命"将被她接到人间。

（七）大放悲声

1948年冬，开封第二次解放后，爷爷派一名警卫员从开封到巩县，接其老父亲去会面。奶奶听说后，心中十分高兴，她认为理所当然地要她和儿子同往，但又不便去问其公公，便让儿子少旭去打探公公的口气。公公很为难，不得不婉转地对少旭说："你爸爸在开封停不了几天，马上就要到淮海前线去，他没说接你们去，我先去看看。"少旭回来把他爷爷的话告诉了母亲，奶奶听了，一切全明白了。丈夫这是真的不打算要她了。她躺在那张旧式的簸箕掌床上，委屈地大放悲声，那凄凉的哭声在黑暗的窑洞中久久回荡，如同巨大的陶埙旋转释放出的无限哀怨和悲愤。时年15岁的少旭虽然尚不能完全理解母亲心中的悲痛，但他本能地认为其母亲受到了伤害，并为此感到愤怒，决心去找他爷爷说理。他学着邙岭汉子愤怒时常常口吐脏话的模样，一边大骂着一边跳下木床往外跑，不料却被母亲奋力拦住了。她怕孩子会惹怒公公，那样也许就更见不到丈夫了，她对夫妻情分还抱着一丝希望！

在开封，我的曾祖终于见到了10年未见面的儿子晏如。炮火连天，生死两茫，一腔家国情怀，满眼离愁别

绪，如今久别重逢，亲情感天动地！在谈到奶奶时，我的曾祖向儿子诉说了儿媳多年来的不易，以及对儿子的一片痴情。爷爷沉思了一会儿道："她是个老实人！但我对她确实没有感情。而且，当年去延安时，我就对她说过，不必再等。现在，我马上还要上前线，子弹不长眼，能不能活着回来还不一定。您回去后还是劝她不要再等我了。"

然而，我曾祖从开封回来后，面对其儿媳，他不忍心说出"不必再等晏如"的话，只是说了儿子对儿媳的那句评价："她是个老实人！"

（八）复查"土改"

1951年，土地改革运动在广大农村展开，这是铲除封建政治、经济制度的根本措施，要求人们的思想观念跟上这一破天荒的壮举。党组织把一批新参加工作的知识分子干部、各界民主人士以及青年学生，分派到各地的"土改"工作复查团，让他们在工作中改变观点，树立全心全意为广大穷苦百姓服务的思想。奶奶被郑州地委派到登封县石道区的一个几十户人家的小山村，搞"土改"复查工作。所谓复查，就是进一步落实兑现"土改"的各项政策，纠正极左、极右的偏差，解决遗留问题，组织群众团结互助，发展生产。

俗话说，麻雀虽小，五脏俱全。她所负责的小山村，不仅存在与大村相同的问题，还有一些特殊疑难问题。她没有搞过群众工作，连在群众大会上讲话都是第一次。但她牢记领导的指示，坚决依靠贫下中农。自己又抱着一定把工作做好的要强心，边学边做，取得了好成绩。山村很穷，稍微富裕的人家她又不能住，她便住进存放牲口草料的茅屋里，里面除了一张床板，还有个大号荆条篮。每次农会的骨干分子开会，她的床板和荆条篮上都坐满了人，叶子烟的浓味在屋中弥漫，床单蹭得油光发亮……这对于一个出身大户人家，又从事医务工作的中年妇女来说，仅仅生活"关"就是一大考验，但是她挺过来了。她生性胆小，每次到中心村开会汇报工作，往往要在夜间走山路，虽然有民兵护卫，开始还是提心吊胆，但慢慢地她也习惯了。

她的工作是从关心和解决妇女生育方面的问题打开局面的。她在访贫问苦中，了解到当地妇女患妇科病的较普遍，孕产妇的死亡率也相当高。姐妹们这些难言之苦，是不便向男同志说的，正好用上了她的强项。她边给妇女检查治病、宣传新法接生，边进行"土改"复查，首先团结了村子里的"半边天"。在分配"土改""果实"时，她又发挥了女同志细心、耐心的特性，大到房屋，小到锄、镰，甚至妇女用的案板、擀面杖、针线筐，都让人感到分得公平、实用。

村里有个媳妇双方父母因琐事结下怨恨，又无人从

第三章 走进老屋的女人

中劝解，怨恨越结越大，两家断绝来往，致使无辜的儿媳十多年不敢回近在咫尺的娘家探望。在对方住村工作人员配合下，奶奶亲自往返做两亲家的思想工作，促使双方礼尚往来，和睦团结。这媳妇终于能回娘家了，眼含热泪要向她下跪谢恩。总结复查工作时，村民纷纷为她请功，她被评为该县"土改"复查工作先进工作者。

就在这时她病倒了，上吐下泻数天不省人事，乡亲们焦虑万分。男的用门板抬着，女的装着满蓝的鸡蛋、红枣、核桃跟在后边，徒步走了几十里山路，把她送到县城医院抢救。她从此体会到人民群众情感的纯朴与真挚，加深了对老百姓的爱，增强了为人民服务的主动性和自觉性。

▲ 密县第三期接生员训练班毕业留影。后排右 4 孟隐芳

（九）妇幼保健

经过一年的"土改"复查工作，奶奶回到专区人民医院。1952 年，组织上调她到密县（现新密市）开展乡村妇幼保健工作。密县是山区，交通不便，生活艰苦。由于"土改"复查工作的锻炼，她懂得了革命者要服从工作的需要，二话没说，骑上毛驴，翻越嵩山，来到密县县城。她在一间小土房里，亲自动手平整地面，开创了密县的妇幼保健事业。

第一步是在城乡宣传新法接生，在街上搞图片解说，妇女怕羞不敢看，反而招来不少小伙子看新鲜。新法接生还遭到乡村接生婆的抵制，她对她们又斗争又教育，物色其中较为年轻又听进点新法的人员，开办了第一期接生员训练班。学员们都不识字，不会记笔记，她逐个手把手教，还亲手缝制胎儿模型，充当直观教具。她不仅管教学，还管学员的吃住。学员吃住虽然免费，但财

▶ 孟隐芳（后排右3）和她的学生们

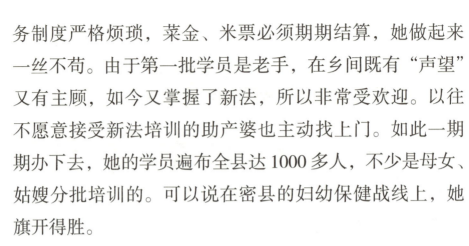

务制度严格烦琐，菜金、米票必须期期结算，她做起来一丝不苟。由于第一批学员是老手，在乡间既有"声望"又有主顾，如今又掌握了新法，所以非常受欢迎。以往不愿意接受新法培训的助产婆也主动找上门。如此一期期办下去，她的学员遍布全县达 1000 多人，不少是母女、姑嫂分批培训的。可以说在密县的妇幼保健战线上，她旗开得胜。

这之后，她又精心带了几个有文化、有事业心的女学生，其中刘巧云后来成了新密市妇幼保健院的主治医师，在中西医结合治疗早期宫颈癌方面颇有造诣。

▲ 孟隐芳

由于她一心扑在妇幼保健事业上，成绩突出，深受群众拥戴，加之曾经积极参与我党地下情报联络站的情报收集工作，1954 年，她被选为密县人民代表大会代表、县妇女联合会委员、河南省妇代会代表。

这一时期是她有生以来，政治上解放、经济上独立的黄金时代。工作上她打开了局面，一切都很顺心。闲暇时她学会了打"克郎"球，为了方便上山下乡开展妇幼保健工作，她学会了骑自行车。因为她属于技术人员，第一批改享薪金制，待遇一个月 50 多元。在小县城生活，一元钱能买几十个鸡蛋，每月的工资根本用不完。她托在北京工作的小姑子，从广州给她买了一块"英格纳"牌坤式手表。她写信给儿子说：我从没有戴过用自己的钱买的这么贵重的物件，工作生活都要有时间观念，有了手表就方便多了，还附了一张学骑自行车的照片。她曾不止一次把这种为革命工作的喜悦心情，写信给她远在北京市公安局工作的儿子。

但是，她也有烦恼。在广泛深入宣传《中华人民共和国婚姻法》的社会氛围中，关心她的亲友和领导都动员她再婚组织新家庭，甚至连儿子都曾参加了动员行列。她却持严肃而审慎的态度，顶住"不再婚就是封建落后思想"的压力，对再婚后能够得到职务升迁和增加经济收入的诱惑，泰然处之。但对于和她同样遭遇的姐妹，她不仅同情，而且鼓励再婚，还亲自帮人家物色对象，热情撮合。她认为自力更生献身妇幼保健事业，既符合她的实际，也是崇高的信念，对个人情感问题，她虽未完全释然，但也已看开了，相信人们最终是会理解她的。

（十）错划右派

就在奶奶一心一意干事业的时候，谁曾想，1957年的夏季风云突变。她竟然被错划为右派分子，她的两个弟弟也无一幸免，同时被监督劳动，工资仅留生活费，连年迈的老娘都无力养活，儿子被提升为基层领导的任命也被撤回了。

他们姐弟三人，同时戴着右派帽子，分别被押解到外地不同的劳改场所劳动改造。寒冬腊月，她在山区水库工地劳动，不会推独轮车，也抬不动装砂石的大筐，整天过着被吆喝、奚落、辱骂的日子，有些监工无赖，甚至想对她非礼。家在当地的右派分子，尽管同样受折磨，总还有人来看一眼，问一声寒暖，虽然不敢诉委屈，见了亲人就会好受些。每逢探视日，她就躲在远处孤零零地叹息。见到别人的亲友，她就更加想念远在京城的儿子。她知道儿子肯定会受她株连，她很想知道被连累的程度，是否也在被劳改？但是不敢再给儿子添麻烦。因此，她咬紧牙关不和儿子通信。她一步步又走到了生死抉择的十字路口。这次要寻无常，比20年前登椅子、系包袱带的办法既多又简单。她可以跳崖、投河、撞石头……但她已经不再是当年的家庭妇女了。她坚信自己没有对不起共产党，更没有反党，总有一天会说清，一定要活下去，不能让儿子背上个"死不悔改的右派家属"的政治包袱。

一年以后，她被调回大隗人民公社卫生院，一边搞妇幼保健一边接受监督劳动。每月仅拿十几元生活费，但总算能发挥专长，吃住也相对安定了。那年已经进入了三年自然灾害时期，她把老娘从数百里外的家乡接到身边。老娘又带来了个几岁的小侄子。灾荒年吃食最贵，

▲ 1963年密县大隗卫生院全体同志合影。后排右5孟隐芳。

一斤干红薯叶就卖七八角钱，她那十几元生活费无论如何糊不住三张嘴。有好心的村干部低价卖给她几十斤胡萝卜，坚持了几天，这显然不是长久之计。当时不少人扒火车，到豫南驻马店等地背大米倒卖，也有用衣物换大米的。她身体瘦弱，动作缓慢，性格内向，从未做过买卖，走不了几里路，背不了几斤粮，但是为了活命她毅然走上背粮路。

她所在的大隗镇距京汉路的薛店火车站还有20多里路，首先要起早徒步走到小车站，没钱买车票，只能扒货车。货车的停与开没有准点。一次她刚爬上车厢的槽帮处，火车猛然开动了，她便跪在车厢外沿的铁板上，双手死死抓住一根铁棍，紧闭双眼，任凭疾风揪扯头发和衣衫……心想一下子被摔死了倒还干脆，如果摔成残疾，上有老下有小我可怎么活？幸亏那是辆短途货车，见站就停。停车后她才翻进车厢，转危为安，总算活着用旧衣服换回几斤米。

▲ 孟隐芳在练习书法

1962年，奶奶被摘掉了"右派"帽子，没想到"文化大革命"时，又被重新戴上，列入"黑五类"。更为糟糕的是，她儿子因为坚持实事求是，惹下了祸端。"文化大革命"中审查人员借故上纲上线，加之其原丈夫柯岗的问题也牵连了她的儿子，于是把她儿子开除党籍，开除公职，扣上"现行反革命"的帽子押回原籍监督劳动。

母子俩背负着沉重的精神枷锁，高昂着不屈的头颅，坚挺着自信的胸膛，在黑云压城的日子里，心心念念地盼望着党拨乱反正日子的早日到来！

1976年，"文化大革命"终于结束了！她儿子的冤案被平反，恢复了党籍和公职。1979年2月18日，中共密县县委在《关于对孟隐芳同志错划右派分子改正报告的批示》中写道："按照中央'划分右派分子的标准'，该同志不够右派，属于错划，予以改正，应撤销原县委整风领导小组1958年3月20日给予的处分决定。恢复其政治名誉和原工资级别，分配适当工作。"她戴了整整20年的"右派"帽子，终于被彻底摘掉啦！她终于可以扬眉吐气啦！

▲ 张虚、李淑华夫妇陪伴母亲孟隐芳

▲ 孟隐芳、张虚母子

▲ 左起张熙如、田薇、孟隐芳在京合影

那一年的春天，奶奶挺胸抬头喜气洋洋地来到了北京，与她的独子一家尽享天伦之乐！

（十一）发挥余热

1984 年，在她光荣离休之际，卫生部授予她从事妇幼保健工作 30 年荣誉证书。上面写着：致力预防保健工作，造福国家人民。她一直珍藏着它。她觉得这是党

▲ 祖母一生的荣誉

▲ 张忆群、刘刚福夫妇 1986 年 4 月
新婚期间到密县拜望奶奶

和人民给予她的最高荣誉，
是对她几十年辛苦付出的
肯定。离休后的奶奶本可
以到北京和儿孙团聚，共
享天伦之乐，但为了解除
群众病痛，她仍然吃住在
山村医院。小小的宿舍里
病人每天你来我往，络绎
不绝，宿舍成了诊室。

她在医术上精益求精，博采众长，对治疗妇科疑难
疾病，积累了丰富的临床经验。离休后，她一面将这些
饱含着几十年心血的第一手资料整理成书，一面继续义
务为患者治病。

一位名叫王巧的病人患习惯性流产，结婚六年流产
和早产 4 次，2 男 2 女，均在孕期 6 ~ 7 个月流产死亡，
这可愁坏了公婆。王巧第 5 次怀孕，更是小心翼翼，不

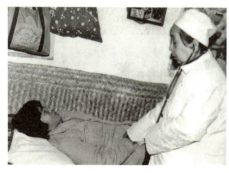

▲ 祖母发挥余热

▲ 孟隐芳（前排中）和她的病人们。前排左 2 是王巧抱着她的大胖小子

敢有一丝一毫的大意，终日卧床保胎。不料祸不单行。一日下午，王巧下床小便，突感腰腹疼痛下坠，就立即来找我奶奶。凭多年的经验，她判断是先兆性流产，于是马上采取了必要措施并配合药物治疗。经过一周的细心治疗观察，病人症状消失。几个月后，生下了一个白胖小子。王巧一家激动得逢人就说："孟医生真是活菩萨啊！"

1985 年 3 月 10 日，她刚刚送走了一名患者，还没来得及休息，就见一男子跑来告急，说他的亲戚刘芳（时年 38 岁）阴道出血二月余，断续不止，辗转郑州等医院治疗，均不见疗效。现已抬回家中，终日昏卧病床，奄奄一息，特邀她前去诊断。奶奶听后忘记自己已 74 岁高龄，立即翻山越岭来到刘芳家中，二话没说，就给病人测血压，听心脏。望病人面色憔悴，似熟睡之人，时有

呃逆和微微呻吟。其家属说："十余天不进饮食，也不发热。"经初步诊断为慢性子宫出血合并失血性休克。分析病因，系情志郁结所致。此病当以建中为主，理气为副，活血为佐；三者互用，不治血而血自止矣，遂投以冲和之剂，香砂六君子汤加减化裁，竟十剂而愈。患者及其家属感激涕零，逢人就说孟医生有回天术，能起死回生。而她则笑笑说："是中医和中草药救了刘芳的命。"

还有一名叫冯三妮的患者，年方 21 岁。一日来到她宿舍，见无旁人，便羞涩地对她说："孟医生，我已停经四个月，但却从停经之月起，每月农历初三即流鼻血，一日两次，量多，而且流时头晕和剧烈腹痛同时发作。中西药吃了不少，却不见效。"她听后沉吟了许久，这是她从医几十年来首次遇到的病例，一时想不出对症的治疗方案。但她并没有就此罢休，送走了姑娘，她便仔细翻阅起《傅青主女科》一书，可书中在此病治疗上也无实例可查。于是她又亲自到姑娘家详细问诊，顺藤摸瓜，追根求源，断定此症乃肾水虚而胎动，于是对症下药，给三妮开了两服润燥安胎汤，并告诉她及时复诊。一日在集上买东西，恰好遇到三妮，问她为啥不去复诊？三妮乐呵呵地说："那两服药吃下去以后，一切症状都消失了。"奶奶高兴得爽声大笑。这是她成功地运用探索病源、配合用药的方法治愈的又一个疑难病症。此外，她还治好了多例女婴滴虫性外阴炎症。

经不完全统计，她离休 7 年间，义务为 7000 余名患者治病，平均每天 2.5 人次，其中妇科病人 1500 余人次，产科检查和接生 500 余人次，治疗伤风感冒等数不胜数。免收检查费和挂号费 5000 余元。她常说："山里的农民仅仅是解决了温饱问题，为他们看病，能少收钱或不收钱，也就算是接济他们了，这样我心里才踏实。"对路途遥远的患者，奶奶就挽留她们住下，精心诊治，并用自己有限的离休费资助那些生活十分困难的患者，然而对患者家属馈赠的酬金，她却一一婉言谢绝了。

　　密县的老百姓，尤其是妇女，提起她没有不夸赞的。她精心培养出来的学生刘巧云后来担任了密县妇幼保健院的院长。她感慨地说："孟老师不但使我们学会了医学知识，更重要的是让我们懂得了做人的道理，懂得了怎样才能做

▲ 孟隐芳（前排中）和她的学生们。前排右 1 刘巧云

▲ 孟隐芳

一名林巧稚式的医生。"

她，默默地为党的妇幼保健事业奉献了 42 个春秋；她，辛勤地耕耘着，培植着一朵朵生命之花；她，80 高龄，仍不停奋进。几十年来，奶奶走遍了密县的山山水水，诊治了无数妇女的疾病，培养了来自省、市、县、部队、机关、厂矿及密县 300 多个村卫生所的 1257 名妇幼保健人员，其中有不少是母女两代，甚至祖孙三代跟她学医，成了妇幼保健"世家"。《老人天地》杂志 1991 年第 9 期，刊登了孟隐芳的事迹，题目是《山村女医生》。

奶奶在留给子孙的信中有这样几句话：

平生耿介不染尘，
不辞劳苦为人民。
惭愧无物留后代，
以吾履印告子孙。

（十二）坚守"婚姻"

2002 年 5 月 26 日，初夏的北京万里晴空，香山万安公墓，松柏葱郁，肃穆宁静。奶奶的儿孙们为她曾经的丈夫举行安葬仪式。一辆由我专门从河南洛阳白马寺带来的"唐三彩"仿古小马车车模，作为随葬品被安放在了墓穴里，小马车的车厢里放着她祖孙三代写的三封信。她儿子跪在墓穴口说："爸，俺妈和我要对您说的话，都在信上写着哩。"

信是怎么回事呢？还要从爷爷的愧疚心情说起。爷爷病危之际曾愧疚地对我父亲说："我对你没有尽到父亲的责任，我……我对不起你母亲……"人到临终时，总会惦记最放不下的人，不管这个人是生，还是死，终究会成为他的不了心愿。父亲不忍心让他说下去，就用别的话岔开了。第二天（2002年4月18日），父亲匆匆写了封信，把奶奶几十年来的辛酸历程简述了一下，他知道这是爷爷晚年最想了解而又碍口的事。他希望爷爷病情稳定时慢慢看，比父子面对面谈，气氛自然些。不料当天夜里，老人家大口吐血，病情急转直下，弥留之际，他紧紧拉着儿子的手，再也说不出话了。4月21日上午，爷爷撒手人寰，父亲的信他未能看到，遗憾至极！

父亲的信是这样写的：

爸，听妈妈（曾克）说您想和我谈谈往事，也提到了俺妈（孟隐芳）。我很高兴，也很激动。因为这是我懂事以来一直祈盼的事。但是，我深知您和我都不善于用语言表达心声，况且您现在的身体状况也不适合多说话，我决定写这封信。不妥之处，请原谅。

您和俺妈的不幸，是包办婚姻造成的，你们都没有责任。几十年来，你们各走各的路，互不了解，这是事实，不过您对俺妈的本质还是了解的。1948年年底，俺爷去开封看您，回来后对我说："你爸说你妈是老实人。"这就是证明。我当时就转告给了俺妈。

以我看，俺妈是深明大义、通情达理的人。几十年来，她没给您找过任何麻烦。相反，她对俺爷十分孝顺，对俺三奶非常同情，对我更是百般呵护。否则，您能看到儿孙满堂的今天吗？

您去延安，一走了之，俺妈却思念了您几十年。不知您是否还记得，俺妈跟您结婚时穿的那两件红缎子绣花裙，她生前一直珍藏着，有时候还拿出来晾一晾，看一看。和这两条裙子一同珍藏着的，是您在上海上大学时穿过的一套西装，上衣是浅驼色的十字毛料，裤子是浅灰色的平纹毛料。俺妈把这套西装和裙子包在一个包袱里，放在土窑洞中，珍藏了多年。可惜那套西装被虫子咬了很多洞，裤子已经不能穿了，上衣的虫洞还不算多，1957年我回老家探亲把它带回了北京。不料，1962年家中被盗，衣物全部丢失，这件上衣也未幸免。

俺妈是个有志气、有毅力的人。1938年您离家赴延安后，1939年她就毅然走出衣食无忧的深宅大院，进洛阳助产学校学习，走上自食其力的道路，俺爷把她的名字"坤范"改成了"隐芳"。1946年她曾协助我军情报员陈国屏同志搜集国民党在巩县的军政情报。1948年参加革命工作回到医界。50年代初她只身开辟密县山区的妇幼保健工作，训练了上千名保健员，曾被选为密县人民代表、县妇联委员、省妇代会代表。1957年，因她给医院领导提了点意见，加上出身问题被错划为右派，降职降薪下放到水库劳动，"文化大革命"中再次受到冲击，受尽精神上的凌辱、生活上的折磨，但她始终没有屈服，坚持到被彻底平反，光荣离休。离休后还义务行医数年。

至于她为什么没有再婚，这是她根据个人的性格和人生理念做出的自主选择，与封建思想没有必然联系。事实上，她不但不反对再婚，20世纪50年代，她还亲自做媒，把抗日战争时期中共地下党密县县委书记王东旭同志的前妻介绍给河南的一位名中医并撮合成功。

您的那支心爱的"派克"自来水笔，她一直保存到80年代离休后带到北京交给我。可恨的是1995年我不慎给丢失了，铸成终生遗憾。1946年她曾托住在咱家的八路军情报员陈国屏同志给您捎过几封信，我估计出于情报工作纪律，陈不可能带给您。她给您的最后一封信是90年代初写的，那时她已经78岁了，您也70大几了，我考虑到您的健康和情绪，一直没有转交您，俺妈理解我的为难处，临终没问过我那封信的下文。信的内容，

我始终不忍心看，我怕控制不住感情……

　　这是我父亲，作为儿子向爷爷简述的自己母亲的一生。而奶奶也在人生的最后给自己曾经的丈夫写了最后一封信。信中这样写道：

　　晏如您好，别后已有52年之久，可能早忘记啦。有一个忠诚善良的青年女子按周岁仅有15岁，和你结为夫妇，是由父母包办的婚姻……

　　你可知封建女性的特点，举止端庄、温柔、文雅……她的感情含蓄而不外露，她的一针一线都含有纯洁无私的感情。你对她只看外表不重德。你我都是封建婚姻制度的受害者，结婚时都是小孩子，你对我发脾气，我原谅你。可当你大学毕业为人父之后，口口声声讲进步、要革命，最后竟然狠心抛下我和儿子去了延安，对家庭毫无责任心可言。你自以为自己最革命，不承认别人也会进步，也能革命。我虽然在乡村工作，也是为人民服务的，你难道就不能把我当革命同志平等相待吗？中华人民共和国成立后，我不是怕你有权势，不敢和你论理，而是为你着想。你干革命历尽了艰辛，你舍弃了小家，舍弃了妻儿，在枪林弹雨里为国家和人民冒了多少次生命危险，我实在不忍心为私事给你添麻烦……

　　今后希望你：对子孙多教育、多谈心，让他们做一个对国家有用的人。曾克同志为革命做出了很多贡献，你们的感情是经受了战火硝烟的生死考验的，你最终选择了和她共度余生，我从来没有生过她的气，我羡慕她，祝福她。望你和曾克同志多保重，白头偕老，健康长寿！

　　信中，更多是对现实的接受，却也有自己对婚姻的独立见解。只是爷爷生前并没有看到这封信，仍旧是一种遗憾。

　　我的奶奶孟隐芳于 1997 年 2 月 18 日（农历正月十二）在巩县病逝，享年 85 岁，安葬于张家祖坟。弥留之际她喃喃道："我没有对不起任何人。"那个作为嫁妆的洗脸盆架，如它的主人一样历经磨难，最终又回到奶奶身边，直到她病逝前还在用着它。

　　从 1938 年到 1997 年，奶奶 59 年都没能见到她望穿双眼、朝思暮想的丈夫！等他等了那么久，春去秋来五十九，两万一千五百天，日思夜想泪双流。这除了战争的无情，世事的难料以外，难道不是丈夫的决绝吗？！可是，爷爷追求真理、献身革命、渴望爱情又何错之有？只是苦了我的奶奶，用一生的时光守候着心中的婚姻，无怨无悔地等待一个不爱她的人，把深深的思念融入了苦涩的年华，这种近乎自残的痴情，让深爱她的家人情何以堪？！

　　似乎事物总是这样，就如同地球上的人每天晚上看月亮，总会发现它有着由圆到缺的变化，月月如此，从无间断，于是乎千百年来，人们真的以为月亮就是这样在变化的，并以此为真理。可是如果太阳上有人，那么太阳人，每天"晚上"观察月亮的时候，它将永远看到满圆，只是偶尔会有月食的存在，他们也会如地球人的理解一样，并将此作为得到的真理。我的爷爷和奶奶，他们生长在文化思想大变革的时代，他们似乎就是一个地球人、一个太阳人，对于婚姻这个月亮，有着非常不同的认识。爷爷或许觉得男女心意不相通的婚姻，就是不幸福的婚姻、不可取的婚姻，而奶奶可能是认为无大过错的婚姻自当是应该坚持的婚姻，不能轻易放弃的婚姻。客观上讲，他们的认识有各自的道理，所以他们无法达成一致的婚姻观念，或许理解了对方，但却无法改变既定的事实，最终形成了一个无解的婚姻悲剧。我想这也是前人留给我们后人关于婚姻的启示，值得我们去深思。

　　婚姻是男女的结合，是人类延续的基础。不同的人，对于婚姻总会有不同的认识，即使是同一个人随着年龄的增长也会对婚姻产生不同的见解。所以，现实婚姻，要想既幸福又不伤害人，就需要彼此结合的双方在恰当的年龄，在形成相对稳定的婚姻观的前提下，寻找适合自己的，与自己基本婚姻观相一致的伴侣。如果爱了能够爱到底，或者如果不爱了也能够无伤害的断舍离，这对夫妻双方和孩子，其实才是一种负责任的做法。——这是我对现实婚姻的感悟。

在奶奶下葬时，我只身跟随棺柩进入到深深的墓穴里，陪伴在她身旁，向她倾诉家人对她的爱和不舍，替爷爷向奶奶说着"对不起！"告诉奶奶：您永远是我尊敬的亲奶奶，您的自尊自立自强精神将永远鼓舞和教育着我们子孙后代！

我的三姑奶张熙如，最了解她二嫂的品行，最同情她一生的遭遇，曾撰写《悼隐芳》诗一首，为她送行：

落花归故土，
洒泪悼孤芳。
信守傲霜志，
遗风岭上香。

我的父亲把这首诗刻在了奶奶的墓碑上。面向东方，面向洛河，让人们歌唱，让菊香远播……

（十三）别样的相见

其实，59 年来，奶奶和爷爷并非没有见过，只是没有相见而已。他们看见的是对方的影像。而在我看来，这个画面充满了一种残缺美，美到令人窒息。

▲ 孟隐芳与重孙女

邙岭老屋——忠厚传家久

1987 年仲夏，奶奶住到北京我的家里，看望刚刚出生不久的重孙女刘瑷。有一次翻看影集，无意中看见了我结婚时爷爷作为主婚人正在讲话的照片，喃喃自语道："他老啦！"

1999 年春节大年初一，爷爷在我家中，看到了书柜里摆放的奶奶年轻时的照片，伫立良久，默默无语。

这是他离开她整整 60 年之后看到的第一眼，也是最后一眼。

每每想到这些，我的心中便很不是滋味，但也有一丝释然，毕竟奶奶终于知道了爷爷历经战火，血雨腥风，依然健在，谈笑风生；爷爷终于看到"老实人"历经岁月长河，饱尝风刀霜剑，依旧年轻，朱颜未改。

原来，最后的倾诉，大音无声！

2020 年深秋，我为编著这本书而查找奶奶孟隐芳的资料时，无意中发现了她亲笔写给三姑奶张熙如的对一首诗的体会，并借古喻今，以表自己的心情：

"生我者父母，知我者熙如。"
"今后不遗憾为张家做媳妇数十年而无人知我者。"

不但充分表达了姑嫂间的深情厚谊，也展现了她一生所坚持的价值追求。

三、战地写青春的继祖母曾克

我爷爷的第二位妻子是曾克（原名曾佩兰，1917 年 4 月出生于河南太康），父亲的继母，我们姐弟三人的继祖母。父亲说，他第一次见到我曾克奶奶，是在北京中山公园"来今雨轩"茶社的西餐部。

▲ 老年曾克

父亲回忆说："那是 1950 年国庆节期间，记不得是 10 月 2 日还是 3 日，我在北京市公安学校学习，放假回到你三姑奶张熙如家，她当时在最高人民法院工作，说是邀请你爷爷的战友、河南老乡、第一届全国政协解放军女代表曾克同志一同游览中山公园，要我作陪。曾克是由重庆来京出席一届二次政协会议的。看上去，她很瘦弱，但是很精干。对我又有点长辈的姿态。她虽然是解放军的代表，但却没有穿军装，而是穿着合体的便装，特别是那双看

▲ 年轻时的曾克

上去既软又轻的黑蓝色翻毛半高跟羊皮鞋，当时的干部很少穿，配上眉清目秀的容貌，显得很洋气。在公园里玩了一阵儿，她给大家照了几张相，然后我们一行就来到了'来今雨轩'的大席棚下，她请我们吃西餐。我们每人吃了一份后，她又以主人的身份说：'剩下的这一份，我和少旭分吃了。'后来，我问你三姑奶：'曾克是不是和俺爸好了？'你三姑奶告诉我说：'他们马上就要结婚了。'我听后虽不觉意外，但感情上怎么也无法接受。我为你奶奶那线希望的破灭，也为我回归温暖家庭的幻想的破灭哭了，哭得很伤心。你三姑奶没有劝说，也没有阻止，她只是拿过面巾给我擦泪。过了些日子，我给你三姑奶写了封信，告诉她：我已经是大孩子了，慢慢懂得了爸爸和妈妈各自的痛苦，爸爸如果再不断绝和妈妈的婚姻关系，他就成了感情的骗子；妈妈如果永远不能醒悟，她终究会成为疯子……你三姑奶觉得我成熟了。"父亲从此在心里慢慢接纳了继母曾克。

对我来说，记忆中第一次见到曾克奶奶，是1974年初夏，一个周日的清晨，爷爷和她一起来到我们位于大栅栏同仁堂后厂的大齐家胡同的那个10平方米的蜗居看望我们。那时，我的小弟弟刚刚出生不久。那一天，我还站在床上为家人演唱了样板戏《红灯记》里李奶奶的唱段"革命的火焰一定要大放光芒"。我看到曾克奶奶的眼睛里闪着泪光，但她笑得是那样的开心！

（一）开封十年

曾克，1917年出生于河南省太康县，但青少年时期是在河南开封度过的，开封给她留下了最清晰、最深厚、最宝贵的生活印迹。她和家人一起在这里生活了整整十年。

1926年，九岁的曾克随着父母、祖母和两个妹妹，坐着独轮鸡公车，带着豫东太康县的贫穷和乡土气息，来到了后梁、后晋、后周、北宋等八朝古都——开封，这也是当时河南省的省会。当时她家在豆芽街租住了三间民宅，在她眼里豆芽街和太康县县城中心的十字路差不多，而宽阔繁华的南北门大街、马道街、书店街、鼓楼街等则更不是小小的太康县城所能比的。

曾克被那金顶的龙亭，琉璃瓦翘角的鼓楼，大相国寺和高耸入云的铁塔等名胜古迹深深地吸引住了，它们的雄伟英姿和高超的建筑工艺简直令人叹为观止。十年间，她几乎成百次地去这些地方观光、游览。她从百姓口中听到不少关于这些古迹的传说故事，有的虽然是封建迷信、愚昧可笑的，但也还觉得趣味盎然。

龙亭，相传是皇帝上朝的大殿，大臣们或来朝见的官员，要从南边几里地外被称作五朝门的地方往北走，五步、十步磕一个头，走到龙亭脚下再踏上高高的石阶时，就要上一个石阶磕一个头。石阶分左、右两边，中间镶嵌着雕刻有盘龙的厚石板，和石阶一样宽、一样高。龙是至高无上的皇帝的象征，人们是不能踩在上面的。可是曾克和她的少年伙伴们才不管这一套，他们上龙亭，故意不走两边的石阶，专门从中间踏着龙头爬上去。到了正殿，不断的人流，围着龙墩（传说是宋太祖赵匡胤上朝坐过的）转圈，用手里准备好的铜钱（中间有方孔），在龙墩上雕刻的龙头上摩擦，然后把铜钱用红丝线串起来，戴在孩子的颈项上，说这样就可以消灾免病、长命百岁了。可是曾克们这些小叛逆，故意把磨过的铜钱吐上唾沫，又把它扔掉，想看看到底会怎样。等到第二天见面时，发现大家都好好的，谁也没有头痛脑热。于是大家的小脑袋里，更鄙视那些愚昧和迷信了。

在龙亭前方的东西两边各有一个大湖，湖水一清一浊，非常分明，西面清者被称为"杨家湖"，东面浊者被称为"潘家湖"。这是世代百姓，借自然现象，对爱国的杨家将的缅怀和颂扬，对卖国的、陷害忠良的潘仁美的仇视和诅咒。百姓去划船或是洗衣服，都不愿驶入和接近"潘家湖"，生怕阴险的灵魂会玷污自己。而当人们泛舟在清澈的"杨家湖"或蹲在它岸边的石头上，就仿佛从涟漪的碧波中看见杨继业、佘太君及其七郎八虎，众多儿孙满门忠烈的形象。

曾克还常和小同学们一起，专门跑到东南城脚去看包府坑，寻觅又一位让百姓所敬仰的包文正公，听着说书人滔滔不绝地传颂他秉公执法、大义灭亲，刀铡驸马陈世美、处决犯法的侄儿包勉以及陈州放粮的故事。

他们更常去《水浒传》上写到的"大相国寺"，虽然那儿找不到鲁智深倒拔垂杨柳、林冲娘子被高衙内调戏等的遗迹，但耍猴的、唱曲的、拉洋片的、玩木偶戏的、变戏法的、耍刀枪的、卖药的、算命的，乃至于带有洋味的海京伯大马戏团等林林总总的玩意儿，总是让人流连忘返。

"大相国寺"最吸引孩子们的还有一个叫"人头狗"的参观处，门票最贵。进门后，在一间不大的房子里有一个土台，台子上，有一个四面透亮的玻璃柜，里面装着一个男孩头、狗身子的怪物。离土台两米远处，有一排木栏杆，观众完全像在动物园里看动物一样，扒着栏杆看这个被称为"人头狗"的动

▲ 曾克 1932 年初中毕业照

物。看管的人手执一条小皮鞭，一边抽打在他身上，一边大声喊："人头狗！人头狗！"随着小皮鞭的一起一落，"人头狗"便"汪汪汪，汪汪汪，汪汪汪……"地叫个不停，观看的人拍手欢叫："人头狗！人头狗！"有一次，曾克突然看见男孩在"汪汪"叫的时候，眼睛里滴出了

泪，表情非常痛苦，可是观众们仍然贪婪地让"人头狗"狂叫。

走出这个怪物展览室，不少人都在讲，"人头狗"其实是被有钱人买来的年龄很小的穷孩子，买主把他全身的皮肉用钢针扎破，然后把刚刚剥下的热狗皮蒙在他的血肉之躯上，让狗皮从此长在这个男孩儿的身上，使他变成"人头狗"，为买主赚钱。这比相国寺里其他玩把戏的矮人从小在坛子里长大还要残忍。曾克那时虽然还不能辨别人们这些话有无科学和事实根据，但，"人头狗"的泪珠和长了胡子的方形矮人的傻笑，都像钢针刺在她心上。从此在她幼小的心灵里，生长出了对阶级社会所呈现的残酷不仁的仇恨，也使她长大后对杜甫诗句"朱门酒肉臭，路有冻死骨"的含义有了更深刻的理解。

开封十年，给予曾克社会、历史、阶级斗争的知识，也把她带上了献身民族解放和共产主义事业的革命道路。

（二）北仓女中

在开封的十年中，曾克有九年是在私立"北仓女中"度过的。

北仓女中，是开封创办最早的女子中学，她的创办人和历任教师，绝大多数是爱国民主、具有真才实学的教育家。而且，从 1925 年开始，就有共产党员教师在校任教，大革命时期既有国民党老师，又有进步同学从事革命活动，奔赴武汉参加革命军。1933 年至 1937 年间，共产党员和革命老师相继不断。他们直接向曾克等进步学生介绍马列主义、共产主义基本知识，帮助学生树立唯物主义世界观和革命人生观，领导她们参加"一二·九"卧轨请愿等抗日救国运动。1936 年至 1937 年，还在学校里建立了"民先"和地下党的组织。

北仓是一个地火的储存库，是精神食粮的仓库，是培养革命女青年的课堂。因此，在 20 世纪 30 年代中期，开封的铁塔、龙亭等，已不再作为名胜古迹吸引这些女青年，而是变成了她们进行革命活动的接头地点、聚会隐蔽掩护场所。有时她们故意在无人敢去的"潘家湖"中泛舟开会，爬上高达 13 层的铁塔顶去座谈，到鼓楼下去看杀"土匪"的布告，从中寻找牺牲烈士的名字，又去龙亭后悄悄地陪着收敛烈士遗体的亲属流泪。

"我好比一匹落荒的战马，以偶然的机会闯进了人间最美的花园。……"这是曾克的老师、诗人楚图南先生在 1935 年暑假离开"北仓"后，写给北仓同学的第一封信中的头两句话。"北仓"的确是一个在精神沙漠中开拓出的花园。

20 世纪 20 年代的贫苦知识分手，终日挣扎在养家、糊口的生存线上。北仓的老师们大都背着沉重的家庭负担，而把心血浇灌在学生的身上。曾克的父亲曾纪堂也是最早到北仓的穷苦园丁之一。

▲ 曾次亮

曾纪堂，字次亮。1896年出生于河南太康县城内。人们都说家境贫寒的曾次亮是个书呆子，他每日眉头紧锁，除了看书学习外，没有多余的话说，他蔑视权贵，不善交际，不懂"人情世故"。虽有不多几个学界的朋友，不过是一杯清茶的君子之交。不论酷暑寒冬，他都埋头在书堆里，好像除此再无其他生活乐趣。就是对和他相依为命的寡母、妻子、儿女，也是那样冷淡，听不到他的家常笑语……但他外表冷漠，心里头却是热的。

1919年，曾次亮攒了些路费毅然到北京考取了国立高等师范（1923年改称为北京师范大学）史地系。靠公费念完了大学，因无路费，在京就读4年没有回过家。

曾次亮是一贯反对复古的，来到北京，他兴奋地呼吸着"五四"运动带来的新文化、新思想的新鲜空气，进一步奠定了走民主改革道路的思想基础。他曾写家信嘱咐不能给女儿缠足、穿耳环眼儿、要媒人说婆家等。那时太康县城内放足者在女学生中偶能见到，不穿耳环眼儿的恐怕是绝无仅有的。他的母亲、妻子果然按他的要求做了。这虽然是一件小事，但就其革新思想表现在移风易俗方面的坚决态度，对家庭风气的影响也是很深刻的。

在北京师范大学课堂里的学习，满足不了他的求知欲。他常在藏书丰富的图书馆中尽兴涉猎。知识迅速地扩大和加深，包括社会科学和自然科学。这种博学广识，不但为以后教书打下了基础，也为后来深入钻研中国古天文历法奠定了坚实的根基。

同班同学中，他有 3 个相处最好的朋友，两个都是辽宁人，一个姓王，思想进步，性格开朗，对曾次亮影响较大，1931 年后，消息全无。一个姓蔺，1931 年春曾次亮失业时，就是这位蔺先生介绍他到吉林毓文中学任教的，在那里二人同事半年。再一个是云南人楚图南（曾任全国人大常委会副委员长、民盟中央主席），是他最敬重的。

他这样回忆："楚好学深思，沉默寡言，说话、写作有条理、有思想，对人和蔼可亲，使人一见就得到有学有为之士的印象。"

楚亦回忆说："我们常于月下漫步，时月朗星稀，晴空万里，我不由浮想联翩，既沉醉于牛郎织女的美妙神话故事，复感叹宇宙之浩渺，大自然造物之瑰丽。次亮在一旁则兴致勃勃地观察太空，指点着这是什么星座，那是什么星系。我爱遐想，倾向于文艺。他重实际，喜欢天文地理。"

1923 年暑假，曾次亮在北京师范大学毕业。大大不同于许多同学老早就离校去抢谋好职位，他直到暑假毕

第三章 走进老屋的女人

189

业，才满怀着普及地方国民教育的热情回到河南，见到教育厅厅长面陈志愿。厅长委任他为太康县教育局局长。他原以为可以大干一番了，没料到，竟陷进一个封建守旧势力的虎狼窝里！孤军奋战，干了不足一年，就碰得焦头烂额，气愤难忍，拂袖而去。从此，开始了20多年的教书生涯。

他靠着每月几十元的薪金，养活六口之家。一般说来，在当时的开封，每人每月平均有十来块钱，就可以交纳房租和各种"杂捐"（门牌、路灯、打更、水利、出生、死亡等），开支孩子们的学费、吃饭穿衣、看病等，能维持中等水平的生活了。可是曾次亮嗜书如命，每月固定要开支20多元的书报钱。当时上海出版的大型杂志、丛书有《东方杂志》《小说月报》《国学丛书》《万有文库》等，他都分期付款预订下来。这样，所剩的钱就只能勉强度日。

有一段时间，从来都是一脸愁云的曾次亮，竟然也露出了一点笑意。从他深度的近视眼里，看出了一些生命的活力。素不与人交往的他，晚间也有了来访者。客人中有魏士骏（字烈丞）校长，他总是穿着长袍马褂，方方的脸上戴着眼镜，上唇留着两撇八字胡；有张邃青先生，他瘦高瘦高的，穿着长袍；有刘孟真先生，中等身材，穿着很随意，但无论何时，都是精神抖擞，目光炯炯有神，还有一些曾克不认识的人。他们单独或两三个结伴而来，都是直进屋门，不和小孩子或家人讲话，显得很严肃。一坐下来，就开始说悄悄话。家人看到曾次亮整日不知忙些什么，但感觉他心里舒坦了，身体、精神也都很不错。

不久，家人发现他衣袋里装着欢迎北伐军的小旗、传单等。有客人来，他们的谈笑声也爽朗起来了，他心中仿佛升起了希望的阳光。可是，这个时间太短暂了，革命斗争的形势急转直下。1927年春天，蒋介石叛变了大革命，用疯狂、残酷的屠杀，把共产党员、革命人民、工人群众送进血泊里。

开封城和全国一样，很快为黑云所笼罩，家里客人绝迹了。曾次亮一个人呆坐在椅子上，深长地叹息着，有时捶胸顿足，像是要掀掉压在身上的大石板一样，有时摔盘子打碗，破口大骂："流氓，叛徒，罪人！"他的烟头一天几次堆满小烟灰缸，火柴棒撒满床上、桌上和地上。

1927年秋，曾克考入北仓预科（即高小）读书了。开封古都虽然沉进血腥、恐怖、阴森的气氛中，但地下仍然有火种在传播，有火花在迸放。学校寝室被子里、枕头下、厕所内，经常发现来历不明的共产党传单，上面写着"打倒叛变革命的蒋介石！""将革命进行到底！"等标语口号。有的高年级同学，会借着传单大谈一两年前学校里的革命气氛，老师们如何在课堂上讲革命文章、革命人物、革命故事，教革命歌曲，带领学生上街宣传，欢迎革命军，等等。一天晚上，厕所里又发现了传单，之后有一位大同学把曾克堵在厕所里，搂着她的脖子，悄声说："小曾，我看你爹就是革命党，要不，1926 年 9 月，他怎么能给往武汉跑的同学们拿路费呀？！"听闻此言，曾克惊呆了，她一下子完全明白了。难怪父亲那时候很长时间没有给家里交钱，全家人东拼西凑勒紧裤带苦熬了多日，父亲都吐了血。今天同学的话，终于将"父亲的薪金哪里去了"的谜团解开了。

几十年之后，当曾克的父母亲都到了解放区，她才真正弄清，父亲是用斑斑血花送走了危拱之等同志的。她们都成了河南妇女革命的先驱。

1936 年的早春，曾次亮因肺病复发又一次失业了。同时，曾克和二妹因为头年冬天参加卧轨请愿运动及学校的其他革命活动，引起了反动当局注意，为了不影响学校的安定，她们俩姐妹都离开了学校。

很快，在校的冯素陶老师和离校的罗绳武、楚图南老师，分头为姐妹俩找到了职业。曾克决定去上海江湾一个教会修女办的私立幼儿园（腾佩福幼儿园）做保教员。

离开开封的那天晚上，下着毛毛细雨，曾克一个人提着小皮箱进入车站。刚刚走进月台，就在不远的地方看见一个熟悉的身影，他头戴礼帽，身穿夹长袍，一双破旧的皮鞋已经糊满泥水。他快步朝曾克走来，把她送进车厢，将带来的几个装在线兜里的梨挂在车厢衣帽钩上，又一次嘱咐她在徐州换车的方法，并连连说："到上海北站后，站在月台上千万不要动，我已打电报给罗老师去接。"最后，他还给曾克留下几块钱以防万一，又另给一张写着罗绳武、楚图南老师详细地址的字条。可是，关于他唯一的、失去妈妈的、独自在腾佩福幼儿园的孤女冯松，他却一个字也没做交代。

火车徐徐向东开动了，曾克扒着窗子向外看，直到连冯素陶老师扬起的手也模糊了，她才慢慢平静地回到座位上，一遍又一遍地看着他写下的字条。

再见了，开封。她心中默默地说。

（三）奔赴延安

1937 年 6 月底，曾克被卢沟桥的炮声卷入了抗日救亡的洪流。"八一三"上海会战爆发，她和上海大夏大学的河南老乡柯岗等校友，立即投入上海地下党组织的难民工作。

抗战初期，李宗仁声言，欢迎共产党员到第五战区，一道从事抗战工作，成立了"第五战区文化工作委员会"。1938 年春夏之交，臧克家等人组织了一个 14 人战地文化工作团，后来他还写过一篇诗，题目就是《我们十四个》。这个团于同年 6—7 月间，到了国民党第五战

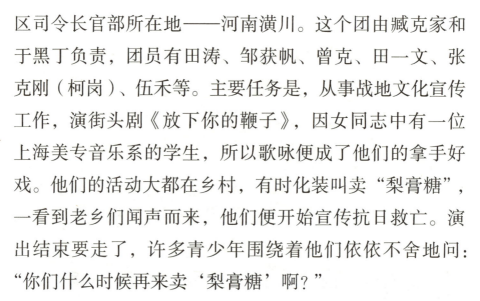

区司令长官部所在地——河南潢川。这个团由臧克家和于黑丁负责，团员有田涛、邹荻帆、曾克、田一文、张克刚（柯岗）、伍禾等。主要任务是，从事战地文化宣传工作，演街头剧《放下你的鞭子》，因女同志中有一位上海美专音乐系的学生，所以歌咏便成了他们的拿手好戏。他们的活动大都在乡村，有时化装叫卖"梨膏糖"，一看到老乡们闻声而来，他们便开始宣传抗日救亡。演出结束要走了，许多青少年围绕着他们依依不舍地问："你们什么时候再来卖'梨膏糖'啊？"

1938年秋，为了宣传抗日救亡运动，曾克、柯岗、黎辛等人联合出版《争存》半月刊，但是，终因经费无着而停刊。1939年，时局发生变化，李宗仁的态度也不同了。不到一年时间，文化工作委员会和文化工作团，先后宣布一律解散。文化工作团生存了仅仅一年左右的时间，大地山河，到处烽烟，人民奋起，同仇敌忾。文工团成员们露宿风餐，多次遭到敌机轰炸，也尝过丢掉全部家当、突围夜行军的苦头，但他们却非常乐观。此时，寇侵日急，华北国民党百万大军一触即溃，滚滚南逃，而中国共产党领导的八路军、新四军却高举战旗向敌后迅猛挺进。面对现实，大家认清了只有共产党才能救中国。

文工团解散后，进步青年们一个个辞去了，杳如黄鹤，消息也成了断线的风筝。曾克飘落到了重庆。

1940 年，那时的曾克还是一个政治上十分幼稚，生活上极端穷困，终日在国民党统治区重庆艰难挣扎的女青年。

　　那年，她失业半载，一些进步书刊遭到封闭，习作无处发表，日寇飞机炸塌了她的住室，她贫病交加，濒临死亡线上。正在这时，她听说周恩来同志时刻都在关心进步青年和文艺工作者，他了解和熟悉很多人的生活和政治情况，他亲手帮助一切愿意到延安和敌后根据地去的人。但是曾克不知道周恩来同志是否了解她的窘况，她是否也可以得到恩来同志的帮助？

　　然而，令曾克想不到的是，周恩来同志通过抗日救亡组织负责同志的介绍，了解了她的情况，并亲自运筹，很快帮助她脱离艰险，到达了革命圣地——延安。

　　那是个深秋时节，当曾克决定离开重庆奔赴延安的时候，发现自己已经怀上了丈夫黑丁的孩子。

　　但当她得知不久就可启程去延安的消息时，身上顿生活力，她不顾孕吐和疾病缠身，连日在浓雾笼锁的山城奔波着，为走上征途做着力所能及的准备。

　　一天晚上，她刚刚从牛角沱轮渡赶回"江北新村"一间借住的小屋里，吹熄了小油灯，正准备休息，忽然听到几下只有她自己才能听懂的敲门声，她立即开门。悄悄进来的正是那位救亡组织的负责人，他告诉曾克："你已经被国民党的特务鹰犬盯上了，周副主席从敌人的

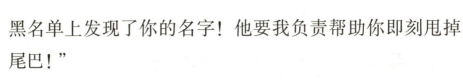

黑名单上发现了你的名字！他要我负责帮助你即刻甩掉尾巴！"

曾克几乎惊呆了。这不是慑于敌人的迫害，也不是庆幸自己即将脱险，而是一个有孕在身，贫病交加，饥寒交迫，步入险境的游子，突然被母亲——中国共产党的温暖臂膀抱在了怀里的惊喜！她实在没有想到周恩来副主席能够这样细微地关怀一个从未谋面的青年！

仅仅过了两天，她就得到了启程的通知。临行之前，在曾家岩八路军办事处，被特务四面包围的一座小楼的底屋，曾克见到了周副主席和邓颖超大姐，他们是那样的平易近人，和蔼可亲，他们首先以长辈的关怀问到她的身体能不能经住艰险的旅途。周副主席说："我看你太瘦了！肯定是吃不饱饭吧！不要紧，到延安去，咱们边区的小米一定能把你吃胖的。"曾克的眼泪随着这温暖的话语夺眶而出。她看到周副主席和邓大姐为革命操劳的印痕堆满额头，他们的面容同样清瘦啊！接着周副主席不惜花去相当长的时间，对她谆谆教导：一个革命青年，一定要走毛主席指出的道路，和工农相结合，否则将一事无成。文艺工作者，一定要长期参加工农群众的革命斗争，要像鲁迅那样，"横眉冷对千夫指，俯首甘为孺子牛。"

接着，曾克、黑丁夫妇又接受了组织的委托，带着一男一女两个年轻的泰国侨胞一起去延安。他们匆忙地上了路。这两个华侨既不是兄妹，也不是情侣，在国内素不相识，而是各自怀着抗日救国的赤诚之心，受到斯诺《西行漫记》的启迪，知道八路军是抗日的队伍，延安是革命的根据地，他们是抱着"不到延安誓不罢休"的决心，先后找到八路军重庆办事处来的。

他们找了"中国记者协会""国民党军队第一战区"等公开社会关系，弄了记者、政训处工作人员等身份证，坐上了国民党明为从大西北运送苏联援战轮胎，实为走私的商车，作为别人发国难财的"黄鱼"，在宝成公路上爬行了两个月。一路上，司机天天敲竹杠，处处要钱，一不如意就以抛锚郊野或送检查站相威胁，把他们随身带的衣物等一切可以换钱的东西全部搜刮光了。两个华侨，把各自的情人在离别时赠送的最值钱的纪念品：手表、项链、金环组成的腰带等，一点点都卖光了。最后，连少数几个包在牙上的金牙壳也取下来变卖了，每天却只嚼着难以吞咽的干锅盔（大饼）、喝着半开不开的水。他们的眼窝深陷了，但他们没叫过一声苦。特别是小伙子"叶驮"（泰语译音），他依然可以打开冰块在河里洗澡。车子坏了，他帮助司机摇马达，钻到车底下换轮胎，谁的气力都没他大。一贯食量偏小的曾克，这段时间也特别馋，可能是肚子里的小家伙作怪，她特别想吃鸡蛋。

12月中旬，他们一行终于到了西安七贤庄八路军办事处。这是延安的前哨接待站。圣诞节的前一天，他们乘坐八路军军车到达了延安，投入到了久盼的母亲的怀抱，开始了安定、愉快、温饱的生活。吃的是香喷喷的小米干饭，喝的是清凉甘甜的延河水，心中别提多美了！节假日或某个同志得到几元稿费的时候，他们还可以到边区合作社去吃一餐风味甜食"三不粘"，到新市场去吃几块黄米枣糕和几碗羊杂碎汤。曾克的精神和身体都在健壮地成长。

1941年6月13日，曾克在中央医院平安地生下了第一个儿子。因为诞生在革命圣地延安，因此取名为"延婴"。

（四）延安学习

曾克在圣地延安学习生活了5年。从一个初识马列主义基本常识的爱国青年成为党的文学工作者，无时无刻不在接受马列主义、毛泽东思想的教育、培养。甚至于经常当面接受毛主席的亲自教诲。

1942年5月，延安文艺座谈会召开了。曾克作为一个青年文学工作者，被邀请参加了这个具有里程碑意义的重大会议。从5月2日开幕到5月23日结束，二十天的大小会议，开得严肃紧张而又生动活泼。曾克聆听了毛泽东主席在开幕和闭幕会上的两次讲话（即"引言"和"结论"），参加了小规模的接见并与毛泽东主席等领导同志和部分与会者合影留念。其中的一张照片从1949

年起一直陈列在延安革命历史博物馆（这张照片的底片在原文化部电影资料室内保存着）。

打这一年起，曾克就把五月定为自己文学创作的生日，她说她的创作生命是从这时真正开始的。她牢记毛主席"为人民服务"的思想，只要一有机会，就去工农兵群众中间接受教育、改造自己，把他们的战斗业绩用文艺形式写下来。

（五）红色摇篮

延安中央党校三部第七党支部，是个有点儿特别的党支部，大家都称她为"妈妈支部"。这个支部的成员，只有带着孩子的女同志，除了要完成与其他支部一样的学习任务外，还有办好托儿所的特殊任务。大家又称这个托儿所为"红色摇篮"。

1943 年夏天，曾克正式成为中央党校三部的一名学员。那时，从文抗先后到三部去的党内外作家有丁玲、艾青、肖军、塞克、刘白羽、杨朔、于黑丁、马加、吴伯箫、周而复、金肇野、崔璇、韦荧、白朗、罗烽和方纪等。

三部原来就有不少知名和活跃的文艺工作者，如欧阳山、草明、刘雪苇、郭小川、陈波儿、蔡天心、江帆、张季纯、肖英（殷）、金紫光、苏一平、朱丹、陈明、郭静（原名郭霁云）、沈曼丽、陈振球、田薇、胡南（原名

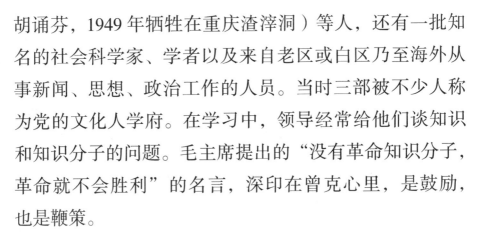

胡诵芬，1949年牺牲在重庆渣滓洞）等人，还有一批知名的社会科学家、学者以及来自老区或白区乃至海外从事新闻、思想、政治工作的人员。当时三部被不少人称为党的文化人学府。在学习中，领导经常给他们谈知识和知识分子的问题。毛主席提出的"没有革命知识分子，革命就不会胜利"的名言，深印在曾克心里，是鼓励，也是鞭策。

党校的学习生活既严肃紧张，又生动活泼。学校没有教授、讲师来授课，也不按专业和年级来编班，而是以支部为单位进行集体讨论，自由谈心，通过写学习心得来总结经验，认识真理。为着减轻边区人民的负担、改善生活，师生们积极响应毛主席"自己动手、丰衣足食"的号召，学习中间和课余时间安排了开荒种地、纺棉毛、打窑洞、缝衣、制鞋等多种劳动。每周和节日，还有丰富的文化娱乐活动：扭秧歌，表演京剧、歌剧、话剧等。学员们甚至还穿着草鞋，伴着口琴或手风琴的美妙旋律，在校园的土坝上跳"华尔兹"。

然而在这样美好的学习环境中，却存在着一个急需妥善解决的矛盾。

学员中有百分之一二带着婴幼儿的女同志，有的是爱人在大后方，有的是爱人在前方或延安其他单位，党校领导和同志们把妈妈们白天的各种劳动都减免了，可是正常的学习，妈妈们只能把孩子们带到支部会和大会

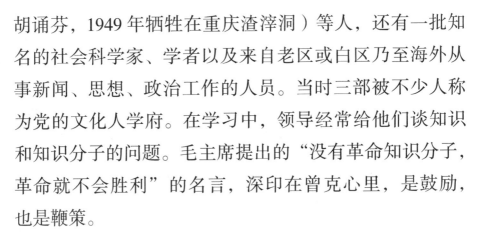

场上。孩子们这个哭，那个闹，一会儿拉，一会儿尿，既影响其他同志的学习，文娱活动更没有她们的份。为此，妈妈们很伤脑筋，有的竟然把孩子抱给支部书记，请求解决。女同志的知心话更令人同情："共产党是领导反封建革命的，我们到革命圣地还是当家属，抱娃娃，那我们还不如回老家自找出路！"

　　一时间，妈妈和孩子问题成为党校的热点。曾克也遇到了同样的问题。为此，她整夜不眠。当时，边区正在开展各种合作社，实行组织起来搞生产。曾克忽然想道：我们把孩子集中起来，妈妈们用变工的方法照管他们，腾出一些完整的时间用来工作和学习不是很好吗？她的这个想法很快得到党校领导的一致同意，并指定徐健生负责全部筹建工作，李言负责支部调整，即刻成立筹备组，由曾克任组长，李沅任副组长。很快，在三部最南边二层山坡上，一排向阳的窑洞就腾出来了。只花了十多天，三部的四五十个学龄前孩子就集中起来，托儿所开张了。所里还有一个烈士的遗孤，他叫何小彬，是烈士何功伟的儿子，同志们特别爱护他。曾克担任了托儿所所长，李沅为副所长，胡朝芝负担了全所的总务。除了一个姓高的炊事员外，所有的保姆兼公务员都是妈妈们分工轮流担任。在排班上动了很多脑筋，妈妈们晚上也可以自由地休息和参加各种文娱活动了。

　　三部托儿所从党的组织上，编为第七支部，曾克任

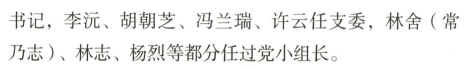

书记，李沅、胡朝芝、冯兰瑞、许云任支委，林舍（常乃志）、林志、杨烈等都分任过党小组长。

托儿所的孩子们受到部领导极大的优待，孩子们长得白白胖胖，养成了良好的生活习惯，还学会了一些简单的儿歌、游戏，妈妈们完全能够赶上各支部学习的进度，再也不是蓬头垢面，身带污迹，满面焦愁的形象了。王德芬和肖军登台演出京剧《三娘教子》，韦荧也可以积极参加跳舞、扭秧歌的各种活动了，她还扮演了以普希金的长诗改编的歌剧《茨岗》中的吉卜赛女郎。曾克也能离开三部，到四部和五部去采访从前方回来学习的指挥员、战士和根据地的建设者了。

（六）战地采访

1945 年 8 月，日本帝国主义宣布投降，曾克响应党的号召从延安到太行山抗日根据地去深入群众生活，而此时，她和黑丁同志因性格不合等原因已经分手了。

1947 年年初，曾克和晋冀鲁豫文联的葛洛、胡征、李南力（笔名鹿特丹）、计柱森（美术工作者）四个同志，一同到了晋冀鲁豫野战军，以作家的身份参了军。实际上一到部队，就参加了记者的行列。

晋冀鲁豫野战军有一个新华分社，随军记者们的党组织关系和行政关系，都编入了这个分社里，不知是谁起了一个战斗的名字叫"野战记者团"。

新华分社归野战军政治部直接领导，是野战军的宣传、报道、信息的尖刀部队和前哨阵地。一进分社，不少在那儿工作的记者和作家，便向曾克介绍刘伯承、邓小平重视文化、政治工作的美谈，他们说刘司令员把政治工作者和知识分子干部看作"灯泡"，是"武器中的特效武器"。营长李文波同志的《袄袖上的鲜血》、六纵队敌工部长卢耀武同志的《多余的耽心》、柯岗同志的诗《大杨湖的英雄们万岁》（以上均在《人民日报》副刊发表）等前方指战员反映部队大踏步进退的战略性行动的通讯报道和文艺作品，激励着曾克，同时在她心中产生了一种强烈的愿望：一定要到这个部队里去工作。

不久，曾克的这个愿望实现了。她到部队后，立即感受到刘邓首长对文化工作者的重视和爱护，但他们的要求也是非常严格的。他们严禁"克里空"（苏联话剧中写不真实报道的记者）和华而不实。明确指出："文学作品，在于用丰富的感情，说得合情合理，头头是道，才能令人五体投地，无可非议，那才是好作品。"并强调说："文章不在长，而在于集中写一个问题，取材求精，构思求密。"

曾克带着他们的教导、要求和希望，一头钻进了三纵队（渡江前编为第11军）。参加了三出陇海、豫北、鲁西南等战役。在这段时间里，她写了豫北战役，消灭国民党军第二快速纵队，打安阳、克汤阴及大练兵，整

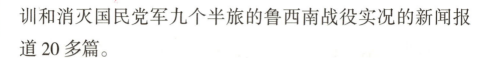

训和消灭国民党军九个半旅的鲁西南战役实况的新闻报道20多篇。

1947年8月，刘邓大军接受中央军委的命令，要执行挺进大别山的反攻任务时，决定除卫生部门和文工团的女战士外，其他女同志一律不参加南征。曾克焦急万分，月夜向刘邓请战而获允，一时成为部队的美谈。她这时已是一位三十岁的母亲。在跃进千里无后方的进军中，她和野战军部队一起，冒着敌机轰炸扫射，爬险山、涉恶水，进入了大别山，随即与三纵队的少部分同志，参加了恢复根据地的工作队，曾克任岳西县二区工作队队长。这一段工作是极端艰苦、惊险的。由于大别山根据地自1927年起，就曾经多次得而复失，又是敌人视为卧榻之侧的要地，前几次敌人还乡团对根据地人民施行过残酷的摧残，这次，又用多于我五倍的兵力对付我军。所以，日夜都在同敌人进行生死搏斗。他们发动群众，组织地方武装，支援野战军痛歼敌人。靠着人民群众的掩护、相助、共同作战，刘邓大军终于在大别山站稳了脚跟。

这段时间，曾克写了几十篇报道，集入《挺进大别山》文集内，从一个侧面，用一些真实的小故事，反映刘邓大军执行毛主席和党中央的战略部署，实现伟大战略转折的史实。其中有几篇作品，首先被登在了《南征一年》三纵队分册中。

《南征一年》是 1948 年夏季的产物。当时挺进大别山的部队完成了战略任务，主力大部转回中原后，野战军政治部《战士报》社曾发动了一次部队群众性文艺创作征文活动，号召全军指战员拿起笔，集体记述自 1947 年 6 月 30 日抢渡黄河天险，到 1948 年春胜利完成大别山根据地恢复和重建任务这一伟大的史实，编辑出版了《南征一年》纪实文学集，共十集（每个野战纵队一集，野直一集）。曾克从发起、组稿到编辑出版，参与了这项工作的全过程，受到野战军副政委兼主任张际春的表扬。

曾克撰写的文章，被收录在《南征一年》中的有：《我认识的第一个营长》《陈锡联司令员会见妈妈》《铁树开了花》（和胡奇同志合写）。这些作品后来有的在文学刊物上发表，有的在电台广播，有的改编为连环画，受到了广大读者的喜爱，它们的新闻性很强，都是战争中发生的真实事件。

在部队中，曾克几乎没有离开过营长、教导员和他们的通信员小白狗同志。他们经常一块跟随纵队首长去看作战地形。在安阳纱厂附近，一次，险些被敌人盲目发射的一颗炮弹击中，南峰岚营长和 19 团李长林团长，几乎同时把曾克和陈司令员一齐按倒在地。随着他俩口中喊的卧倒声，土坎上所有的人都一齐伏身在地，也几乎是同时，他们身后不远的地方发出一声巨响，敌人的炮弹落下，他们的身上都盖上了震起的尘土和震落的树叶。打汤阴的时候，曾克甚至硬挤在前沿指挥所，目睹了营长那机敏和指挥若定的神态，感受到了指挥所紧张有序的气氛。战斗结束，又和战友们一齐踏着突击队的突破口，冲进汤阴城。就这样，营长南峰岚、教导员刘坚、通信员小白狗、战士史玉伦等同志的鲜活形象、可贵品德，印在了她的心里，她如痴如狂地爱上了这支部队。

在揭开战略反攻序幕的鲁西南战役的最后一个战斗——羊山战斗中，南峰岚同志牺牲了，史玉伦同志也牺牲了，曾克强忍着心痛，写下了纪念他们二人的文章。

当部队到了麻城县的新田铺，三纵队司令员陈锡联同志的老母亲，让小儿子用独轮车推着，来找离别十多年的儿子。曾克和纵队民运部的同志一同接待了他们。就在部队继续向皖西挺进途中，她和胡奇同志用很短的时间，写出了《陈锡联司令员会见妈妈》的通讯。不久，解放区人民都听到了这篇广播。

1948 年仲夏，曾克被借到新建的《豫西日报》去工作。一天，她正在鲁山县郊区农村采写蚕农生产的报道，通信员牵着那匹和曾克征战多年的大白马跑来，送来了《豫西日报》转来的张副政委的通知，要她立即回野政。通知上没有说什么原因，回去做什么。但，军人服从命令是天职，她立即告别了乡亲们，背起背包，装着已经动笔的《收茧》通讯稿，快马加鞭往回赶。

张副政委见到曾克后，没等到曾克敬礼的右手放下来，就关心地让她坐下来，高兴地对她说："开封解放了，你的故乡解放了！从开封来了很多教授、学生、你的亲友……咱们要热情接待他们……"他的话被端来茶水的罗萍同志打断了。她是张副政委的妻子，一个出生在嘉陵江畔钉船雇工家庭的女孩子，出世后就失去母亲，刚四岁，父亲又被恶霸砍死，后母将她送人当童养媳，自己投水自尽。她十三岁时参加红军，参加过长征，是一个忠诚的共产主义女战士。因为战争，她要在后方抚养、教育孩子们，不能和张副政委并肩战斗，曾克只见过她几次，但她和政委一样关心爱护同志，每次遇到吃饭，她都要亲自帮厨，尽可能地给北方同志包饺子。她把茶递给曾克并亲切地说："快把茶喝了，副政委派人送你去看亲人，今天我就不包饺子给你吃了。"他俩都没告诉曾克要去看什么人。

警卫员把曾克和通信员一起送到镇里一个群众家里。走进一个小四合院的西屋里，只听警卫员通报着："曾老先生，张副政委把你们的女儿接回来了。"这时，曾克才明白过来，认出了面前的两个瘦弱、疲惫、满面皱纹的老人竟是她离别了 10 年的父母。他们是开封解放后第二批被接到豫西解放区来的，因为开封即将解放时，她的父亲被敌人的炸弹炸伤了头部，见面时他的额头还贴着纱布。中原军区领导人刘伯承、邓小平、陈毅对他的到

来表示欢迎，新华社发表了他到豫西解放区的消息。曾次亮夫妇终于见到了他离别 10 年的大女儿曾克。张副政委明确指示要曾克在父母这儿先住下来，帮助做这批新来的客人的工作。曾克得以详细地了解了 10 年来二老和全家挣扎在敌战区的血泪经历。

接着，曾克又跟随部队参加了淮海、渡江、进军西南诸战役。她深入连队、火线，做她能做的各种工作：战场救护，传递消息，动员担架和寻找修工事的材料，给战士们读家信，起草立功喜报，总结作战经验材料等。曾克也不放过行军、作战、休息中的一分一秒的时间，在膝盖或弹药箱上，用在国民党保公所等地捡到的公文纸背面或最廉价的黄表纸订成的小本子上，记录材料，写下各类新闻、通讯、日记、报告文学等。

1949 年 4 月的一天，所在纵队解放军强渡长江时，天已黄昏，曾克和杜宏同志（注：1955 年参加亚非会议时，因飞机失事而牺牲。）与纵队指挥部一同隐蔽在离炮兵阵地不远的指挥阵地上，等待着开始壮举的号令。突击船只早已整装待发，执行任务的指导员、通信员等，不少还在阵地上行动。这时，陈锡联司令员的脸是那么严肃、镇静，连一点笑意也没有，更不见平日的诙谐玩笑了。他好像根本没有看到曾克和杜宏，只是不时和身边的参谋们对表，并一再询问准备得怎么样了。眼看就到发出开船命令的时刻，他突然向身边的通信兵命令说："立即告诉一号、二号、三号……突击船，准备开动！"就在这瞬间，曾克被指定去四号船传口令。她毫不犹豫，立即和其他通信兵一样，口应："保证完成任务！"立正敬礼，就跑向四号船位，将口令一字一句传给指挥员，不到半分钟，就迅速转回到陈司令员身旁，这一切，他好像根本没有看见，连曾克自己都没有想到，她竟然当了一次前沿通信兵。

"轰！轰轰……"万炮齐鸣了。曾克被巨响和发炮的后坐力，震得差点儿倒在地上，耳朵顷刻间就什么都听不到了，她挣扎着要观看长江巨龙冲浪前进的壮观景象。天空红了，江水红了，江南的天和地是一片火光。冲着火光，冒着南岸敌人炮弹击起的水柱，突击船队向南挺进。她和杜宏同志带着电台，随二批突击队的船只，登上了"铁板洲"对岸的江南土地，在仓皇窜逃的敌人丢下的一片狼藉的阵地上，他俩一同署名迅疾发出了《胜利渡过长江》的新闻，经新华总社发到全国，很快，上

▲ 1958 年，曾克与其母亲在重庆鹅岭公园

海《新华日报》就登载了。据说，这篇报道是最早的一则报道解放军渡江的新闻。

一个非常偶然的机会，在曾克的 90 岁母亲辞世后，儿女们从她的旧衣箱底下，发现了她珍藏的一个小本子，那是女儿曾克南征时残缺的日记，是写在《人民日报》周年纪念日（1947 年 5 月 15 日），送给前线记者的纪念品上的，虽然纸已黄碎，字迹也不十分清晰，但从中仿佛仍然可以看到炮火连天的战场，闻到硝烟刺鼻的气味儿。下面我摘抄了几段：

1947 年 9 月 20 日（游击政权）宿蛇形岗

继续向岳西跋涉，一山又一山。这锻炼对我说来才是最严重的一次，仍然是生活的最高理想在支持着我。任何一种生活对于一个文艺创作者来说，都应该为理想向其中寻求价值和追求乐趣。

中途吃早饭，休息下来，我选择了一块河中心突出的石块，坐下来刷牙、洗脸、梳头，河水清澈透底，自然地为我做了一面镜子。这种享受，老实说不是战争生活就难以得到。旅游、度假也会遇到这种自然条件，但感受肯定是不同的。无论怎么说，我觉得苦比乐的滋味要浓、长些，寂寞不一定比庸俗的热闹更乏味，动荡中的生活比单调的家庭或小机关待着收获要丰富，生命要充实，反正我就是这么一个对生活藏着无限追求热的人，什么味道尝尝都好。

游击队欢迎我们的标语贴得更多了。保公所（原国民党政府基层政权）已经为我们所掌握，要他们为我们干事了。虽然这些人油头粉面，样子很庸俗，但，他们能够动员担架、粮食等供应我们进山来的野战军的需要，也就要慢慢改变讨厌的成见，应该和党的态度一致，争取改造他们。游击队大队长完全是一个"苦力"的样子。他向保甲人员讲野战军的"三大纪律八项注意"，讲土地改革政策，介绍战争形势，作风很朴素。

沿路，不断遇见原新四军留下的干部，有些还是1944年和王震同志南下来的，他们的精神很健康愉快。

9月21日（宿汤池畈）

今天开始下山。下山路是比前几天好走多了。同志们的脚步也迈动得轻松了。我继续暗暗地鼓励自己："坚强的个性是要积极改造现实，不是用消极的情绪对抗，苦于懊恼，不如苦于对业务提高的不满足。"

45里路，中午就赶到宿营地岳西县汤池畈。这儿是因为有小温泉而得名的乡镇，镇面街道比其他新解放的城镇都显得繁荣一些，游击队经常在这里活动。我们看见他们着便衣、打着伞，健康的队伍在活动。

下午，见到三纵阎红彦副政委，他希望我留下来做一个时期的群众工作，参加地方工作队，这是此次战略

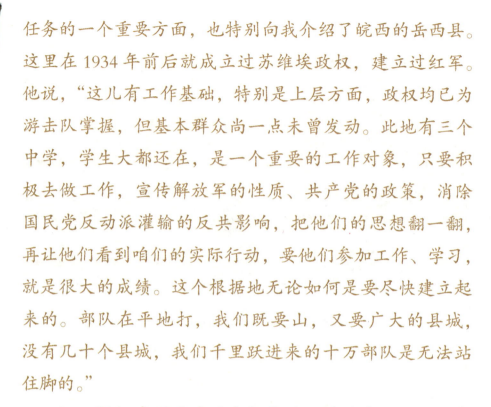

任务的一个重要方面，也特别向我介绍了皖西的岳西县。这里在1934年前后就成立过苏维埃政权，建立过红军。他说，"这儿有工作基础，特别是上层方面，政权均已为游击队掌握，但基本群众尚一点未曾发动。此地有三个中学，学生大都还在，是一个重要的工作对象，只要积极去做工作，宣传解放军的性质、共产党的政策，消除国民党反动派灌输的反共影响，把他们的思想翻一翻，再让他们看到咱们的实际行动，要他们参加工作、学习，就是很大的成绩。这个根据地无论如何是要尽快建立起来的。部队在平地打，我们既要山，又要广大的县城，没有几十个县城，我们千里跃进来的十万部队是无法站住脚的。"

纵队阎红彦副政委对我提出的工作要求，也正是我的心愿。我立即接受命令，让他帮我办妥到县委工作团报到的手续。他一面给我写介绍信，一面又一次严肃地向我指出任务的艰苦，要做好迎接考验的思想准备，我把阎副政委的话深深记在心里，默默在发着誓言：在新的考验里，我一定要争取及格。

在我们谈话快要结束的时候，一群群的青年学生都热情地围拢来了，他们向我们要宣传品，要书读，青年知识分子毕竟是愿意认识真理，并具有探索和好奇心的人。没有书也没有报纸和宣传品，这和战士没有弹药一样可怕。这也使我感到双重责任感，作为一个文学、新

邱岭老屋
——忠厚传家久

闻工作者，有责任为改造知识分子中的旧思想，送给他们新的精神食粮赶快做些什么。

9月23日（仍宿汤池畈）

今天全体休息。没有想到我的气管炎发作，咳嗽、吐痰，气喘得很厉害，腿脚也肿起来，只好勉强躺下来休息。老乡劝我用热水把腿脚烫了一阵子，血液稍微流动开了，可是需抬得高高的，略放低一些，就跳着疼，如同刀剜、抽筋一般。感谢这些有"眼睛"的病魔，要是在行军路上就看上了我，那真不敢想象。今天，只好让同志们先去做些调查研究工作。

岳西县的各区工作队已经成立，县委决定我到二区小河南去，任工作队队长，我们的组员暂时只有十几个人。饲养员李仙贵，这个在鱼台战斗中解放的上海籍战士，他是被国民党军拉的壮丁，当时还没有来得及发给他枪就做了我军俘虏。还有通信员王文鑫，河北邢台的翻身农民，都是主力人物了。还有一个三纵队的组织干事，姓张，个子不高，大家都称呼他"小老张"。还有太行山随地方工作团来的几个同志。

南下途中，从巨野出发后的长途行军中，我曾多次和"小老张"接触，他的言谈，曾引起过我的兴趣，让人感到他是一个忠厚令人同情的小人物。现在，他成为我的主力队员，我更想多了解他一些。再有几天就是中

秋节了，晚上，他和另一位同志来看我，谈着快要盈满的月亮，谈到儿时八月十五买不起月饼的事，他情不自禁地向我讲起自己的身世来。抗战前，他是一个糖果店的学徒，眼光只集中于能有一双"礼服呢"鞋和一条"线春"裤子。日本鬼子打进太行，直接威胁了他的生存，他参加了抗日"决死队"，成了一个革命者。十年的斗争教育了他，他了解了革命，献身了革命，眼光不是那么狭小了。在革命队伍中，他运用一技之长做着平凡的工作。他讲到弃他而走的老婆，重新找个爱人也没有成功的经过，都是很令人同情的。为着大反攻，这些都抛到一边了。另一个干事也很自然地谈到他在家做挂面的手艺，听着这些同志的淳朴的自我介绍，很羡慕他们思想单纯，容易满足现实，安于生活，战胜困难。我们工作队里有这些可靠、平凡而忠实的同志们，我的信心更增强了。我进一步感觉到，革命的路是宽广的，革命的队伍是宏大的。我们将奋力地把大别山的新、老革命者重新组织、团结起来。

10月1日（阴）

前天夜晚和房东群众一同过了中秋节，我们把伙食团发给每人的四块糖饼一起拿出来，房东还炒了毛栗子，虽然没有月亮，大家都预祝明年的丰收，因为农场告知："今年中秋云遮月，明年十五雪打灯，大雪兆丰年呵！"

这次团圆过节，也是我们将兵分几路、各赴新战场的又一次动员。同南下并行到岳西来的文艺战士胡奇、关夫生，仍要回纵队文工团工作，但，先要去清山接受一部分新参军的知识青年。我们从鲁西南出发时是盛夏，现在已是遍山红叶的仲秋。老关没有一件替换的衣服，我们大家拆了些布料还算结实的旧衣，找了几把棉絮，我赶着给他缝了一件短小的棉背心。这是六月间在黄河岸边，我离开五岁的孩子后，第一次拿起针线做起营生来。背心做好后，他们就背起背包和我们分手了。

（七）参加开国大典

1949年10月1日，曾克作为第二野战军唯一女代表，从浙赣路前线到北京参加第一届全国政治协商会议和第一届全国文代会，登上了天安门，亲历了开国大典。

关于这件事，我叔叔张小岗在《革命女作家曾克的人生轨迹》中是这样记述的：

1949年，第二野战军完成淮海决战，挥师南下，以摧枯拉朽之势强渡长江天险，迅速席卷浙、赣、闽诸省，开始做挺进大西南的各项准备。这时的曾克32岁，是第二野战军新华社野战记者团的记者。也许，是因为她记下了太多这支英雄大军南征北战的真实进程，也许，是因为女人本不属于战争，而万马军中她们就显得尤为出

众。总之，曾克自己并没有想到，一件显赫、荣耀，可遇而不可求的特殊任务，即将摆在她的面前。

8月27日，第二野战军政委邓小平和副政委兼政治部主任张际春致信滕代远、杨立三、蔡树藩、张南生（滕代远，时任中央军委铁道部部长；杨立三，时任中央军委总后勤部部长；蔡树藩，时任华北军区政治部副主任；张南生，时任华北军区政治部组织部部长。）："二野参加新政协会议代表，经我们请示中央，现决定以刘伯承、滕代远、杨立三、蔡树藩、钱信忠、高树勋、廖运周（率110师起义，现任四兵团师长）、布克（16军组织部部长）、马宁（12军随校副校长）、曾克（女，作家、记者）10位同志为代表，以张南生、卫小堂二同志为候补代表。伯承同志将随后到达，曾克同志已在北平。"[《邓小平年谱1904—1974（中）》，中共中央文献研究室编，第837页。]

新中国如同一个新生儿，就要呱呱坠地了，能够亲耳聆听他的第一声啼哭，亲自为他的诞生、成长做准备和筹划，这是曾克那一代为新中国而不懈奋斗的共产党人最最向往的殊荣！多少先烈没有等到这一天就含笑九泉了；多少前线将士仍在浴血杀敌，无暇思考庆祝胜利；还有多少尚在国民党占领区像江姐那样的同志，只能在黑牢、密室里"含着热泪绣红旗"，遥祝祖国的新生。比起他们，荣幸地成为代表几十万将士的唯一女性，赴北平出席中国人民第一届政治协商会议，参加开国大典，那真是天大的幸福。太令人羡慕了！

在开国大典上，人群中，曾克忽然听到周恩来总理大声呼唤着她的名字。握手后，他第一句话仍然很家常地说："你怎么还是这样的瘦啊！解放军不会吃不饱饭吧？对了，大概是在大别山跟'小保队'（地主反动武装）斗争累了吧？在首都抓紧时间休息一下，可是不能停步

▲ 曾克

哟！要记住毛主席的话：'夺取全国胜利，这只是万里长征走完了第一步。'"曾克激动得又一次流出了热泪。她惊叹周总理的记忆力和对干部无微不至的关心、爱护。这是她在革命征途上的又一个关键时刻，是周总理及时鼓舞她勇往直前！

参加全国第一届政治协商会议和全国第一次文代会时，邓颖超大姐不论在大会休息时还是在妇女、文艺等分组专业会上（有次还把曾克接到中南海西花厅她的家里），都从工作到生活上对曾克表达了无微不至地体贴、关怀。每次，她都要抚摸着曾克绿军帽上那颗红星和左胸前那白底黑字的"中国人民解放军"胸章，深情地说："佩戴五星帽徽的姑娘，你更漂亮了。我那八角帽上的红

▲ 1949 年 7—9 月，曾克作为第二野战军唯一的女代表，出席在北平召开的全国第一届政治协商会议和全国第一届文代会。图为二野政协会议代表团合影。
前排左起：滕代远、蔡树藩、刘伯承、高树勋、杨立三；后排左起：曾克、张南生、钱信忠、马宁、廖运周、布克、卫小堂。

五星，如果不是党的其他工作需要，我可舍不得摘下它。红五星是革命烈士鲜血铸成的，它将千秋万代镶铸在中华人民共和国国旗上。新中国是中国人民解放军——人民的枪杆子用生命夺取的。作为一个女军人是值得骄傲的！希望你佩戴着它们，把革命进行到底，去解放全中国。"

在文艺界的聚会上，邓大姐对曾克说："对啦，你不是一般的军人，你还是个部队文艺战士。毛主席早就教导我们，中国革命有文武两支大军。扛枪的、拿笔的两支大军又都有穿军装的和穿便衣的，战斗在根据地和大后方的。这次文代会和政协会，文武两支大军都会师了，要尽可能多接触在大后方坚持工作，特别是海外归来的人，增进了解、互相学习、加强团结，加快解放全中国和建设新中国的速度。"

两会期间，全国妇联从筹备到成立，蔡畅和邓颖超两位大姐分别任主席和副主席，邓大姐又和曾克谈了另一个重要内容，就是重视妇女儿童工作。她说："妇女是半边天，人类解放离不开妇女，战争是这样，建设也是这样。儿童是人类的未来。新中国的未来，要关心他们的教育、成长。"

这些教导，一直贯穿到曾克随二野解放了大西南。组建重庆市和西南大区文联、作协时，他们按照邓大姐"团结一切可以团结的力量"的教导，在成、渝、贵州等地挨门挨户请出创造社、左联、抗战时期文抗的老作家、艺术家沙汀、艾芜、邓君吾、李劼人、林如稷、陈翔鹤、方敬、蹇先艾、林辰、袁珂、丰中铁、李广田、刘树德、李乔、廖新学等为建设新中国出谋献策。曾克还深入重庆、云南纺织厂，做女工和儿童工作；到云南边疆同女医疗队、女教师一起开展工作，写了很多以翻身女工、女劳模、边疆女医生、女教师为主人公的短篇小说。

（八）战地爱情

在解放战争中，曾克与一个1938年就从延安"抗大"

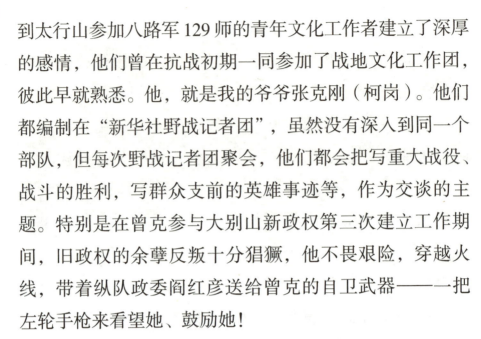

到太行山参加八路军129师的青年文化工作者建立了深厚的感情，他们曾在抗战初期一同参加了战地文化工作团，彼此早就熟悉。他，就是我的爷爷张克刚（柯岗）。他们都编制在"新华社野战记者团"，虽然没有深入到同一个部队，但每次野战记者团聚会，他们都会把写重大战役、战斗的胜利，写群众支前的英雄事迹等，作为交谈的主题。特别是在曾克参与大别山新政权第三次建立工作期间，旧政权的余孽反叛十分猖獗，他不畏艰险，穿越火线，带着纵队政委阎红彦送给曾克的自卫武器——一把左轮手枪来看望她、鼓励她！

关于爷爷和曾克奶奶的爱情故事，我的叔叔张小岗在《革命女作家曾克的人生轨迹》中是这样描述的：

在解放战争加入刘邓大军后，曾克有机会与同乡、同学张克刚（笔名柯岗）有了较多的接触。当时，曾克在野战军政治部，有时随纵队行动，柯岗在六纵队（后第12军）任宣传部副部长兼新华支社社长，由于工作关系，他们在战斗间隙经常见面，总是互相鼓励，彼此关怀，时时提醒记者的责任，询问笔耕的收获。于是，一种特殊的历史背景，把他们从友情、同志之情中拉了出来，送他们踏上爱情之路。

柯岗在《夏日的清晨》一诗里这样写道：

在这花朵样的夏日的清晨，

我出发到火线上去。

朝阳把东方的浮云镶上金边，

有小雀飞过那开满红花的石榴树，

把晶亮的露珠惊落进怒放着的花心。

淡色而修长的路，

从我家门前劈开了熟透的麦田，

直伸向老远老远的地方，

那里有炮火在轰响。

我的马备好了鞍子拴在路旁，

它性急地吹着鼻子，

敲着前蹄。

我是刘伯承将军的老战士，

我曾经跟着他把日本强盗杀死，

我必须跟着他打倒卖国贼，

我跟着他习惯了胜利。

我懂得胜利的诗要用英雄的血来写成，

我懂得那诗里要有自己的血，

我的亲属，

爱人和朋友就更光彩。

现在我要出发到火线上去，

再有一分钟我就跃马扬鞭。

我的美丽的夏日的清晨，

将被我保护得更美丽，

邙岭老屋
——忠厚传家久

▲ 曾克与柯岗

我的艳红的花要为我怒放到凯旋。

这首诗是1947年夏天，柯岗从平原到前线之前写给曾克的。它和那些卿卿我我的爱情诗不同，是一个战士扑向枪林弹雨前向自己亲人的表白。

1950年，在欢庆重庆解放的同时，他们背诵着毛主席的"为人民服务"，高唱着《东方红》，他迎娶了她。

1951年12月19日，我的叔叔张小岗在云南昆明出生。

张小岗：1969年1月下乡插队，1970年10月参军入伍。1972年12月加入中国共产党。1970年10月—1979年3月，在中国人民解放军成都军区陆军第13军第37师步兵第110团任战士、文书、新闻干事，参加对越自卫还击作战，荣立

▲ 张小岗

三等功；1979年3月—1989年10月，调中国人民解放军总参防化学院，在政治部宣传处任干事；1989年10月—2012年1月，调解放军总政治部宣传部，历任干事、编研室主任（正师职），专业技术五级、副编审。曾授军衔：大校；2012年1月退休。

　　曾克奶奶曾经说过："我和柯岗从相爱到共同生活，坎坷多难，分离时间多，但通信却少。就是那些不多的信件，也在'文化大革命'中被毁掉了，所能珍藏的只有他写给我的这两首诗。"她所说的两首诗中的另一首，是1952年5月柯岗从西藏高原归川途中遇雀儿山雪崩路断，滞留德格，偶见白发丛生，拔除三株，置于曾克自云南昆明寄来的红花袋内，信手自题，藉记心痕的《雪山情思》：

红花白发共一色，春宵酷寒情梦绕。
雪崩路断行不得，冰封三月音信杳。
边疆鹊懒误家书，寄语万里阳关道。
遥祝花都春长在，五月高原花开少。
形影憔悴思情浓，扬骨天涯爱难消。
卫国爱家生命任，云端峭峰人可到。
夜闻孩啼唤爹娘，惊魂白发似秋草。
且将白发伴红花，红花白发慰寂聊。

关山重重自题心，心随冷月上树梢。

但愿冷月识真情，寄我情思莫辞劳。

这首诗的字里行间，饱含着我的爷爷柯岗的一腔家国情怀，情真意切，感人至深。

（九）曾翁著述

全国解放后，曾克的父母在政府的亲切关怀下，定居在了北京。曾次亮精神振奋，情绪安定，在共产党的领导下，开始潜心从事专业工作了。他又搞起了一度中断的古天文历法研究工作，领导大力支持，给他配备了助手，并保证他一定的研究时间。他埋进了历史书籍和数字堆里，干得入了迷。数年间，桌上、床上、窗台上一堆堆一片片大小不等的纸上全是一长串、一长串的数字，有的小数点以后还有十几个数字。这些纸片谁也不许动一动。他屋里的灯总是亮到后半夜。这是他一生中心境最舒畅的年代。他于1967年2月去世，享年71岁。

曾次亮一生忠于自己的职业，对教书、编辑和科研从来都有一种神圣感，绝不容许有任何懈怠或敷衍塞责。他说，做学问首先要能自己否定自己，并善于听别人对自己的否定意见，这样反复研究才能得出真理。

曾次亮为研究中国古代天文历法这门学问，付出了几十年的心血和精力，也是他在学术上成就较大的。1949

年后，他除了在中华书局担负《二十四史》的《天文志》《律历志》的校勘工作外，还著有《四千年气朔交食速算法》《殷周秦汉历谱》《评刘朝阳"关于中国天文历法史的矛盾形势"》《七政法源》《历代历法的数据与计算公式》等专著。

曾次亮的重要著作《四千年气朔交食速算法》是融现代历法和古代历法于一炉、简便易学的科学著作，他把复杂的高等数学计算简化为若干表格，应用时只需按步骤查表，作一般算术运算，即可得到上下 4000 年间气朔交食的基本准确的结果，其时间精确度拉平，使整体误差减至最小限度，避免了年代越古积累误差越大的难题，可以完全满足史学家的需要，是为考古工作者提供的一种有用的工具书。其可贵之处是可使不谙天文的一般学者，以普通的四则运算和比例内差的简单算术，独立地推算数千年前的气朔交食。这是天文历法研究领域具有独创性的一项重要发明，贡献巨大。

此书"文化大革命"前中华书局已准备出版，并排版了大部分。1980 年以后，在中华书局领导的关心下，并得到胡乔木、李昌、陈翰伯等同志的大力支持，又经赵琪、曾一平的仔细校阅，已于 1998 年 6 月由中华书局正式出版发行。曾次亮的另外几本历法著作《殷周秦汉历谱》《历代律志数据表》（写至唐）也一一问世。

曾翁可以瞑目了！

曾翁的一生不仅仅完成了天文历法研究领域独树一帜的著作，更重要的是他留下了中国文人的风骨！曾克的成长和性格的养成，就是他家教家风的杰作！

（十）聆听教诲，继续战斗

"咱们的邓政委恢复副总理工作了，这是毛主席决定的。"1973年初夏，曾克从四川来京看望母亲。一到北京，就从老战友嘴里听到了这第一句话。

"他的身体不知道怎么样？听说这几年老人家在江西，像在法国勤工俭学，动真格的，干生产劳动了！""能去看看他才好呢！"曾克激动地脱口而出。立刻，老战友刘备耕同志把老政委的电话和住处告诉了曾克。

曾克抱着试试看的心情，贸然用住家附近的公用电话，给邓政委拨了一个电话。谁知电话铃一响，很快就有人接听，说话的是王秘书。曾克向他报了姓名，并特别告知是从四川来，表达了希望能看到老政委的迫切心情。王秘书说不要放下机子，等着首长的回话。约一分钟左右，话筒中传来了卓琳同志亲切的话语："曾克同志，你好！小平同志和我欢迎你到我们家来，具体时间请王秘书给咱们安排，你等着，他会给你打电话。"

第二天，王秘书相约曾克次日晚上到家里去。可是次日下午，又接到王秘书的电话，告知政委有急事要到外地去，回来后再约。

一个礼拜之后，王秘书来电话约定第二天上午到"花园村"。晚上，曾克一夜未眠，往昔的岁月像电影一样，一幕一幕在脑海里播放。

伴着回忆，第二天一大早，曾克乘坐到郊区的首班公共汽车，到了"花园村"，按响了"花园村"的门铃。没想到，王秘书也早早地等候在接待室门口。他迎上来说："真不巧，昨天晚上首长又接到今天上午要接待外宾的安排，当即给你去了电话，公用电话已要不通。刚才，要通电话时你已动了身。政委嘱我接你进去，他要见你一面，不论时间多短，说几句话他再动身！"

说着，他们已经走到邓政委住房的近处，小平同志穿着一身浅灰色的中山装、黑色半旧皮鞋，背着手，精神矍铄，安详地站着，一辆轿车停在他身边。

"客人来了"，他招呼着卓琳同志和王秘书一起把曾克领进设置极其简单，只有几个长短沙发的房子里。任何客套话都没有。政委坐下后先开口了："我现在的工作，主要是接待外宾，做外事工作，时间的准确特别重要。事情通知得太晚，差点又对你失约，现在只有长话短说了。"

曾克说："没关系，今天看到政委身体健康，精神这样好，我就高兴了！"

小平同志亲切地询问曾克一家 1966 年以来的情况。曾克说道，"文化大革命"一开始，她和柯岗就被专了政，并遭到了严重的迫害。柯岗同志坠楼，腰脊柱、左

腕折断，脸面险些儿被破毁。被营救出来后，因年纪大，伤势已成陈旧性，无法手术，现在穿上了钢马甲……

说到这里，曾克突然想起很多人在传说着的，政委的大儿子邓朴方，也坠楼致残，并且高位截了肢。因不愿他们再激起伤痛，就把话停下来。没想到，邓政委却深情地说："这么说，我们两家都献出一个残疾人，值得骄傲，身残志不残嘛！"

"是的，身残志不残。如今我们已摘掉'文艺黑线'的帽子，又提起笔创作了。我们和重庆市话剧团集体创作了反映 1945 年日本投降后，为着和平，毛主席到重庆和蒋介石谈判，我们胜利进行'上党战役'，体现毛主席打谈两手斗争的话剧"。

"好极了，祝你们成功！还要多写，写好，这才是你们作家的使命！身残志不残呵！真理必定要战胜邪恶的，我支持你们。"

小平同志让曾克留下来和卓琳同志多谈一会儿，又让她代话问候柯岗及关心他的老同志们，然后缓缓招着手进了车，忙着接待外宾的工作去了。

（十一）最后一次见大姐

"文化大革命"结束后，曾克和柯岗夫妇于 1978 年从四川调到北京工作。曾克多少次想去看望邓大姐，但因邓大姐已年逾古稀，工作比过去更忙更累，又需抚平一些创伤，不忍去打扰她。直到 1984 年，曾克着手编辑一本有关记述母校"北仑女中"的纪实文学《春华秋实》，撰稿者中的老师和同学，都一致要她请邓颖超同志为记述故乡的这所具有光荣革命传统的女校的书题个书名，曾克只好照办了。邓大姐不但允诺了，并立即去电话给作协党委，约曾克到家中。

这是曾克自"文化大革命"以来第一次又到"西花厅"。她刚走进院子，就看见鬓发斑白的大姐，快步走下门前台阶，伸开双臂迎接她。她们热烈地拥抱几分钟，才慢慢松开来，互相搀扶着走进屋去。屋子里还是和十多年前一样的简朴、整洁，除了两排拐角处相接的老式沙发外，就是靠墙放的几个装满书报的大书架。她们慢慢坐下来。曾克抬眼望见对面墙上挂着黑纱的周总理半身像框，另一面墙上还有那张总理最后接待外宾的五彩照。曾克的喉咙立即被扼住了，眼睛涌着泪。她站起来向前走了几步，对着半身照鞠了一个躬，情绪一时有些难以自控，大姐忙用手绢触上了曾克的双眼。她们重新坐下后，大姐亲切地说："我记得你自己说过，战士是不流眼泪的。恩来同志在马克思、毛主席那儿，知道咱们正协力为建设有中国特色的社会主义工作着，他们会高兴的。"说着，她接过秘书送来的茶水，笑着问："听说你调到北京工作，我多次打听你，给作协打电话，都告诉我，你去参加刘伯承元帅传记的写作了。这工作进行得

第三章 走进老屋的女人

229

怎样了？"

曾克简单向她汇报了"刘传"进行的情况，接着把快20年的离情、别意，十句话变成一句话说给她听。当说到为北仓回忆录题词时，大姐沉入回忆里，原来送给她审阅的回忆录中有好几个主要人物，都是邓大姐的亲密战友。于是，她讲起了红军女战士危拱之，说书中称她是"女杰""非凡的战士"都是当之无愧的。大姐提高了语气，像又回到红军长征的年月说："危同志无辜被'左倾'路线开除党籍，还能用一双改组脚走完两万五千里长征，这是坚定的革命信念产生的精神力量，值得让后代学习！"

几天后，邓大姐专门派人将《春华秋实》书名和"播革命之种，开革命之花"的题词送到了曾克的手里，字体是那么苍劲有力。

（十二）虽死犹生

我的战地写青春的革命奶奶、著名作家曾克，因病医治无效，于2009年12月11日病逝于北京协和医院，安葬在北京万安公墓，享年92岁。

曾克的一生是革命的一生、战斗的一生、充满传奇的一生。她曾跟随刘邓大军参加鲁西南战役、挺进大别山，参加淮海、渡江战役，直至解放大西南。新中国成立后，历任云南省、四川省文联副主席，重庆市、四川省政协委员，中国文联及作协党组成员，中国延安文艺协会副会长等职。

几十年的创作生涯中，曾克用自己对国家、民族的赤诚和汗水，辛勤耕耘，为中国人民的解放事业和 20 世纪中国文坛的繁荣做出了不可磨灭的贡献。著有报告文学集《挺进大别山》等；散文集《遥寄祖国的孩子们》《水晶般的心》《乘着歌声的翅膀》《曾克散文集》等；短篇小说集《一同成长》《新人》《前赴后继》《第十四个儿子》等；参与撰写人物传记《刘伯承传》；与柯岗合著传记文学《战犹酣——刘伯承邓小平从太行山到大别山》等，著述 300 多万字。

她是柯岗的次子张小岗的生母。她与柯岗还共同养育了一个养女，取名张巧莎。

▲ 1951 年 3 月，柯岗、曾克在重庆小龙坎嘉陵江边

我的叔叔张小岗在《革命女作家曾克的人生轨迹》里回忆道：

清晨，八宝山殡仪馆的灵车，载着一位有着传奇般

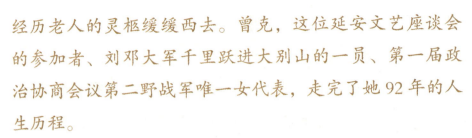

经历老人的灵柩缓缓西去。曾克，这位延安文艺座谈会的参加者、刘邓大军千里跃进大别山的一员、第一届政治协商会议第二野战军唯一女代表，走完了她92年的人生历程。

灵车出协和医院，向南、向西，就上了长安街。晨曦微露，朝霞从身后铺洒下一片嫣红，正要把新的一天繁华喧闹的序幕悄悄揭起。这尘世，这都会，这芸芸众生，一切都和昨天一样，只有生者与逝者，感受着昨天与今天阴阳两隔的异样！

车轮唰唰，天安门的巍峨身影渐渐地近了、近了……

这条出殡的路——曾克人生最后的足迹——是命中注定的。就应该走长安街，由东往西去，因为，这样就必经天安门，必经曾克一生最为难忘而辉煌的圣地。这对于她的生命历程，应该是最为圆满了。并非所有人都能拥有这样的经历！此刻，曾克最后一次来到了天安门，她虽然默默静卧在那里，但她的魂魄还在，她在体味这一切，她是死而无憾了。

第四章
老屋后裔我的人生

一、灰色童年

我 1962 年 1 月 27 日出生于北京，乳名小群儿。我是邝岭老屋的第五代传人。我的父亲在北京市公安局工作，母亲是北京大华服装厂的职工。听我母亲说，我出生后不久的一天深夜，位于丰台区木樨园沙子口斜街的家屋被盗。当时我的父亲晚上办案不在家，母亲带着我在厂里值班，家

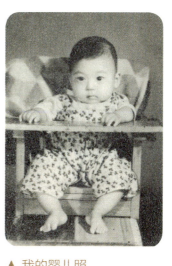

▲ 我的婴儿照

中无人。幸亏我被母亲带走，不然说不定会被一起偷走。可是话又说回来，1962年，全国自然灾害刚刚过去，家家都不好过，即使我没被母亲带走，恐怕小偷也不会乐意再多添一张嘴，何况我还是个女孩子。那时候的大多数人，包括现在的一部分人都认为女孩儿不值钱。

可是我的奶奶却始终认为我是个有出息的女孩子。

▲ 我的童年照

▲ 1962年一家与奶奶合影

奶奶是河南密县妇幼保健院的妇产科医生，在当地很有名望。她总是对人们说，我出生的时候，她梦见红霞满天，她说我将来一定是个拿笔杆子的人。

奶奶那时虽然刚被摘掉右派帽子，但仍然被列入"另册"，不能乱说乱动。她大着胆子提出到京城看望儿子和没见过面的儿媳及刚出生的我，父亲也是大着胆子答应了她的要求，我们祖孙三代总算团聚了几日，然后奶奶又回去上班了。

奶奶给我的见面礼是一块粉红色的绒布。这块布是

234

供给制时期的产物。因为供给制没有工资，只发少许津贴，另将打土豪缴获的实物分给大家充当日用品。这块粉红色的绒布就是组织上分给奶奶的。可惜这块粉红色的绒布也在那次家屋被盗时丢失了，只留下了一个粉红色的记忆。

小偷之所以光顾我的家，不是因为我家有多富裕，而是因为我的父母刚结婚不久，家中的生活用品比较新、比较全，因此趁着家中没人，洗劫一空。几天后，我大姑奶的儿子、父亲的表哥马载尧来家中探望，才知道我家遭此劫难，他看到家徒四壁的小屋和嗷嗷待哺的我，心中备感凄惶。二话没说，就回到自己的家，将家中的烧水壶、暖瓶、蒸锅、碗筷等送到我家，还拿来了被褥，

▲ 奶奶、父亲与我

▲ 我小时候的照片

又特意给我送来了炼乳和白糖。我们一家三口渐渐渡过了难关。

1964年6月，母亲生下了我的妹妹。我的家搬到了宣武区鹞儿胡同。四口之家，天伦之乐，日子好不快活！

只可惜，幸福的甜蜜还没有来得及细细品尝，1966年"文化大革命"就来了。其间，我家遭遇了重大变故：我的爷爷被"四人帮"挥

▲ 1966年冬一家合影

动"为刘伯承、邓小平树碑立传"的大棒，一下子打入了十八层地狱，遭到残酷迫害。我的父亲也被诬陷为反革命，被隔离审查。

爸爸被带走的那天，我和妹妹声嘶力竭地大声哭喊着："爸爸，爸爸……"

爸爸渐渐地远去了，围观的人们也渐渐地散了。屋子里，暗淡的灯光下，娘仨低低地痛哭着……

几天之后，妈妈含着泪把小妹妹送到了京郊的姨母家。从此，幸福的一家人就剩下我和妈妈了。

妈妈比以前更瘦了，脸上的皱纹一天深比一天。别人家和我同样大小的孩子们都愉快地跟着他们的爸爸妈妈去玩儿，而我却开始学着做饭洗衣裳了。每当我听到院子里或大街上的小朋友喊他们的爸爸时，我就想起了我爸爸，想起了他那高大的身材和他那总是严肃沉默的表情，想起了他被捕时那坚定的目光和昂首离去的背影。

"文化大革命"时，八个样板戏非常火，学唱革命样板戏很时髦。每天晚饭后，东屋大爷大妈都在院里自拉自唱，大爷拉二胡，大妈唱青衣，每每动作起来，那眼神身段惟妙惟肖，跟真的似的。反正是自娱自乐，打发时光，街坊四邻也都愿意找个乐子。

耳濡目染，听得多了，我也喜欢上了样板戏。一天晚上，我自告奋勇，学着母亲的口吻说："东屋大姐，我也想跟你一起唱戏。""哎哟，瞧你这孩子，你妈管我叫大姐，你也管我叫大姐？你得叫我大妈才对。""东屋大妈，我能跟你一起唱戏吗？""能，能。你想唱什么呀？""我唱《红灯记》里李铁梅的'都有一颗红亮的心'。""好。我给你拉琴。"东屋大爷说着，二胡立马响起。

可是，唱完之后，大爷大妈都说，我的嗓音比较适合唱老旦。于是，东屋大爷从那天开始，教我唱老旦。首先教会的是《红灯记》里李奶奶的唱段："打鱼的人，经得起狂风巨浪；打猎的人，哪怕虎豹豺狼？看你昏天黑地能多久，革命的火焰一定要大放光芒！"

不知怎的，只要我一唱这段戏，院子里男女老少都会为我鼓掌喝彩，就连平日里不爱言语的西屋小斌的妈妈也会出来看我表演，和大家一起夸我唱得好，母亲则露出欣慰的笑容。

二、学生时代

（一）家人的温暖

1969年，我上小学一年级了。我的家搬到了大栅栏南边的大齐家胡同一个带二层楼的小院儿里，与同仁堂药店后厂斜对门，院里住着8户人家，楼下6家，楼上2家。我家住楼下东屋，是一间10平方米左右的房子，西晒得要命。院子中间有一个自来水管子，没有下水道，院里几十口人洗洗涮涮的生活废水，都要提到院外的下水道里倒掉。楼上的人家也是每天提着沽水桶，颤颤巍巍地从很陡的窄楼梯上下来，往院外的下水道里倒废水。上厕所就更甭提了，整个胡同，就在中间部位各有一个男女厕所，打扫非常不及时，冬天便池周边屎尿结冰，夏天厕所周边臭气熏天。

但就是在这样的一个环境里，我和母亲照样生活得很平静。冬天的时候，我每天用小水桶到院子里接水，然后提到屋里，倒进小水缸里，帮助母亲洗菜做饭；夏天，我经常在炎热的中午，满头大汗、满大街地寻找知了皮和土鳖，攒多了卖给同仁堂，然后用这个钱在打磨厂买两根中华铅笔和一块儿带香味儿的橡皮。因为心中牢记着父亲临别时对我说的话，我学习非常刻苦认真，很快就认识了许多字，而且还学会了查字典，不论是用汉语拼音还是偏旁部首，我都能很快查到生字，会念会写会理解，小学二年级我就能看小说和写作文了。

我看的第一部小说是《欧阳海之歌》。这是一部在20世纪60年代风靡全国的长篇纪实小说，伟大的共产主义战士欧阳海的形象就是通过这部小说走进了千百万读者的心中，这其中就包括我，对我人生观、世界观的形成起到了莫大的影响。他鼓舞了一代人为了理想和真理而奋斗牺牲。

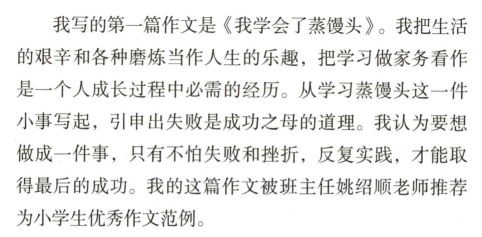

我写的第一篇作文是《我学会了蒸馒头》。我把生活的艰辛和各种磨炼当作人生的乐趣，把学习做家务看作是一个人成长过程中必需的经历。从学习蒸馒头这一件小事写起，引申出失败是成功之母的道理。我认为要想做成一件事，只有不怕失败和挫折，反复实践，才能取得最后的成功。我的这篇作文被班主任姚绍顺老师推荐为小学生优秀作文范例。

正当我准备给父亲写信，告诉他我的作文被推荐为小学生优秀作文范例的时候，突然有一天，课间操刚刚结束，班主任姚老师急匆匆地走到我身边，低声对我说："张忆群，你爸爸来学校看你啦。现在他就在传达室，你快去吧。"我全身的血液像突然凝固了一样，整个人呆住了。

"啊！这是真的吗？我的爸爸来看我了！"在老师的催促下，我猛然醒悟过来，赶紧向学校门口的传达室跑去。然而，当我推开传达室的门，大声喊着"爸爸，爸爸"的时候，却发现不大的房间里只有传达室老大爷一个人坐在窗边的长条桌子旁，他对我说："你是叫张忆群吧？""是。""你爸爸刚刚走了。他怕影响你上课，刚才做操的时候悄悄看了你一眼，留下这个小包袱，你赶紧拿回去吧。你爸爸说，他以后还会来看你的。"我哭着向学校门口跑去，被追赶过来的姚老师拦住了，他说："别追了，你爸爸已经走远了。咱们赶紧回去上课吧。"我把爸爸留给我的小包袱紧紧抱在怀里，低垂着头，快步走进了教室。

就在这节课上，姚老师向全班同学朗读了我的作文《我学会了蒸馒头》。我的小学同学，至今都念念不忘这篇作文给他们带来的启迪。他们说：真的是文如其人，真实可信！但是，姚老师想把这篇作文推荐为小学生优秀范文的愿望，最终没能实现。原因是，学校领导说不能让"现行反革命"的孩子写的作文毒害学生。

那天回到家，我迫不及待地打开了爸爸留给我的小包袱。啊！一件叠得整整齐齐的大红色的毛衣呈现在我的眼前。我兴奋地捧起毛衣，放在脸上亲吻着、抚摸着。忽然，从毛衣里掉出了一张纸。我拿起一看，原来是奶奶写给我的一封信：

小群儿：我用你三姑奶从宁夏寄来的毛线给你织了一件毛衣，让你爸爸给你带去。不知大小是不是合适。天已经凉了，穿上它身体就不冷了。奶奶非常想念你。你要好好学习，健康长大……

这是我平生第一件毛衣，非常合体，也非常漂亮。我想起奶奶慈祥的胖脸，还有她为我缝制的一个布娃娃。奶奶特意为这个娃娃缝了一个小鸡鸡，并且悄悄告诉我说：他是一个男娃娃。后来，妈妈说女孩子不能整天抱着这么一个娃娃，太没羞了，就把它扔到火炉里烧"死"

了。我为此还委屈地大哭了一场。

果然，天气转暖的时候，爸爸又来北京了。这天一大早，爸爸就把我从学校里接走了，带我去看望住在玉泉路一个部队大院儿里的载尧伯。路上我看到街上有卖苹果的，非常大，非常红，圆圆的，香甜的味道让我直流口水。我跟爸爸说："给我买一个苹果吧。我都好长时间没有吃过苹果了。"父亲问我："那你最后一次吃苹果是什么时候？"我说："还是在幼儿园的时候。后来我上学了，就再也没有吃过苹果了。"爸爸听了，默默地流下眼泪，但是他却没有给我买苹果，只是哽咽着对我说："爸爸以后一定给你买很多的苹果。"多年后，我才知道，父亲当时生活十分拮据，根本买不起苹果，一个都买不起。

载尧伯的家很宽敞，是个二层小楼，楼前还有一个小院子，小楼居住着两户人家。看到我和父亲出现在家门口，载尧伯和田薇大妈很是惊讶，但瞬间就变为了惊喜，他们俩大声喊着父亲和我的名字一起拥了上来。身材瘦小的大妈一下把我搂在怀里，瘦高个子的载尧伯则用两只大手用力攥住了父亲的两条胳膊，一边不住地摇着，一边操着浓重的豫西口音大声地询问："少旭，你们怎么来了？你回北京啦？淑华怎么样了？二舅他们……"他一时想知道的情况太多了，问了一大串问题，但不等回答，就拉着父亲走进客厅，坐在了沙发上。大妈和我坐在他们对面的椅子上，然后大妈又把我抱在她的腿上，一边不住地颠动着腿逗着我玩儿，一边操着一口山西话大声地、热烈地和父亲他们聊着天。我听不懂大人们在说什么，但是在这里，我终于吃到了梦寐以求的香甜的大红苹果。我还听到大人们说，我的晓天大哥参军了，是空军，他干得相当不错呢。我看到书柜的玻璃门里有一张晓天大哥身穿飞行员服装，站在他驾驶的战机旁边的照片。

（二）善良的初心

小学三年级的时候，有一天上语文课，坐在我后排的一个女生因为同桌男生的胳膊肘儿占了一点她的桌子边儿，她就不干了，使劲推了一下男生说："你靠边点儿，干吗占我的地方？""你好好说啊，推我干吗？"男生也有意见了。谁知，就在这时，女生突然说了一句："你是神经病的孩子，你妈死了活该！"男生一听这话，忍不住"呜呜"哭了起来。正在写板书的老师听到了动静，转过身子，大声责问："这是谁在哭？为什么哭？不知道现在是上课时间吗？"全班同学的脸都扭向了这个男生。男生哭得更委屈了，而同桌的女生则像没事人一样。这时，我举起了手："报告老师，我知道是为什么。""好。你站起来说说。"我把刚才从背后传到我耳朵里的他们两人的吵闹内容告知了全班，而且还增加了一句注脚："男生的妈妈前几天刚刚去世，所以他非常悲伤。女生不该这样

邸岭老屋
——忠厚传家久

说他。""哦，原来是这样。"老师最后把男生的座位调到了我的旁边。从此，我们就成了同桌，也成了一生一世的好朋友。尽管长大后的我们，对时局的看法各有不同，但同桌的情谊是无法忘却的。

▲ 小学受到表扬

小学四年级的一天，我在学校捡到了 300 多块钱，要知道 20 世纪 70 年代初的 300 多块钱可不是个小数目，但我毫不犹豫地把它交给了老师，老师说我这是拾金不昧、品德高尚。可我却觉得这是应该做的，没有那么夸张。老师还在校园里的一棵大树下为我拍了一张照片，放到宣传栏的橱窗里进行宣传，学校广播站通报表扬了我。

做人要诚实、友善，只有这样心中才会安稳，日子才会好过。这是我最初的人生体验。向善向上是我内心的追求，它给了我勇气和自信，即使作为"现行反革命"的女儿，我经常被不谙世事的同学欺辱，遭受个别落井下石的成年人的白眼儿和不屑，但我从来没有胆怯过、屈服过，我相信终究会善有善报的！

（三）全家平反

林彪事件发生后，敬爱的周恩来总理不失时机地提

244

出为维护正常的社会秩序，要求老公安干警迅速归队。在周恩来总理的过问下，1973年春天，我的父亲和一大批受迫害的公安干部重新回到北京，我们这个破碎的家终于得以团圆。

爸爸回来了。这是一个多么大的喜讯啊！妈妈高兴地都流出了眼泪。在我们一家重新团聚的那天晚上，我和妹妹、妈妈围坐在爸爸身边，诉说着离别五年来各自的生活，悲欢离合的泪水浸透了四个人的衣襟，也淌湿了我胸前的红领巾。

不久，妈妈生下了我的小弟弟。说起这件事，还有个小插曲。父亲告诉我们，他被遣送回原籍之后，有一天去集市上买东西，一个算命先生对他说：你命中肯定还有一子。父亲听了不禁哑然失笑，心想：我都这样了，妻离子散的，怎么可能还会有一子呢？他不以为然，搭讪了两句就离开了。

▲ 我的弟弟张振泓

如今，果真被算命先生言中了。父亲中年得子，整天乐不可支，累并幸福着！这真是应了那句老话儿：福祸相依，否极泰来。

一天早上，我的爷爷和曾克奶奶一起来到我们的斗

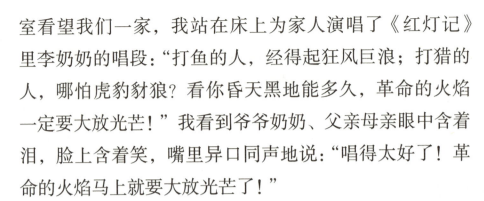

室看望我们一家，我站在床上为家人演唱了《红灯记》里李奶奶的唱段："打鱼的人，经得起狂风巨浪；打猎的人，哪怕虎豹豺狼？看你昏天黑地能多久，革命的火焰一定要大放光芒！"我看到爷爷奶奶、父亲母亲眼中含着泪，脸上含着笑，嘴里异口同声地说："唱得太好了！革命的火焰马上就要大放光芒了！"

1976年10月6日，王洪文、张春桥、江青、姚文元"四人帮"反党集团被粉碎。首都人民欣喜若狂，鞭炮齐鸣。10月24日，100多万人在天安门广场隆重集会，热烈庆祝粉碎"四人帮"的伟大胜利！

"文化大革命"结束后，我的爷爷和父亲被彻底平反，恢复了党籍和公职。我们一家五口，从此过上了普通人家的幸福生活。我们全家和祖国一起又迎来了政治的春天。爷爷呕心沥血创作的话剧《针锋相对》和长篇

◀ 20世纪70年代一家与奶奶的合影

小说《三战陇海》正式公演和出版发行了。

喜事像潮水般一件件涌进我们这个欢乐的家庭。"文化大革命"中无端受屈的爸爸中学时的语文教师，重新走上了工作岗位，并且寄来了一封长信。长信简直就像一部小说。他写了爸爸学生时代好学上进的品质，沉默寡言的性格，倾吐了他和爸爸一起在巩县农村"劳动改造"时互助互爱的深厚的师生情谊。最后，他还告诉爸爸，他决定写一篇题为《黄楝树》的散文，目的在于介绍"文化大革命"之后家乡的变迁，随后就寄来。他说，现在乾坤扭转了，怎能不令人心情振奋呢！

紧接着，我们又收到了奶奶的来信。信上写着：她的"右派"帽子已经被彻底摘除了，并且恢复了原职原薪，县里还为此事开了三天大会，医院里的同志们也都纷纷贺喜。爸爸看完信，激动得热泪盈眶，稍稍平静了一下，他说："21 年啊！这段血的历史总会有人把它记载下来的！"

至此，在"反右"和"文化大革命"中，我家无辜受害的 8 人已全部平反。

（四）我的姥姥

我对姥姥没有任何印象，只是听母亲说：你姥姥身体不好，生下你舅舅后不久，就去世了。但是父亲对姥姥的印象却十分深刻。

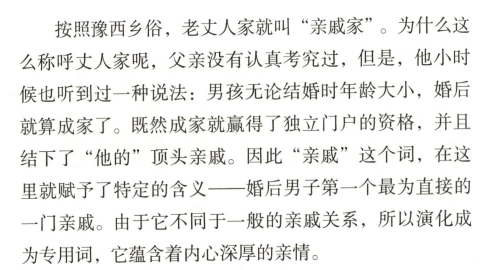

按照豫西乡俗，老丈人家就叫"亲戚家"。为什么这么称呼丈人家呢，父亲没有认真考究过，但是，他小时候也听到过一种说法：男孩无论结婚时年龄大小，婚后就算成家了。既然成家就赢得了独立门户的资格，并且结下了"他的"顶头亲戚。因此"亲戚"这个词，在这里就赋予了特定的含义——婚后男子第一个最为直接的一门亲戚。由于它不同于一般的亲戚关系，所以演化成为专用词，它蕴含着内心深厚的亲情。

拜见岳父母叫"走亲戚"。那么父亲第一次"走亲戚"是何种景况呢？

那是 1960 年冬天的一个冷清的早晨，东方的天空尚未出现鱼肚白，父亲从城南福州会馆后边的公安分局单身宿舍里悄悄走出，经过五道庙胡同和李铁拐斜街，走进观音寺西口的一个破庙里，这院子有街道服装厂的一个车间，小阁楼上住着几位单身女工，其余房屋依然住的是居民。

父亲当天穿了一双公家发的警用硬底高腰皮鞋，在寂静的院落里，咔……咔的声音显得格外响亮。正当父亲觉得无法投足时，细心的"她"——我的母亲，不声不响地迎出阁楼。她穿着亲手用黑色平绒布料密密缝成的十分合体的外套，头上裹着父亲为她买的那条浅绿色"八角眼"毛线头巾。两人匆匆赶往永定门火车站，坐上了开往琉璃河的早班车。

姥姥生了四个闺女，我母亲排行老四，下面还有个小弟弟，全家对这个唯一的男孩儿宝贝得不行不行的。因为在他之前，姥姥生了两个男孩儿，都夭折了。算命先生

▲ 我的父亲母亲张虚、李淑华新婚照片

说，是因为我母亲的眼睛太毒，把弟弟看没了。因此舅舅生下来后，家里好久都不让母亲看到他，可是又觉得也不能一辈子都不让看呐。于是算命先生又出了个主意，让姥爷把一个大筛子扣在舅舅的身上，算命先生说，筛子眼儿可以把母亲眼睛里的毒分散掉，舅舅就不再怕母亲看了。这样母亲才在舅舅出生几个月之后，第一次见到了这个小弟弟。姥姥家男丁少，难怪如此娇贵。

到琉璃河下车向南步行十数里，来到隶属河北省涿县（涿州）的党庄，进入一个小院落，这便是母亲的娘家。院里房子全是平顶，窗子很大，屋里有个大火炕，这一切和豫西老家的窑洞、两面坡瓦房以及簸箕掌床大不一样，父亲颇感新鲜。

屋里很多人，女的坐在炕里或炕沿，男的围着八仙桌坐着或靠着，还有蹲在门槛上的，旱烟叶点燃后浓烈的气味扑面而来，父亲从不吸烟，猛然间觉得透不过气

第四章 老屋后裔我的人生

249

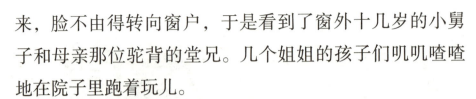

来，脸不由得转向窗户，于是看到了窗外十几岁的小舅子和母亲那位驼背的堂兄。几个姐姐的孩子们叽叽喳喳地在院子里跑着玩儿。

我的姥姥在炕里坐着，不住地喘气咳嗽，用袖口捂着嘴，话音断续不清，后来老人家似乎挺不住了，又不便在"新客"面前躺下，便扒着炕沿的木边，关心地问父亲分到住房了没有？这时驼背听说我父亲在下放劳动的生产基地当畜牧队长，急欲购买饲草，便打断所有话题，大声游说买他们村的草。他不知我父亲这个队长只管养猪放牛，并没有分文的财权。说话间父亲侧目向炕上看去，只见岳母正趴着用手把玉米面和红枣紧紧团捏在一起，大有战士匍匐前进的架势，蜡黄脸皮、颧骨突出，显得更加消瘦。她大口喘着粗气，双手不停地颤抖……天呀，这哪里是在做饭，这简直是在拼搏，她觉得这枣窝头做得越多，小女儿的日子就会越幸福，虽然粗茶淡饭，但却是甜的。她把当妈的最后希望，定格在了这一刻。

开饭了，小炕桌上竟然摆着两盘热气腾腾的白面饺子。父亲傻呵呵地低头只管吃，不顾作陪的人基本上没动筷子，吃了饺子又不客气地掰开个枣窝头。

饭后，母亲躲开家人，小声问父亲带零钱了没有，该给孩子们点零钱。父亲实在是不懂这些家常老礼，对乡间的人情世故一窍不通。但幸亏还带点钱，母亲怎么给"圆"的场，就不得而知了。

　　下午，在回城的火车上，父亲指着丰台区与良乡镇交界处的哑巴河对母亲说："快看，那边野地里的几排红砖平房就是我们劳动的副食基地。"所谓副食基地，既是种菜养猪的地方，也是劳动改造犯有各类错误的党政干部的场所。母亲说："我们也没有闲着，你们种的总算是能生长的土地。我们在城里下班后是上城墙种萝卜。"五百多年的城墙，听说是用三合土（石灰、沙子、黏土）灌江米汤夯实的，怎么能长菜呀？！难怪长的萝卜全像妇女的顶针圈那么粗。

　　话题由种菜不知怎么转到在姥姥家吃的那顿饭。父亲问道："农村不是吃大食堂吗，怎么还能吃上白面肉馅饺子？"母亲嗔怪说："你真是一人吃饱一家子不饿，啥也不想。你没注意早上咱们来时，我的书包鼓鼓囊囊，还又叮当乱响的。那里是我攒了几个月的白面和借同事们的肉票买的肉和油。"父亲又问："枣窝头是怎么置办来的？"母亲说："玉米面是大姐从全家老小十来口人嘴里省出来的，枣是院里幸存的那棵枣树结的，因为是在自家院里，大炼钢铁时没被烧了。摘下的枣子，全

▲ 我的姥姥李窦氏

家大人孩子都舍不得吃，妈硬是要留着待新客。她今天总算等到了！"

俗话说，丈母娘疼姑爷，实打实。平时听了，总有一种欢快、调侃的含义。此时此刻，父亲的心却是隐隐地疼。炕上趴着的那位老人，他多么希望能再见一面呀！谁想到，婚后一周，父亲又被派到怀柔县去挖京密引水渠。半个月后，父亲回城里休息，才得知我那刚刚58岁的姥姥已经过世了。这个勤劳、善良的老人，如果不是冻饿交加，怎么可能仅仅因哮喘病就早早地离开人世呀！可怜的老人家连正式的名字都没有，人们只知她叫李窦氏！一个苦命的女人！

（五）我的姥爷

记得很久以前，我做了一个梦。梦见了我的姥爷（李炎）。他对我说："忆群，我要走了。说不定是下地狱，还是上天堂。"我看他昏花的老眼里噙满了泪水，满脸的肌肉都在颤抖，牵动了刻在他脸上的一条条深深浅浅的皱纹，那皱纹像被什么东西拽着，不停地抽动。我的心里立时觉得有那么一种说不出的滋味儿，赶紧大声地对着他的耳朵（因为他耳背）说："姥爷，我听人家说，坏人才下地狱，好人都是上天堂的。您多好呀，一定是上天堂。"他看着我点了点头，像是得到了安慰，咧开没牙的嘴笑了笑。那样子叫我心中备觉凄楚。正在这时，从

252

天上下来了一架云梯，缓缓地停在我们身边。姥爷穿上了妈妈不久前花了两个晚上的时间给他做成的黑色的布衣、布裤，穿上了大姨给他做的黑色的方口布鞋。登上云梯，慢慢地向天上走去。在天堂的大门口，他站住了。噙满了泪水的双眼，久久地望着我，望着人间。

▲ 我的姥爷李炎

　　早晨，我醒了。隔了窗户向外看去，下雨了，淅淅沥沥的。我想起了昨天晚上的梦，这不是姥爷站在天堂门口流下的眼泪吗……

　　小时候，我常跟着妈妈到涿州看望姥爷。

　　涿州是个人杰地灵的地方。汉昭烈帝刘备、宋太祖赵匡胤、汉桓侯张飞、北魏地理学家郦道元、初唐四杰之一卢照邻、苦吟诗人贾岛皆出于此，是三国时期刘、关、张"桃园三结义"的故地。这里还是唐宋时期天下第一望族卢氏宗祠所在，卢氏子孙后代遍布世界各地，名人辈出，韩国前总统卢泰愚、卢武铉均曾前往涿州卢氏宗祠认祖。千百年来"文武兼备，诗礼传家"，卢氏成为在中国除孔氏家族之外的另一支经久不衰的家族。250多年前，清乾隆皇帝南巡路过涿州这块京畿重地时写下了"日边冲要无双地，天下繁难（音'南'）第一州"的诗句。

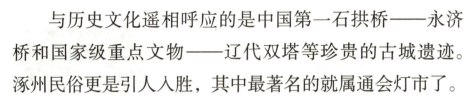

与历史文化遥相呼应的是中国第一石拱桥——永济桥和国家级重点文物——辽代双塔等珍贵的古城遗迹。涿州民俗更是引人入胜，其中最著名的就属通会灯市了。

从前每逢元宵佳节，涿州通会楼都要张灯结彩，装扮一新。楼南楼北的大街小巷里聚集着载歌载舞的花会表演者和拥挤的观灯人群。大人驮着孩子，孩子举着糖葫芦，仰着脑袋争先猜着灯谜，猜对了马上就能得到小奖品，拿到奖品的孩子高兴得手舞足蹈。街道两侧的店铺也会挂出奇巧花灯。如糕点铺的大寿桃灯、鞋帽店的"鞋灯""帽灯"、羊肉铺的羊头灯、烟店的烟袋灯、酒店的"武松打虎灯"，可谓千姿百态、各具匠心……

涿州城里的老人们至今还对通会灯市充满了回忆。据说，元宵节的花灯从西汉时期就点燃了，唐代宫廷元宵节则更为热闹。据史书记载，当时扬州花灯的制作领先全国，为天下之最，引得玄宗皇帝微服前去扬州观灯。扬州灯匠为了保持当地花灯的声誉，制作技巧概不外传。谁知，当地巧匠中竟有一名涿州籍人士，名叫王兴，涿州为了与扬州争雄，便千方百计请回了王兴。于是涿州花灯一跃而与扬州花灯并驾齐驱、闻名天下了。民间花灯"南有扬州，北有涿州"从此声名远播。

但是，妈妈带着我回涿州娘家的时候，总是正值夏秋季，我从来也没有见到过花灯会，都是妈妈讲给我听的。

我喜欢农村，喜欢道路两旁庄稼地里的红高粱，小风一吹，它们会一齐向你点头致意。秋庄稼起来的时候，我们去看姥爷，路上累了、渴了，妈妈就让我在地头儿歇会儿，她顺手给我掰几根甜棒吃，跟甘蔗一样。我还喜欢姥爷家的猪、羊、鸡、狗和小白兔。那小白兔可好看了，浑身的毛雪白雪白的，眼睛简直像两颗红色透明的小玻璃球儿。我喜欢舅舅和舅妈，我第一次看见舅妈的时候，就觉得她长得特别像电影《南征北战》里的女游击队长，也梳着那样的短发，浓眉大眼的。可是这么多年，我却没有喜欢过我的姥爷。什么呀，你看他：矮矮的、瘦瘦的、黑黑的，衣服那么脏，鞋子那么破，成天价不是给生产队喂牲口，就是背个筐头子去拾粪，这哪像我的姥爷呀。我的姥爷应该是个有知识的人，或者最起码也应该是个高个子。可他始终是一个老实巴交的庄稼汉，个子永远是那样的矮小，不吭不哈的……

或许是因为他的死，使我改变了对他的看法，我是在追忆中渐渐地喜欢了他，并且发现他竟然是那么可亲、可敬、可爱。然而这一感情上的变化太晚了，它成了我永久的遗憾。

那些年农村的景况提起来都让人想掉泪，姥爷家也是常常吃菜窝窝。舅妈说："把米、面省下来，留着过节过年或来客人时再吃。"可是有好几次姥爷都是从家里拿了黄澄澄的小米熬成粥喂给生产队里生病的牲口。为这

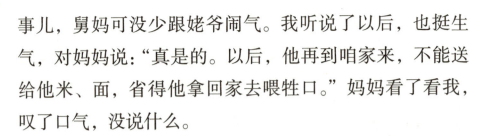

事儿，舅妈可没少跟姥爷闹气。我听说了以后，也挺生气，对妈妈说："真是的。以后，他再到咱家来，不能送给他米、面，省得他拿回家去喂牲口。"妈妈看了看我，叹了口气，没说什么。

一天中午，我放学回家。一进门，正看见姥爷坐在饭桌前等着吃饭，不由得心中一阵烦乱："真是的，走了不到一个月，又来了。"我一边嘟囔着，一边走进里屋。把书包往墙上一挂，赌气想先睡它一觉。忽然，我发现枕巾变样了，原来是黄色的，现在成了粉色的了，左右两边还各有一排小红点儿，中间的小红花组成了"上海"两个字。"呵，真好看。"我一下子高兴起来，赶紧跑到厨房问妈妈，这才知道是姥爷用妈妈给他的零花钱买的。我回到屋里，看见姥爷正用粗黑的右手的拇指和食指捏着一小撮烟沫儿往刚刚撕下来的一小张日历纸上放，准备自己卷烟抽。他看我站在门口，就往起欠了欠身子，张着没牙的嘴说："忆群，下学了。"我点了点头，冲他一笑。他疼爱地望了我一眼，然后坐下去，用舌头舔了舔卷好了的纸烟的最外一层，接着又划了一根洋火儿把它点着，有滋有味儿地抽了起来。

第二天早上，姥爷到永定门火车站坐早车走了。他常常是这样，说来就来，说走就走，谁也拦不住。不知怎的，我第一次觉得姥爷在我家待的时间似乎太短了，应该留他多住几天才是。

冬天来了，北京的冬天干冷干冷的。有一年就要过春节了，家家都忙活着办年货。星期天早晨，我起得比哪天都早，想到菜市场给我们家也办点年货。我推开房门，刚迈出一条腿，啊……天哪！他怎么在这儿睡着了？只见我们家窗户下面，姥爷披着他的老羊皮袄，盘腿坐在地上，靠着墙睡得正香呢。他身边放着大大小小好几个包袱，还有一个竹篮子。我赶紧把他推醒："您怎么不进屋呀？""我是搭队里拉货的大车来的，到这儿天还没亮。我怕打搅你们，就在外面呆了会儿。"他看着我笑了笑说。我一边大声喊着爸爸妈妈，一边忙把姥爷搀进屋里，打了热水给他洗脸，又赶忙去做早饭。

姥爷把那几个包袱一个个打开，嗬：一个大猪头，两条猪腿，还有一大块羊肉。篮子里的三十多个大鸡蛋，个个都跟鸭蛋那么大。另外还有好多豆面糊摊的"嘎渣儿"和自己做的炸豆腐。哎呀，这么多样，我简直快要高兴死了。接着，姥爷又从贴身的衬衣口袋里掏出一叠钱，说是要买20斤白面背回去过年。妈妈数着他的钱，三块七，整够买20斤白面的。那里边最大的票是五毛一张的，最小的是一分钱。妈妈低声说了句："也不知道是怎么攒起来的。唉！"她把这些钱包好，悄悄放进了姥爷的羊皮袄口袋里。

我提出让姥爷在我们家过春节，可是他怎么也不肯。他说压根儿就没在外边过过年。第二天，姥爷拿着妈妈

为他买好的 20 斤白面，照例又是到永定门火车站坐早车回去了。

那一个春节我们过得很好。

第二年阳春三月，就连老人们那"核桃皮"似的脸上也染上了春天的色彩。

姥爷来了。这一次，姥爷在我们家住了一个多月，是时间最长的一次。他每天早晨出去排队买菜，有时候碰见副食店卖不要"本儿"的豆腐，就赶紧回家拿盆。一个多月里，我们竟吃了好几次豆腐，这在过去是根本不可能的。姥爷每天晚上倒垃圾的时候，总要把邻居家的垃圾倒在我们家的带四个轱辘的小垃圾箱里，然后拉着去倒。姥爷说这是在积德。

有一天，当我从学校下学回到家中的时候，看见姥爷坐在床上，身子靠着被子，不住地咳嗽。妈妈对我说："你姥爷病了。昨天大风天，在街上排队买豆腐，准是着凉了。"姥爷见我进来，想往起欠身，但动了几下没起来，就又照例说了句："忆群，下学了。"我"嗯"了一声，就进里屋去了。拿出自己攒的零花钱，到街上买了二斤苹果。我挑出一个又红又大的给姥爷送去。姥爷抬头看了看我，又低头看了看苹果，然后伸出满是皱纹和老茧的双手把它接了过去，那神情立刻叫我想起了一幅题名《父亲》的油画。两张脸简直就是一个人。姥爷这副表情，一直深深地印在我的脑海里，以至于他死后，我翻出了那张油画，捧在面前，细细地端详。我真想把那"父亲"看活，他就是我的姥爷，我要一心一意地侍奉他。我后悔姥爷活着的时候，我没有陪他到照相馆去照一张相。

姥爷走了，他是带着病走的。我想，着凉没关系，大不了一两个星期就会好的。等过几天，我给他买个"果匣"看看他去。万万没想到，那么快姥爷就去世了。我还没来得及去看他。他这一走，竟然成了永别。我哭了，非常伤心。人的生命，难道真的就这般脆弱吗？！其实，他根本不是着凉，他得的是肺癌，发现的时候已经太晚了。姥爷终年77岁。

为了排遣悲伤之情，我开始默默地收拾卧室里的书桌。见收音机上落了一层尘土，我就把它拿起来，用湿抹布擦，眼泪又禁不住流了下来。这个小收音机是他的最爱。每次他来我家小住，总在中午吃饭时收听单田芳的评书连播。因为耳背，声音开得贼大，恨不得全院儿都能听见。我心烦的时候，还冲他嚷过："关小点儿声儿！"现在想起来，真是后悔。擦干净后，我把收音机又放回了原处。

就在这时，我突然发现，放收音机的地方有一张叠得整整齐齐的纸，我好奇地赶忙拿起那张纸。刚一打开，"啪嗒"，从里面掉出一沓毛票儿。我从桌上捡起来，数了数，整整两元钱。这些钱很旧，最大的是5毛钱，最小

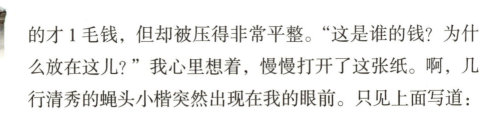

邱
岭
老
屋

——忠厚传家久

的才1毛钱，但却被压得非常平整。"这是谁的钱？为什么放在这儿？"我心里想着，慢慢打开了这张纸。啊，几行清秀的蝇头小楷突然出现在我的眼前。只见上面写道：

忆群，我走了。这一个多月，我给你们添了不少麻烦。我病在这儿，你们一家人为我操心。你还给我买苹果吃。你的心真善良。这两块钱是我去年在生产队里挣的工分儿，除了扣掉粮食钱以外，实实在在挣了这两块钱。这比过去好多了。过去我们年年欠队里的粮食钱，现在不欠了，以后一定会挣得更多。这两块钱留给你吧。你已经大了，要听父母的话，不要和他们顶嘴。

姥爷

4月11日

看着这封信，我的心像被凝冻了一样，冰冷冷地一下一下往下沉，我真后悔当初没能很好地孝敬他老人家。我更没有想到，姥爷居然能写得这样一手好字，居然也像知识分子那样，有着丰富的情感。我想起了他的那双手：喂过牲口，拿过锄头，编过柳条筐，扎过竹篱笆，一双粗糙的青筋裸露的黝黑的手。

我的姥爷就这样永远地离开了我，没有和我商量，他就趁我不在家的时候，一个人悄悄地走了。留下这封信，算是与我告别。这件事已经过去很多年了，每当想

260

起，心中总有一种说不出的滋味儿。随着时间的流逝，对姥爷的思念渐渐淡化了，但他留给我的这唯一的一封信，却深深地印在了我的脑海中。这封信像一块巨石压在我的心上，它时常提醒我，大多数农民的生活还很穷，他们渴望过上富足的日子。我多么盼望姥爷在信中流露出的那个小小的愿望能够尽快实现啊！"不再欠队里的钱，而且还要挣得更多！"

▲ 左起张虚、李炎、李淑华、张学众

▲ 李炎与小女李淑华及外孙女张学众于北京宣武公园合影

让我感到欣慰的是，他的这个小小的愿望早在改革开放之初就实现了。家里再也没有欠过生产队的钱，而且还把居住了几十年的三间又小又潮的老屋，翻盖成了五间朝阳的大北房，日子过得一天比一天好。只可惜我的姥爷，没有赶上这么好的时光。

▲ 幸福的生活，我们一家的合影

前排左二为我的母亲李淑华，右二为我的父亲张虚，其怀中所抱小儿为其孙张骏杨；前排右一为我父母的外孙女刘瑷，左一为其外孙薛山；后排右起分别为其儿媳杨喆，儿子张振泓，长女张忆群（本人），长女婿刘刚福，二女婿薛志辉，二女张学众。

（六）初回老屋

16岁（1978年）那年秋天，作为老屋的后人，我第一次同爸爸一起回到了故乡——河南巩县。

紧靠着黄河边有一座小山岭，叫张岭。我的老家就在这山岭上。

沿着上山的路我们向前走着。山上长满了柿子树，尤其是在山崖边上，一棵挨着一棵，有的甚至两三棵长在一起。那上面挂满了玉石般鲜红透亮的小柿子，屈曲盘旋的虬枝，让它们坠得更弯了。阵阵山风吹来，枝叶摇摆不定，小柿子万头攒动，仿佛红衣少女在起舞，那婆娑的姿态真叫人心花怒放。不过，它也有一点让人不满意的地方。你看，那最红、最圆、最亮、最好看的小柿子几乎都长在树枝的最高处，或是长在伸向悬崖的那根树枝上，让你欲够够不着，欲走舍不得。往往让人在它的脚下转来转去，跃跃欲试，出尽洋相，最终还是白费力气。

我们来到树下，随便摘了几个，又继续向山上走去。这几个小柿子，最大的也不过乒乓球那么大，皮儿薄得很，让人看了都担心它的果浆会随时冲破而流出来。它们不像那些居于险要位置的小柿子那样令人不忍食之，而是让人垂涎欲滴，恨不得赶紧吃进嘴里。我按照爸爸教的方法，用手捧着，先在它的顶端轻轻地咬了一个小口儿，然后慢慢地将果汁嗫出来。啊，真甜哪，像蜜一样，一直甜到心里，我不由得闭起了眼睛。爸爸看着我，忍不住笑了，他说他又看到了我小时候，在他的怀里，双手抱着奶瓶喝牛奶时的样子，说得我怪不好意思的。我刚要将嗫干净的皮扔掉，却被爸爸叫住了。他要过果皮，用手捏着硬托上的小把儿，顺着小口向里轻轻吹了一口气，于是，满是皱纹的果皮慢慢地鼓起来了，在阳光下闪着红光，像个小红灯笼。爸爸说，他小的时候，常常和小伙伴们一起制造这样的小玩具。

我们边走边说，不大一会儿便到了家。家中虽长年

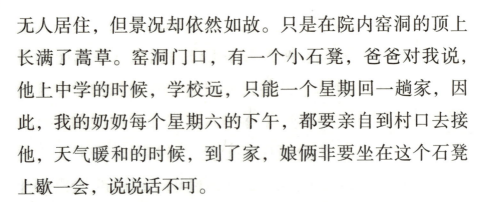

无人居住，但景况却依然如故。只是在院内窑洞的顶上长满了蒿草。窑洞门口，有一个小石凳，爸爸对我说，他上中学的时候，学校远，只能一个星期回一趟家，因此，我的奶奶每个星期六的下午，都要亲自到村口去接他，天气暖和的时候，到了家，娘俩非要坐在这个石凳上歇一会，说说话不可。

说着，我们走进了窑洞。窑洞里的陈设十分简陋，只有一个大木床，一套朱红色的圆桌椅和一套炊事用品。这里虽不太明亮，却很宽敞。我问爸爸，老家为什么不像城里一样盖房子？爸爸说："这里土层厚实，土质密韧，很适宜挖窑洞。挖成的窑洞，不用砖石垒砌、木料支撑就可以安全居住长达数十年上百年不变形。因此，窑洞也是黄河流域中华民族赖以繁衍生息的生命摇篮。邙岭人只要有两只手，就不愁没处遮风避雨。张家虽有瓦屋，但多数用于存放东西，居住仍以窑洞为主，因为家人喜欢它的冬暖夏凉。"

从窑洞里出来，爸爸指着院子中的一间瓦屋对我说："'文化大革命'时我被遣送回乡，就住在这间屋里。"我好奇地走进屋里看了看，不大的房间，居然被一个雕工细腻的镂空木板隔成了里外两间。外间是起居室，靠墙有一张小木桌和一个洗脸盆架，里间是卧室，木板搭成的单人床上空空如也，但看上去十分整洁，起居室的墙上还挂着一个 1973 年的日历。

从瓦屋里出来，我提出要看看爸爸"文化大革命"时曾经在院子里种的那两棵泡桐树，我看到当年的小树苗已经长成了粗壮的大树，树皮上被爸爸用刀子刻上的我和妹妹的名字还依稀可见。

傍晚，我们身披夕阳的余晖，漫步在黄河滩上。阵阵秋风迎面吹来，使人颇感凉爽。望着平静辽阔的浑黄的河水，我们各自想着心事。家乡的一山一水、一草一木，对我来说是那么新鲜有趣，对爸爸来说是那么亲切可爱。每到一处，每见一物，都会唤起他对往事的回忆。于是一段段动人的故事便飞出父亲的脑海，落入女儿的心田。此时，爸爸正极目远望，大概是这广袤的黄河水使他心潮澎湃。是啊，林彪事件后，正在家乡劳动改造的父亲，被突然召回北京，恢复工作，一晃几年过去了，如今又一次和久别的故乡重逢，怎能不令他感慨万分呢！

我现在还清楚地记得，那天傍晚，在黄河边上，爸爸眺望着远方，表情凝重，语气坚定地对我说："要切记，我们是黄河的子孙，无论什么时候，发生什么样的变化，都不能忘记这养育我们的母亲！"

三、职场生涯

记得小时候，我曾经问过我的爸爸："为什么给我起个名字叫'忆群'？"爸爸告诉我："就是为了让你心中永

远想着群众！"后来，我知道了这是爸爸在用一种特殊的方式对我进行不忘初心的教育。

如今，我已经为党工作 40 多年了，回想起这 40 多年来我所走过的路，终于明白了我的名字绝不仅仅是一个符号而已，它分明寄托了父母对我的期望，这也正是我们党对每一位共产党员提出的明确要求：不忘初心、牢记使命！这些年来，我没有辜负父母的期望和党组织的培养教育，用实际行动践行了初心使命。

（一）从警十年

1981 年 1 月，我考上了北京市公安局五处干训队，在天堂河农场集训，被编入了二中队。同宿舍五个姐妹中，按照年龄顺序，我排行老三，大姐万淑敏，二姐王慧卿，四妹李继宁，五妹董贺芬。在干训队里，我们每天和男生一样摸爬滚打，练习擒拿格斗、大背跨和前倒，练习实弹射击、投掷手榴弹等。在毫无准备的情况下进行夜间紧急集合，打起背包急行军。最有意思的是，男生学习攻击术，女生学习防身术。在男女生合练时，男生往往怜花惜玉下不去手，而女生则来真的，使用防身术让男生

▲ 青年从警

节节败退。于是满场发出哄笑声，连教练员都无可奈何地笑了，因为男生女生都是他教的，真可谓"以己之矛，攻己之盾"。为了适应练兵场上的大运动量，我不得不忍痛让母亲把我留了十几年的一米多长的大辫子剪了。但收获还是蛮大的，起码锻炼了身体，学到了几招防身术。

▲ 前排左张忆群，右李继宁；后排左万淑敏，中董贺芬，右王慧卿

▲ 练习射击

后来，我被调入北京市劳改局机关工作，在宣武区陶然亭半步桥附近，离北京市监狱很近，所以我经常独自深入监管场所，与服刑人员谈心。

我与服刑人员谈话的地方，在一间不大的房子里，狱警站在门外守卫，房内设施简单。我坐在椅子上，隔

▲ 干训队合影（三排左四张忆群）

着一个办公桌，犯人坐在我对面的一个小凳子上，房间里只有我们两个人，为防止发生意外，凳子被固定在水泥地上。

因为和狱警非常熟悉，所以我每次过来，他们都会热心地向我介绍服刑人员的改造情况。这一天，他们告诉我说，有一位叫夏庸佣的服刑人员，因结伙盗窃被判处15年有期徒刑，妻子与他离了婚，唯一的一个15岁的女儿自杀身亡，他知道后痛不欲生，情绪十分不稳定。于是我当即决定跟这名犯人谈一谈。

一会儿，我听到了"哗啦哗啦"的响声，一个戴着脚镣的男子站在了我的面前。他面容憔悴，好像很疲惫，看上去有些书卷气，我示意他坐下。然后对他说："你能跟我说说你在监狱里的改造情况吗？"这时，我看到他把一只手放进了胸口的衣兜里，摸出了一张照片，然后交到我手里。他一字一顿地对我说，"这是我的女儿，15岁了。她几天前自杀了。你还要听我的改造情况吗？"我看到他一副绝望无助的表情，又看看我手中的照片，我对他说："先跟我说说你的女儿吧。"

那一天，我们聊了很久，全是他说我听：

……在等待判决的那些难熬的日日夜夜，他深怕自己这个"万字号"的盗窃犯被处以极刑，终日惶惶不安。和他关押在一起的一个高中生，因为看电影的时候被同学找碴打架，用刺刀把人家刺死了，结果成了杀人犯。几天后，他们俩分别接到了自己的判决书。那个高中生被依法判处死刑，夏庸佣被依法判处有期徒刑15年。同监的那个年纪轻轻的杀人犯双唇紧闭，面色惨白，直到临刑的那天早晨，他走出监号的时候，才启动了唇齿，向活生生的世界吐出了最后一句话，"老夏，我走了，我罪有应得。你是幸运的，珍惜生命吧，做一个真正的活着的人。"也正是在这个时候，夏庸佣才真正感到庆幸，自己还有被"医治"的机会。他把自己所犯的罪行一笔一笔地算了罪恶账。这盗窃来的一万多块钱够多少工人的工资，相当于多少农民辛勤劳动的成果，可以买多少辆自行车，等等，算完之后，他把这笔账写成一篇稿子，投给了监狱的劳改小报，得到了政府的表扬和鼓励。他觉得政府是理解他的，于是改造的劲头更足了。可是不久，一连串的不幸便向他袭来。

1978年，妻子和他离婚了。他心头的痛苦还没有平复，1980年的一天，又接到了女儿夏序的一封来信。当时他正在车间干活，接到信后只匆忙地看了一眼，信的内容很简单："亲爱的爸爸，我暑假打算到新疆二姨家度假，所以不能去看您了，回来以后我再去看您。"看完后就把它叠好装进了衣兜里。晚上回到监舍，他又掏出了这封信——他想孩子啊。看着看着，忽然，他发现信纸上空白的地方密密麻麻地硌出了好多字印儿，这些字迹还依稀可辨。"这么长的信是给谁写的呢？会不会是孩子有什么痛苦想写信告诉我，而写完之后又不忍心让我知道呢？"他一边想着，一边急忙用铅笔在这张纸上拓了一遍，于是一封令人惊恐的信显现在他眼前：

亲爱的爸爸，您离家已经五年了。这五年您知道我是怎样度过的吗？我最怕别人提"爸爸"两个字，尤其是在同学谈到她们的爸爸为她们辅导功课的时候，她们的爸爸带她们去公园或马路上散步的时候。爸爸，我的痛苦是任何人都无法理解的。我想您，可有时候也恨您。您真不像一个爸爸，也不配当我的爸爸，您在我心上只栽下了思念和痛苦的根苗。我再也无法抵御这种种痛苦的折磨了。爸爸，无论您听到家里发生了什么事情，都不要过分伤心，要向政府靠拢，还清欠下人民的债，要争取新生。离去时，请让我说一声：别了，亲爱的爸爸。

夏庸佣看完了这封不打算寄给他的没有墨迹的信，傻了。等他把这个情况向队长汇报的时候，可怕的事情已经发生了——他唯一的孩子，像花儿一样的 15 岁的女儿已经服毒自杀了。"完了，全完了。"他号啕着，却流不出泪来。他是多么爱他的女儿啊。"我该死，是我该死啊。回来吧，孩子！让我这个犯了罪的爸爸替你去死吧……"夏庸佣痛不欲生，恨不能一头撞死。

……当我听他讲到女儿自杀的情景时，看着他女儿的照片，我忍不住流下了眼泪。我联想到自己的童年和少年，作为曾经"现行反革命"的女儿，我也被人歧视和瞧不起，面对欺辱，我多少次暗自流泪，也有过轻生的念头，但是总是在关键时刻有一个声音在耳边响起："记住，孩子，咱们的老家在河南巩县张岭村……"是邙岭老屋的声声呼唤，让我这颗稚嫩的心渐渐地坚强了起来，我幸运地活了下来。

而眼前，照片上那个含苞待放的花朵，一个非常漂亮的小姑娘，她的生命却永远定格在了 15 岁。虽然她的父亲是个盗窃犯，但孩子何罪之有？如果那时能有人及时关心安抚她，也许就能避免悲剧的发生。毕竟孩子是无辜的！我为她感到惋惜，可又不知道该怎样安慰眼前

这个无助的父亲。但我的眼泪却深深地打动了他。

他见我流泪了，很是吃惊。嘴唇颤抖着说不出话来了，两只大手来回搓着，不知如何是好。沉默了一会儿，他见我的情绪平复下来，就对我说："我是个对人民犯了罪的人，从来没有奢望过谁能看得起我。在我眼里，你身穿警服，面露威严，你就是政府。可听说我女儿因为受不了同学们的嘲讽而自杀时，你竟然流下了眼泪。你的眼泪告诉我，人民政府真的是爱人民的。还有我们的教导员，这些天来怕我想不开，总是关心我，安慰我。我的罪行不但害了国家，也害了我自己的家，害了自己的孩子。我一定要好好改造，争取做个对社会有用的人。"

从此以后，他的精神面貌焕然一新，积极改造，在狱中为其他服刑人员当教员，还搞了多项技术发明，有的还填补了国家空白。他本人在漫长的刑期中还意外地获得了一位姑娘——张兰霞的芳心。

为了更好地促进夏庸佣和其他犯人的改造，也为了进一步体现党的教育、挽救、感化的改造方针，经上级领导批准，并在有关部门的大力协助下，北京市监狱终于决定为夏庸佣和张兰霞举行婚礼。

婚礼那天夏庸佣显得格外精神，那种无法掩饰的兴奋、激动之情，使他无论如何也坐不住了。在婚礼即将结束的时候，他涨红着脸站了起来。乐队轻轻奏起了

《党啊，亲爱的妈妈》的乐曲，随着这悠扬的旋律，夏庸佣用微微发颤的嗓音朗诵了他的即兴诗：

罪犯做新郎，
自古谁听说？！
天当纸，
海为墨，
激情似波。
动人的篇章载史册，
奇迹出在社会主义中国。
我又有了幸福的家庭，
恩爱的伴侣，
骨子里牢记二字——悔过。
中国的监狱是熔炉，是学校，
服刑者将从这里走向新生，
赤子报国！

夏庸佣用尽平生力气喊出了"赤子报国"四个字，他的泪如同决了堤的河水。他想到了什么？你看他那双充满泪水的眼睛，他一定想得很远、很远……

后来我将这件事写成了报告文学《伤愈》，发表在一个全国性刊物上，在当时引起了很大轰动，引来很多国内新闻媒体记者到北京市监狱参观采访。

▲ 首都新闻界记者参观采访监管场所

　　10年公安工作，我的切身体会是：人民警察的权力是人民赋予的，管教犯人本身就是为人民服务。面对服刑人员，只要他认罪服法，安心改造，洗心革面，我们就应该相信他，给他改过的机会。要尊重服刑人员的人格，维护服刑人员的合法权益，通过晓之以理、动之以情，达到教育挽救的目的。对服刑人员的家属子女，社会方方面面都应该给予足够的关心关爱，让他们感受到党的温暖，共享社会发展成果。这是社会文明进步的重要标志。

（二）民政工作

1990 年年底，因工作需要，我调到了民政部。在民政部的 11 年，我先后在优抚司、全国双拥办、社会福利中心工作。

▲ 年轻时的我

初到民政部，我在优抚司工作，负责全国 72 家重点烈士纪念建筑物的管理。有一天，领导派我到河北省南宫市冀南烈士陵园去调研。这是我第一次独自出差，不知道省里会派人到火车站接我。我一个人来到了烈士陵园，拿出了介绍信。当时已经傍晚快下班了，园长说："您住哪里？我们送您过去。"我环视了一下园长的办公室，看到一张支在两条木凳上的木板床，说："我就住在这里吧。""那吃饭呢？"园长问。我说："就跟着职工们一起吃吧。"于是，园长把他的办公室让我住了下来，还安排我在一名职工家里吃饭。

我们刚刚安排妥当，河北省民政厅负责接我的赵松茂同志气喘吁吁地跑来了，急切地对园长说："部里的同志我没接着。到好几个宾馆去找也没有。急死我了！"园长指着我对他说："小张同志已经来了。"他说："哎哟，太好了。我还怕你一个年轻的女同志，找不到地

▲ 冀南烈士陵园

方，再走丢了我没法向领导交代。现在天都快黑了，走，我给你找个宾馆先住下，明天再说工作上的事儿吧。"我说："不用了。我来这里是搞调研，必须得跟陵园的职工吃住在一起，才能得到第一手资料。谢谢你们对我的关心。"

于是，当天晚上我就在陵园里住了下来。没想到，夜里，奇怪的事情发生了。

那天夜里，我独自一人坐在园长的办公桌前，整理一天来的工作日记，办公桌紧靠着窗户和房门。夜里 11

▲ 陵园正门牌坊

牌坊建于 1966 年，高 10 米，宽 16 米，具有古代民族传统建筑风格，牌坊上雕刻着庄重的花圈和 12 颗长寿桃，表达了人民对烈士的敬仰和怀念。中门横额上刻有宋任穷同志的题字"冀南烈士陵园"。

点多的时候，我清楚地听到了几声敲窗声，我随手就把窗户打开了，问了句："谁呀？"但外面黑漆漆的，无人应答。我也没在意，就又把窗户关上了，接着写。刚写了几个字，又听到几声敲窗声，我一下站起来，快速拉开房门，只见外面依旧黑漆漆一片，一个人影都没有。我赶紧回身把房门关上插好。还没有来得及坐回到椅子上，就又听到了几声同样的敲窗声。这回我索性把灯关了，心想，这是谁呀，老跟我捣乱，今天不写了，睡觉。可是当我躺倒床上，却怎么也睡不着了。我突然意识到这是在陵园里呀。这半夜三更的，我越想越害怕。但是我转念又一想，这是革命烈士陵园，即使有鬼，也是好鬼，一定会保护我的。说不定他们是有什么话要对我说。再说了，共产党员不信鬼，不信神。说来也怪，我这么一想，心里就坦然多了。

我就这么迷迷糊糊到了天亮，一骨碌爬起来，赶紧打开房门，来不及梳洗，直奔烈士墓地。我从第一排第一个烈士墓开始查看，一个一个仔细瞧，姓什么，叫什么，哪里人，牺牲时多大年龄，什么职务，等等。当查看到第三排时，我突然发现了问题。这个烈士墓的上半部分塌陷了，左上角露出一个大窟窿，黑乎乎的。我当时非常生气，大声把园长喊了过来，对他说："您看看，这个烈士墓已经塌陷了，你们怎么不修修。这么大的一个窟窿，风吹日晒雨淋的，烈士能安息吗？"这时，园长

第四章 老屋后裔我的人生

277

▲ 冀南烈士陵园烈士单身墓
烈士单身墓始建于 1957 年，原为砖灰结构。1999 年重修，改用花岗岩石砌成。共安葬着 100 名烈士的忠骨。

说："我们没有钱，修不了。"我一听就急了，严厉地对他说："要是你自己家的房子漏了，暂时没钱大修，你就让它漏着呀？你赶紧找人先用几块砖头把这个大窟窿堵上，然后用胶泥溜缝，暂时维护好，不要再继续塌陷。"当天，他们就按要求简单地维修了这个塌陷的烈士墓。

我在烈士陵园里住了十天，回到北京后，我及时向领导提交了调查报告，如实反映了这个烈士陵园的现状以及资金紧缺问题，很快就为他们下拨了维修经费。

后来，我的党校同学告诉我：夜半敲窗声其实应该是一种喜光的小飞虫，因为陵园四周很黑很静，只有你的窗前有亮光，所以它们就纷纷飞向你的窗户，于是就有了类似"敲窗户"的声音。

此后，我又到河南省周口市烈士陵园调研，依然是吃住在陵园里，与陵园职工一起徒手清理塌陷的无名烈士墓，精心整理烈士遗骨和遗物。回到北京，我有感而发，与处领导孙立仁同志共同撰写发表了报告文学《烈士纪念建筑物沉思录》。后来，我还在一本杂志上发表了报告文学《情系英魂》和《只为忠魂》。

通过多次到烈士陵园调研，我仿佛真的感觉到冥冥之中有一种力量在推我向前，不能停

▲ 河南省周口市烈士陵园无名烈士墓

歇，总是感觉如果不努力工作，就对不起这些流血牺牲的先烈们。烈士陵园不仅仅是我工作的场所，更是让我涤荡心灵、洗尽铅华、发愤图强的神圣之地！

在民政部的 11 年，是我深入基层调研最多的时期，也是最接地气的时候，受锻炼最大，受益匪浅。我的切身体会是：搞调查研究绝不能走马观花，必须要沉下心来，扑下身子，真正深入到实际中去，掌握第一手资料，只有这样，才能够发现问题，找出内在规律，作出正确决策。调研的过程也是增强胆识、增长才干的过程。

（三）老龄工作

2002 年 2 月，民政部批准我到中国老龄协会工作。我被任命为中国老龄协会办公室秘书处副处长，主持工作。

▲ 中国老龄协会

在中国老龄事业发展基金会的领导下，"中国老年艺术团"成立了。在"重阳节"期间，从全国各地老年业余艺术团选调的优秀节目，集中在北京参加文艺汇演。自2003年开始，每年的"重阳节"《红叶风采》文艺晚会，便成了全国亿万老年人翘首以盼的品牌经典节目。艺术团除了在北京会演和在国内各地巡演外，还先后到澳大利亚、法国、英国、匈牙利等国家以及港澳地区进行友好访问和演出，极大地推动了全国基层老年文化活动的蓬勃开展，有力地抵制了各种歪理邪说对老年人思想领域的侵蚀。

还有一件事是，在秘书处工作期间，我发现一个问题，就是23年的历史文书档案没有归档，而是按年度用鞋带捆好，堆放在文件柜里的，要想查阅一份文件，就像大海捞针一样，几个人累得满头大汗，也不一定能找得着。

为此，我们下决心，不论遇到什么困难，都一定要把这些文件整理出来，至少会为我们的日常工作带来一些便利。同时，我们也深知，我国的老龄事业从1981年起步，到 2004 年已经走过了 23 年的发展历程。在漫长的岁月里，逐步形成和积累了数量浩繁、内容丰富的档案材料。这些材料真实地记录了我国老龄事业从无到有、从小到大的发展进程，是党和国家重视老龄工作、发展老龄事业的真实写照，是今后开展老龄工作历史研究的重要依据。做好老龄工作珍贵史料的归档工作，不仅是重视基础性工作的需要，更是维护我国老龄事业发展史真实面貌的重要手段。

自 2004 年 6 月开始，秘书处 5 位同志（张忆群、庞涛、姜美珍、郭勇、卢新华）和从机关服务中心借用的丁朝阳同志，在不影响日常工作的前提下，利用中午、晚上或节假日等一切可以利用的业余时间，一丝不苟地、抢救性地突击整理归档了 1981—2004 年全国老龄办（中国老龄协会）的所有文书资料（刘勇杰同志参与了文件归档的收尾工作）。

积累了 23 年的文件，布满了灰尘，即使戴着口罩也是呛得人难以呼吸。但全处同志没有一人退缩，以大局为重，不计个人得失，克服困难，努力完成了各自承担的文件归档任务。有的同志不顾体弱多病、有的同志不顾家中老人病重、有的同志不顾妻子怀孕等特殊困难，仍然坚持加班加点，把一些严重破损的文件，重新拼接、粘贴起来，使之尽量恢复原样。

经过秘书处全体同志的不懈努力，历时一年多，终

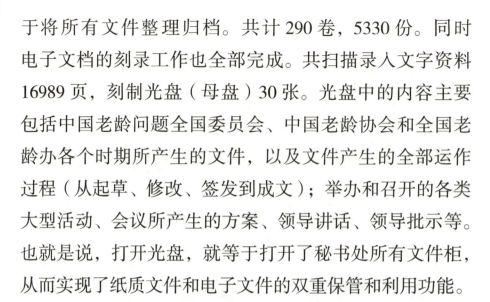

于将所有文件整理归档。共计 290 卷，5330 份。同时电子文档的刻录工作也全部完成。共扫描录入文字资料16989 页，刻制光盘（母盘）30 张。光盘中的内容主要包括中国老龄问题全国委员会、中国老龄协会和全国老龄办各个时期所产生的文件，以及文件产生的全部运作过程（从起草、修改、签发到成文）；举办和召开的各类大型活动、会议所产生的方案、领导讲话、领导批示等。也就是说，打开光盘，就等于打开了秘书处所有文件柜，从而实现了纸质文件和电子文件的双重保管和利用功能。

在整理文件档案的过程中，我们仿佛听到了前辈们无声地向我们诉说着老龄工作的过去，我们的思想境界得到了升华，我们为自己的付出感到欣慰。

在此基础上，由时任协会办公室主任曹炳良同志主导，我们编辑出版了第一部《中国老龄工作年鉴》。从此，中国老龄事业的历史文书档案走上了正轨。沉睡了多年的文件，终于被一张一张地"唤醒"，重新焕发了活力，中国老龄事业的历史鲜活地呈现在了世人面前。

我的努力付出和对工作的认真负责，终于得到了协会领导和同志们的认可，我也多次受到表彰和奖励，职务不断得到提升。2011 年 6 月，在建党 90 周年前夕，我被评为民政部直属机关优秀党务工作者，同时荣立三等功。2012 年晋升为副局级领导职务，任机关服务中心主任。

深入基层，体察民情。

2013年8月9日一大早，在直属机关党委带领下，我跟随大家一起来到张家口市赤城县大海陀乡郑家梁村慰问困难群众。

当时机关服务中心党支部慰问的是84岁的李士元老人。"吱呀"一声，推开李士元老人家的院门，我感到院子里很安静，走进院子，一座看上去很破旧的土坯房的门槛上坐着一位老人，我大声喊着"大爷"就迎了上去。他就是李士元老人，老人家张开没牙的嘴巴笑得很甜。陪同慰问的村妇女主任李玉莲大姐指着我对他说："这是县上来的领导来看望你们。"我环视了一下这个堆满了杂物的小院子，又顺势向昏暗的土坯房里张望了一下，突然发现里面还坐着一位白头发的老太太。老太太显然受到了惊吓，一下子将对开的房门关上了一扇，把身子藏在门后，只露出一张苍老的脸，不好意思地说："我还没穿好衣服。"李玉莲大姐赶忙对我说："她是李士元的老婆，因为家里困难，没有什么像样的衣服，在家里经常穿着很随便。"我挑了一处能下脚的地方走进了房间，李士元老人告诉我：他们的住房是40年前盖的土坯房，一明两暗，加起来不到30平方米，他与80多岁的老伴儿一起生活，自己做饭吃。在满地摆放的杂物中，我找到了一口盛放粮食的小缸，掀开盖子一看，满满的一缸土豆。"就吃这个吗？"我问。老人说：村干部定期给他们送粮食。这是辅食。他们的口粮没有问题，主要困难是缺少资金。

趁着我与李士元老人聊天的机会，老太太翻箱倒柜找出了一身平时舍不得穿的衣裤换上，衣扣还没来得及系好，就拿着一把梳子，步履蹒跚地走到院子中间，我没有想到她居然会主动提出要和我照张相。我赶紧帮她系好扣子，为她整理好头发，她安静得像个娃娃，她的眼神让我的心颤抖，那是一种难以形容的眼神。我当时就想，她有多长时间没有被人如此亲近过了？她一定特别渴望亲人的抚慰！

▲ 看望李士元老人

于是，我有意识地帮她多梳了几遍头发，让她尽可能多地感受一下亲人般的温暖。就在这时，我听到老太太轻轻地说了句："你真好看。"

我知道她这是被感动得不知说什么好了。这就是我们的老区人民！

顺便说一下，大海陀乡是北平抗日根

据地，老一辈革命家聂荣臻、段苏权、詹大南等在这里战斗过，著名的南梁战役就发生在这里。这里的人民为中国的抗日战争做出了巨大的贡献，当年六分之一的群众因抗击日寇，为国捐躯，这里是全国闻名的革命传统教育基地。我们的老区人民有多么纯朴，从老太太刚才的那句"你真好看"就能让人感受得到。哪怕你只给他们一点点的温暖，他们也能把它当成一盆火！

老人们太清苦了，寂寞难耐的他们多想有个人陪着说句话呀，多想有个人经常嘘寒问暖呀！那座破旧的土坯房，什么时候才能翻盖一新呢？他们还能等到那一天吗？！

告别的时候，我一边代表党支部将 200 元钱放到李士元老人的手里，一边心中在想，两位善良而贫苦的老人，我们还有机会再见吗？

时隔八年，2021 年 7 月 1 日，当习近平总书记向全世界郑重宣告中华大地全面建成小康社会的时候，我想起了大海陀乡郑家梁村的李士元老夫妻，想起了我的老家河南巩义张岭村的贫困老人张奉献和张占国，也不知他们现在过得怎么样了？他们是否还健在？

履职纪委书记，倾听群众呼声。

从 2014 年开始，我担任中国老龄协会直属机关党委副书记、纪委书记。由于纪委的日常工作事实上只有我一人在做，而监督管理服务对象有 200 多人，任务繁重，

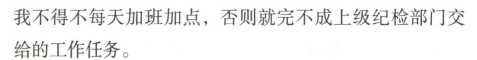

我不得不每天加班加点，否则就完不成上级纪检部门交给的工作任务。

光阴似箭，一晃到了2016年。2月28日至4月30日，中央第九巡视组对民政部、国家信访局和全国老龄办进行专项巡视，我和彭捷同志被抽调到巡视组，负责接听

▲ 2018年春节前夕，张忆群回到祖籍河南省巩义市张岭村，看望贫困老人张奉献（上图）和张占国（下图）

举报电话。每天从早8点到晚8点接听群众来电，没有周六日，两人轮流吃饭和休息。有人说，走个量就行了，用不着那么仔细接听，一个电话耽误好几分钟，自己受累，还看不出工作量来。可是自打我听到第一个群众来电开始，我就意识到了我肩上的担子有多重了。

这个任务对于我本人来说，是一次重大考验，它可以说是一次社会调查。打电话的人里有国家干部、退伍军人、教师、学生、工人、农民、知识分子、企业家、银行家等，男女老少都有，除了看不见他们的脸以外，他们的喜怒哀乐我全能感受到。通过接听群众的电话，我听到了老百姓的哭声、喊声、骂声、无奈的叹息声和无声的抗议，他们对腐败分子深恶痛绝，对共产党的领导充满希望，这其实都是百姓的心声。

据统计，两个月内我们俩人共接听了近4000个群众来电，平均6分钟接一个电话，除认真倾听群众诉求，耐心向群众讲解党的政策，还要如实记录通话内容，原汁原味向巡视组报告群众举报线索。同时，协助民政部的同志拆阅群众举报信件。当时由于我患腰椎间盘突出症，压迫腿部神经，疼痛难忍，为了完成任务，每天靠吃止疼药缓解疼痛，最终圆满完成任务，得到中央第九巡视组的肯定。

在接听举报电话期间，有一天我接到一位大姐的来电，按照规定，我先说："您好。中央第九巡视组，请问您有什么问题要反映？"电话那端立刻传来一个东北口音："姑娘啊，我一听你的声音，就知道你肯定是习近平主席派来的。你的声音真是温和啊。不像有的人，对我们这些上访人员恶言恶语。"她在电话中向我反映了一个非常重要的情况，同时还想反映一下上访人员的艰苦生活。因为在巡视期间，想打电话反映问题的群众非常多，我怕这位大姐说的时间太长，耽误了其他群众反映问题，就跟她约定晚上8点以后，利用我的业余时间专门听她说。她将信将疑、不太情愿地说："嗯，那好吧。"

那天晚上8点刚过，我拨通了这位大姐的电话："您好。中央第九巡视组，请问您有什么问题要反映？""哎哟，你真的给我打电话来了？白天的时候我还以为你只不过是为了哄我赶紧放下电话，说说而已，万没想到你这么守信用，真的给我打电话来了。我太激动了。"她说："你知道吗，姑娘，我是个革命烈士的遗腹子，今年69岁了，为了一件事上访几十年。这些年来处处遭人白眼，信访电话打了无数个，几乎永远是忙音，偶尔接通了，说不了三句话，人家就不耐烦地挂电话了。今天，我第一次接到政府的工作人员主动给我打来电话，询问我有什么问题要反映。我真的感谢共产党，感谢习主席。"紧接着，她开始用歌谣的形式向我反映广大上访群众的苦难生活。

她在电话那端哽咽着说，我在电话这端流着泪记，我心想：我这是在替我们的党倾听群众的呼声啊！我一定要一字不落的记下来，让我们的党知道。这位大姐说：这是她 20 世纪 80 年代写成的，用一首老歌的谱子改填的词，一直在上访人员中传唱至今，是上访人的真实写照，希望党中央能够知道。现在上访人的生活虽然比那个时候好多了，但问题总是解决不了也不行啊。

我告诉她：请您放心，我一定会向上级领导如实报告群众反映的重大问题。

中央领导真的知道了！

新华社北京 2016 年 4 月 21 日电：

中共中央总书记、国家主席、中央军委主席习近平近日就做好信访工作，妥善处理信访突出问题作出重要指示，强调要综合施策，下大气力处理好信访突出问题，把群众合理合法的利益诉求解决好。

习近平指出，当前群众通过信访渠道反映出来的信访突出问题，既有新动向，也有老难题，但都事关群众切身利益，事关社会和谐稳定。各地各部门要高度重视，强化责任担当，综合运用法律、政策、经济、行政等手段和教育、调解、疏导等办法，把群众合理合法的利益诉求解决好。

习近平强调，各地各部门要加强风险研判，加强源头治理，努力将矛盾纠纷化解在基层、化解在萌芽状态，

避免小问题拖成大问题，避免一般性问题演变成信访突出问题。

中共中央政治局常委、国务院总理李克强作出批示，要求有关部门有针对性地完善解决思路和措施，认真处理信访反映的突出问题，同时注意完善体制机制，努力化解矛盾，维护群众合法权益。

几天后，我又接到了这位大姐的电话，她说很多上访人员听说习近平总书记和李克强总理就当前信访突出问题专门作出重要指示批示，激动万分，奔走相告，说终于看到了曙光。这位大姐说："我们这些给中央第九巡视组打过电话的上访人都为你们接听电话的同志点赞，你们把老百姓的心声真实地传递给了党中央，尤其是你们轻柔的声音，让我们感到亲切，敢于大胆倾诉。你们这是在不折不扣地执行习近平总书记的指示精神，真正为老百姓服务，你们是老百姓的贴心人。"

听着这位大姐的一席话，我心中在想：我又何尝不是老百姓中的一员呢？想当年父亲蒙冤受屈被打成"现行反革命"的时候，我们也是走投无路，上告无门。父亲曾经对我说过：以后如果你遇到了上访的人，一定要善待他们。当初为了洗刷我的冤屈，我也走过这条路。上访之路不好走啊！我相信，父亲的在天之灵一定会为我的做法感到欣慰的！

从担任协会直属机关纪委书记那天起，我就做好了为坚持实事求是原则，即使得罪人、丢掉乌纱帽也在所不惜的思想准备。我深知，反腐倡廉，纪委书记是关键。纪委书记是特殊岗位，自身的严于律己和行为示范，不仅关系到反腐倡廉的战斗力，更关系到党和政府的形象及人民群众对反腐败斗争的信心，一定要做到"律人者必先律己"。要带好队伍，管好家人，自觉接受监督。

在中国老龄协会（全国老龄办）工作的 20 年，我的切身体会是：如果你真的爱我们的党，那么你就全心全意地去爱老百姓！如果你真的对我们的党绝对忠诚，那么对党交办的所有工作，你都要认真负责，一丝不苟，倾尽全力去完成。

（四）我的婚姻

23 岁的时候，一天正上着班，同事张淑琴神秘兮兮地对我说："给你介绍个当兵的吧，25 岁。这人可好了，已经提升连长了。大高个，脸可白嫩了，用手掐一下，恨不得能出水儿。"那时我不知部队的连长相当于地方什么级别的领导，但为了看一看"掐一下能出水儿"的那张脸，我同意跟张淑琴一起到天安门广场去见他一面。心想：成就成，不成拉倒。

那天，我从家里拿了一台老式 120 相机，跟着张淑

▲ 我的丈夫刘刚福

琴来到天安门广场，在国旗杆子底下我俩一边互相拍照，一边等着"他"。正当我给张淑琴拍照时，突然镜头里出现了一个身穿解放军服装的瘦高个子男人，我心想，这一定是"他"了。于是我赶紧把镜头拉近，想近距离观看并给他拍个大头照。谁知"他"好像发现了我的企图，很机警地借故与张淑琴打招呼，一下子把手臂抬得高高的，把脸部挡了个严严实实。

无奈，我只好收起镜头，向他们走过去。"这是小刘，刘刚福，在总参工作；这是小张，张忆群，我们是一个办公室的。"张淑琴热情地给我和他做着介绍，不时还偷偷用眼睛的余光扫视着我们，我倒没觉得什么，但他却突然脸红了，而且一下子红到了脖子根儿，刚才的机警劲儿瞬间不见了，笑眯眯的，两只大手互相搓着，腼腆的样子让人看了心里痒痒。他的确很白嫩，但是不是像张淑琴说

▲ 刘刚福军装照

的那样"掐一下就能出水儿"，我没敢试。这次见面时间很短暂，互相留了联系电话，他跟我说了声"再见！"，我也回了声"再见！"。

"再见就意味着有门儿。"这是他后来对我说的，他就是凭着我回应的那声"再见"判断出我的心思，于是大胆地开始了与我的交往。

军人谈恋爱就像打仗，出其不意，攻其不备。一个多月后的一天傍晚，吃过饭，我送他离开我家，刚刚走出大门口，他见四周无人，迅速把我拉到怀里，飞快地给了我一个吻。"这个星期日，我带你到我工作的地方去看看好吗？"他低声问道。"好啊！"我正想更多地了解一下他，于是便答应了。

他工作的地方，在后海南沿儿，那是一个深灰色的大铁门里边的深宅大院儿。深秋时节，是北京最美的季节，秋高气爽，云淡风轻，让人心旷神怡。在洒满阳光的院子里，一对老人坐在藤椅上，执手相望，时而说笑，时而缄默，微风梳理着他们的头发，发黄的枣

▲ 王尚荣、黄克夫妇

第四章 老屋后裔我的人生

树的叶子，飘落在他们脚下。我和刚福踏着落叶走近了他们的身旁。"首长好。阿姨好。这是小张，我给你们带来啦！"刚福恭敬地对两位老人说。

"这是王尚荣首长，这是黄克阿姨。"他一边给我介绍着，一边把我拉到了阿姨的身边。我也学着他的语气叫了声"首长好。阿姨好。"

"多么年轻漂亮啊！还是个警察。小刘你可真有眼光啊！快过去叫首长瞧瞧。"阿姨说着，拉着我向首长身边送。首长一下子握住了我的手，上下打量了我一番，高兴地大声说了一个字："好！"

出于保密工作要求，我不便过多地向他询问首长的情况，但我认为，刚福能够作为首长的贴身警卫参谋，一定是经过组织上多方考察过的，是党组织信任的人。党信任的人，我就信任。我把这个情况告知了父母，家庭关很快通过了。

1986年春天，我们结婚了。婚礼很简单，也很热烈，是在北京市劳改局的一个会议室里举行的，办公室的领导和同志们都参加了，我的父母和弟弟妹妹更是早早就来到了现场。首长派亲属和身边工作人员作为我的婆家人，用他

▲ 结婚照

的坐骑——一辆奔驰轿车把我从位于宣武公园旁边的北京市公安局宿舍大院儿（长椿寺）的娘家接到了婚礼现场，我的爷爷和曾克奶奶带

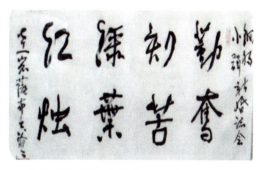

▲ 爷爷柯岗题字我的新婚纪念

着我的表妹芊芊也来了，爷爷还亲笔给我们写了一幅字作为新婚纪念："勤奋刻苦　绿叶红烛"。婚礼虽然简单，但却让我终生难忘。

婚后的生活幸福而温馨。我们各忙各的工作，他守着首长，我守着监狱。也许是由于职业习惯，我们的感情并不外露，看上去也是平淡如水的。能跟他走到一起，更多的是出于信任和有安全感。而真正爱上他，其实缘于一件很偶然的事情。

那是婚后一个星期天的上午，我们一起去西单商场闲逛，出来的时候已经临近中午了，骄阳似火。我提议："再到王府井转转吧，顺便在那里找个地方吃点东西，好不容易休息一天。"他同意了。可是怎么去呢？前不着村，后不着店的，往哪边走都离汽车站不近。他说："要不咱们走着去吧？"我嫌太热，不愿意走着去。正在这时，一个老师傅蹬着人力三轮车从不远处过来，上面的两个外地人是来西单玩儿的，他们下了车，我赶紧叫住了车夫："等一下。请问从这儿到王府井多少钱？""10块

▲ 结婚日照片留念

钱。"老人答着话，热情地请我们上了车。

车夫拉着我们俩在被太阳晒得软软的长安街的大马路上一路向东，汗水雨点般地落到柏油路上，我兴奋地看着街景和川流不息的人群，不停地说笑着。正在这时，突然听到刚福大声对车夫说："师傅，请停一下！"车夫不知什么事，赶紧停住了车。只见他快速下了车，对师傅说："师傅，您这么大岁数了，大热的天拉着我们俩，我实在不忍心坐在车上。你坐上，我拉你们吧！""这哪成啊？我习惯了，不累。你快坐上去吧。一会儿就到了。""那实在不行，就拉她一个人吧。我跟着车走着。"说着，就跟车一起小跑起来。我一看这样，也没有心情坐在车上了，赶紧下了车。刚福把车钱递给了老人，"离到站还远着呢，不用给钱！"老人大声说。刚福拉着我的手，头也不回地向王府井走去，半晌无语。"怎么啦？"我问。抬头看了他一眼，发现他的眼圈儿红了。"这个老人的年纪跟我爹差不多，我怎么忍心让他拉着我们俩。以后我永远不坐老年人拉的人力车。"

啊！多么善良的一个人！"老吾老以及人之老！"这不正是我要找的那个对的人吗？！爱，油然而生！

父亲曾经对我说过：刚福从小在农村长大，社会常识和社会经验都比你丰富，考虑问题比较周密，也比较实际，尤其是他这个人老实可靠，又在首长身边工作多年，如果遇到比较麻烦的问题，你要多听听他的意见。父亲说的没错，我对此也有切身体会。

说到刚福在农村长大，我想起我们刚结婚那会儿，一起回到他的老家河北省武强县沙洼镇西刘堤村。武强

▲ 回到婆家农村

是个贫困县，很小的一个县城，土里土气的。虽然拥有享誉全国、驰名海外的"武强年画"这个独特的民间艺术，但在 20 世纪 80 年代并没有得到应有的重视，百姓们也自然得不到什么实惠。村里的道路是晴天一身土，雨天两脚泥。那时他的家还是低矮的土坯房。他在兄弟 5 人中排行老 5，还有 1 姐 1 妹。我们回去住的婚房，就是他的亲姐妹帮助布置的。他的家是个充满温馨的大家庭。

我公公刘宗良是位老共产党员，村支书，聪慧善良，青壮年时期带领村民拼命干活，深得大家拥戴。但世事弄人，他突发疾病，早早离世。婆婆在几个孩子家轮流住着，孩子们都很孝顺。

我记得回到婆婆家的那天晚上，兄嫂姐妹们散去后，在昏黄的灯光下，我坐在土炕边儿上，是我的婆婆亲自帮我脱下鞋子，她很仔细地端详着我，认真地对她的儿子刚福说："忆群是个好姑娘，你要好好待她，可不许欺

负她！""是，是。"刚福
连声答应着。

我也细细地看了看婆
婆，我惊讶地发现，我的
婆婆虽然生活在贫困的农
村，但她却皮肤细腻白净，
深深的眼窝，有些像欧洲
女人，难怪刚福的脸那么
白净，我终于找到了根源。

▲ 在婆家

我的婆婆还有一个非常好听的名字：郭秀梅。

刚福告诉我，他 1978 年 12 月参军，直接到北京卫
戍区华国锋同志警卫连服役，后来中央警卫团（8341 部
队）接管了华国锋同志的警
卫工作，刚福的连队暂时
处于机动状态。组织上借
此机会派他到卫生训练队
学习。

实习期间，恰逢解放
军总参谋部王尚荣副总长
需要一名懂医学常识的警
卫参谋，于是组织上就推
荐刚福到王副总长家工作。
从 1981 年 1 月到 1995 年 4

▲ 采一把金黄色的油菜花，我来给
你戴上吧！让大自然见证我们的
爱！

▲ 婆婆的一大家（拍摄于 2001 年春节）
第二排右 5 婆婆郭秀梅，其余为其子女；第三排左 3 张忆群，以及其他媳妇、女婿；第一排和最后一排为孙辈、重孙辈。

▲ 刘刚福（左下）与战友们的合影

月，这一干就是 15 年。1985 年 1 月加入中国共产党。他为人忠厚老实，工作踏实认真，一丝不苟，深得首长喜爱。多次受到总参谋部的表彰。

首长家的院儿里，还种有一棵樱桃树，果实特别甜美，非常惹人惦记。为了果实不被别人偷吃，刚福可是下了一番苦功夫。他每天都要观察果实是否有成熟的，只要发现一个，就立刻摘下来放到首长手里，首长会像个孩子似的，非常高兴地欣赏一会儿手中的果子，然后津津有味地把它吃掉。

▲ 刘刚福与王尚荣首长

　　他保卫首长 15 年，却保卫了我一辈子！让我享受了一辈子的首长待遇……

　　难忘那年我怀着女儿，外出跟踪采访刑满释放人员，他利用倒休时间，寸步不离地护卫着我。

　　难忘我在北京师范大学中文系读在职研究生时，因出差不能上课，他每天晚上带着录音机到课堂上帮我录

下老师的讲课内容。

难忘父亲的文章成书之前，都是他在下班后，拖着疲惫的身躯帮忙誊写打印。

难忘他一次又一次地陪着我的父母去医院看病，日夜守候在我父亲的病床前。父亲说："谁说一个女婿半个儿？我们刚福是一个半儿！"

难忘我们牵手同游祖国风景名胜时的快乐和幸福。

难忘他陪同我驾车奔赴河南巩义我的老家，为了将我的祖宅无偿捐献给当地政府设立爱国主义教育基地的事情奔波受累。

难忘我心情不好向他发脾气时，他一次次地忍让迁就。

难忘他退休后，辛辛苦苦帮助女儿带大了一双儿女。

难忘几十年来我们共同生活的点点滴滴，家中事无巨细都是他在尽心操持，让我毫无牵挂地学习和工作。

他对我和这个家的好，怎能不让我心生爱恋和感激？！

每每想起他的好，我就会想起刘若英唱的那首《后来》，"后来，我总算学会了如何去爱；后来，我终于在眼泪中明白，有些人，一旦错过就不在；有一个男孩爱着那个女孩"……

然而，当刚福第一次吻我的时候，我还不知如何去爱；可当我不知不觉深爱他的时候，病魔也盯上了他。好在，苍天有眼！王母娘娘怜悯我这个傻的流鼻涕的女人，慷慨地给予了我救赎的机会！如今，我要对他说："刚福，我们的幸福日子还长着呢。我们还要开着房车，唱着歌，一同游览祖国的大好河山呢。你一定会戴上'光荣在党50年'纪念章的，我们还要一起迎接新中国百年华诞呢！"

往后余生，我们将一起慢慢度过，白头偕老。我将与我深爱的丈夫刚福并肩走过那条幽静的山谷，那里有蓝天，有白云，有清风，有小溪，有鸟语，有花香。对，就是他亲手为我戴在头上的那束金黄色的油菜花的花香……

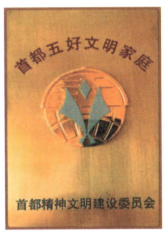

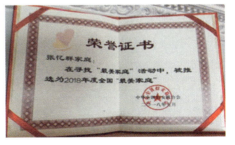

▲ 幸福家庭

第五章
老屋遗风

一、老屋的家风文化

一天清晨，我正在阅读我的爷爷用毕生精力写就的歌颂人民革命战争题材的厚厚的五卷本文集，忽然听到背后传来三岁半的小外孙奶声奶气地问话："姥姥，你看的是什么书？"

"我看的是《柯岗文集》，是我爷爷写的书。"

"姥姥，你能不能也给我写一本书啊！"他认真地、渴求地看着我说。

我毫不犹豫地答应了。因为首先这是贯彻落实党中央有关"大力弘扬和践行社会主义核心价值观，在广大

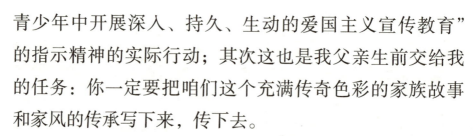

青少年中开展深入、持久、生动的爱国主义宣传教育"的指示精神的实际行动；其次这也是我父亲生前交给我的任务：你一定要把咱们这个充满传奇色彩的家族故事和家风的传承写下来，传下去。

于是，我要讲述的故事，就从这座邙岭老屋开始了。从老屋的一代代传人所经历的传奇故事中，我看到了贯穿其中的一条红线，这就是家风。

从我祖爷爷张宪章那会儿算起，老屋差不多有180年的历史了，老屋的历代主人们生于斯长于斯，又先后一个个驾鹤西去，留下了老屋，留下了家风。

（一）张宪章的孝亲、忠君、爱民家风

中国有5000年的文明史，我们中国人自古以来就不断在思考和解决人类所面对的各种问题，我觉得其中最为重要的问题有三个：一个是家庭及生命延续的问题，另一个是人与社会关系的问题，再一个是人与自然关系的问题，这三个重要问题关系着人类的生存发展，也影响着家庭的兴衰荣辱，而其中归结起来最核心的就是人与人关系的问题。人与人的关系，由近至远包括与家人亲戚的关系，与朋友同僚的关系，与芸芸众生的关系，等等。中国人是有强大家庭责任感的民族，非常注重血统亲缘，讲求孝悌和慈爱；同时中国人又是怀揣"治国平天下"儒家理想的民族，追求规则、秩序和稳定的社

会生活。所以，在分析解决这些问题的过程中，不断提出并形成了相对统一的认识和主张，这个认识和主张就是"孝亲、忠君、爱民"，并由此构成了中国人为人处事的基本原则和核心价值观。

因为张氏七门祖爷张宣，曾任明朝户部省揆，主掌户部繁杂行政事务，兢兢业业，勤勤恳恳，在家孝敬父母，手足相亲，为张家后代树立了典范，所以很自然地，孝亲、忠君、爱民的思想，也成了张家人长久以来的家训和做人做事的准则。这也是张家家教家风的根基，特别是在我们家近几代人身上的表现尤为突出。

我的高祖爷张宪章是1850年左右出生的，聪慧过人，从小跟着父亲学医，以行医济世为人生追求，刻苦钻研医术，心怀乡亲疾苦，给穷人看病向来不要钱，经其手治愈的病人不计其数，后来成了当地很有名气的中医，在百姓中威望很高。晚年时，曾经在临街三角地买了一块地方，出资建立了私塾"养源学校"，规定凡族人家的穷孩子均可免费上学。当时学校的名气很大，引得一些富家子弟也来这里上学，其中有一个名叫刘振华的学生，毕业后加入了同盟会，参加反清活动，后任镇嵩军总司令，民国时期任陕西、安徽两省督军和省政府主席。

高祖爷的时代，中国已经开始步入了半殖民地、半封建社会的阶段，然而社会的动荡与变革还没有深入地影响到位于豫中西部的邙岭地区，当时的主流价值观依

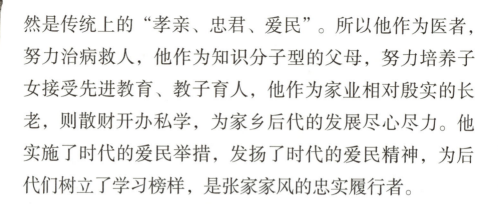

然是传统上的"孝亲、忠君、爱民"。所以他作为医者，努力治病救人，他作为知识分子型的父母，努力培养子女接受先进教育、教子育人，他作为家业相对殷实的长老，则散财开办私学，为家乡后代的发展尽心尽力。他实施了时代的爱民举措，发扬了时代的爱民精神，为后代们树立了学习榜样，是张家家风的忠实履行者。

（二）张荫南的"清宁和"家风

1880年，老屋的第二代主人、我的曾祖张毓森（字荫南）来到人世。我家此时算是一个比较富裕的中医世家。聪颖的他，跟着父亲习医、习书法，因袭了祖辈的爱国爱民思想，求学法政，满怀大志，参加了辛亥革命。后弃政归田，立志行医报国，亲笔题写堂号"清宁和"。抗日战争及解放战争时期，张荫南深明大义，不但亲送子女参加八路军，更是义无反顾地接受共产党的重托，秘密将八路军的情报联络站设置在自家院落，为我党搜集传递情报，转移护送地下工作者，直至中原解放。

忠君即是忠于君主，数千年来，最合法的君主无非是天子，天子者行天道之至圣也，并非天之子的意思，所以忠君意味着忠于天道。老子说，天之道损有余而补不足。老子又说，道可道，非常道。孙中山更是在百年前说过，世界潮流，浩浩荡荡，顺之者昌，逆之者亡。可见，天道似乎有常，又似乎无常；似乎能被天子们所执行，似乎又不能被天子们所执行。而忠君、忠于天道，有时是一回事，有时却是矛盾的两回事，甚至于忠于一君、忠于一天道，在一段时期里可能是对的，在另一段时期里则有可能变成错的。三千年未有之大变局的时代，无数人被裹挟到了历史的潮流当中，有些人奋勇找寻出路，却四处碰壁，不能成功，只能为后来人留下继续前进的教训；有些人则机缘巧合终获成功；也有些人固守执念，甚至倒行逆施，而被后人鄙夷；更多的人则是随波逐流，一生碌碌无功。这就是社会大变革时期的多样人生。

反观我的曾祖张荫南，他年轻时也是爱国忧民，积极参与革命。可是敏锐的他很快发现，辛亥革命虽然反对封建主义和外国资本主义，但其本身又和他们有着千丝万缕的联系，而且政党松散无纪律，在政治和经济上都非常软弱，因而导致了的最终失败。然而，历史的局限又使得他难以找寻出真正的天道是什么，所以他及时弃政归田，决心行医救国，并以"清宁和"作为他的座右铭。这里的"清"除了具有清廉、清新之意外，肯定还有另一层含义。1938年，当他发现中国共产党一定能够拯救中国时，他便毅然将自己的儿子、女儿以及外孙等青壮力量送到共产党的队伍中去，并且后来也积极地组织家人参与八路军的情报联络工作。此时，他的态度是坚决的、勇敢的、不惧牺牲的。可见，他的"清"一

定还有"清醒""清晰"的含义。于混乱的局势中保持清醒，于正确的理论则勇于坚持，这才是"清"的真正含义。而这个"清"更是"忠君""爱民"思想的时代辩证认识。

张荫南家教保留下来的主要内容有：

（1）祖训（辛亥革命后题写，距今110年）：

清宁和

（2）儿孙谨记：

调理怒中气，
谨防顺耳言，
切忌忙中错，
爱惜有时钱。

（距今也有100多年了）

（3）《送别诗》（1938年，抗日战争时期，距今80多年）：

明知行役苦，不忍便留汝。
丈夫志四方，岂别男与女。
汝有时乘车，我心寄轮轴；
汝有时乘船，我心寄桨橹；

有时徒步行，我心寄尘土；

異旅风霜賒，我心在露宿。

强颜悲做欢，汝去莫回顾。

后会如有期，同向光明路。

（4）《续修家谱序》：

天无分乎上下，地无分乎四方，人无分乎种族，学者驰言大同尚矣。但人不竟其道，不图其经，纷至沓来，错杂丛生，而人事支离无宗矣。

今我国抗战八年，全球鼎沸，人民凋瘵，于此已极，鲜救大民族之痛苦，开放大民族之自由，举世有口难言。至孝亲敬长，兄友弟恭，尊卑之礼，长幼之序，敦宗睦族之义，概付一虚。是不异乘断流绝港而欲至于海也，是不啻剪裁画壁而冀蜂蝶之集也。盖天地道，实寓乎微。大基于小，行远自迩，登高自卑。古之君子，尚且勿违，今厌小务大，忽近图远。乎田尚不田，而企大同世界？民而族身亲见之，纵览今古唱天下为公者，不为无人。而大同，何不以道理计也？

今岁春，乘兵灾之余，吾族人流离失所，凋丧疲病者不可究极。族人欲举家谱而续修之，吾于是有感焉：天道一，地道一，天地之所以与人者亦一而已。一者何？道也。道者何？不远人之谓也。大无外，小无内，若不

于祖孙父子兄弟叔侄之近修其孝悌忠信，扩而充之，以至於家邦之外，恐小民族且不可讲，而大民族亦河汉矣！是为序。

《续修家谱序》是张氏七门十七世孙毓森（荫南）于1946年撰文，二十世孙女忆群于2011年7月13日校点。主要是告诉家族子孙要懂得孝悌忠信，如果连孝敬父母、爱惜手足都做不到，还谈何爱国爱民？！

（三）张克刚（柯岗）的家教家风

1. 给长子张虚的信（摘抄）

张柯岗随刘邓大军进军大西南后，给长子张虚写了第一封信。内容是：

你已经十七岁了，应该参加基层工作，好好锻炼。……

做读书的人，不做吃书的虫。……

你要下决心努力进步，不要空想做大官，作大事。要想着去做劳动英雄，去做无名英雄。一个人最好是把一件小事做好，最可怕的是天天想做大事，而连小事也做不成。你要做老实人，不要想讨巧。要记着：世界上没有近路，任何事情都要自己去下苦功夫……

2.《送别诗（改）》

1977 年 5 月，张柯岗将自己父亲张荫南的《送别诗》略加改动，书赠儿女，勉励他们好学上进，精忠报国，献身人民。这首诗在家教家风方面承上启下，一目了然，其中也渗入了柯岗戎马多年的人生体验。

明知行役苦，不忍便留汝。

汝等到人间，父母掌上珠。

汝有时乘船，我心寄桨橹。

汝有时乘车，我心寄轮轴。

有时徒步行，我心寄尘土。

逆旅风霜赊，我心在露宿。

世路多崎岖，明察迈健步。

迎着朝阳去，同走光明路。

3.《留给孩子们的话》（摘编）（1983—1995 年期间逐日写成）

留给孩子们的话

人　生

人为万物之灵。他具有高度的物质文明和精神文明。这种文明是人们古往今来不停息、不倦怠地同愚昧、落

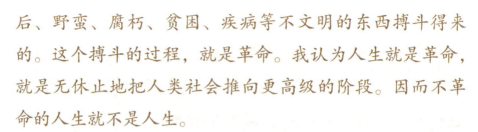

后、野蛮、腐朽、贫困、疾病等不文明的东西搏斗得来的。这个搏斗的过程，就是革命。我认为人生就是革命，就是无休止地把人类社会推向更高级的阶段。因而不革命的人生就不是人生。

革命不是娱乐、游戏、享受和时髦的口号，而是坚韧不拔地无休止的战胜艰难困苦、解决矛盾的过程。没有吃苦耐劳的决心、克服人所不能克服的困难，就不能革命。

革命必须首先自己革自己的命。同自己的不良倾向和意识进行不调和的斗争，最终与之决裂；同时也革别人的命。决不能只看到别人的缺点错误而看不到自己。共产党人要求对己严、对人宽是美德。

革命必需有先进的无产阶级政党的领导，否则难以成功。这是已被古今中外的历史实践证明了的。但，一定要知道这是指的政党的整体及其政策，不是指的某政党的个人。

先进的政党和政党代表人物，在革命领导工作中，也会失误，甚至严重失误！但，只要它能够依靠群众、改正错误，就应信任它。

政党和个人是一样，在漫长的革命途程中，不犯错误是不可能的。问题在于是知错就改，决不重复，还是坚持错误，重复错误？前者是革命者的行为，后者是不革命的。

坚持真理进行革命，作为一个阶级推翻另一个阶级的政权转换来说，是一定要付出代价的，和平过渡是没有的。作为自我改造来说，也是要经过激烈的思想斗争、身体斗争的，和平的不知不觉的改造也是没有的。

　　人世间的道路笔直的很少，革命的道路更是曲折萦回。特别是我们中国，几千年的封建基础，加上近百年来的帝国主义侵略，社会意识极其落后，习惯势力十分雄厚，在这块土地上进行革命决不是一朝一夕可以完成的。即使在正确领导之下，也不是一代人、两代人能够完成的。因而需要愚公移山的精神，敢于斗争，善于斗争！因此它必须根据自己国家社会的具体情况，在时间、地点和条件成熟的时候，有步骤、分阶段一步一步地进行，要想一口吃成胖子，那是不可能的。

　　劳动创造世界，其乐无穷。一定要做爱学习、有技术、爱劳动、对于人类社会有用的人，切忌做空头政治家、清谈家，语言的巨人、行动的矮子。

　　处事要首先明确树立社会主义纪律、法制和风土人情的观念，不偏听偏信、人云亦云、随波逐流。坚持独立思考，调查研究，实事求是。反对察言观色、随风倒、利己主义的投机，不做无中生有、歪曲夸大、颠倒黑白、栽污陷害之徒。

　　各尽所能、按劳取酬到各尽所能、各取所需是比较

第五章　老屋遗风

315

科学的原则。因而资产阶级个人主义，无穷尽地追逐名利，无止境地这山看着那山高，忌妒和独占欲，往往引来杀身之祸！

助人为乐。路见不平，拔刀相助。这是中华民族的传统美德。但，必须知道这是指的帮助好人和弱者，做好事，抗暴虐。决不能帮助坏人、办坏事。

尊老爱幼也是中华民族的传统美德，作为一个正派的中国人，万万不可忽视。

敬爱父母、爱护子女，是每一个有良智、非白痴的正常人必须做到的。它并非要求你向父母尽孝报恩，为了自己老了之后，让子孙向自己报恩，而是人类繁衍千古不可疏忽的职责！

父母和子女之间有人权和法律关系，并非单纯的血统关系。谁也不能把子女当作自己的私产！温厚的抚育、科学的教养是父母不能推卸的责任。

苦行僧、清教徒、吝啬人、守财奴和挥霍无度、无止境地追求生活享受、有一个钱就想花两个钱的人同样是可悲的！作为一个清醒的、正派的人，应该首先把自己的社会位置摆对，坚持量入为出，并有节余。以备生老病死、抚养子女之不时之需。千万不可忘乎所以，只顾超额享受，不顾量入为出，造成债台高筑、赤字不断，那就更加可悲、可恨了！也就是犯罪的开端。

对　人

人有大脑，他的思维和意识极其复杂。既善良又残忍；既文明又野蛮；既智慧又愚蠢；既知礼又无耻；既诚朴又狡诈。因而他的"外衣"特别丰富多采，不易识破。

有人说："人之初，性本善"；有人说："人之初，性本恶"。我以为这两种说法均不甚贴切，不如说是："人之初，性本私"，还比较接近实际。

私是资本主义的哲学核心。不从人们的思想意识中消灭私字，很难到达共产主义的理想境界。

我以为人为了生存，从他懂得人事的时刻开始，应该首先认识"警惕"二字，并且认真领会其含义，立即运用在自己的实际生活中。要随时惕防洪水猛兽和疾病一类的天灾，更要随时惕防突如其来的人祸！所谓居安思危，就是要随时警惕天有不测风云之意。

我很赞成捷克斯洛伐克共产党伏契克在绞刑架上最后告诉人们的话："警惕啊，人们！"这句话的意思显然是要善良的人们警惕邪恶的人；革命的人警惕反革命的人。因为惕防洪水猛兽自然灾害较为惕防人要容易得多。前者是赤裸裸原形毕露而来，后者可以依据不同的时间、地点和条件，穿上适时的外衣！

有一种人，为了满足自己不可告人的私欲，或者为报私仇、泄私愤，往往可以无中生有、歪曲夸大、颠

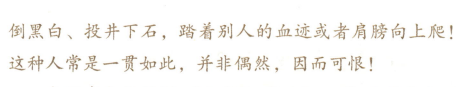

倒黑白、投井下石，踏着别人的血迹或者肩膀向上爬！这种人常是一贯如此，并非偶然，因而可恨！

我国有句俗话说："知人知面不知心。"这是人们从生活中，古往今来，花了很大的代价总结出来的普遍真理。它的意思是说认识人是很不容易的，人们的灵魂是要在一定的时间、地点和条件之下才能彻底暴露的。并非像外貌一样，一目了然。因此，对任何人都要坚持"听其言而观其行"，特别重要的是行。这也就是说不要轻信空言，要着重看他的所作所为。而且不是看一件两件事，要长期地观察其行为。首先必须是言行一致的人，接着就要考察其言行是否正确。而后决定可交否？

"忠言逆耳，良药苦口。"这也是人们从生活实践中总结出来的相对真理。因为逆耳非忠言、苦口非良药的事同样是有的，主要在于自己要冷静地分析判断。一般来讲，凡是你不论说什么对方都叫好，并且随时投你所好的人，都要警惕。

作为一个阶级的、政治的人，也就是说作一个共产党员，在任何时间、地点和条件下，只能以党的利益、人民的利益为前提，该说什么，说什么，万万不可想说什么，说什么！

作为社会的人，没有三朋四友，不和广大群众接触是不可能的。要宽厚、诚朴、助人为乐，非原则问题勿争，不背后诽谤别人。

是与非、真与伪，是人类社会生活中普遍、长期存在的东西。因而明辨是非和真伪就是人生的重要课题。

俗话说："年年防旱，夜夜防贼。"这是人们千百年来的生活经验。它的含义是"常备不懈，居安思危"。也就是毛泽东同志讲的："劣势而有准备，要比优势而无准备强"。

任何人的历史都是自己写成的，别人不可能替人写历史。正像任何人都是被自己打倒的。别人可以把你打死，但是打不倒。因为一个人站得住或者站不住，是他自己的所作所为决定的，不是其他人的辱骂、诽谤能够决定的。

朋友宁可少些，但要好些。争取群众并非争取朋友。争取群众支持自己的主张自然是越多越好。

永远不办损人利己的事，永远不说没有根据的话。切忌人云亦云，随波逐流。万事都要思考、分析，而后决定自己的态度。

遇事切忌忙中错，最好不要急于做出结论，想想再说，比较稳妥。

一定要知道不管多么博学的人，他的知识对于宇宙和人类社会来说，都是微不足道的。他懂得的总是没有不懂得的多！

一种人目中无人，实际上人们的目中也没有他。尊重别人实际上就是尊重自己。极端个人主义的人，就是

向野兽"返祖"。

宁可付出代价，也要坚持真理。切不可看风使舵，媚上瞒下。一定要做不亢不卑、顶天立地的真正的人。

父母对于子女的抚育是无条件的赤诚的爱、教。子女成人之后，如若和父母的政治观点一致，他们彼此间的感情应是最深厚的。但，也有例外。子女成人之后，出于私利而虐杀父母及其自己的子女者。这种人与禽兽无异。

在学习和事业上，不要逼孩子成名成家，飞黄腾达。应从孩子自己的爱好与兴趣着手帮助、鼓励其得到一技之长，成为对社会有用的人，自食其力就好。

在爱情方面，父母只能作参谋，不能发号施令强制她（他）。但，一定要诱导其冷静、细密地观察和选择，要长期而又多面地了解，切切不可一见钟情，轻易定局。因为人是十分复杂、"外衣"很多的，要想拨云雾而见青山，一目了然看到一个人的本质，是很难、很难的！人们本质的暴露，大体是在两种情况下：一种是得意的时候，一种是失意和困难的时候。在这两种情况下，往往忘形，露出本质。

唯物论教我们懂得存在决定意识。因为人是会变的，一般说，可与共患难，不可共安乐者有之；可与共安乐而不可共患难者亦有之。姑娘们选择伴侣，要尽量寻找既可共患难，又能共安乐的人，并认真做到互助、互爱、互相学习、互相体贴和尊重，竭力做到共偕白首。但，也要懂得条件变了，人是会变的。女孩子一定要有独立生活的政治和经济条件。万万不可依赖男方，做附庸！这也就是说，人们在结婚时就想到离婚的人很少，可是离婚的事实却始终存在，原因就在这里。托尔斯泰说："幸福的家庭是一样的，不幸的家庭，各有各的不幸"就是这种社会现象的总结。总之，爱情在人类社会生活中是不可缺少的。它的正面是甜蜜、幸福的，可是背后也隐藏着痛苦与残忍！

父母的权威，不是让子女害怕自己，主要是要相互信赖、相互爱护。因此父母绝不能打骂子女。打骂不仅毫无教育作用，而且只会造成两种不良后果：一是成仇。二是毁破子女的自尊心，形成逆来顺受、奴颜婢膝的习性，是悲剧也！

一定要让孩子养成为不卑不亢、自重重人、落落大方、冷静处世、热情待人、细心如发、深思断行的品行，孩子做到能对父母剖心见腹、知无不言、言无不尽，就是成功的父母。如若使他怕你，不敢或不愿对你讲真话，那是父母的最大失败！切勿怪罪孩子，应得自身检讨，身体力行，积极改变自己的言行。

事物总是一分为二的。父母的言传身教，哪些是好的，哪些不好？我们应该一代一代总结经验。发扬优点，避免缺点。原地不动，周而复始是不能前进的。中华民

族的家庭传统模式是"反哺"式。就是我们如此教育了你，你又不加分析地全盘活托去教育孩子，同时又以其人之道还治其人之身的办法去对待父母，这样就不能创新，不能进步。

做父母的绝对不能把养育子女看作为商业投资，时时刻刻斤斤计较还未付息。但是，做子女的一定要知道，并深刻理解自己的父母是个什么样的人？他们在养育自己过程中付出了多少心血和代价？他们究竟在精神上和物质上给我留下了什么？哪些应珍惜，哪些要扬弃？这一点要清醒。否则，一方面，你对自己的父母不甚了了，爱不起来、无从"反哺"；同时你对自己的子女教养也就只能是简单、粗暴和家长专政。

当然，比较孤傲的性格，也有好的一面。如像不会口是心非、投机取巧、颠倒黑白、闻过饰非、迎上压下、踩住他人的肩膀向上爬，为五斗米折腰而寡廉鲜耻，出卖原则和灵魂！因而，孩子们要对父母的言传身教，分析批判地接受和扬弃，不要迷信，也不要囫囵吞枣。

对　事

马克思列宁主义者，对待一切事物都要以辩证唯物论的观点，去观察、分析其内在因素和表现形式，切忌只从形式着眼，匆忙表态成为定论，以免陷入被动。

世界上没有一件事情是没有原因的。当然，原因有直接和间接之不同。因此，要想了解和处理一件事，就必须调查研究，去粗取精，去伪存真，确实掌握了事情的原委和各种联系之后，才能处理得好。这就是毛泽东同志概括的"没有调查就没有发言权"的根据。

一切事情都不要急于下结论。一定要周密调查之后，实事求是地分析，既不要以点代面，也不要把普遍说成个别。而后指出问题的性质及其影响和解决的办法。

一定要警惕！！！

不会量入为出，一味追求物质享受者的必由之路，最初力所能及，但不满足，继而力所不能及，但又要苦苦追求，接着就是偷盗，但仍不满足，进一步追求享受，抢劫——犯罪。一个人走上这条路，是不自觉的，直到不能自拔的时候，悔之晚矣！如此，还是及早树立人生为奉献才是，万万不能认为人生就是为了享受。为共产主义而奋斗，不是做苦行僧，但必须要首先无私地贡献，才能迈向共产主义！

任何人在事业上无所追求就没有了前途。前途不是别人给的，是自己创造的。

"多行不义必自毙"这是普遍真理，对任何人都实用。并非不打自倒，是自我制造被打倒的条件。

"金钱像健康一样，失去它的时候才感到它可贵。"但是金钱也可以置人于死地。即所谓"人为财死，鸟为食亡。"

（四）张虚的家教家风

1. 牛年寄语（2009年）

自信自强，谦虚谨慎。以俭养廉，敬业上进。

不攀不比，量入为出。教养子女，平安是福。

尊姐爱弟，珍惜同胞。互诚互助，都走正道。

2. 给儿子张振泓的信（2012年）

振泓：

我今天精神还好，关于对骏杨的教育问题想和你交换意见，这也是你妈要对你谈的。

咱们家从你高祖爷开始，历代都重视对下一代的教育，子女们追求学问的氛围也很浓。在那荒芜的黄土高坡上，你高祖爷开办私塾，供子侄和乡间学子就读。废除科举制以后，他又把三个儿子送进学堂。你太爷爷进河南法政学堂（相当于大学），另两位太爷爷进北京的京师大学堂（北大的前身）。晚年他又把两个孙子（你大爷爷和你爷爷）送进河南大学和上海大夏大学。正因为历代家里都有读书人，信息灵通、视野开阔，咱们家在辛亥革命、抗日战争、新民主主义革命的几个重大社会变革中，才跟得上时代潮流，也才有北京咱们这一支人的生存。

时代变了，加上20世纪40、50年代革命青年的冲动，我连高中的门都没进，这一点你奶奶是非常遗憾的，她希望你们姐弟都能上大学。但是由于当时咱家的经济条件所限和20世纪70、80年代万人争过独木桥的高考状态，你们都没能进正规大学，我为此一直觉得有愧于你们和你们的奶奶。好在，你们都很争气，勤奋自学、争得学历，特别是你大姐忆群的拼劲更为闪光。我虽然吃了没有学历的亏，但由于深受家庭文化的传统影响，养成爱看书、爱思考的习惯，80岁了还不太糊涂。

骏杨很聪明，我们都很喜欢他。喜欢他就要爱护他，关心他的健康成长，教育他学习成才。我并不希望他光宗耀祖，只要求他作个正直的、有知识的、掌握一门专业技能的普通劳动者，切不可轻视这三项要求。当今有些相当高级的大官儿，也未必都真正达到了。当前重要的是抓紧教育，从小夯实他做人做事的牢固根基。他暑假以后升五年级，转眼小学就毕业了。小学功课不好，中学学习就更吃力，因而畏惧学习、厌恶学习。他18岁之前没有成年、是非不分，对他的教育应以正面灌输为主，18岁以后则以启发商议为主。

你作为父亲，对他的教育负有不可推卸的责任，包括社会的、家族的双重责任。张家、杨家还有你叔叔家都对他抱有厚望，都等你去落实。要想摘硕果，就要松土、灌溉、施肥、剪枝。总之，要有付出，要有责任感。

自己在生活上要克制，给他创造良好的学习环境，树立好的榜样，不能放任自流。在学习安排上，不要盲目赶时尚，首先要扎扎实实把老师留的作业让他认真做完做好，培养学习的兴趣和自觉性，在力所能及的情况下再适当补习提高。须知一切为了实用，而不是让别人看的。

你应该明确，在单位你是先进工作者，工作任务完成得很好。回到家，你的首要任务就是教育骏杨，你也应该是个优秀的、先进的父亲。

功夫不负苦心人，他学好了，你以后就省心省事多了。否则，你会有吃不尽的苦头。切记！

父字

2012 年 8 月 21 日

(五) 来自母系的家教家风

家风既来自父系的传承，也来自于母系家庭文化的滋养。我的高祖母没有文化，但却有着惊人的记忆力。她的父亲在清朝年间当过巩县的"教谕"，相当于后来的教育科长，是个读书人。因此，她也受到了中华传统文化的熏陶，经过口耳相传，把很多传说故事熟记于心，并能绘声绘色地讲给后代们听，而且善于用其中蕴含的道理，启迪他们幼小的心灵。1933 年 10 月，老屋的第四代传人——张虚，我的父亲出生了。他是曾祖张荫南的长孙，深得全家人的宠爱。在长长的冬夜里，我的高祖母总是在窑洞灶台斜对着的那张簸箕掌形状的木床上，一边抚摸着依偎在她怀里的曾孙，一边讲"红嘴巴绿鹦哥儿救母"的故事，或者念叨"月婆婆，明光光，开开后门洗衣裳。洗得净，捶得展，打发哥哥上学堂……"父亲每每就是在这轻柔绵长的儿歌声中静静地入睡。

我的曾祖母体弱多病，临终之时不忘叮嘱孩子们互爱互助，手足相惜；我的祖母一生坎坷，但却坚韧不屈，宁折不弯；我的继祖母摆脱了基督教文化的影响，毅然携笔赴戎，参加革命……所有这些来自于母系的风骨，同样也在点点滴滴地教化着张家的后人，浸润着张家后代的心田。

（六）家风感悟

纵观上述各个历史时期的老屋家教，我们可以看出，虽然张氏家族一代人有一代人的追求，但"邙岭老屋"的家教家风，却有一个贯穿始终的共同之处，这就是中华优秀传统家风之魂——家国情怀。就像老屋被一代代后人不断翻修却又从不曾离开故土一样，家风也在传承的过程中，随着时代的变迁，在文字表达方面有所不同，但所传承的精髓没有变化，可谓万变不离其宗。

《孟子》说："天下之本在国，国之本在家，家之本在身。"国家与家庭、社会与个人，都是密不可分的整体，家是国的基础，国是家的延伸，家风正则民风淳，民风

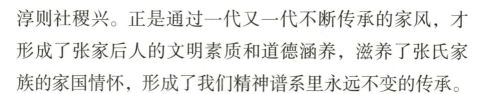

淳则社稷兴。正是通过一代又一代不断传承的家风，才形成了张家后人的文明素质和道德涵养，滋养了张氏家族的家国情怀，形成了我们精神谱系里永远不变的传承。

家风内涵与社会道德氛围也是相互贯通的，好的家风文化会根据社会环境以及社会需求不断丰富完善自身的内涵。张氏历代家教家风就反映出了家庭的与时俱进与不断发展。家风文化只有充分沉浸在所处时代的核心价值体系之中，才能实现新发展，注入新活力，也才能永远传承下去。

100多年来，张家子孙四代投身行伍，为共和国的解放和建设事业做出了积极的贡献，这个普通的农家小院儿演绎出了红色基因薪火相传、投身革命人才辈出的传奇故事。而100多年后的今天，几代人凝结起来的红色家风正在被后人们赓续和发扬，张家人在党的领导下为共产主义和人民而奋斗的事业仍然在继续。

看，邝岭老屋，石榴正红。

二、寄语走进老屋的人们

历时数月，我终于忙里偷闲完成了《邝岭老屋》的编著工作，心中有一种如释重负的感觉。我的梦想、我的追求、我的人生感悟以及对先祖的感念全在这里了，希望能对年轻人尤其是家族后代们有所帮助。

曾几何时，我在父亲的引领下，第一次来到让他魂牵梦绕的故乡。走在乡间的小路上，那忽然间出现的一条条胡同，一个个门洞儿，甚至村里人开的杂货铺，都叫我有一种似曾相识的感觉，那么亲切，仿佛以前来过这里。

没错！的确来过这里。那是在梦中，一个非常奇妙的梦：我只身一人来到这里，我甚至还在这个杂货铺买了点水果糖和糕点，一边交钱一边向女店主打听我家老宅怎么走？梦醒时分，恰是清晨。我感觉从未有过的疲劳，好像一夜之间跑了上千里路。我断定，这一夜，我的灵魂出窍了。从此，故乡也成了我魂牵梦绕的地方。

记得我35岁那一年，开始频繁地跟随父亲回到老屋，后来才知道是父亲要用自己积攒的工资修缮祖宅，爷爷和叔叔也给予了财力上的支持。在动工之前，父亲小心翼翼地从窑洞的墙壁上把"清宁和"取了下来，带回了北京。我用金粉重新把这三个字认认真真地描了一遍，看着这三个字啊，我就好像看到了我的太爷爷张荫南，听到了他朗朗的训诫。

编著《邙岭老屋》的过程，让我有机会重新走近自己的先人，把林林总总的过往细密地编织在了一起，举在阳光下这么一看，啊，多么绚丽多彩的人生画卷啊！高祖爷、曾祖爷、爷爷、奶奶、曾克奶奶、三姑奶、载尧伯、父亲等，这些家族的先人们，分明就在我的身旁。

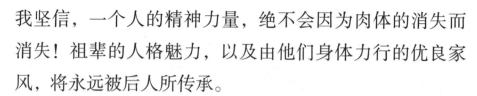

我坚信，一个人的精神力量，绝不会因为肉体的消失而消失！祖辈的人格魅力，以及由他们身体力行的优良家风，将永远被后人所传承。

编著《邙岭老屋》的目的，就在于让家族后代们永远继承和发扬先祖爱国家、爱人民、爱劳动的光荣传统；知道我们从哪里来，到哪里去；牢记中国共产党人的初心是为民族谋复兴，为人民谋幸福；牢记我们共同的"根"，使亲情绵延不断。

在编写本书时，《习近平关于注重家庭家教家风建设论述摘编》出版发行了，他号召千千万万个家庭，把个人梦、家庭梦融入国家梦、民族梦之中，为家庭文明建设指明了方向。我认为《邙岭老屋》的编著，刚好是向着这个方向而去的。

作为邙岭老屋的第五代传人，作为张岭村张氏七门家族第二十世孙女，我将绵延600多年的"老坟底下"的珍贵祖产——这座无价小院儿，连同张荫南后代的心一起交予了党和政府。正如父亲曾经对我说过的："身为共产党员，热爱共产党是不需要理由的。如果非要一个理由的话，那就是：没有共产党，我就活不成！如果非要一个期限的话，那就是永远。"

张荫南的后代们，将来无论走到哪里，即使地老天荒，我们也始终会记得，我们的根在河南巩义张岭村。我们永远是"老坟底下的"那一支。

我相信，邙岭老屋的故事，一定会被越来越多的走进老屋的人们带向远方。就像当年这座院儿里的梧桐树的籽儿一样，乘着"小船"似的豆荚，带着"邙岭老屋"的传说，随风飘到他处，落地生根。

一、血脉相承　亲情绵延（组照）

▲ 2011年4月，田薇老人90大寿之日，亲人祝寿。

▲ 前排坐者田薇老人
后排左起李淑华、张虚、张忆群

▲ 右起：马晓天、张虚、李淑华、张
忆群

▲ 前排右起：张虚、李淑华
后排右起：刘刚福、马晓天、马小
四、张忆群

▲ 张熙如、朱何方夫妇与孩子们拍摄
于1955年北京。前排右1顽皮作
怪的是马晓天

◀ 亲眷到边关
戒马扬征尘，英
年涉世深。鹏程
千万里，敬老问
寒温。
谈笑通家事，香
茶润喉唇。茶温
人去远，月色疑
黄昏。
晓天留念：姨
姥姥 年 88 岁
2006.12 月诗。

◀ 左起马晓天、张
熙如、朱大山、
朱阿鲸

◀ 张忆群、张学
众、张振泓姐弟
三人看望田薇
大妈

▲ 马晓天、田薇、张忆群

▲ 田薇、张忆群

▲ 田薇、李淑华

▲ 前排右起：田薇、李淑华；后排右起：桂宇宁、马小四、马晓天、张新红、张振泓、张忆群、刘刚福、张学众

▲ 左起：刘刚福、张忆群、张新红、田薇、马晓天、张振泓、张骏杨

▲ 2000年7月17日，柯岗85寿辰，全家在京聚会

▲ 2007年4月14日，曾克90大寿全家合影

◀ 2006 年 10 月 2 日，张虚、李淑华夫妇看望曾克妈妈

▲ 2009 年 10 月 4 日，张虚夫妇、张巧莎夫妇携子女同游顺义蝴蝶园

◀ 右起：王国
权、张柯岗、
曾克

◀ 右起：张虚、
王国权、张柯
岗、曾克、常
玉林、张小岗、
张忆群

◀ 张晏如（柯
岗）、张熙如、
曾克与哥哥张
九如的妻子王
琴清及其子女
合影

▲ 张熙如全家福

▲ 张忆群、刘刚福夫妇看望三姑奶
　张熙如

▲ 张熙如与长孙朱大山

▲ 张忆群陪伴父亲张虚

▲ 左起：张小岗、张振泓、张虚、朱阿星于
1977 年合影

▲ 左起：张柯岗、张忆群、曾克、张
虚、李淑华

▲ 右起：张虚、曾克、李淑华、张忆
群、刘刚福

▲ 张小岗与堂兄张忠厚在老屋院门前合影

▲ 张家后代在老屋门前合影（2014年4月5日）

▲ 张家后代与乡亲们在老屋门前合影

▲ "根"

▲ 孟隐芳与弟弟孟庆友全家合影

▲ 孟坤范（隐芳）、张少旭母子与张桂芬的大女儿于秋彩（左）、二子于正己（右）在北京合影

▲ 张忆群、张学众、张振泓姐弟三家陪母亲李淑华欢度国庆（拍摄于 2018 年 10 月 1 日）

二、河南省巩义市康店镇张岭村张氏七门家族由来

明代永乐四年（1406年），张氏一世始祖忠奉令自山西翼城南樊涧渡黄河迁至南岸邙山岭定居。忠配焦氏生二子，长子名整，次子名顺，为第二世。整生六子，顺生三子，九子共分九门。顺之长子名宣，排行第七，为七门之祖。此即张氏家族七门之由来。

三、张氏家族世代辈份排列顺序[①]

忠、整、继、朝、恩、应、古、果、以、献、大、志、百、洪、若、荣、正、乃、尔、显（孔）、宗、怀、德、兆、庆、法、守、克、从、立、身、尽、敬、存、心、在、恭、培、其、良、性、延、世、长、生、继、善、允、定、锡、瑞、广、成。

四、七门直系祖先序

一世（忠）→二世（顺）→三世（宣）→四世（玑）→五世（思仕）→六世（应时）→七世（三社）→八世

---

① 先祖虽早已厘定了数十代子孙后代的辈分名，但子孙取名时往往并不遵从。

（邦素）→九世（存略）→十世（怀明）→十一世（千魁）→十二世（振云）→十三世（九有）→十四世（洪陶）→十五世（若命）→十六世（宪章）→十七世（东方，又名毓森，字荫南（曾祖））→十八世（克刚）

2011 年 7 月　十九世孙少旭（张虚）征集校正

五、张荫南后代从军情况简图

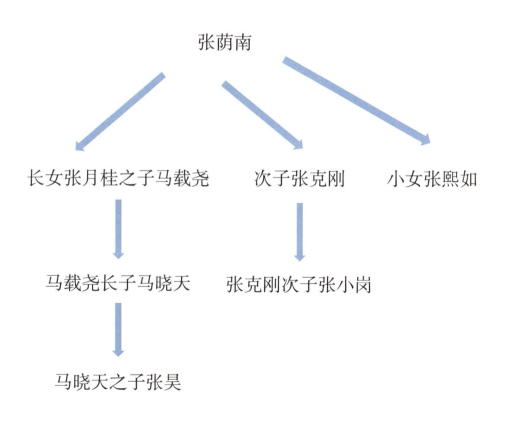

张荫南

长女张月桂之子马载尧　　次子张克刚　　小女张熙如

马载尧长子马晓天　　张克刚次子张小岗

马晓天之子张昊

张忆群◎编著

邝岭老屋

——诗书继世长

中国旅游出版社

责任编辑：李志忠　林昱辰
责任印制：孙颖慧
封面设计：中文天地
封面题字：马晓天

图书在版编目（CIP）数据

邙岭老屋 . 2, 诗书继世长 / 张忆群编著 . -- 北京：
中国旅游出版社，2021.12
　　ISBN 978-7-5032-6826-7

　　Ⅰ. ①邙… 　Ⅱ. ①张… 　Ⅲ. ①革命人物 – 列传 – 巩义
Ⅳ. ① K820.861.4

中国版本图书馆 CIP 数据核字（2021）第 209307 号

书　　　名：邙岭老屋——诗书继世长

作　　　者：张忆群　编著
出版发行：中国旅游出版社
　　　　　　（北京静安东里 6 号　邮编：100028）
　　　　　　http://www.cttp.net.cn　E-mail: cttp@mct.gov.cn
　　　　　　营销中心电话：010-57377108，010-57377109
　　　　　　读者服务部电话：010-57377151
排　　版：北京中文天地文化艺术有限公司
印　　刷：北京盛华达印刷科技有限公司
版　　次：2021 年 12 月第 1 版　2021 年 12 月第 1 次印刷
开　　本：710 毫米 × 1000 毫米　1/16
印　　张：15.5
字　　数：155 千
定　　价：86.00 元（全 2 册）
Ｉ Ｓ Ｂ Ｎ　978-7-5032-6826-7

目录
C O N T E N T S

柯岗诗文篇

采 椒

她们笑了，
她们笑红了花椒。

我在漳河岸下走，
她们在花椒树上笑。
她们一声笑，
剪落一串红玛瑙。

玛瑙落满筐，
河水带着笑意到远方。
玛瑙落满篮，

笑声飞遍了太行山。

谁再说做人难，
请他想想往年。
一棵花椒一行泪，
眼泪怎能当官税！？

椒刺刺破了手指，
自己的手指自己的心……
孩子哭了，
老人恼了，
日子呀！
在滚油里熬。

谁要说世事不会变，
在这花椒树下，
请他看看地，
再看看天。

我在漳河岸上走，
她们在花椒树下笑。
欢乐的笑呀，

笑红了花椒。

1940 年 7 月于太行

摘自《柯岗文集》

他回来了

这是 1947 年 9 月中旬的夜。山里实在黑，走在白马后边的人，往往当自己的胸脯碰上了马屁股的时候，才知自己并没有掉队。

刘伯承将军的兵士们从来对于"捕捉战机"这四个字是最感兴趣的。不论任何时候，他们只要听到这四个字的声音，就仿佛有了无限的力量和勇气。他们可以跋山涉水，废寝忘食，不顾一切地去创造惊人的行军纪录和辉煌的战绩。现在就正是这样的情景：大军从大别山北向扬子江边急速推进，每个人的耳边都响亮着"捕捉战机"的声音。队伍伸展开来，像一条看不见的绳索，穿过丛林、小溪、悬崖和山村，行进在泥泞而狭窄的稻田埂上。

21 团在这一夜的行军序列中，担任着全军的后卫。队伍不断地跑跑停停，这是因为天黑、路滑，常常有人不自觉地拉长了距离。虽然前面不停地传来"跟上！""跟上！"

的口令，这种现象始终很难消除。后面有人压着嗓子吵起来：

"快走！快走！你怎么不跟上呢？"

"老子掉进田里啦！你急啥？"

"可不敢掉队呵！后面有敌人，你没看队伍走多快？"

"你造谣，我向来就没听说过后面有敌人。队伍走得快，是因为前面有敌人，我们要赶去消灭他！这可不能随便说！你听谁说后面有敌人？"这是个非常高亢的鲁西口音。

"你叨叨个嘛？快走吧！"对方不在乎地回答着。

"谁掉队啦？"管理主任一面往后走，一面问。

"供给处的挑夫王德胜。"不知是谁这样顺口回答。管理主任仍旧向后走。

"王德胜！爬起来了没有？担不担得动？"管理主任拉长嗓音问。

"起来了，担得动了！你放心走吧！"王德胜回答着，就开始用尽吃奶的力气，拼命追赶队伍，小竹担子在肩膀上咯吱咯吱地响着，好像有人亲着他的耳朵低声说："王德胜，你是好战士，你是翻身农民，大家相信你，叫你挑着公家的一百七十万冀币（当时解放区用的，冀南银行的纸币）、二百万蒋币（蒋管区用的，所谓法币），三十元银洋。"于是他越发着急了，他觉得他肩上的担子几乎完全失掉了重量，只是路太窄、太滑，天太黑，走不到五十米，就要有一只脚掉进田埂下面的淤泥里；就这样，他一气跑了十几里路之后，实在累了，打算坐下来休息两三分钟再走。但当他把担子放下之后，忽然觉得静得可怕，一点也听不见"跟上，跟上！"的命令了，连马蹄踏进泥坑里的声音也没有了，他发现自己走错了路。

夜的细雨迷蒙着漆黑的山道，雨丝在桐子叶上聚成了水珠，"滴答，滴答"滑落下来。

往哪里去找队伍呢？他确实有些着急了。他想到团政委对他说的话："王德胜，你不会掉队吧，你挑的这东西可不要丢呵！要丢了，咱全团好几天都要吃不上菜哩！……"于是他很自然地摸了一下腰间挂着的两颗炸弹，壮起胆子，急步又往前走。

可是，他心里很明白，要想马上找到一个村子是不可能的。他很想找到一座小庙，哪怕是小得连人也进不去，只要能把两包钱放进去就行；要不然这样淋到天明，钱都会湿透的。但小庙又到哪里找呢？虽然，白天走路的时候，常常碰到一些小得像玩具一样的小庙，可是现在一点也看不见，用手去摸吧，这样大的山，怕是摸到天明也是枉然。

他无可奈何，把担子上那用油布包得方正正的两包钱取下来，并排放在路边，然后又用自己的袖子把油布上面的水擦了一下，便一屁股坐在两包钱上，两手紧紧握着担子的中间，笔直竖在脸前，接着就把脑袋往手上一靠，好像在说：反正我现在是不能走了，索性等天明，但是千万不能让钱湿透！

这时候，他才发现身上的汗水和外面的雨水已在衣服中间汇合了。他感到浑身冰凉。

王德胜是山东肥城县的一个雇工，他参军到现在已有八个月的光景，在这八个月里，他从来没有觉得军队生活比当长工更苦，就连现在也是一样。可是他觉得现在比当长工的时候，多了许多顾虑，很多事情像小虫一样在他心里爬来爬去，赶也赶不掉。

他想：如果我现在还是当长工，我担的只是掌柜的钱，那就好办多了，我干脆挑起走就是了！反正"有钱能使鬼推磨"，碰上坏人我就分给他一些，不碰上坏人，我就跑得远远的，改名换姓，娶个老婆安个家，那还不是好日子？可是现在却不能呵，我担的是自己和全团同志们的菜金！我是解放军到了肥城才翻了身的呀！他们给我分了房子、分了地、娶了老婆，老婆又是那样喜欢我，说我是有骨气的汉子。我斗争掌柜的时候，拍着胸膛给他讲道理。我参军是自动报名的，是全村的带头人呀！在欢送会上，我戴着大红花，第一个跳上台去大声讲话，我说："解放军叫我翻了身，解放军是我的恩人，我今生要跟解放军起二心，我就不算人……"台下哗啦哗啦直拍手，街坊邻里，连我老婆都笑得咧着嘴……想到这里，他摸摸屁股底下的两个钱包，更觉得不安了。

这夜，王德胜过得比一年还长。黎明的时候，雨停了，阴云渐渐炸开缝来，东方泛起鱼肚白。他透过低沉的朝雾，看到右前方二百多米的地方有竹林和短篱，听到有人用桶打水的声音，然而他不敢朝那儿去。他挑起了担子，离开了道路，向左穿过没腰的荒草，攀登着生满小树的高山。在一座浓密的杉树林里，他找到一个相当隐蔽的石缝。他把担子和钱都放在石缝的顶里边，迅速用石块盖起来，然后自己坐在口上。他决定到下午才下山去打听道路，免得碰到敌人和土匪，晚上顺着公路走。他知道他昨夜把方向走错了，本来是向南的，可是他向了东。

他现在困得很，想睡觉，但又怕有土顽来，怎么办呢？他用双手扶着额角想了半天，然后把两颗炸弹的火索统统拉出来，挂在衬衣扣子上，把炸弹挂在胸膛，用外衣包着，再用皮带从外面拴起来，而后侧身睡了。他想：如果土顽在他没有醒来的时候到了跟前，只要他们一拉他的衣裳，炸弹就会响的，叫他们也不能活。

就在这种情况下，王德胜睡熟了。太阳从杉树的叶子上滑过去，在他那湿透了的军衣和帽子上，在他那圆脸宽肩和露在袖口以外的棒槌似的粗胳膊上刻着一条条花纹。

确实，这一天，全世界没有一个人知道王德胜带着这么一担子公款，在这里得到了安稳的睡眠。他做了一个梦：

他已经回到了团里，管理主任把他挑的钱拿出来，买了好几口猪，大家在会餐，许多人和平时一样，把一些实在太腻人的肥肉块子，都往他的碗里送，他张着大嘴不停地嚼着，但忽然一不小心，自己咬住了自己的舌头。他醒来了，太阳已经偏西，他感到没有气力，饿得难受。已经一整天没有吃东西了。眼前跳跃着五光十色的花圈，但又不像是花圈，而是馒头、烧饼和米饭……并且还有当长工时，掌柜家给吃的那种谷面窝窝。他顺手摸摸脖子，他清楚记得一向在脖子上挂着的干粮袋子，昨天出发时，因为要挑钱，也被小王给"互助"走了。

　　傍晚，他空着双手走下山来，他想到早晨看见的那户人家打听一下路，找点东西吃。他慢慢走着，不时回头看看放着钱的石头缝。等他快要走近那座竹林的时候，从西北面过来的斜路上来了一个中年人，他背着一个好像空着的煤油桶。等他到了跟前时，才发现他那桶里放着湖北小贩们卖的小麻饼、油条和麦芽糖等。

　　"老板，这往南走，公路在哪里呀？"

　　"就在这座梁子东边。你是昨晚过的那些解放军吧？"

　　"是呀！我掉队啦，现在要找队伍去。"

　　"那你要快走。他们怕都走远了，往南去了，听说去打汉口哩！"

　　"这公路通哪里？今天有白军在那路上走没有？"

"没有白军走过，这条路往南直通新集、宋埠，还能到汉口。"

"你那麻饼怎卖哩？"

"麻饼油条都是一千'老票'一斤。"

王德胜吐了一口唾沫，两只脚在原地动颤了一下，用手摸摸衣袋，他知道自己一分钱都没有。可是他相信现在他一气能吃掉五十个麻饼或者油条。就是五十个吧，也不过从那油布包里抽出十张纸就够了，要是用银洋的话，只要一个连桶都能买了。他又吐了一口唾沫，向前走了一步，拿起一个麻饼，似乎是决心要吃了。但他忽然想到，自己是解放军战士，不只值这几个麻饼吧？这是公家的钱呀！这是全团人的菜金！不应该动用的。于是他不自觉地一松手，麻饼又掉进桶里去。他正想求老板想办法找点吃食的时候，突然"啪"的一声，一颗子弹从头顶飞过，老板撒腿就跑了。两个着便衣持步枪的土顽，不知什么时候从树林里窜了出来，冲到王德胜身边。

"不准动！"他们之中的一个，用枪威胁着王德胜，就动手解他的外衣，待另一个家伙正要解皮带的时候，那个解衣服的人突然连声喊着："炸弹！炸弹！"回头就跑。解衣带的家伙并不知道炸弹在哪里，也跑了。王德胜趁势抽出一颗炸弹，朝他屁股投去，自己又跑回原来的山头上。

转眼工夫天就黑了，王德胜弄好了担子，束紧了皮带，顺着公路往南赶，一气走了八十里，没有碰见一个人。

拂晓，他饿得有些支撑不住，走起来像醉汉一样，东倒西歪，坐下去几乎起不来。他在靠近公路的一个小弯子里，敲开了一家磨豆腐人家的门。这家没有男人，只有一个老婆婆、一个儿媳和几个女孩。她们给他炒了一小盆豆腐渣，还拿来一些昨天剩下的红米锅巴。一面吃，老婆婆一面告诉他：公路往南不好走了，白军在前边十里路的地方，沿着公路驻扎，这是昨天夜里才到的。解放军的位置还要靠南。因怕在这一带打仗，所以男人们都躲到山里去了。要想走除非从路西这座山上绕过去，可是路很窄，晚上不能走。但只有三十来里，过去这一段就是解放军驻扎地了。

王德胜决定晌午以后起身，他请求老太太无论如何也要帮他找个人带带路。那老人实在办不到，因为她自己家里没有人，别人都钻山了，这样兵荒马乱的去找谁呢？最后老人很慷慨地答应自己去送，她说："我知道出门人难，我的小子也是在民国十八年跟红军走了的呀！我知道你们是为着咱们穷人。我远了不行，送你十里八里还可以。"王德胜心里想："车到山前必有路！"走一段再说。

约莫午后两点钟的样子，老婆婆带着王德胜走进了路西的大山，在一条十分曲折的羊肠小道上向南行进。有些地方需要攀藤上崖的时候，那老人还竭力帮助他。

顶多不过走了十里，太阳就剩一竿高了。前边忽然打起机关枪来，接着六〇小炮也响了，声音很近，子弹嗦嗦地穿着树枝。王德胜赶紧把担子放在草窝里，让老太太也躺在草里，自己爬着到前边小路转弯的地方去探望。可是只有一刻工夫，他就转回来了，他对老太太说："老板娘，你回去吧，我永远忘不了你，叫你受惊啦！前边山根下就是公路，路东就是我们队伍。路西靠咱们这边是白军，从那转弯的地方一直插下去，到咱队伍那边只有一箭地，只隔着一条路和一块稻田，稻田比公路低得多，只要过去路，跳进田里，他们就没法了。我看这边的白军不多，我暂时藏起来，等黄昏时一股劲就跑过去！"

天刚暗下来，王德胜丢掉了竹担子，把两包钱捆在一起，背包一样紧紧地绑在背上。弄好了鞋带子，拴紧了皮带，右手提着炸弹，火索已经挂在指头上。他弯着身子走到小路转弯处，向东一抹身，顺着没有路的山坡冲下去。但他确实没想到靠这山根，公路西边的壕沟里躲着少数的蒋军步枪兵。可是那些蒋军也更没想到从背后滚来一个解放军，就在彼此惊呆的刹那间，王德胜的炸弹扔了出去，同时紧跑几步，在离蒋军二十米远的地方，跑过了公路，一下跳进稻田。接着双方又是一阵密集的机枪对射。

上灯的时候，王德胜像泥人一样，被这里的警戒部队护送到自己的团部里来。他站在管理主任的门口，用同样高亢的鲁西口音喊着："报告！"等他刚刚把右脚跨进门槛时，他已经大声说着：

"担子丢了，可是三百七十万零三十元在这里！"

管理主任马上拉住了他那沾着很多污泥的双手。

1948 年 4 月 27 日于叶县

摘自《解放区短篇小说选》

哭十哥

我在孩辈中排行十一。十哥是 1914 年生人，比我大一岁。我俩从小一块骑竹马，读私塾，形影不离。1937 年卢沟桥的炮声把我送到延安去，从此我们别离了。直到半个世纪以后，1993 年暮春的一个黄昏，我偕妻儿第一次回家探望父母的坟墓时，十哥和我紧紧拥抱，良久无语，微风拂动着我们的白发，彼此眼里都充满了泪水。最后，他低声说："你还记得我吗？兄弟！咱们这一辈儿就剩咱们俩了！"我用右手急忙握住他那只有大拇指和食指的左手说："握住你这只手，我怎能忘记呢？！"说话间，我们的面前立刻展现出 70 年前，20 世纪 20 年代中期那难忘的一天。那是国民党反动派的头目蒋介石背叛革命，篡夺政权之后，开始在河南巩县（今天的巩义市）建立兵工厂的时候，他们请了一些洋人帝国主义分子做顾问和工程师。我们家乡的村庄坐落在离兵工厂所在地不过 5 公里的丘岭上。一个星期日，一对洋人夫妇骑马出游到了我们村子里。当时，村里人没有见过洋人，男女老少一齐围着看稀奇，大人们靠后，孩子们靠前，我和十哥挤在孩子们中间，跟着他们的马唔叫。那洋人忽然从腰里掏出手枪朝我们啪啪开了枪，一个孩子的腿被打伤了，洋人飞马跑了，人群四散了。我同十哥跑回家，他从家里拿出一个近乎步枪子弹壳一样的小筒子，说是他在田里捡到的。豫西一带军阀连年内战，孩子们在野外捡点儿子弹壳是常事，我也并不在意，可是十哥说："你看这洋人多么可恶，随便开枪打我们！我想把这弄干净，做成小手枪，他再来咱就打他……"话没说完，他用右手拿针往小筒里一捅，那物件"啪"的一声爆炸了，十哥左手三个指头不见了！全家人都围上来，血流如注！

前不久，听说十哥已经长眠了。我惊痛之余，敬告十哥：安心地睡吧，洋人在中国随便开枪打人的事，再也不可能有了，你也无须再造你的小手枪了。半个多世纪以来，共产党领导我们从小到大，由弱到强，我们已经有了足够给打击者以更大打击的武装和力量。

1998 年 1 月于北京

（发表于《作家人生经历》童年集）

友情与敌意
——忆曹鲁同志

　　1934 年 4 月，我在上海大夏大学（即现在华东师范大学）政治经济学系读本科一年级第二学期。春假期间，我到北四川路底施高塔路，大陆新村去探望朋友，在弄堂里，从一个美国人的家门口经过，当时他的家门大开，一个美国青年在大门里面手抛网球，逗弄他的狼犬。当我直视前方横过他家门口时，冷不防那狼犬突然窜出家门，扑到我的右肩上，我立即用左脚踢它的肚子，那畜生随即滑下来，在我右腿弯上咬了一口，裤子撕破一大块，血流不止。恰在这时，一个公共租界雇用的印度巡捕看见了那狼狗咬我的全过程，急忙朝我走过来。我对他说："你看，我并没有到他家里去，他的狗是从家里跑出来咬我的。我要去看朋友，这弄堂是必经之路啊！"他说："我知道，明白。我带你到工部局去告他。"于是，我跟他一起到了公共租界工部局去打了一场洋官司。结果是印度巡捕和我如实说了事情后，工部局专管这类事件的老洋人居然指斥他说："这有什么关系，你去把那只狗给我抓来就是了。送他（指我）到专治狗咬处去打防疫针。"印度巡捕没敢言语，我气急，用中文说："帝国主义！那是有主人的狗，并不是野狗，你知道吗？！"那洋人耸一耸肩，摊开双手一言不发。我并没有去他们那里打针，转身走了。印度巡捕说了一声："对不起！"

这件事使我更清楚地看到了帝国主义的狰狞面目，刻骨铭心地感到了民贫国弱的痛苦和屈辱，从而使我多次产生投笔从戎的念头。可是我没有对任何人说过这件事。不料一个星期之后，校务处给我看了工部局给校方的一封公函，指责我骂他们是帝国主义，并且不去打防疫针。我对校方如实说了当时的情景之后说："处理此事的老洋人是个真正的帝国主义分子。因为我是去告那狗的主人，不是同狗打官司。我不在他们那里打针是我不相信帝国主义会真心给我们打防疫针，我到我信任的医院去打了。"校务处的人说："这样也好，我们也不理睬他们了。"当时我觉得校方的态度也算明智。可是我心头积压着的屈辱和愤恨却依然像重铅一样沉重！

这年暑假我没有回家，在学校继续读了三个学分（当时大学时兴学分学年制，暑假期间有些教授自愿开课，学生可以自由选读，学分读够了也可以提前毕业）。

暑假过后，开学不到两个月，一天下午，有个又高又胖却又一脸稚气的一年级新生到我宿舍来找我。他开口就说："你是张柯岗同学吗？是你叫美国人的狼狗咬了吗？"我说："是的，你怎么知道的？你是谁？"他没有立刻回答我的问话，两颗晶莹的泪珠从他眼角里滚出，顺着胖胖的圆脸盘落下来。过会他说："我叫曹辰力（即20世纪70年代末去世的国务院轻工部副部长曹鲁同志），是从北京来的新生，家是辽宁……'九一八'后在东北，我见过日本鬼子放洋狗咬死中国人，家里让我逃进关来，在北京念中学……"我急忙拉过他来和我并坐在我的小床上，我的手紧紧握着他那又胖又软的手，把我被狗咬的事从头到尾说了一遍。最后问他听谁说的这件事，他说："听校务处一个工作人员说的，他说你骂他们是帝国主义，骂得好！"这时我们虽然没有激动地拥抱起来，可是两颗心却紧紧地贴在一起，同步跳动着，不自觉地异口同声，宣誓似的说："反正不赶走帝国主义，中国不能安宁！！"从此，我们成了莫逆之交。他读社会学系，我读政经系，又不同年级，除掉上课时间，我们总是形影不离在一起。因为他既高且胖，我又高又瘦，所以有些同学开玩笑把我们比作好莱坞的"老莱"和"哈特"。其实，我们在一起并不谈电影，也不爱看电影，主要是谈论"九一八"东北沦陷之后，日本帝国主义对东北人民的残酷迫害和人民义勇军的英勇抗击。

1935年春，我选读了欧洲经济思想史，其中提到卡尔·马克思《资本论》中的剩余价值论。我感到新奇，便到书店买了一部郭大力翻译的《资本论》，同时也买了一本列宁著的《帝国主义论》，这两本书，成了我和曹鲁课外不能释手的读物。越读越感到只有共产主义才能消灭帝国主义。于是便想到了中国共产党和工农红军提出团结抗日的主张是正确的。可是现实是国民党蒋介石反而命令张学良不抵抗日本，一心一意消灭共产党，这不显然就是卖国吗！说实在，这个结论当时并非任何人灌输给我们众多青年学生的，完完全全是我们从书本知识和实际生活印证的结果。

怎么办呢？"九一八"，他们把东三省拱手送给了日本鬼子；"一·二八"又把抗日的十九路军从上海撤到福建去打共产党！现在日本鬼子的黑手又伸进关内来，制造什么殷汝耕的"冀东自治"……难道这还不是一步步地蚕食我国吗？！不，咱们死也不当亡国奴！国家兴亡，匹夫有责，我们不能再读书了，去找共产党，参加工农红军去！可是听说红军正在北上抗日，天天行军打仗，到哪里去找他们呢？那么共产党又在什么地方呢？

这就是我和曹鲁 1935 年春夏之间的深沉苦恼、焦虑和不安……

1935 年暑假过后，我已经是本科三年级，曹鲁是二年级。学校规定二年级以后可以在校外寄宿，于是我们俩在学校对面"中山堂"中药店的三楼租了两间房子住在了一起。这是我们大学生活中极端苦闷、烦恼的时期。下课之后，就往操场跑，我爱体育运动，足、篮、排球，碰到什么就玩什么。曹鲁要减肥爱游泳。丽娃河是我们操场的西边界，岸上杨柳成行，河水清澈如镜，河宽不过三十米，水深不过两米五，自然成为我们学校的露天游泳池。我们往往是玩到夕阳西下，疲惫不堪，走进校门口的小饭馆胡乱吃上一顿两角五分钱的客饭，然后回到宿舍去，海阔天空，古今中外，随心所欲地议论一番，再各自阅读一下参考书。最后，为了抗拒二楼那位女高音歌唱家练声的干扰，就大喝白酒，直到昏昏然醉意蹒跚，还低声哼唱着吕骥同志早期同田汉同志合作的《母亲》前奏曲："生活好像一条浑浊的污泥河，向着不知什么地方，又平又慢，慢慢地流着……"然后东倒西歪地上床睡觉。可是又经常半夜酒醒，口渴至极，要爬起来点燃五六支蜡烛，两人手提洋铁壶烧开水喝。有一回我俩正在烧开水，曹鲁突然问我："你见过共产党没有？"我说："前年（1933年）秋天，我在法租界文林路一位河南同乡家里认识了一个从武汉来的朋友叫陈光美（后来的陈荒煤同志），他曾经问我愿不愿参加共产党？我说愿意，只是现在我还不懂得共产党和马克思主义，以后我懂得了，一定参加。"

曹鲁马上说："他大概就是共产党吧？现在他在什么地方呢？"

我说："不久前听说他到北方去了。现在不晓得他在什么地方。他是不是共产党我也不知道。"（其实当时我们学校的共产党就在我们身边，这是中华人民共和国成立以后才知道的。）

有一次我们两人在比赛游泳，横渡丽娃河。不料到河中间我的右腿突然抽筋，身子随即沉下去，曹鲁只顾往前游，根本不知道我溺水了。我喝了几口水，心里很清楚，想着：就这么被淹死吗？不能，我还有很多事情要做哩！我还年轻啊……忽然，有人把我拉起来了。原来是一位福建省的同学，在岸上看见了，他跳下水去救了我，曹鲁跑过来抱住我，我们俩坐在河边大哭一场……

不久，北平"一二·九"抗日救亡的学生运动开始了。上海各大专院校立即响应行动起来，听说要到南京去，请求中央政府抗日。我和曹鲁高兴极了，决心参加，急不可待。可是这天下午，曹鲁突然跑到我教室对我说，他们班上有两个学生威胁他说："你要参加去南京请愿，可要当心你的脑袋，当心挨揍！"曹鲁显然有点儿害怕的样子。我说："这两个人是谁？"他说："就是那俩脑袋流油的花花公子，你都见过他们嘛。"我说，好！不怕。走，我去跟他们说说。曹鲁带我马上到他们教室里，我对威胁他的两个少爷学生说："你们怎么知道要到南京请愿呢？"他们说："我们听别人说的。"我说："请愿是要求政府抗日，你们威胁曹辰力干什么？你们跟日本有什么关系？曹辰力的家都叫日本人占了，你们知道吗？你们不愿抗日，才应该当心自己的脑袋哩！"这两人不言声了。整个教室里的学生看到我是高年级学生，讲话有点道理，谁也不吱声。我转身对曹鲁说："不怕，谁敢动你一根毫毛，咱们就拔他一百根毛！！"我走了。

果然，第二天一清早，有人跑上楼去紧急敲响了钟，并且许多人在呼喊着："到南京请愿去！打倒日本帝国主义！打回东北去！"我和曹鲁听到钟声，每人拿了一根棍子往学校跑着说："谁不叫咱们去，咱就打他狗东西！"钟声越响越急，同学们三五成群在操场上积聚起来，自觉地，并无指挥地唱起了《五月的鲜花》，有人带领着往火车站走去。谁知我们到达火车站时，暨南、复旦等学校的同学已经在火车上等我们了。冠生园的工人们支援我们的饼干、点心之类正往车上装，我们上车之后，一位交大的同学把火车开动了。

路况不好，车行很慢，大雪纷飞。车到苏州停下来，因为南京开来了一列车宪兵，把我们活活堵在苏州。我们一面派代表同宪兵谈判，一面同苏州的学生们一起开会，宣传抗日救亡。折腾了一天，谈判毫无成果，无可奈何又返回了上海。

通过"一二·九"学生运动，学校里同情、主张抗日救亡的学生成了大多数，反对派变成了阴暗角落的少数。1936年西安事变，几乎是人人弹冠相庆，凡有爱国思想的同学无不悄声细语奔走相告。后来听说中国共产党力主和平解决，逼蒋抗日，使人更具体地感到共产党"先天下之忧而忧"，为国为民之心昭著天日！这时中国工农红军也已到达陕北延安。同学们中有人暗地商量着到延安去。曹鲁同我说："咱们怎么办？"我当时想了想说："干革命也得有才能，不是光会拳打脚踢就成啊！我明年暑假就毕业了，你也再有一年半就读完了，趁这段时间咱们多读些马克思主义的书，充实一下自己，然后去延安也不迟。"他说："这也对，可是你毕业后到哪儿去呢？"我说："你放心，不会丢掉你，我打算在上海补习外语，然后先去法国，等你毕业咱们一块儿去延安行不行。"他高兴地把我抱起来说："就这么定了啊！"

1937年暑假开始，我考完了毕业考试，曹鲁买好了到大连的船票，想回沈阳家里看看。那天子夜，月色如银，我给他买了一瓶英国的威士忌酒，送他上船，一声汽笛，船起锚了，曹鲁在船舷上大声说："等着我！"我说："一定！"船在月的银液中渐渐远去！

谁知这一别24年无音信，只是1943年敌后整风审干运动中，我提出，大学时期我只有一个形影不离的好朋友，叫曹辰力，现在不知在何处。不料1944年领导告诉我，中央组织部转来了新四军二师曹辰力（曹鲁）的证明材料。直到1961年在北京，一个偶然的机会才遇到国务院轻工部副部长曹鲁同志，我的老友，当年的曹辰力。真像杜甫的诗一样:"昔别君未婚,儿女忽成行!"千言万语,一时真不知从何说起。

原来那时他乘船到天津,卢沟桥的枪声响了,他断然下船,直奔山西长治抗日军政大学一分校去了。毕业后,组织分配他到新四军二师。我1938年年底到了延安抗日军政大学总校,毕业后分在八路军129师。

24年的别离、24年的枪林弹雨、24年的出生入死,怎能隔断志同道合的战友情意!不料20世纪70年代末,我们刚刚在北京聚首,曹鲁同志又匆匆地去了!安息吧,曹鲁!我写到这里,你唱二人转的音容笑貌,又活生生出现在我的面前!现在该我说:"等着我吧!"别离只是为了团聚!

(发表于《作家人生经历》我的大学集)

小说《谋杀》节选

......

老萨和老伴儿在更深人静的时候,悄悄咬着耳朵问答着:

"这是革命吗?"老萨问。

"这是谁革命?革谁的命?"老伴儿反问。

"不,这绝不是革命,是毁灭!是有人利用共产党反修防修的名义，摧毁共产党本身！我们曾经亲自参与了推倒'三座大山'的革命，我们懂得革命是一个阶级打倒另一个阶级的统治，并在推倒旧政权的基础上建立新政权，革命绝不是像他们这样的毁灭、破坏一切，……"老萨说。

久经革命战争考验，同阶级敌人面对面，真刀真枪厮杀过的女作家、老伴儿咬牙切齿地说："我们根据我们走过的道路，坚信中国共产党绝不是纸糊的，是经历过风吹雨打、大风大浪的！是谁也搞不垮的！"

于是老萨忽地坐了起来，披衣下床，轻手轻脚，从地板上被踩来踩去的乱书堆中，把他已经写了30多万字的长篇小说的草稿偷偷捡了起来紧紧地掖在怀里，默然坐在床边，久久地、久久地一声不响。然而他的呼吸渐渐变得急促了，接着有水珠儿滴落在纸上的滴答声，他的老伴儿吃惊了，急忙伸过手去朝老萨的脸上抹了一把，立即拉起枕巾给老萨擦拭眼泪说："你哭了？我们共同战斗几十年，多少次战胜死亡，从战友们的尸体上跨过，为新中国的诞生而穷追敌人，从来没有见过你的眼泪呀！"

老萨转过身来，轻轻拍着怀里的小说原稿，哽咽说："不，我没有哭，也不会哭。是我怀里这部小说原稿中的士兵兼统帅，统帅兼士兵，千千万万革命人民中的生者与死者，在血与火中解放了的土地上徘徊，饮泣和质问：'这究竟是为什么？我们清醒地知道我们是从哪里来，我们要到哪里去，为什么一夜工夫，把一切都颠倒过来，让今天把昨天和明天统统否定了呢？'"老萨歪过身子把怀里的原稿贴在老伴儿耳边悄声说："你听，他们是多么悲凄又多么愤怒呀！我们和他们是在同一条死亡线上漏下来的生命，我们有责任把他们用自己的生命和鲜血为人民为中国而战的光辉史诗写下来，告诉子孙后代，不管怎样，我们坚信谁想搞垮中国共产党，正如妄想搞垮宇宙一样不可能！只要他们不把我杀死，这部作品我是非写完不可！这原稿是决计不能让他们任意毁坏的！否则我们就愧对中国共产党和中国人民，就是对我们那些活着或死了的战友们的犯罪！"他停下来，眼里一滴泪水也没有了，他紧紧地抱着原稿，沉默了一阵，老伴儿说："是啊，这会儿把它藏在什么地方好呢？！"屋里的空气好像冻结了，过了会儿，老萨说："先装进咱们的枕套里，有机会，再转到群众家里藏起来，我相信群众好人多！"于是，他们黑灯瞎火把原稿装进了枕头套内，躺下来。老萨长吁一口气，自我安慰说："这样，我们每天晚上都可以和战士们说悄悄话了！"

……

到这时，老萨第一次清醒而又理智地感到了无私才无畏，深深体会到了共产党人死都不怕，还有什么可怕的呢？历史上以畏缩、怯弱和恐惧求生者，必死；以勇敢拼搏，视死如归者，往往得生！这也许就是中国兵法中所谓"置之死地而后生"的辩证逻辑！

老萨抬头从窗户上的木板缝里看了看天色，感到时间已经不多了，他需要赶紧进行自己能够做也必须做的准备工作。他早已发现暴徒们给他写交代材料的桌子，是一张机关的办公桌，三个抽屉全都上了锁。于是，他便机警地瞅着看守人员到外间去走动的时候，抓紧时间写了第一个小字条："我萨布石是本省××机关的干部，今天在这里被他们杀害。×年×月×日"迅速折叠起来，塞进了第一个抽屉缝里。这时候，他看到那个看守人仍然没有转回来，他又忽然感到方才那张字条写得不清楚，便又重新写了一个字条："×××造反派是杀人凶手，别叫他们嫁祸于人！萨布石×年×月×日"又急急忙忙塞进了第二个抽屉缝里。到这时老萨所能做的死前准备工作已经完成了。在这个条件下，他能够做到的只能是这些。他相信，今后这张办公桌总是还会有人使用的，不管什么人使用，他们都会看到这些字条，发现问题，除非是凶手们自己发现字条才会销毁它！

老萨做完了这点准备工作之后，决定在五点钟之后，趁着人们晚饭后在外面熙熙攘攘谈话时冲出去，让他们当着群众的面把自己杀死，这就是胜利！下定了这么一个决心之后，老萨自己也说不清楚，究竟是怎么一回事，霎时间清清楚楚，朗朗有声，简直和影片一模一样，许许多多自己的亲朋、父母、妻子儿女一切生者和死者全都重现在眼前来：仿佛还是 30 年前的霜晨，年迈的父亲通宵不眠，拿出写给他和妹妹投奔延安的送别诗篇在念着："明知行役苦，不忍便留汝。丈夫志四方，岂别男与女。汝有时乘车，我心寄轮轴；汝有时乘船，我心寄桨橹；有时徒步行，我心寄尘土；异旅风霜赊，我心在霜宿。强颜悲作欢，汝去莫回顾。后会如有期，同向光明路。"

10 年卧病的母亲临终时断续地叮嘱："妹妹最小，你……你……们要把她带大……"

老伴儿赴京奔丧的傍晚，她细心地把换洗衣物收拾好，再三嘱咐说："一定要看到这是非常时期，一切想不到的事都会发生，等飞飞回来，你们就到外边躲一躲……"

那晚上飞飞带回来的峨眉兰和孩子越墙逃命的情景……小女萨莎被暴徒们用匕首逼上胸膛的呼救……

这一切的一切活生生呼之欲出，好像可以触摸到的音容笑貌真像影片一样，一幕幕连续不断地从他眼前扯过！直到最后戛然有声地断了！老萨的眼前和头脑闪念之间成了空白！只感到暴徒们的匕首刺进自己心窝时，全身一阵冰凉，一阵麻酥，自己下意识地说了声："别了，人间！"之后，一切全都没有了，只剩下看守人在外间踱步，拉动椅子的响声，老萨断定时间已经到了，再也不能迟疑了！于是他完全像突围似的，三步并作两步冲出了小屋，这才看到外边是有三间屋子那么大的地方，中间放着一把藤椅，一个年轻的女子造反派手持短刀，坐在那里看守他。这时，那女子"唉呀！"一声，跳将起来扑上去拦挡老萨，老萨使尽逃生的力气双手朝那女子的胸膛上猛一推，那女子跌倒在一丈开外的屋角里。老萨转身朝屋门外冲去，这才发现屋门外两边站着两个小伙子，手持钢钎朝他猛扎过来，老萨看到面前是栏杆，发觉自己是被关押在楼上，但又毫无退路，说时迟那时快，他一纵身子跳上栏杆，朝院子里的人们大喊一声："他们要杀人……"也没有看清自己是在第几层楼上，飞身跳了下去！……

注：

　　小说《谋杀》是柯岗一家在"文化大革命"中的真实写照，他们历尽艰辛，九死一生，才使得长篇小说《三战陇海》这株不幸的小草劫后余生，在党中央一举粉碎"四人帮"后得到了同读者见面的机会。

　　柯岗在小说《谋杀》的最后写道："创作小说《谋杀》，目的是让我们的子孙后代永远记住这段惊心动魄的历史；永远记住革命的道路并不平坦；永远记住只有敌人才希望你重复这样、那样、大大小小的失误！我们必须让敌人永远、永远地失望！"

我的创作历程

回头，追寻自己走上文学创作的道路的时候很清楚地看到，从爱好、阅读文学作品而提起笔来写作，到自觉确定以文学创作为终身事业，这期间，接受并理解"文学就是人学"的主张，是很容易也是很自然的。所有文学作品是要通过人的社会生活去写人的，但是，存在决定意识。社会的人是有不同的阶级属性、不同的政治倾向和美学观点的，这也就是鲁迅先生提出的"焦大绝不会爱林妹妹"的问题。于是，便生出了非解决不可的写什么和怎样写的问题，也就是文学创作为谁服务的问题。要解决这个问题，并不像所说"文学就是人学"那么轻而易举，因为每个作者的世界观、政治倾向和美学趣味紧紧地纠结在一起。

因为我是20世纪30年代中期并非文学专业的大学生，由于酷爱文学，在阅读我国左翼作家的作品、俄国十月革命后的文学作品和俄国批判现实主义作品的过程中，接触到了中国共产党，被党所领导的伟大学生运动卷入了抗日救亡的革命洪流。但直到1939年我从延安出发，成为华北敌后威震敌胆的八路军第129师的宣传工作干部的时候，仍然没有解决好怎么写和写什么，也就是文学创作为谁服务的问题。

1941 年，邓小平政委在太行山抗日根据地的一次报告中，曾明确指示我们："无论哪一种政治势力或哪一种派别的文化工作，都是服从其政治任务的，所谓超政治的文化是根本不存在的。"当时，对于这个掷地有声的教导，我和我的工作同伴们无不心服口服，不折不扣地理解、接受了。因为当时华北敌后三种不同的政治势力——抗战民主派、日寇汉奸亲日派、大地主大资产阶级反共顽固派之间的斗争，表现在文化领域也是十分尖锐、十分鲜明的。理论和面前的实际相印证，更进一步地坚定了我们抗日救亡的信念，明确了自身的职责，大大增强了工作热情和积极性。于是我们能写的就拼命写，会唱的就拼命唱，会演的就拼命演，自以为满腔热情地表达了自己的政治倾向和责任，不遗余力地为抗日军民服务了。但是，由于自己的思想、感情没有转到广大抗日军民方面来，自己的好恶同他们还有着很大的差距，从而未能认真思考、仔细观察自己的工作效果，实际上仍然没有解决为谁服务、怎样服务、写什么和怎样写的问题。结果事与愿违，舞台上出现了"大、洋、古"。在军民同命运，与日寇短兵相接、生死搏斗的短暂间隙里，在严寒冰封的丛林峡谷之中，让群众深夜不眠，来观看我们演出的外国大型话剧《钦差大臣》《谁的罪恶》，京剧《拾玉镯》《法门寺》等，难怪群众啼笑皆非地反映说："你们演的可真'冻'人呵……"唱歌的人在教战士们唱：

"月儿弯弯影儿斜呀，呀油一个呀油……"对此，刘伯承师长激动地批评说："我听到这种歌声，惊心动魄啊！难道这也能是军人唱的歌吗？！为什么不唱'大刀向鬼子们的头上砍去！'为什么不能写一个像苏联的'假如明天战争，我们今天准备了斗争'那样的歌！"我自己写的诗歌和报告文学，不仅语言文字全然是洋腔洋调，还满篇小资产阶级知识分子的梦幻情趣。诗歌摆脱不了《严寒通红的鼻子》和《高加索的俘虏》的影响；战斗通讯看不见我们的战士前赴后继、忘我冲杀、灵魂深处强烈的爱国主义原动力，总想在太行山上找个类似马特洛索夫式的英雄。工作有暇，不会同士兵们促膝谈心，只会在树林里独自漫步，嘴里还小声哼唱着："一个年轻的兵，站在她窗前……"看到群众在被日寇焚烧过的家屋废墟上哭泣、咒骂，自己反而背诵莱蒙托夫的诗句："没有痛苦算什么生活，没有风暴算什么海洋！"并以此去表达格格不入的同情！这一切，活生生地说明了当时我和我的某些文艺同行们确确实实没有解决文艺为谁服务、怎样服务的问题。我们的思想感情，全然徘徊在小资产阶级知识分子的王国里，同广大工农兵劳动人民还有着很大的距离！同当时敌后你死我活的战斗生活是很不协调的。我们感觉陷入了苦闷的深渊！

1942年，太平洋战争期间，日本帝国主义急于把他们在我华北的占领区变为支援他们侵略战争的可靠基地，中国共产党领导的华北敌后战场，扫荡与反扫荡，蚕食与反蚕食的斗争达到了白热化的程度。敌寇大肆推行"三光"政策，解放区军民前仆后继地抗击，战斗极端频繁而残酷！当我们在隆隆炮声和太行军民愤怒的喊杀声中，从泰然自若、坚如磐石般站在山垭青松之下指挥战斗的左权将军身边走过，不到一个时辰，将军就在他的岗位上为祖国为人民的革命事业，献出了他光辉的生命！将军的热血激荡着太行山千山万壑，激荡着太行军民的心。他们不约而同唱出了这样一首歌：

> 左权将军家住湖南醴陵县，
> 他是中国共产党的优秀党员。
> 为了中国革命苏联去留学，
> 回国以后当军长又当参谋长。
> 狼吃的日本5月扫荡咱辽（县）东，
> 左权将军麻田附近光荣牺牲。
> 左权将军牺牲为的是老百姓，
> 咱辽县老百姓要为他报仇恨！

这首迅速出现、饱含无限真情实感的群众歌曲，在创作上给我们很大的启发和震动。我们开始感觉到只凭自己的苦思冥想，不到群众中去，要想懂得群众需要你写什么和怎样写简直是缘木求鱼！

正在这时候，毛泽东同志的经典著作《在延安文艺座谈会上的讲话》（以下简称"《讲话》"）发表了。我们在党的引导下，如饥似渴地反复阅读、认真讨论。研究之后，有如拨云雾而见青山。它告诉我们，革命的文艺工作者，必须是为广大的革命人民，首先是为革命的工农兵服务的，同时革命文艺工作的源泉也必须是广大的革命人民和工农兵所进行的阶级斗争和生产斗争。由于文艺工作是以艺术形象去感染和教育人民群众的，所以作家和艺术家的创作过程，就必然首先是深入到人民群众的火热斗争生活中去观察、思考和体验，同时也在生活中有意识地让自己的思想感情和群众的爱憎、希望一致起来，而后才能抓住人民群众中各种各样、活生生有血有肉的人物形象。一句话，革命的文艺工作，是真正从群众中来、到群众中去的工作，是名副其实的群众事业，离开群众，闭门造车绝不会为人民群众所喜闻乐见。由于人们的社会生活是五光十色、繁杂纷纭的，因而人们的性格、形象和内心世界也是多种多样的，作者不到群众中去扎扎实实地生活，不和革命群众同呼吸、共命运、心连心、手拉手地并肩生产和战斗，不把革命群众的革命事业同作者的命运无间地融合起来，要想真正抓住典型环境中的典型人物和性格是很困难的。

归根结底，我认为《讲话》不仅告诉我们革命作家应该写什么、怎样写，而且告诉我们怎样成为真正的革命作家、人民战士。《讲话》让我们牢记文学艺术无论如何是不能离开政治的，不管你同意不同意这一论点，你可以用这种政治去攻击那种政治，但是，世界上全然脱离政治的文学艺术是不存在的。因而，所谓"淡化政治""离开政治远一点"的理论也是掩耳盗铃、自欺欺人的。

我沿着毛泽东同志指引的创作道路，从 20 世纪 40 年代开始，在华北敌后、太行山抗日根据地，同日本帝国主义血与火的拼搏中，自觉地把文学创作当作杀伤敌人，保卫人民的武器；把深入人民战士训练、作战和军民互爱、火热感人的战地生活，作为自我改造和文学创作必不可少的过程，开始发表作品，也同时成为一个真正的人民战士。从而，毛泽东同志的军事学说、人民军队和人民战争，日日夜夜激荡着我的创作冲动，自然而然地成为我半个世纪以来文学创作的主要题材。我的作品大都是在战火纷飞的战役战斗间隙中完成的。许多短诗、短文和素材，是在枪林弹雨的战地和追击行军的马背上草成或记录的，因而初稿、资料，毁于炮火、雨雪者不计其数；加之"文化大革命"期间，反复抄家，被"造反派"践踏、焚毁、抢劫，散失许多，现集五卷，实为劫余之作，作为半个世纪的创作成果，实在微不足道！

（发表于《文艺理论与批评》1996 年第 4 期）

曾克散文篇

接班人

团政治处主任刘四海同志，一打开战士姚成的新党员登记表，看见照片上那个带着稚气的圆圆的脸，微微突起的眼球，宽阔方正的额头垂着二绺松软、有点儿调皮的卷发，就立刻想起团里召开模范战士颁奖大会上这小伙子给他的活泼机灵的印象。他亲手把奖章给姚成戴上挺挺的胸脯之后，小伙子回答的不是一般的军礼，而是像头小狮子似的，转身对着全团的战友，宣誓一般振臂高呼："继续努力学习，誓死保卫祖国，保卫和平！建设社会主义和共产主义！"看着，想着，刘主任用着十分爱抚的口吻自语般地说："小伙子，我看你不是'秀才'，也不是'小炸弹'，是个真正的人民战士！"接着，他的脑子里涌现出半年来政治处和连队经常汇报的、有关姚成的各种情况来。

原来，姚成一到连队就引起了人们的注意。这首先因为在同期服兵役的新战士中，他是一个高中毕业生，体质不太好，又是一个烈士的独子。这些，原本不够服役的条件。但是，他和母亲曾三番五次到人武部请求，表明姚成坚决要服兵役的决心和志愿，最后，人武部的领导才接受他入伍，以完成他作为一个公民的责任和义务。

虽然姚成是用极其严肃和认真的态度来开始他的新兵生活，但，长期的家庭和学校生活习惯，让他对于要求高度纪律性和战斗性的连队，还是很不适应的。他起居显得很散漫，独立生活能力差，夜晚躺在床上睡不着觉，白天一有空就一个人手不释卷的看书，这样，就显得和其他战友有些格格不入。于是，全团都传开说二营来了个"秀才"。可是，只过了几周时间，姚成却变成了另外一个人。出操点名，任何大小集合，他不但再没有迟到过，而且总是号音没落，他就站在集合地点了。他的军风纪也齐整了，内务收拾得完全合乎标准。他还经常把班上的战友团在一堆，给大家读报纸，或者把自己读的书，摆给同志们听。特别是在每次政治或时事学习座谈会上，他总是发言最积极的一个。只是，无论从什么问题和什么事件谈起，他的发言，都会引到对帝国主义的看法和自己要求参军的目的上去。结论总是又明确又坚定：帝国主义和各国反动派，到死都要和人民为敌的，要让他们不侵略，不打仗，不奴役人民，只有彻底消灭他们。每次发言时，小伙子都十分激动。他一次又一次地把希特勒、日本昭和天皇、杜鲁门、艾森豪威尔、蒋介石这些战争罪犯们，欠下世界人民的血债，一笔笔地摆出来，犹如在参加公审地主、恶霸和战犯的斗争会，他咬牙切齿、拳头攥得紧紧的，时而高高举起，时而捶击着桌椅，脖子上的青筋跳起好高，眼睛里迸出仇恨的火星，额头上那绺松软的卷发，一下也竖立了起来。仿佛，世界人民对帝国主义的血海深仇，全都聚集到自己的心头，他作为革命战士的职责，就是要把帝国主义在人类历史上彻底消灭，他立刻变成了冲锋中的勇士。同志们又开始说他是颗"小炸弹"了。

在学习《毛泽东选集（第四卷）》的过程中，姚成进一步获得了有力的思想武器。他把毛主席从中国人民革命斗争经验中，对帝国主义本质所做的精辟分析反复咀嚼、领会，又把他所能够记起的，妈妈曾向自己讲过的抗日战争、人民解放战争的情况结合起来一想，他觉得毛主席真把帝国主义和反动派的骨髓都看透了。肯尼迪上台了，他敏锐而肯定地说："不管他是'啃泥的'还是'啃土的'都和艾森豪威尔是一个窝窝的豺狼。"他把阿尔及利亚人民军战士活捉法国殖民军的胜利照片，贴在日记本的第一页，一颗布剪的红五星的下面。他为日本人民、非洲人民写颂歌。他成了团小报的主要撰稿人，战士们又亲昵地称他为"活时事"。

大练兵和贯彻战斗作风的运动开始了，姚成身上像点着几把烈火。他重视一切操练项目。毛主席关于"在战术上要重视敌人"的教导，和革命前辈们"小米加步枪战胜各种各样敌人"的光荣传统，牢记在他的心里。他克服了一切体力和自然条件的限制，为达到刺杀和投弹的要求，他的胳膊红肿了。他负重爬山时气喘不过来，木马跳不过去，打靶不上环的时候，他的眼前就马上闪出了帝国主义的狰狞面孔。这样，一切困难都被他打败了……

刘主任边想边翻阅着连上整理的一些材料，他所想到的这些情况，材料里都详尽而又具体地提到了。他又情不自禁地自言自语说："这样的战士，自然应该吸收到党的队伍里来呵！"他放下材料，无意中又打开了姚成的简历。这时，他才发现小家伙是自己的小同乡，在他的籍贯上清晰地写着：山西武乡窑上村人。可是，父母都不是山西人。这是怎么回事呢？这是谁家的孩子呢？村里根本没有姓姚的人家！刘主任被这个过去不曾留意的问题吸引住了。他感到有点奇怪，就急忙把姚成找来，打算立刻问个明白。不料，他们当面谈了半天，连姚成自己也还不能说得很贴切。最后，姚成只好写信去问他的妈妈了。不久，他的妈妈果然写了下面这样一封信来。

成儿:

来信收到。

我永生也不会忘记,抗日战争时期我在太行山和根据地军民所经历的战斗岁月。特别是在 1942 年后那段艰苦、严峻的日子里,诞生了你!

1943 年二月的时候,我和我们区党委宣传部的三个战友,完成了在三分区的一桩工作任务,决定要在春节前后从武乡赶回辽县去总结工作。

武乡县县委,几天来不断得到鬼子增兵的各种情报:洪都炮台增加了人马,洪水和攀龙镇又扎上了临时据点,各种征候都向人民预告着新的战斗任务就要到来。从战斗中基本上摸到敌人活动规律的太行山人民,知道鬼子在每年五月、九月和农历年的时候,不但不会安安生生躲在"王八壳"里,还要大规模地出来犯罪、找死。军民们开始做着各种各样反扫荡的准备工作。

在这次我们出发工作以前,你的爸爸从师部调往冀南平原工作去了。他临走的时候,再三嘱咐要我把怀了你的事,向组织说一下,在工作中要特别注意。为了让他安心去工作,我口头上答应了他,要他放心。可是说真的,当时自己也不知道是什么心理,总觉得像我这么一个大学文学系的学生,一心一意要来革命的,工作还没做出一点成绩,反而先要生娃娃,实在有点儿不好意思。因而,我对我们单位的领导隐瞒了这件事。日子在紧张的战斗中度过，转眼工夫，我们出来已经半年了。可是现在除了几个一起工作的女同志，外人谁也不会看出我肚里的娃娃已经七个多月了。因为我的身体特别瘦小，加上我也时刻警惕着不愿暴露这问题，要不然，分区和县委的领导，是决计不会叫我在这种时候赶路的。他们会命令我早些上医院或找老百姓家休息下来。我心里说，反正离产期还有两个来月，何必过早地去给群众和领导添麻烦呢。所以，我们四个人就连明彻夜赶起路来。

农历除夕这天夜晚，我们走到了武乡二区。一天来飘落的细碎雪粒，到了深夜突然变成了鹅毛大片，铺天盖地地下起来。巍峨的太行山，顿时呈现一片混白。夜空灰茫茫地低下来，山峦、河谷、村庄、树林再也分辨不很清楚了。平日里，显示武乡二区特色的黄土层的盘山小道，沿道的黑色煤线，也都被积雪掩盖了。远远近近没有星点火光，也听不见狗吠。但是，我们猜想，老百姓并没有熟睡，他们不是在守岁，而是用高度的警惕在守卫着根据地的除夕。

我们冒着风雪不停地走着，心想争取明天上午赶过漳河。可是我们行路的实际时速越来越慢起来。搅着大雪的山风，有如锋利的刀片，刮得脸孔生疼，气都出不来。我们浑身上下全都湿透了，外面是雪水，里面是汗水。脚底下一会是溜滑的冰凌，一会是没脚的松雪。就这样，我们一个通宵还没走出二区。

拂晓，我的肚子突然痛起来。我以为是走路急喝了冷风，就咬紧牙关忍耐着，挣扎着继续走了好几程。最后，终于支持不住地倒在山道上。这时，我才很明确地感觉到，是你这小东西在作怪了，于是，我才告诉同行的三个战友说，可能要早产了。大家一听虽然很着急，但，几年来终日处于战斗生活中的同志们，还是很镇定地采取了紧急措施。一个叫张志的男同志，平日走路特别快，他决定马上去找就近的村子联系，好让我能够安全生产，另外留下来两个同志，一面挽扶着我慢慢朝村子方向走，一面上下左右瞭望着，想暂时能找一块不太陡斜的山坡，好让我先坐下来歇一歇。哪知，我们寻找的目标还没有看定，一阵激烈的枪声突然从西北方面村子的四周，旋风般地卷起来。与此同时，村子北南边一个较突起的山包上，有熊熊的火光在燃烧。凭经验，我们知道这火光是民兵瞭望哨发出的。它是报告敌人奔袭的讯号。这是敌人年关扫荡开始了。我没等两个战友来挽扶，挣扎着站了起来，果决地招呼他俩说："快，咱们上山！"说着，我们就迅急地先转到一个山坡的后面，瞅定了与村庄相反的方向，朝沟坡多的地方跑去。但，还没爬上一个被深雪覆盖的小山坡，我就昏倒了。这回，我头上冒起豆大的汗珠，眼睛里直迸火星，气有些出不来，心咚咚地跳，肚子像刀绞剪挖一样痛。女战友许玉芬连忙解开她的背包，把被子垫在我的身下，命令一般地对另外一个男同志说："快，咱俩用被子卷着她，拿绑腿捆住抬上她跑吧！"我哪能这样拖累他们，坚决不让他们这样做。我一再要他们把我丢下来，各自去找地方隐蔽，并尽可能快点儿去找到群众，参加反扫荡的斗争。

玉芬听不进我这些话，固执地在解着绑腿。她看看火光，听听枪响，眼睛突然红了，里面没有滚动泪水，而是燃起了仇恨的火焰。她想起了连年鬼子扫荡时她亲眼看到的，多少即将分娩的妈妈，被鬼子的刺刀挑开了肚腹的悲惨情景。她坚决地说："我们死也不能让你和孩子死在鬼子罪恶的刀尖下。"

说话间，枪声越来越近，也越密集了。我们已经能够听到在枪声中夹杂着鬼子和汉奸怪声唔气的吼声、马嘶、洋狗吠……一群魔鬼的嚎叫。显然是鬼子包围了村庄，开始搜捕了。

在这万分紧张的情况下，两个战友才决计尽一切可能，就地把雪挖开，把我暂时隐蔽一下。没有想到那么巧，当男战友刚刚挥动洋镐，靠山坡刨了几下，玉芬的脚突然陷到雪里去了。原来，这儿有个被山水冲成的小泥坑，几天来叫积雪填平了。这时，我们如获至宝，连我也赶紧挣扎着爬起来，和他俩一齐动手，连镐铲带手捧，一眨眼工夫，就把坑里的雪都挖出来了。他两人眼疾手快地把棉被铺进去，又用贴标语的糨糊桶，装满了雪放在坑里，还把炒面全集中到一个干粮袋里，挂在我的脖子上。然后，把我扶到坑里去。这个小坑的大小深浅，刚刚能容下我这小身个。接着，两个同志又闪电似的滑下山坡，找到一块没有被雪掩完的大石块，连推带滚盖到坑上边。于是，我的脖颈就再也不能自由抬动了。他们临要离开我的时候，又特意给我留下两颗手榴弹。玉芬还脱下自己的棉军衣塞给我，用呜咽的低声嘱咐说："小芸，把它留给你，要是孩子生下来，好包上！"他们走了几步，又转来一再叮嘱我："只要白天不被鬼子发觉，到晚上，我们无论如何也要来接你。你可要把联络记号记清，如果不是用石头'三短二长'刮石板，你不论听见什么响动也不能应声呵！"

我就这样离开了战友们，蜷缩在那个土坑里。他们走后，我的肚子阵痛更紧了。可是，神志却格外清醒。我把可能发生的情况估计了一遍，也准备了各种各样的对付办法。我想，最坏的情况莫过于敌人揭开石板来捉我。那么，我就会用两颗手榴弹和他们拼一场。冲不出去，我也要一个人换他们几个。反正，死也不当俘虏。至于你，我也但愿就在土坑里生下来。这样，我就可以减少生理上的痛苦轻装战斗了。但是，你能否成活，就没有法去想它了。总之，这时候我的思想很简单。参加革命以来，党给予我的教育，抗日的必胜信念，共产主义事业的崇高理想，到这严峻的时刻，全都变成了支持和鼓舞我的力量。特别是毛主席在《新民主主义论》里的一段话，这时，更加清晰地响在我的耳边："一切内外黑暗势力的猖獗，造成了民族的灾难，但是这种猖獗，不但表示了这些黑暗势力的还有力量，而且表示了它们的最后挣扎，表示了人民大众逐渐接近了胜利。这在中国是如此，在整个东方也是如此，在世界也是如此。"日本鬼子对于太行根据地的愈加疯狂、残酷的血腥摧残，正由于他已经亲眼看见他的同伙希特勒的节节失败，在做着垂死的挣扎。我已经看到胜利。我准备经受任何考验。

大约过了两个钟头的样子，你竟自靠着自然规律落地了。现在想来，"落地"这个词，用在你这个小家伙的身上算是最恰当不过了。……

而你当真是在战斗的洗礼中诞生的。因为你完全不像七个月早产的婴儿。你哇哇啼哭着，仿佛是在向生活宣告，中国人民又一个革命战士降生了，中国不会亡。……

我的处境你完全可以想见了。费了很大力气我才把你揣到怀里，让胸腔温暖一下你冰冷水滑的小身体。并且，也防止你的哭声传到坑外去。这样，你就很快贴着妈妈的胸口睡着了。这时，可怕的寂静和产后的疲累真像千斤巨石似的朝我压下来，我也不自制地打了一个盹儿。近处突然响起一阵人吼马叫声，晨曦，通过雪光从石盖缝隙里钻进来。我马上用拳头敲打自己的头，赶快用玉芬阿姨留下的棉衣把你包好。做好了战斗准备，我知道这是敌人开始搜山了。

这一天，真比我生活过的二十年还要长。我的听觉变得特别敏锐。坑外的风吹雪卷一有些异样，都会激起我的警惕。下午，敌人一窝蜂地向我头顶上的山坡搜索过去，我听见鬼子们带马刺的皮靴，叮叮咚咚地碰响着。汉奸狗一样地毫无目标地诈喊："老乡们，快出来吧，鬼子离村了！"一匹大洋马的蹄子，突然踩到坑口盖着的石板上，马蹄险些儿滑进来，弄得我和你一脸一脖子雪。我想可能马上没骑人。正在这时，不知什么地方一声手榴弹的爆炸，疯狂的鬼子，唬声一闪，喊着："上山，捉活的！"就从我头上冲过去了。我捏了几把汗。把手榴弹的套火索挂到拇指上，等着只要鬼子一揭开石板，我就打出去。可是，接着就一点儿声音也听不见了。

直到黄昏，天色渐渐昏暗下来，风雪仿佛也细小了。欠下血债的鬼子，才胆怯地又缩回他们的"乌龟壳"和村内烧不掉的土窑里。山野，村庄又成了死一样的寂静。不时传来几声野狼的嚎叫。

忽然，有沙沙的脚步声朝我这小坑接近了。我想，可能是战友们或者村上的同志来接我了。但，又觉得不会这么早，这么快。我屏着呼吸，注意倾听着动静。

我隐隐听到脚步声是绕着小土坑在转。接着，好像有搜寻，试探似的哑声在叫：

"八路女同志，你在哪？"

我没有应声。可是来人的哑声越来越近，越急切。他像招魂似的重复地喊着。

要是自己人，为什么不按约定的记号刮石板呢？可能是汉奸日间发现了什么疑团，特意出来诈唬。我绝不能上当。于是，我就继续憋着气不应声，并且很快把你放在腿下，再一次地把手榴弹的套火索挂上小拇指。停了片刻，外面的人像是完全找着了我的小土坑，已经扒到石盖上来了。他嘴里还在着重说，

"不要怕，我是窑上村的儿童团员，快出来跟上我走！"

虽然，从尖细的声音里我可以听出确是个孩子，但，我仍然不能相信他，狡猾的敌人是会耍各种花招的。

来人竟自己动手掀石板了。这时，我把积蓄了一天的力量一下使了出来。我像弹簧一样纵了一下身子，跳出来，什么都没顾得仔细看，只对来人举着手榴弹，命令他不要接近我。

来人驯服地在坑边站住了。我仔细观察了一番，四周没有什么其他动静，面前站立着的确是个十多岁的小孩子。他反穿着棉袄，头上缠着白羊肚子手巾，完全是太行民兵

雪地活动特有的装束。而且，他对我的命令，既不反抗也不害怕。我才稍稍松了松手榴弹的套火索。但，外表上仍然装作命令的神态说，

"是自己人？有什么证件？"

"呵！你还不信我是自己人？给，你看这！"小孩子进一步走近我，拍着他的胸膛说。他顺手从怀里掏出一个用布自制的儿童团团证，上面贴着一颗用红布剪成的五角星。五星被雪光映照着越显得鲜艳放光。红星下歪歪扭扭写着他的名字：矿工的儿子刘四孩。

我对他的疑虑基本上解除了，决定暂且跟他离开这里。只是，我仍暗自考虑着，为什么他一字不提我的战友们的情况？不是遇上了他们，他又怎么知道我在这儿呢？我十分警惕地转身回坑去抱你，他却以为我是仍然不相信他，急地直跺脚，嘴里不停地说："你不能再待在这，鬼子会发现的！"

"等我把东西带上！"我随口回答着。

"有啥全交给我背！"他恳求般地到坑边来接我了。当他发现我抱上来一个婴儿，他又惊又喜地问：

"娃娃，你还带着娃娃？"

"不是带的，是刚生下的。"

听了我的回答，他像恍然大悟似的说：

"我还以为你是得了急病，原来是要生娃娃！可真危

险，鬼子整整在这一带转悠了一天。快！我背上你走，到前边土地庙里就安全了。"雪不知在什么时候已经停止了。四孩把带在脚后跟的平脚迹的木刮板又绑紧一些，蹲下身子硬要背我和你。他的个子虽然和我差不多高，可是瘦筋筋的样子，怎么会驮得起咱娘俩呢？我在小坑里休息了大半天，这时，精神又很兴奋，坚决让他一只胳膊抱着你，一只胳膊搀扶着我往土地庙前进。一面走，一面他还是按捺不住的，用最简短的语言，把他发现我的经过讲给我听。

原来，同志们把我藏进了小土坑的时候，他正从民兵瞭望哨赶回村子，在山头上经过。他看到我昏倒、挣扎，连同志们抬我时，我的头发曾从军帽里滑下来，他都看得清清楚楚。因此，他就更放心不下，一天来，他都没敢远离这一带地方。他把全部精力都集中在警卫着我的安全上。他利用熟悉的地形和地下窑洞和鬼子捉迷藏，好几次，他看到敌人向小泥坑方向搜寻了，他就故意暴露目标，把敌人引开去，让我脱离险境。难怪，敌人的马蹄都踏上了泥坑的石板，也没引起他们的注意！我们跌跌爬爬地转了三个山头，来到一座破烂的小土地庙里。

刘四孩叫我抱上你靠在一尊铜香炉边坐着。他自己像只机灵的松鼠，把庙里庙外，角角落落再三巡视和搜索了几圈。然后，熟悉地爬到土地神像的后面，嘘嘘地吹起口哨来。不一会儿，随着他国际歌的尾音，神像晃动起来。

四孩抱住神像，使劲把它挪开。扑通一声，从放神像的底座处，钻出了两个和四孩年龄相仿，装束一模一样的小鬼。还没等我先询问是怎么一回事，两个小鬼好像一露头，就看见了我，出口就问：

"四孩，大妈没受惊吧？怎的弄到这时候才把老人家背出来？"

四孩怔了一下。两个小鬼见四孩没有答话，以为出了什么不幸，就径自跑到我跟前，亲切地喊："刘大妈，你撞上鬼子了吗？伤着哪了？"直到他俩从昏暗的光线中看清了我这不相识的面孔，才又惊讶地一齐说：

"你，不是大妈？那么，她……"

四孩什么都来不及说，只赶快向两个小伙伴介绍："她是女八路，生了娃娃，咱们快把她弄进地窖去！"

"那么，大妈，她到底出村没有呀？"小伙伴仍然关心地追问着。

"把她两母子安置妥了，我再去找娘！"四孩回答得很平静。

这时，我发现两个小伙伴的表情，要比四孩焦急、沉重得多。他们嘴里直在嘟噜："可怜她老人家双腿残废，每次转移，她又不叫别人帮忙，只靠你……要落到敌人手里……"四孩向他们努努嘴，不准他们再说下去。

其实，已经不用再说什么了。原来为了救我，却丢掉了自己的母亲。我心里立刻乱马交枪的，说不上是啥滋味了！感激、惭愧和不安，一时叫我不敢再看四孩的脸孔。可是，小伙伴们点燃了松明，火光却又把他那方方的脸孔，端正的五官，浓浓的眉毛和那又黑又亮闪着热情、勇敢、憨厚、忠诚光芒的双眼，送到我的面前来。就在这时，我才突然发现他的右耳上方羊肚子手巾上浸染着一片血迹。

"四孩，你负伤了？快好好包扎一下！"我不自禁地从香炉边站起来，丢下你，跑过去抱他。

他却更快走上前来，伸手搀扶住我，仍然是那么平静地说，"不关紧，是子弹擦伤了点儿皮。咱们不能在这久留，暴露了目标就坏了，快准备进洞！"说着，他就熟练地指挥着两个小伙伴，用经常带在他们身边的绳子，捆着我的腰，像从井里汲水一样，把我从神像底座下那个窟窿里吊下去。在大约两丈多深的地方，向左出现一个滑梯样的斜坡。我顺着滑梯滑到底，看到一条条通往前后左右的坑道。四孩抱着你，紧跟在我的身后。

我们沿着坑道弯弯曲曲慢慢向里走，看见坑道里密密疏疏，一团团、一簇簇都安满了人户。他们支着锅灶，水缸里盛满了清水，打着草铺，支铺的脚石上拴着小羊。人们有的在吃黄蒸，有的在喝合子饭。孩子们嚼着酥脆的炒子。在几处宽敞的拐弯处，开有天窗和通风眼的地方，小工厂般安着织布机和纺花车。四孩边走边自豪地向我介绍

地窖说:

"敌人喊着要把咱根据地烧光、杀光、抢光。去年5月扫荡,咱们吃了大亏,可也学了乖。过后县武委会领导俺们挖地道、打窖洞,这会村子下面四通八达。咱们的地窖挖得可保险啦,拐三拐过三关,楼上楼天外天,又能打仗又能生产。任凭他鬼子生着三头六臂,咱们把粮食往这一坚壁,家家户户、一篮篮一担担准备好,叫他什么'铁壁合围''梳篦战术'扫荡它一年半载,也只有叫狗日的喝西北风,连根鸡毛也难再摸住……"

到了这里,我也完全觉得像进了村、到了家一样。四孩像家里的主人,把我和你安顿在一处较宽敞、干燥、通风的地方。不一会儿就把隐蔽在这个地窖里的老窖长(他也是副村长)和妇救会的干部都找来了。很多群众都围拢来看我。这个抱你,那个借铺草、被褥,还有的撕开汗褂给你捆脐带,又你拼我凑地熬了红糖姜汤给我喝,整整闹腾了大半夜。

当人们从一阵紧张忙乱中松过气来的时候,马上发现了他们一天来共同关切的一件事。大家不约而同地盯着四孩问:

"你娘呢?"

"有人去找啦,把八路大姐姐安顿好了,我马上也去。"……四孩不慌不忙地回答着。现在,我才发现不见了他的那两个小伙伴。心想，他们可能是去找刘大妈了吧？但，我的心里却像犯下了错误，失去了发言权似的，嘴无论如何也张不开。

有人责怪起四孩来：

"领导上不是指示得很清楚吗？反扫荡时，你的任务第一就是背老太太进地窖，保她安全。可你总不执行。"……

"去年9月，就是因为你听到信号枪声，先去照顾那儿童团，差点儿丢了老人家……"

"昨天夜里叫你在家守着，说你半夜又跑到民兵瞭望哨去站岗，要是老太太今个有个三长两短，看怎对得住你那死了的老子？"

众人七嘴八舌地批评着。四孩却不以为然：

"我没有完成领导交给的任务，愿意接受处分。可是，我不能眼睁睁地丢下八路军同志……就是我爹活着，也会这样做的！我这就去找娘……"

四孩讲这些话的时候，我的心几乎要从胸膛里跳出来了，脸上一阵阵地出冷汗。我看到四孩一下长高了几尺，他的每句每字，都像钢铁坠地似的铿锵有声，震动着人心！

老窖长爱抚地抱住了他，用着肯定的语气向大家说：

"今天，四孩做得很对。他救了八路军同志和新生的小孩，咱们的恩人和亲人。现在，我们要不惜一切去找老太太！"说完，他也把棉衣反穿起来，头上缠好白羊肚手巾，拉上四孩就要走。

我再也不能抑止激动了。四孩和窑长的思想和行动，好像太阳一下子照进了地窑，大家的心里和眼前立刻闪着夺目的光辉。"恩人"和"亲人"这四个字，在这里是"同志"和"阶级弟兄"的同义语。它们是人间最珍贵的。我抢上去说：

"走，我要和你们一同去找回恩人和亲人！"

人们一齐拦住了我。窑长更严肃地制止我说：

"同志，你不能去，你要休息。"

四孩跑上来天真地安慰我：

"你该好生将息将息啦！生了娃儿，泥水里泡了一天，又受惊吓……我把俺娘找回来照应你最好啦！"

窑长他俩走后，人们都情不自禁地争着向我介绍起有关四孩的身世和各方面的情况。连方才责骂过他的人，话里也充满着对他一家人的敬爱。

四孩的祖、父两代，都是没有寸土分地的贫农。二人全都靠在本村恶霸地主余阎王家开的煤窑里当煤黑子（即矿工）养家糊口。祖父 30 多岁上就被煤气烧死了。父亲接着就把没长成的身子骨，壁虎一样，重又爬进了不见天日的黑窟窿。四孩和母亲在余阎王家奴隶一样当长工，受尽了折磨。每年冬天，无论大风大雪，相依为命的两母子，都要通宵在露天的窝棚里给地主家看羊窝地。父亲在煤窑里压弯了脊背，泡肿了周身，他们却没有个热炕头睡睡，没碗热汤水喝喝。积年累月的风寒，母亲落了个下肢瘫痪。

多少个凄风苦雨、风吼雪飘、寒霜浓雾、鬼哭狼嚎的深夜，母子俩相互偎依着抱起羊儿取暖。四孩常常把从地主的猪食槽内捞出来的大块洋芋，从一堆早已熄灭的火灰中刨出来，送到妈妈嘴里。妈妈把用胸膛暖热的，巴掌大一小块糠饼塞到四孩手中，接着，两人用眼泪把深情吞咽下去。

1937 年冬天的一个夜晚，饿狼撞到四孩看羊的地里。四孩和残废的妈妈虽然拼命搏斗，狼最终还是咬伤了两只羊，并且还叼走了一只。四孩为着救羊，左腿上叫恶狼扯下一大块皮。地主不但不给四孩休息养伤，反而要他们赔偿损失，把四孩和他爹统统关起来了。原来是，这时候日本鬼子已经侵入华北，国民党夹着尾巴逃跑了，八路军到了太行山，远远近近的工人、农民都不安于牛马的生活了。恶霸地主们正焦急得像热锅上的蚂蚁，他们要来个先下手为强，想把自己的奴隶们套上更残酷的镣铐，好作为投靠鬼子的资本。

但，意外的，四孩的父亲却给家里带回了希望。他悄悄地告诉四孩，北斗星下凡了，共产党、八路军就要到窑上村，他已经参加了秘密的工人组织，跟上共产党打日本、保家乡、闹翻身。

果然没过几天，窑上村就建立了民主村政权。在反霸斗争中，四孩一家三口，吐尽了苦水，诉尽了冤仇，消了一身阎王债，投入了抗日工作。有几次，四孩跟随父亲去执行侦察任务，父亲一次又一次地对他讲述着革命道理："干革命要干到底！要穷人永远不再做牛做马，过好日月，一定首先要把帝国主义赶出中国去，还要在全国掌政权，在全世界实现共产主义！"

不幸，四孩的父亲在1940年保卫麦收的斗争中，被汉奸余阎王家大儿子余天富想方设法杀害了。仇恨、觉悟和理想，使四孩和母亲的斗争意志更加坚强起来。他们向父亲的灵位宣誓：要跟着共产党干一辈子！母亲把父亲留下的一顶缀有红五星的八角帽，交给了四孩说："这是工作队同志送给你爹的，听说，它是一位过草地时牺牲的红军同志的，你保存着吧！"从此以后，刘大妈拒绝了村上对她的抗、烈属优待，争着去完成妇救会的各项工作。她跌跌爬爬到邻近人家去，帮年轻媳妇抱娃娃、烧锅、纳鞋底，让她们更多为革命工作。……

天亮后，窑长、四孩和另外两个小伙伴都先后回来了。他们分头摸进村子去，可是，所得到的情况都一样。四孩家里有灯光，里面住的是鬼子还是伪军却弄不清。人们的心上压上了重铅，连气也出不来了。我觉得自己实在是犯了罪过，内疚快要把心撕碎了！

老窑长一方面命令四孩休息，一面派另外一些人白天出洞去侦察。

漫长一天，大家在万分焦灼难耐中度过。傍黑，四孩一个人又摸回村去了。他尽一切方法朝自家破窑前接近。他爬上夹泥帐顶最隐蔽的地方，透过一个被风雨冲打出的碗口大的洞洞，朝窑里看了看，清楚地看见了汉奸余天富和鬼子、伪军正在谈笑着，就是不见了自己的亲娘。于是，仇恨的怒火在他周身燃烧起来，他再也不能放过杀死敌人的好机会，他来不及再回地窑去向领导请示，就把随身带的一颗手榴弹甩到窑里去。余天富和日本小队长被炸死了。另外有些受了伤。窑上村的鬼子变成了无王的蜂群，当天夜里就在基干团的袭击下，狼狈逃走了。

第二天，我们走出地窑还没进村，就看见对面山坡上走下一群人，有个青年背着一个老太太。人们远远的相互招呼着，互问平安，欢呼胜利。走近一程，突然听见有人喊：

"四孩，快来接你娘呵！"

四孩朝着喊声定睛一看，就飞奔过去了。我们都快步赶上去。当我一眼看出背着刘大妈的正是我的战友张志同志时，我丢下你，不顾一切跳上去，一下把他和四孩娘两人全抱住了。原来，那天张志同志刚进村，鬼子就到了。

他无法再转回我们分手的山坡。正在这时，他在转移的群众中发现了瘫痪的刘大妈，他背上她就近钻了另一个地窖。

这会儿，大家真是千言万语不知从何说起了。刘大妈坐到露出雪地的一块石头上把你抱在怀里，亲了又亲，顺口说，"看，有多结实，就叫个'窖成'吧！"这时，我也建议把四孩的"孩"字改成"海"。因为我深深觉得这个红色儿童团员的革命志气和胸怀，真像海水那样深厚，宽广……

大家都为这两个名字齐声欢呼。太阳也拨开了薄薄的云雾，出了金色的光线。四孩又一次从怀里掏出他的团证，撕下那颗红五星，叫母亲从包头上抽出针线，把红五星缀到我在地窖中临时给你缝的和尚衣的胸口上。阳光照着红五星，照着你熟睡的小脸，照着刘大妈花白的头发和慈祥微笑的脸，也照着右颊上的新伤……这一切叫我清清楚楚地听到，好像无数劳动人民都在说："看着吧！我们才是世界的主人！"

当天下午，我们和四孩在漳河岸上分手了。后来，因为工作关系没有再见着面。但是，我听说，他在日本投降后，为着将革命进行到底，带领他的儿童团员参加了人民解放军。1950年的时候，他已经成为人民解放军的优秀连长了。抗美援朝的战争一开始，他就又带领他的英雄连队，跨过了鸭绿江！但是，不幸得很，据说，他在第五次战役时牺牲了。

你的爸爸也是在 1943 年那次离开后，就和我们永别了。他在平原战场上为革命事业贡献了年轻的生命。你的姓名和籍贯，只是为着让你永远不要忘记昨天！"姚"字是为了符合民族习惯，我替你改过来的。

成儿，你整整 18 周岁了，已经是人民战士了。党组织希望知道你姓名、籍贯的来历，这是党对你的信任。你把这封信给组织上看一下，并且永远带在身边。当你在战斗中遇到困难的时候，你就想想过去，想想四孩、刘奶奶和太行山的人民！最后，我要这样对你说：

　　你要勇敢去战斗，我的儿子，
　　你要永远记住你是在战斗中降生，
　　太行人民用血救活你的生命，
　　祖国和党用他们的乳汁抚育了你！
　　你要永远记住仇恨，
　　把革命的接力火炬，
　　递向共产主义的峰顶！

妈妈　三月十四日深夜

姚成看完了妈妈的来信，眼前马上映出政治处刘主任的高大身影和方方的和蔼可亲的面孔。他右耳上方那块伤痕显得特别清晰了。姚成激动地连声自语说："妈妈，四海同志还活着，他正带领着我把革命进行到底！"说着，他把信装进衣袋里，立即找刘主任去了。

1961 年 6 月

摘自《四川十人短篇小说选》

智慧的眼睛

诗人称誉眼睛是人类灵魂的窗子，我则称誉书籍是智慧的眼睛。

我从小爱书，它使我开阔眼界，充实胸怀，辨别明暗，认识社会，理解人生，增加才智，鼓舞勇气。后来，我也学着写书。书籍和我结下了生死之缘，越感到书是我须臾也不能离开的食粮了。

但是，毕竟由于我将近三分之一的生命是在半殖民地半封建的旧中国度过的，我和书籍的结缘，经历着艰难坎坷的路程，也带着时代的烙印。

一、饥饿的童年

我从出生到九岁，是在河南省太康县城一个贫苦知识分子家庭度过的。因为父亲长年在外地谋生，经济生活十分穷困。我的精神食粮是和物质食粮同样贫乏的。家里除了一本母亲用来教几个女弟子的揉得破烂不堪的"人、手、足、刀、尺"识字课本外，就是一大厚本祖母和母亲自己也读不懂的《圣经》。只有礼拜天或圣诞节，我把用碎头发换糖人和拾麦穗积存的几个铜钱，捐给外国传教士时，才能领取几张我并不喜欢，也看不懂的圣经故事画片。生活和我那幼稚的灵魂那时是饥饿、干渴的。

二、狼吞虎咽

在我九岁那年，我父亲在开封找到了工作，就在我读中学的学校做一个史地教员。他爱书如命，几乎把每月一半的工资，都给了大书局和小书摊，预订了整套的《万有文库》和《国学丛书》（分期付款），记得还有《东方杂志》《雨丝》《小说月报》等杂志。我们家经常遇到米面袋空、无柴生火的事，可是，爸爸那间卧室兼书房的小屋里，满桌、满床都是书，只差没把他埋起来。奶奶和母亲为此流着泪埋怨他。他只说："喝几天面糊没意见。"奇怪的是，我也站在他这一边，重复他的话，气得婆媳俩唉声叹气没办法。

从此我接触了古今中外的文艺作品，它们都像带有吸盘一样，紧紧吸住我那年少的心。这些作品，有的还是文言译文，我并不能全懂，可它们那形象细致的描写和生动的情节，特别是女主人公的不幸命运，却使我如醉如痴，为书中人流泪。我看到人世不平，又联系到自己穷苦的家。

三、吸取营养

1934年春天，我们学校来了几位革命教师，他们为古老的开封，为我们私立女校带来了一些春天的气息，也使我安下心来在高中学习下去。他们和我们的思想交流，是从组织、介绍和指导我们读书开始的。从此，我读书的范围扩大了，也有选择了。我读了艾思奇的《大众哲学》和《社会进化史》等。我开始听到马克思、恩格斯、列宁的名字及"十月革命与苏维埃"的壮举。知道了世界是劳动创造的。我们按期讨论"世界知识"，关心世界大事，了解法西斯和民主两个阵营的斗争。特别是读了鲁迅的杂文《为了忘却的记念》后，我知道了在中国的土地上，争取独立、自由、民主的斗争在进行！革命者在流血！老师们也让我们读童话、神话、诗、词、赋等。

这时，我才辨别出过去所吞食的精神食粮的滋味，吸收了它们的有益营养。直至"一二·九"学生运动爆发了，为着要求抗日救亡，我也开始写壁报、传单、宣传诗、街头剧，把有益知识传播开来。

四、在战斗的年月里

在抗日战争和解放战争中,我在学习和战斗空隙时间读了《联共党史》《干部必读》《论共产党员的修养》以及《苏联抗战文艺丛书》(曹靖华编译),戏剧《俄罗斯人》《前线》,小说《恐惧与无畏》《虹》《我是劳动人民的儿子》《粮食》等。最艰苦的日子,有的战友曾把一切都丢掉了,还背着瞿秋白、鲁迅合编的《海上述林》。刘伯承元帅,在炮火连天的火线小油灯下,还翻译苏军的"合同战术"。特别感人的是,我不止一次地看到在牺牲了的普通战士怀里,揣着浸透鲜血的《恐惧与无畏》这本书。

五、胜利后卅年

从读书这件事情上来说,胜利后我只享有了 20 年的时间。林彪、"四人帮"残酷地剥夺了我十年。这 20 年,要做的事很多,要读的书更多,我只有争分夺秒地读。我们家还保持父亲的家风,宁愿喝"面糊",也还得买高级精神食粮。我的儿女们生活上不追求几转、几响、几条腿,而是竞相给家中买书、订报刊。有时由于相互没打招呼,买重了,也特别高兴。人不能不读书。但我不太同意"开卷有益"的说法,对青少年读书给予辅导是十分必要的。

1982 年 8 月 25 日发表于上海《书讯报》

我与图书

书籍——人类精神的食粮；

书籍——人类文明的仓库！

人类用劳动的双手和大脑成为地球的主人，主宰着地球，改造着自然，为自己和各物种创造幸福。在没有相传仓颉造字以前，我们华夏的祖先们结绳记事、语言交流，偶以简单的象形画，用石刀刻在岩壁上，表露一点儿心迹，后渐有造字。直至唐代，我国才最早发明雕版印刷术，成为中国古代四大发明之一。当时开始有雕版印刷的各家经典、日历和诗。雕版印刷术的发明，为人类文化的传播和发展提供了较为重要的条件。

书籍开始诞生了。它把人类能用文字表述、记载下来的与自然斗争求生存与发展的胜利经验、失败教训、心灵的喜怒哀乐感受、理想的追求都集成了书，一代代传承下来，成为人类文明的仓库、精神食粮。

我从小就爱读书，因为我有一个视书如命的父亲。他用本该养家糊口的一半薪金买各种图书。我上小学时，家里就有成套的《国学丛书》《东方杂志》等书刊。读中学时又进了最具读书育人条件的学校，遇上了多位传播革命和知识的老师，让我和同学们读了俄国十月革命和中国

"左翼"作家联盟作家的书，十几岁就开始参加抗日救亡运动。接着就参加革命，加入中国共产党，到圣地延安，抗日胜利后奔赴太行山，参加八路军（后为解放军第二野战军），经历了解放战争全过程，直至解放大西南。这10年的战斗中，无时无刻不在党的领导下，不放弃分秒的时间，读可以得到的书（包括中央领导的讲话和党的文件）。它们增加了我的知识和对革命的信念。

我1938年就开始学习文学创作，发表处女作，这也是越来越离不开书的原因。1950年到1966年，我和老伴儿柯岗同志（作家，于2002年4月21日去世），把工资和稿费的收入几乎三分之一都买成书。可惜在"文化大革命"期间，绝大部分都被"造反派"抢劫和毁坏了，连我们已出版的作品、底稿及读者的来信都不见了。粉碎"四人帮"后，我们调到北京工作，我们又重新集买各种书籍。近20年又装满了8个书架，其中有：

1. 政治经济类

（1）马克思恩格斯全集；

（2）列宁、斯大林全集；

（3）毛泽东、邓小平文集和他们的传记；

（4）刘少奇、朱德、周恩来纪念文集、文选；

（5）九大元帅、大将、上将及将军们的传记、纪念文章、文选等。

2. 经济类

社会科学专论等。

3. 文学艺术类

（1）苏联高尔基、托尔斯泰与马雅可夫斯基、普希金等著名作家的作品；

（2）获诺贝尔文学奖的丛书；

（3）世界其他各国著名作家的名著；

（4）中国各历史年代的著名作品：诗词、小说、戏剧等；

（5）"五四"运动以来著名作家鲁迅、郭沫若、茅盾、丁玲、巴金、老舍、臧克家、冰心等的文集、选集等；

（6）抗战以来特别是解放区的多种文集、文选等；

（7）改革开放以来新老作家的文集、选集、丛书、单行本等。

4. 辞书

《辞源》《辞海》《中国通史》《资治通鉴》《通典》等。

5. 医学、卫生、保健、生活指导等

6. 我和老伴儿出版、编集的文集

单行本近30册，无法细查。

古人云：读万卷书，走万里路，中国共产党领导中国人民到达共产主义的路，何止万里，我们和人民群众要读万万卷书！

我虽然已经是 85 岁的老人了，但，只要身体、精神许可，我仍然要读书、写书，并保藏这点儿书留给后代。当代热爱书籍的人们，只要有可能我愿意借阅给他们看。

2002 年 8 月 18 日

注：西城区区委会准备筹办一个"图书阅览室"，和我住的居委会一同来了解我家存书的情况。我简单地写了这个短文，准备在他们需要的时候挑选一些捐献出来。

良　药
——读《沂蒙九章》有感

在我住进医院的第二天，女儿送来了刚出版的《人民文学》（1991 年 11 月号）。一接触李存葆和王光明合著的报告文学《沂蒙九章》，我就被一股强烈的吸引力拉住，再也放不下来。

掩卷后，作品在我眼前变成了一幅艺术长卷，它反映了半个多世纪以来，中国共产党领导中国人民，和侵略者及国内反动派浴血奋战，和贫穷落后努力斗争，为实现中国特色社会主义的奋斗历程。正如其序言所说："我们寻觅沂蒙山那残酷的洗礼、庄严的涅槃、伟大的觉醒、神奇的再生……"

长卷的典型环境选在山东沂蒙山，抗日、解放战争的老根据地，作者把动人心魄，应该永载史册的典型人和事画入了长卷。在创造历史的人民群像中，作者又着意刻画了从元帅、将军到士兵，从党和政府的领导到游击队、妇女队、改革开放年代的个体户等几十个有名姓的、有功德业绩的人物。看着长卷，我仿佛置身在50年前的沂蒙山区，在被称为"沂南心脏的心脏"的沂南县未辛庄那百年老屋里，听到了徐向前元帅、罗荣桓元帅、朱瑞将军们嚼着百岁母亲于大娘烙制的煎饼卷大葱，计议着歼敌夺取胜利的方案，看到了于大娘用生命为党掩藏的秘密文件，还有千千万万的红娘、红嫂、红妹、老奶奶们为支前搓麻绳，双腿、双臂至今血痕累累。她们中多少人为掩护伤员，养育革命的后代，付出了养育新生儿的乳汁，牺牲了自己甚至骨肉。特别是于大娘用生命为党掩藏秘密文件，无缘无故遭到主观主义村党支部的疑惑而被开除了党籍。她忍辱负重，仍然以群众的身份在孟良崮战役中为解放军送饭、救伤员，从死尸堆里背出3个重伤号，自己的衣服上被烧穿20多个窟窿。直至20世纪80年代，沂南县委才在大山深处挖出了于大娘珍藏的孤本党史资料。1981年4月14日，县委组织部为94岁的老人恢复了党籍。老人还为战争年代中在她百年老屋中养过伤、后因被俘而遭诬陷为叛徒的华铁华同志述真情、盖手印平了反。这些人物的钢筋铁骨的形象、"白云也难比拟的圣洁"灵魂永活在画卷上。

画卷突出了时代的特点，尤其醒目地塑造了40年来开创新中国大业、抚平沂蒙山区战争的创伤使其脱贫致富，让沂水蒙山天蕴的丰富资源造福子孙后代的英雄好汉：那跋山库区为截住沂河修水库、改天换地的斗争中绰号为"段表态"的段维仁，带头迁祖坟，冒着将49个村庄葬于水底的大"不韪"，组织几十万人，石填沟滩，造地万余亩。发展致富快的经济作物，五六年间建果园千多亩、收果百万斤，光卖石头就换回26万元。人均收入超千元的村已有多个。村民们住进了依山新建的瓦屋，家家有了电视机，村村修建了医院、小学校。跋山库人民用劳动让铁树开了花的绚丽景色，令人过目难忘。

还有那觉醒的"罗庄"，画龙点睛地使用漫画式的笔触、留下了大跃进年代极左路线的惨痛教训，塑造了廉洁如玉的乡镇干部李桂祥只奉献不索取的高贵形象。

其他找水、修路、供电等一系列的建设社会主义现代化的新沂蒙所付出的代价，所取得的成绩，都让国外参观者叫绝，赞之为"人类求生存"的赞歌。众多的英才、尊尊雕像活现在长卷上：那被誉为沉泉庄的一棵大树、由个体户被选为村委主任的王廷江，那仅靠一副铝合金胸卡支撑、战天斗地的共产党员杨振刚等，望着他们，不由自主地把作者赞美他们的语言，一遍遍地重复着："站在铜像前，真会明白自己的责任，失去信仰的人，可以重新撺回信仰，而大大小小的吸血鬼们，从躯体到灵魂只能在这雕像前匍匐！"

20世纪30年代，当我在中学读书时，曾读到鲁迅先生一篇以"药"命名的小说，它辛辣地揭露了吃人的旧社会，印象至今犹深。这篇小说曾起到促我参加推翻旧世界的革命工作的作用。今读了《沂蒙九章》，不知道是什么条件反射，使我忽然又觉得，这部作品，还可以作为"良药"向人民推荐。它是用鲜血和生命精华培制出来的多功能的"良药"。对自己祖国母亲的过去缺少了解、深知的人，这药给你活的知识营养；对患"遗忘症"的人，这"药"用形象将你唤醒；对患迷惘、失去信心的"软骨症"者，这"药"里有用奉献者的血提炼的壮筋骨剂；对头脑发热者，"药"里有用失误教训集成的清醒剂，让你冷静下来。总之，这是一大剂历史的经验、榜样的力量、希望的前景、胜利的现实、远景的召唤所熬制的多味"良药"。

我边看边品味，更耐不住地向一些人介绍。希望更多的人能读一读这篇佳作。有人说文章太长，抽不出时间看，有的说杂志买不到，等出单行本再看，更多的人说希望把它拍成电影或电视剧。我也希望能用各种艺术形式把《沂蒙九章》送给观众，像电影、电视、豫剧、京剧争相塑造了焦裕禄的形象，呈现出颂党魂、绽百花的局面。但是，作为文学创作的报告文学精品，还是希望有阅读能力的人，特别是文学爱好者亲自来读一读，品味它的人物形象。可以通过各艺术门类的特点，通过视觉和听觉，传达给观众，有的还可以收到特有的效果和艺术享受。但是，不直接阅读原著是绝对不可能体会作品的精髓和魅力的，更难领会从人民战斗生活中成长，时刻不离开人民和生活的作家，那溶着民族的、带有泥土气息、革命激情、有特别表现力的文字的精华。

1991 年末于中日友好医院　刊发《中流》

寄　语

亲爱的小朋友：

请接受一个 83 岁的老奶奶和你们谈谈《延安精神中华魂》的大话题。

"延安精神"是无敌的革命精神，闪光的胜利精神，永无止境的时代精神！她又是指路的灯塔，照亮着中国人民争取解放的道路和建设有中国特色社会主义的征程。

"延安精神"的乳汁，曾哺育过几代中国共产党的领导、干部、党员和人民群众，还将继续哺育一代又一代的接班人，直到伟大的理想共产主义的实现。

我就是一个在 20 世纪 40 年代，为"延安精神"所吸引、为抗日救国不顾生死投入到母亲——革命圣地延安的怀抱，吸吮着她的乳汁成长的一个文学工作者。1942 年参加了延安文艺座谈会，聆听了毛泽东主席的讲话。这个讲话是"延安精神"乳汁："实事求是""艰苦奋斗""理论联系实际""全心全意为人民服务""批评与自我批评"的营养成分中又一特殊的精华成分。我认识了"文艺是革命事业的一个组成部分，是团结、教育、打击、消灭敌人的有力武器""文艺是一支军队，它的战士、干部是文艺工作者""文艺要为人民服务，首先要为工农兵服务"。

接着，我到中央党校学习马列主义和中国革命实践，参加大生产和整风，深入群众生活等。这中间，"延安精神"始终贯穿着指导着各项工作，即使是发生过缺点、错误，也是"延安精神"纠正了它，并获得了宝贵的教训。

60 年来，我就是吸吮着这强身心、补气血、健脑、益智的"延安精神"乳汁战斗过来的。我要尽一切努力，用一切方法和形式，把"延安精神"乳汁让你们都吸吮到；把"延安精神"铸成的火炬，由你们传下去，铸就伟大辉煌的中华魂！

这方面，宋凝阿姨为你们写了这本《延安精神中华魂》，形象生动地向你们讲述了"延安精神"诞生后，在诞生地延安开出的灿烂之花、结出的丰硕之果，这些都含有"延安精神"的乳汁，希望你们认真品味它、吸收它，用它产生的动力，把中国特色社会主义建设好！

听！列宁在叮嘱你们："忘记过去就意味着背叛！"

毛泽东主席的希望："你们青年人朝气蓬勃，正在兴旺时期，好像早晨八九点钟的太阳，希望寄托在你们身上。"

2000 年 4 月 16 日北京

刊发 6 月 4 日《中国青年报》

革命文艺的指路明灯
——纪念毛泽东《在延安文艺座谈会上的讲话》发表 60 周年

60 年前的 5 月初，在革命圣地延安，我作为延安文艺界抗敌协会一个普通的青年女作家，收到一份由毛泽东、凯丰签名的粉红色请柬，内容是邀请我参加 5 月 2 日至 23 日召开的文艺座谈会。现在回想起来，心情还和当年一样兴奋与激动。

1937 年全面抗战开始，延安成为中国共产党领导抗日的根据地，大批的知识分子、小资产阶级的青年涌到这里。当时，他们的思想观点不完全是无产阶级的。有的想把艺术放在政治之上，有的主张文艺脱离政治；有的以为作家可以不要马列主义，不要党的领导，有了马列主义立场、观点就会妨碍写作……这些问题不解决，延安的革命文艺很难沿着正确的方向走向繁荣，因此引起党中央和毛主席的高度重视。

在经过反复、热烈的座谈讨论之后，5月23日，毛主席做了总结发言〔《在延安文艺座谈会上的讲话》（简称《讲话》）〕，这是具有划时代意义的讲话，它为革命文艺运动开创了一个新纪元。

文艺座谈会以后，我一面在延安中央党校参加整风学习，一面争取一切机会去深入群众，写了《典狱长党宏魁》等多篇劳模特写。

抗战胜利后，我立即奔赴晋冀鲁豫军区，以新华社野战记者的身份随刘邓大军参加了鲁西南战役、挺进大别山、淮海战役，建立皖西岳西县新政权，直至渡江胜利、大西南解放。4年间的日日夜夜，我的身上始终充满着《讲话》给予的勇气和力量。在马背上、在战斗空隙里，我写了二三十万字的报告文学，有的在报刊发表，有的在广播电台广播，有的改为连环画。

1949年第一次政协文代会时，中篇报告文学《挺进大别山》由茅盾先生作序出版。

60年来，《讲话》精神一直鼓舞着我们，它永远是革命文艺的指路明灯。

刊发《求是》杂志 2002 年 11 月

熙如诗草篇

忆往事

难忘怒潮同放舟，穿云破雾浪中游。
时光随水东流去，闲鹤悠悠踱绿洲。

忆从军

儿女理戎装，凄惶神暗伤。
弃家别父老，转战远离乡。
营地笛声亮，枕戈夜露凉。
一腔心腹事，烽火打豺狼。

记辽沈战役一斑

唯闻军号声，列队夜发兵。
借重寒宫月，冰坚利速行。
伏击风暴狂，俘虏雪山倾。
关外传捷报，山川也动情。

1941 年春，在晋察冀抗日根据地，我和载尧喜相逢。

奋勇上前线，滔滔潮水翻。
相逢话苦乐，情胜幼年欢。
移步林荫下，不闻鸦鹊喧。
夜寒归寝晚，即此片时闲。

1945 年冬随军出征关外，经过辽沈、平津、淮海三大
战役，柯岗、载尧和我重逢。

挥师去戍边，战马不离鞍。
一鼓驱穷寇，歼敌扫战端。
神州红日上，喜庆满山川。
见面如隔世，几番险又安。

苦果子（古风）

十年蒙劫难，性命如倒悬。
人妖皆颠倒，真理岂能全！
稚幼吐实情，无端遭奇冤。
一旦出囹圄，终生患狂颠。
不辨亲与疏，啼笑亦无端。
孙幼啼饥喂，无言暗心酸。
怜子常挥泪，惜孙悲作欢。
人生苦果子，饱含辛涩甜。
春华望秋实，年年复年年。
小孙长且慧，勤学知冷暖。
祖孙系三代，相依心亦宽。
妙手若回春，枯树花亦鲜。
老弱扶病残，何处觅神仙？
兄弟两三人，进取知奋勉。
手足相提携，当可慰晚年。

庆余生

不意浩劫劫后生，荒田废学腹中空。
青山如故故人少，一脉生机照晚红。

扫 墓

塞外定居怀祖荫，洛河北邙去寻根。
春风依旧情无限，故土山林处处新。

闻空十军马军长调任空军副参谋长，因思念载尧，感
慨万端，书不尽意。

乃翁生未解鞍归，泉下犹闻战马催。
拭目观察儿女辈，将军严阵国防威。

九九仲秋之夜，兰空马司令巡视晚归，同庆佳节。

军车息马达，皓月放光华。
巡视边防线，归斟一盏茶。
山川如画卷，将士朴无华。
鸟瞰小天下，祝福千万家。

晚年视力欠佳，家兄赠我剑阁藤仗壮行。

黄水源头望北京，长城内外寄心声。
峥嵘岁月闪金路，到老如初同步行。

故乡行

（1）

亲友久违新事多，家珍倾诸一筐罗。
争说晚辈多新秀，百舸远游出小河。

（2）

架桥铺路平沟壑，泉水激流如唱歌。
放眼麦田卷绿浪，浓荫果树满山坡。

（3）

乡音阵阵人行早，绿野欣欣红日高。
难忘故乡新面貌，樊篱除尽闹新潮。

乡 忆

（1）

房前屋后树，五月绽榴花。
落足众飞鸟，动听歌唱家。

（2）

未可怨东风，飞红小果青。
麦黄园杏熟，叫卖一声声。

心向光明

别时隐约炮声吼，心向光明意未休。
皓首豪情弃旧制，萤光闪灼北邙秋。

缅怀兄长

记否仲秋日，丰年毛豆多。
疏星明月夜，檐下戏雏鸽。
庆祝团圆月，同声唱俚歌。
月光今又是，耿耿照银河。

送大山参军

英俊少年郎，新兵初试装。
送行天破晓，莫负好时光。

古稀述怀

求知不论老和幼，日日耕耘灵秀开。
学海苍茫涓入润，山岚今已向阳来。

清辉留影

东篱菊盛开，归雁云中来。
日落长城外，冷空月泛白。
庭前沙枣树，投影满窗台。
思咏觅无句，清辉涌下怀。

怀念老年大学

耕耘但见花田秀，燕舞莺歌满目新。
无限风光冬日暖，梅花飞雪不争春。

夜　话

村外一林花，晨昏若彩霞。
临窗多晚趣，灯下语声哗。
往事成佳话，烽烟笼月华。
群星今夜亮，丰采正潇洒。

勿相忘

北疆枸杞秀，久为世人识。
果熟入丹药，秋来挂满枝。
朱颜甘味厚，鲜靓胜胭脂。
远涉重洋去，回乡有故知。

山间偶感

仲夏野荷初相见，山间处处绿波澜。
麦黄六月绽花瓣，无限风光归自然。

张虚遗作篇

马援教侄书的延续

我七八岁时，有一天，爷爷高兴，在他住的窑洞里，给我讲了一篇古文。老人家背诵的文章我虽然听不大懂，但知道是教我学做人的。似乎还举了两个例子，指出某人可以学，某人学不得。其中"杜季良豪侠好义，忧人之忧，乐人之乐……画虎不成反类狗者也。"这些话我记了一辈子。随着年龄增长，涉世日深，我逐渐体会到学做人的重要性。几十年来经常想起这半句话，却不知全文出处，甚为遗憾！

2006年5月，我大姑的孙子马小四来看望我，我们叔侄谈及教育子女为人处世时，我提到了古文中的杜季良，并告诉小四这是出自他曾外祖父教我的一篇古文中，可惜我至今没有见到原文。不料，小四脱口而出："那是马援写信告诫他侄子的，收录在《古文观止》里，他曾以此文为例教其子马骁好好学习。"我听后，不顾班门弄斧之愧色，反为我们家族有如此淳厚睿智的后生而欣喜若狂。我祖父要说的话，他的第五代传人，已经听到了！两千多年前古人的文章被世人传诵至今，再一次证明，中华民族文化积淀之深厚，渊源之流长。

纵观马援其人，乃历经沧桑，从实践中磨炼成既老实又聪明者。其文则是大实话。作为东汉伏波将军，他所以明确指出龙伯高"敦厚周慎"可学，杜季良清浊皆为与交的"豪侠好义"不可学，并非是不希望其子侄具有鸿鹄之志、猛虎之威，而是告诉他们修身立业的根基所在，指出一条为人处世的稳妥之道。用时下的话就是"勤奋刻苦，严于律己；谦约节俭，谨慎言行；戒骄戒躁，识人择交；以人为本，为民服务。"

以上浅见，切望后人结合各自实践体会领悟。

2006 年 7 月 6 日

附 汉·马援《诫兄子严敦书》

援兄子严、敦，并喜讥议，而通轻侠客。援前在交趾，还书诫之曰：

"吾欲汝曹闻人过失，如闻父母之名，耳可得闻，口不可得言也。好论议人长短，妄是非正法，此吾所大恶也，宁死不愿闻子孙有此行也。汝曹知吾恶之甚矣，所以复言者，施衿结缡，申父母之戒，欲使汝曹不忘之耳。

龙伯高敦厚周慎，口无择言，谦约节俭，廉公有威，吾爱之重之，愿汝曹效之。杜季良豪侠好义，忧人之忧，乐人之乐，清浊无所失，父丧致客，数郡毕至，吾爱之重之，不愿汝曹效也。效伯高不得，犹为谨敕之士，所谓刻鹄不成尚类鹜者也。效季良不得，陷为天下轻薄子，所谓画虎不成反类狗者也。迄今季良尚未可知，郡将下车辄切齿，州郡以为言，吾常为寒心，是以不愿子孙效也。"

五味杂陈的《戏说生平》

《戏说生平》这篇短文，有特色也有些文采。寥寥数百字，概述了生于 20 世纪 20 年代，一个追求进步的热血青年一生的沉浮。它既是一面能现原形的照妖镜，又是一面能使人捧腹大笑的哈哈镜。它是时代的缩影。

《戏说生平》的作者叫孟庆友（我的舅舅），1940 年加入中国共产党，当年刚 16 岁，后长期从事党的地下工

作，1948年巩县解放后任人民政府第一、第四区区长，县教育科科长、郑州及开封专员公署教育科主任科员。1955年内部肃反被审查，1957年又被错划为"右派"，打入"另册"数十年。一生为人捉刀，对于自己却没有只言片语的记载。晚年写了这篇短文，是关于他自己的唯一的文字。正是：满纸辛酸泪，强作戏语谈。"牛性"实可贵，冷看"人"弹冠。现将原文附录于后。

▲ 孟庆友

附 《戏说生平》①

孟某，巩义洛西黑石渡人，1924年生于九世同堂、近百口之家，先祖尊崇孔孟有善人之称。某性愚鲁，不守祖训，少年即密室结盟，入伙弄潮，沉浮漂流，隐现无定。年及而立，阴差阳错，被尊为

① 本文作者孟庆友。

出洞神物[1]，荣列五类仙班[2]，一人得道，鸡犬升天。不惑之时，又加官晋爵，位居三大[3]，为炫荣夸贵，锣鼓开道，随者过千[4]，前呼万寿无疆，后应永远健康，此伏彼起，吼叫震天，浩浩荡荡，堪称盛世大观；便也招来了千夫妒，赢得了万人羡。如此非人非仙，天上人间，转瞬二十余载。已知天命，1979年始复归人体，再现真身。时因学政失察，由养猪而育人，滥竽充数，混迹教界。1984年，花甲限满，即坦然告退，修巢造窝，料理余年。家居十载，未得夕阳卧闲，闭目慢嚼之乐，却怀天倾之忧，心系老养幼教而庸人自扰，愚人蠢事，贻人笑料。屈指已虚度七十春秋，回首沧桑旧事，犹五味在口。然少时心志未改，牛性未衰，虽已喘粗呼急，仍未歇蹄息肩。

暮鸦噪村树，黄犊唤母回，莫哀怨：且待西山红日尽，抖落耕尘归黄昏。

1994年5月19日
1998年6月8日修订

---

① 即牛鬼蛇神。
② 即"五类分子"。
③ 即"文化大革命"期间给挂牌大地主、大右派、大叛徒。
④ "锣鼓开道，随者过千"即形容自己被迫敲锣游街示众的情景。

附 《俺孟》[1]

　　父亲是嫡亲,我却从未叫过爸或爹,而叫"孟",是父亲让这样叫的。不仅我们兄妹六人从小叫到大,即是嫂子、姐夫也跟着叫"孟",这已成了我们家的规矩。

　　起初,我跟着哥哥、姐姐只管叫,后来长大了点儿,就觉得别扭,也觉得奇怪,为什么人家的孩子管父亲都叫爸或爹,而我们叫孟呢?!更有好事的邻居,有时专门趴在门缝上听我们叫孟,弄得我在小伙伴面前挺尴尬的。我于是问母亲。母亲给我讲述了一段往事:

▲ 孟小虎

　　1940年,正值国民党反动派掀起反共高潮之后,抗日斗争也进入了最残酷时期,只有16岁的父亲,加入了中国共产党,在县里进行地下工作。数年后,大哥降生了。父亲想到斗争还会更残酷,很可能会舍家抛子,难尽做父亲的义务。孩子是国家的,对父亲,叫个代号就行了。叫什么呢?叫爹,父亲认为带有封建性;

---

　　① 本文作者孟小虎,为孟庆友之子。

叫爸，父亲认为这是从外国学来的，是崇洋。父亲姓孟，就让大哥给他叫"孟"了。

孟是个农村公社干部，从我懂事起，他就在我们县一个偏僻的公社工作，一干就是20年。孟原来不在公社，在地区专署机关，1957年被打成"右派"，回原籍劳动，全家也跟着回到原籍。那些日子，我们家过得相当艰难。母亲也是农村公社干部，在另一个公社工作。

家里只剩下兄妹几人，相依为命，靠工分生活。唯一比别人强一点儿的，就是有孟和母亲每月微薄的工资接济。在我的记忆里，孟是很少回家的，即使母亲卧病在床。1975年，母亲不幸得了腿病，长年卧床休息。一次，孟为了照顾母亲，在家停了两天，眼看假期已到，母亲病情恶化，实在走不开，孟让我到公社为他请假。

我那年15岁，当时正值盛夏，顾不得烈日炎炎，步行30多里风尘仆仆来到公社。那位领导正躺在床上午休，我说明了来由，他哼了几声，动都没动。从公社出来，我满心欢喜，以为孟能在家再留几天了。但万没料到，我前脚到家，公社就派人跟着也送信到了家，信中的意思是让孟立即回去，上面还盖着公社的大印。孟啥都没说，就跟公社的人走了。从那时起，我似乎认识到了孟每月能拿回微薄的工资是不易的。我也一下子像成熟了许多。

孟很少有高兴的时候，说话办事总是小心翼翼，显得很谨慎。但每逢徐伯从广西回来，他就很高兴。徐伯是孟的老上级，也是孟的革命引路人，后来随军南下，留在广西工作。徐伯每次回来，总要在我们家的窑洞里住上些日子，喝母亲滚得稀烂的小米汤，吃冒着香气的葱花油馍。晚上，徐伯和孟总是谈到深夜，有时又争论得很激烈。只有在这些时候，孟才高兴，才大声说话，孟才像换了个人。

　　1978年，我考上了中专，又验上了兵。我选择了军营。临走时，我到那个偏僻的公社告诉孟。孟说："去吧，路靠自己走，你能穿上军装不容易，好好干。学习不要放松。"离家时，天出奇得冷，雪花飘洒得满天都是，大地银白一片。当时母亲卧床已三年，孟仍在四五十里外的公社，没人送我。登车了。为新战友们送行的亲友围住了汽车，有的叮咛，有的嘱咐，争先恐后地塞着鸡蛋、花生、糖果，我闭上了双眼……汽车开动了，缓缓驶出了县城，送行的人群渐渐散了。猛然，我的心咯噔一下，孟的身影映入了眼帘。孟站在路边雪地里，任凭风雪在他周身肆虐。凛冽的寒风掀起了他的衣角，洁白的雪花落满了他略显单薄的身体，我发现孟已有些驼背了。孟看到我，向前追了几步，又站定了，远远地、默默地看着我，目光里透着坚定、期待和不舍的神色，那情景我这辈子是忘不掉的。我的双眼模糊了，一股热流直往上涌，"爸……"我终于没有叫出声。在心里说："回去吧，孟。您的小儿子会给您争气的。"

孟站在那里，看着我们的军车消失在风雪里。

到部队不久，我就随军奔赴广西中越边境作战。出发前夕，我收到了盼望已久的家书，是孟写的。孟说，入学通知书下来了，但你既然身临前线，就要竭尽全力报效祖国，安心打仗。末了写着"家中一切尚好，安心服役。"我看了孟的信，没有了后顾之忧。我虽然是个新兵，但我尽最大努力，完成了作为一个战士应尽的职责。自卫反击战结束后，在营房里，孟常给我来信，谈家中的情况，也询问我的学习和工作。1980年年初，孟在一次来信中说，他被平反了，恢复了党籍，恢复了工资，就要到一个高中任校长，要把有生之年倾注到党的教育事业中，并随信寄来一份"平反通知书"，让我交给组织，他是怕因为自己影响了我。最后，还是那句"家中一切尚好，安心服役。"这时，我已当了班长，入了团。数月后，二姐来队探亲，我很高兴，当谈及家中情况时，二姐哭了。原来，与我们相依为命的大姐，在年初已经突然去世了，我却全然不知。我禁不住泪水横流，伤心地痛哭起来。我问二姐，孟在信中不是说家中都好吗?! 二姐说，你最小，跟大姐时间长，本来要拍电报叫你回去的，但孟不叫拍，说怕影响你的工作。我思念大姐，但不埋怨孟，我理解孟是以国事为重，不愿因家事影响了部队的工作和训练。这之后，我只能用专心工作来减轻对大姐的思念。

▲ 孟小虎参加对越自卫反击战胜利归来

第二年，我考上了军校，毕业后在一个野战部队当排长。一个夏天的深夜，我突然奉命调往师部侦察连，奔赴云南老山地区作战。我义无反顾。巧得很，孟任教的学校与师部仅一墙之隔，母亲离休后也住在那里。出发前，首长给我一个小时，让我与父母话别。见到了孟和母亲，我说要去打仗。母亲脸色变了，眼神里充满爱怜和不安，手也在颤抖着。孟很镇定，说："去吧，要勇敢，要灵活，现在不是你一个人，还有全排战士，真叫我放心不下，千万不要想家。"孟不让我久停，我立即返回了部队。到前线后，我们初战告捷。我写信给孟，讲战斗经过，讲战友们可歌可泣的事迹。孟很快来了信，说很高兴，信让同事们也看了，并说等我们凯旋，要在最好的饭店请全排战友们喝酒。还把他墙上的一幅字抄给我："将军奉命即从行，塞外领强兵，闻道烽烟动，腰间宝剑匣中鸣。"读完孟的信，顿生一身豪气。在后来的战斗中，我和战友们都圆满完成了任务。

这几年，日子好过了一些，孟却老了。满头银发，额头爬满了皱纹，背也比以前驼得很了，时常咳嗽。孟已办了离休手续，却比以前更忙了。他担任了"县老干部关心下一代协会常务副主席""县关心下一代工作委员会副主任""县退离休教育工作者协会理事长""县老干部局离休干部党支部书记"，整天忙忙碌碌，好像更年轻了。孟越忙，兄妹几人就越埋怨孟，说他不识时宜，有时固执得近乎迂阔。有一年，县志编纂委员会给每位顾问都发了70元的补助费，也有孟的。当工作人员把钱送到家里时，孟说啥也不要，他认为所做的一切都是应该的，不能拿报酬，最后还是让拿走了。还有一年春节，县里和教育局的领导，慰问老教师，也来家看了孟。临走县里领导拿出个信封交给孟，说是县里对老教师的一点心意，孟以为是文件，接过来打开一看是200元钱，坚决不要，并说："不要给我钱，把老教师们的医药费解决好就行了！"弄得领导们挺尴尬，为打破僵局，母亲勉强接住了钱。送走领导后，孟对母亲狠发了一阵脾气，末了把钱送到了关心下一代协会。

孟就是孟，有他自己的思想和处世逻辑，尽管有些人对他无法理解，不能接受，但对我们兄妹们来说毕竟是孟，是父亲。

说句心里话，我真想叫声爸。

原载《伊洛潮》1994年第4期

好吃的肉夹馍
——温暖不过奶奶（姥姥）心

带领儿孙会同弟弟妹妹两家，到北京万安公墓给父亲扫墓，是我和老伴儿每年必办的一件重大家事活动。老伴儿尤为上心。7月18日，她照例5时起床，沿着老年公寓的华严路漫步，代以晨练。回到公寓，从她那标志性的蓝布挎兜里掏出4个还有点烫手的老北京芝麻烧饼。我说早餐已在公寓登记了，你怎么还买这些吃的？我习惯地不等她回答。知道她对这类问题是不屑理睬我的。因为在家务中她早把我"敬"为"贤"（闲）人了，她也"包办"惯了。只见她把每个烧饼都从中间片成两层，待热气散去以后，再把前一天亲手酱制好的五花猪肉，一片片夹进去，分别用小塑料食品袋包扎好，这才嗔怪地说："你当这是让你吃的。"算是对我20分钟前提问的回答。

万安公墓因李大钊烈士陵园而为人所敬仰，墓地氛围也更加肃穆。我们这一大家近20人的队伍在墓碑行巷中鱼贯穿行，大人们的心情自然是沉重的。扫墓仪式礼成，大家回到宽敞明亮而又凉爽的接待大厅休息，开始了兄弟、姑嫂、翁婿、子侄们一年一度的聚会交谈，引来众多扫墓人羡慕的目光和赞叹。

　　这时，老伴儿冲着排坐在窗台上的三个孩子（大外孙女、二外孙子、小孙子）说："都饿了吧？"不等他们回答，一个个肉夹馍就已经递到他们手里了。好像受了饥饿传染，窗台对面沙发上坐的小侄女也本能地掏出剩煎饼，因为她属于姑姑和姨的辈分，不便和孩子们分食。幸亏老伴儿带了四个肉夹馍，便赶快把备用的那个送给小侄女。于是，孩子们的吃相便成了一道风景线，多少抚慰了大人们的悲凄感。

　　孩子中最逗人乐的要算 6 岁的小孙子了。他肥头大耳，虎背熊腰，上下一般粗，站着像个小石滚，坐下如同石门墩。两只胖手捏着肉夹馍，低着头狼吞虎咽，很快就吃完了。然后抬头瞪眼盯着姐姐的半个夹馍，小声说姐姐给我剩一点儿。姐姐的个子比她妈妈还高，又是位大学生，自然要讲究点吃相，但是并没答应他的要求。至于泡在篮球场，晒得黑瘦的哥哥更不可能给他剩了。他有点失望，但没灰心，知道奶奶还会给他好吃的。他盼望着回家吃像他那小胖手一样的肥猪蹄。这时老伴儿回头骄傲地瞥我一眼。意思是，我再一次验证了老人言——饱拿干粮，热拿衣。你想到了吗？我看着她那身永不追求时尚的服饰，心想她在呵护孩子冷暖上，却总是超前的。

　　回城时，小孙子要和爷爷奶奶坐大姑开的车。一路上他的两只小眼睛总盯着后视镜，不时喊叫：大姑姑慢点，我们家的车看不见了。生怕把他爸爸丢了似的。我听着像歌声一样，悦耳开心。再看看聚精会神操持方向盘的大女儿，眼前闪现出难忘的一幕：

1970 年，在北京前门外一个小胡同的小学门口，我等待着来上学的女儿，等呀，等呀，孩子背着帆布书包终于过来了，生怯而又期盼地看着我，低头走进校门……后来她告诉我，当天上午她总是不时向窗外张望，等待爸爸给她送来一个值三分钱的大火烧（注意：不是芝麻烧饼）。可是我让她失望了！这件事我无论什么时候想起都悔恨。当时再穷身上也还是有买个火烧的钱呀，我怎么就没想到孩子在等待呢。我比老伴儿粗心多了。

两辆小轿车先后在大女儿家附近的饭庄门口停下了。小孙子在大口嚼着卷有烤鸭肉片的春饼卷时，还不忘要吃酱猪蹄，结果是全家陪着他喝了一盆猪蹄汤。

第二天是星期天，女儿打开电子邮箱。老家的侄子把一组碑刻照片发过来了。那是父亲的老战友——当年一起在太行山抗日时的八路军 129 师的同志为悼念他写的题词。它们已经被镶嵌在邙山岭的土窑洞里了。面对碑刻照片我想，要是父母亲能看到孩子们的吃相，该多么开心又放心呀！

原载《中国老年报》2009 年 9 月 22 日第 4 版

铁匠后人的婚礼

牛年春节过后不久，我收到老家寄来的一个邮包。内有一个光盘和一纸短信。信中写道：表伯，年前腊月二十五日我结婚了，俺爹让我把录制的婚礼光盘寄给您，一来请您放心，再者也让您高兴高兴……

我当时虽未曾"漫卷诗书"可确实是"喜欲狂"了。立马打开 DVD，两眼直盯电视屏幕。首先看到的是一排小轿车车队，正在宽敞平整的柏油路上爬坡，为首的一辆装饰着鲜花，应该是新人的坐驾，后边跟随的车上飘舞着彩色气球，自然坐的是娶送的宾朋。不过最吸引我眼球的，还是那路外侧深沟的悬崖。这本是豫西邙山岭千沟万壑的常见景象，并不稀奇，但对我来说却另有一番滋味。

整整 40 年前，我被林彪、"四人帮"反党集团的代表诬陷为现行反革命，押解回乡时爬的就是这个大坡，也正是在这段沟崖的拐弯处，差点儿掉进深沟。那天恰巧是端午节的第二天，晌午时分赤日炎炎，坡道上黄土掩盖着行人的脚面，押解我的两个"公差"，命当地人民公社办公室的秘书临时派来一个"右派分子"，用一辆破架子车（北京叫排子车）拉我的行李上山。这位"老右"是个教员，人小身瘦，坡陡路差，他拉不动爬不上，我只好在车后用力推，行至拐弯处，那人腿一软跪下了，我毫无觉察，依然低头使劲推，被翘起的车尾突然拨了一下，把我甩倒在沟崖，幸亏那时我还年轻，反应较快，死死抓住了车帮……

屏幕上的轿车在紫红色的瓷砖贴面的高大门楼下停住了，新郎把新娘抱下车，又抱进铺着红地毯的庭院。然后一拜天地，二拜高堂……我认出来了，中间端坐的那位老太太，不正是新郎的祖母、我多年未见的远房姑妈吗？

时光拉回到60多年前，我也就是六七岁的样子，刚刚记事。我这位姑姑嫁给住在村外沟底下的一户人家，她的公爹是铁匠，她女婿整天跟着打下手。新婚那年正月初二，姑姑回娘家，小她几岁的小姑夫，为了讲排场，借了一头小毛驴背着鞍子送新媳妇回门。姑姑却是跟在毛驴屁股后边走回娘家的。因为一是舍不得骑人家的牲口；二是怕骑上了，犟驴尥蹶子，小女婿牵不住给摔下来。日本鬼子来了，国民党中央军溃败，把小姑夫当壮丁裹走，老公爹徒步追赶几百里路，把儿子要了回来。小姑夫经过这番惊吓和颠簸，精神失常，时重时轻。爷爷只得把打铁的手艺传给孙子。从此，姑姑侍候公爹、照看病夫，拉扯儿女，苦熬到全中国解放。这之前，她们家连皇历都不买，因为没有人识字。

电视上婚礼仍在继续。在老太太身后站的中年夫妇，因为脸上被抹了很多道油彩，我一时认不出是谁，但肯定是操办喜事的主人。这是乡亲们向他们表示祝贺的民俗。待我定睛细看，才认出男的正是新郎的父亲，也就是我的小表弟。我被押解回家那年，他还是小学生，因为"文化大革命"，学校的在编教员多数被"专政"或撵回原籍了，老师不敢教，学生无心学，他除了逃学玩耍，就是每逢附近村镇的庙会或集日，跟随妈妈去偷着卖诸如镰刀、扁担钩、笨锁、吊环等小铁器家什，这些都是他大哥夜里偷着打造的。为换点买油盐的零花钱，妈妈用包袱皮儿兜着，拿出一两件摆在路边卖。他的任务是蹲在妈妈身后瞭望，见"割尾巴的"来了，接过妈妈的包袱就跑。有一次他闹牙疼病，俗话说：牙疼不算病，疼起来要人命。他捂住腮帮子直哭。妈妈没钱请医生给他医治，就四处打探民间偏方。听说用滚开的水浇到有尿碱的尿盆里，让病人吸尿碱蒸发的热气，可以止痛。他妈便找来一个又懒又脏的人的尿盆，倒进开水后，赶快用废纸把盆口蒙上，再扎几个小眼儿，让他趴着吸。他嫌脏，不趴下，他妈眼含热泪说，孩子，这是没有法子的办法呀，谁叫咱没钱哩！

婚宴开始了，我见他夫妇俩领着儿子儿媳小两口举杯在餐桌间穿行，频频向宾客敬酒致谢。粗略估算至少有30

来桌。从桌上盛满菜肴的碗盘看，绝不少于我们家乡待客的"八碗四席"（八大碗热菜，四盘凉菜）。至于白馒头、白米饭这些必备的主食，自然是管饱的。看到这里，我又想起那位小表弟当年每逢端起饭碗，总要挂到嘴边的口头禅——啥时候才能不吃红薯面糕、红薯面糊糊哩！

轻快的广东音乐《步步高》舞曲，结束了喜庆的婚礼……

我当即给新郎写了回信，说我已经仔细看了光盘，非常高兴，衷心向他们小两口和他们的父母祝贺，同时问及他们的工作。

几天后，我接到新郎的回信，没想到改革开放这30年，他们家的变化让我不敢相信。他父亲"文化大革命"期间偷着学木工，改革开放以后手艺派上了用场，联络瓦工外出搞建筑，积攒点本钱，又经营纸张文具。这期间他父母节衣缩食，咬牙供应他和弟弟及堂弟三人先后上了大学。现在三兄弟大学都毕业了，他还拿到一家名牌大学的硕士研究生学位，年前被民政部管理干部学院招聘为讲师。两个弟弟一个搞水利、一个搞机械……

天呀，他不是说梦话吧？不！你听：《步步高》正在邙山岭、河洛大地回荡、回荡……

2009 年 5 月 20 日

信念的力量

河南巩义市中共党史资料中一位女共产党员的事迹，再次说明了"信念的力量"。这位同志叫宋清芬（化名宋杰），参加革命前是当地一家殷实富户的媳妇，25 岁丧夫，膝下围着 4 个儿女，大的 8 岁，小的尚未满月。她受尽了封建礼教的精神折磨，急欲冲出家庭寻求解放。1938 年，在抗日救国的高潮中她找到了共产党。在党组织的教育下，树立起以马克思主义为指导的革命理念，并且立即转化为坚定的革命行动。她入党不久就把娘家陪嫁的 2000 元现大洋无偿捐赠给党组织，还把首饰、衣被、家具变卖了资助党的活动；接着又把 8 岁和 5 岁的小儿子送到延安儿童保育院，破釜沉舟奔赴抗日救国第一线；为了革命工作需要，她无视闲言碎语和男同志假扮夫妻掩护党的机关；后来在河南确山县竹沟新四军留守处遭遇"竹沟惨案"，死里逃生；最后在十八集团军洛阳办事处工作时，献出了年仅 33 岁的生命。

一个封闭在深宅大院的家庭妇女，一旦接受了马克思主义教育，树立起共产主义必胜的信念，她的思想就能够升华，从而毅然决然把金钱、子女、生命统统献给党所领导的民族解放事业。这是什么力量？这就是马克思主义指导下焕发出的信念力量。正是千千万万这样平凡而伟大的同志，在革命信念的推动下默默献身，才创立了新中国。可叹，半个多世纪后，在社会主义新中国有的年轻人却不相信世界上有毫不利己的人，甚至讥讽他们是傻瓜。当美国为首的北约集团轰炸我国驻南使馆，全国人民同仇敌忾时，都有人漠不关心，无耻地说"天下兴亡，匹夫无责"。更可叹的是，眼下理直气壮信奉并宣扬"人不为己天诛地灭"者中还有一些老同志。这就是说，即便是经过战火锻炼的人，一旦脱离了马克思主义指导，丧失革命信念，也可以蜕变成极其自私、庸俗甚至于挖社会主义根基的罪人。可见丧失信念又是何等危险！

在马克思主义的思想基础上，爱国向上的青年，应当像宋清芬烈士那样，牢记国歌（《义勇军进行曲》）中振聋发聩的警告：中华民族到了最危险的时候！认清国内外敌对势力的狰狞面目，坚定革命信念，脚踏实地完成革命先烈未竟的事业。

举办北京市打击刑事犯罪展览始末

1984 年 1 月 3 日至 4 月 30 日，北京市公安局在中国人民革命军事博物馆举办了"北京市打击刑事犯罪展览"。这个展览是北京市此前举办的公安展览中规模最大、展期最长的一次。前往参观的北京市及外地游客达百万人次，先后接待了 28 个省、市、自治区的政法、公安部门的同志。全国妇联主席康克清，公安部部长刘复之、副部长李广祥；北京市副市长韩伯平、安林，中共上海市委副书记陈沂，著名老作家丁玲以及全国政协委员谭惕吾等也先后参观指导。

一、举办展览的由头

20 世纪 80 年代初，首都和全国的刑事犯罪情况一样，出现急剧上升的势头。凶杀、强奸、抢劫等恶性案件频发，犯罪分子手持凶器，结成团伙，气焰嚣张。群众强烈要求政府严厉打击各种犯罪，维护治安，为民除害。1981 年 4 月 2 日，3 名女学生在北海公园划船，遭闫某某等犯罪分子公然劫持并被轮奸、猥亵。同月 18 日，犯罪分子冯某某深夜持铁锤、铁管等作案工具，潜入西单商场行窃，被发现后，凶残地当场打死值班人员于某某。7 月 13 日，宣武塑料二厂会计、出纳员二人到菜市口银行分理处提取工资款24600 余元，分装在两个提包内，犯罪分子张某某竟敢于光天化日之下在大街上抢走出纳员的提包，内有现金 1.3 万元。10 月 2 日，北京轮胎厂女工祖某某勾结奸夫将亲夫及亲生女儿杀死，并将亲夫尸体肢解成 100 多块，抛入玉渊潭后湖。1982 年 1 月 10 日，出租汽车女司机姚某某因未完成调度指标受处罚对领导不满，蓄意肇事报复，竟然驾车至天安门广场，疯狂地驶向人群，撞死5人，撞伤19人……针对连年来上述严峻的治安情况，1983年8月1日，北京市公安局根据党中央关于三年为期"从重从快、一网打尽"的方针，开展了严厉打击严重刑事犯的斗争。从此"严打"在全国和全市轰轰烈烈地开展起来。第一战役中，市公安局治安处收缴了一些作案凶器。为了宣传战果，发动群众，推动"严打"，市局党委常委、副局长刘汉杰同志指示将收缴的凶器公开展览。我当时在治安处秘书室主管对外宣传，于是就承担起举办凶器展览的任务。这个小型展览在城区流动展出数月，效果不错。所以市局考虑举办大型打击刑事犯罪展览时，当时局办公室宣传科的刘尚煜同志就把我"抓"住了。

二、租借场地，聘请专业人员

决定办展览，首先要选定场地，因为它直接关系展出的规模和时间。开始有人提议在文化宫太庙大殿，也有人说可以在前门箭楼上或是鼓楼等。偌大的北京城，可供选用的场地应该是很多，可是经我和刘尚煜与有关单位联系和实地考察后，却一个个"黄"了。我俩一时犯了难。在选择场地的同时，我还要四处联系聘请、借调有绘画基础的人员。经验告诉我，搞展览离不开美工。说句自我糟践的话，那一时期我简直成了"没脑袋的苍蝇"，只要能帮我们绘制展板，书写解说文字的人才，我都去求助。印象最深的有两个去处：一是新街口西街路北有个文化馆，里面附设一个业余美术班，我从该班请了三四名较为优秀的学员。另一个去处是去海军政治部找到曾画过《毛主席在军舰上》的著名油画家靳尚谊同志，请他推荐人才。正是在和这方面人员的接触中，我认识一个人，自称是老画家王森然的学生叫赵延辰，他父亲是"军博"的一位老领导，老家在山东齐河县，是治安处二科张宪民科长的老乡，二人相识。通过赵老联系，得到"军博"领导的大力支持，我租用到"军博"的西大厅。从此，"柳暗花明又一村"。

三、奋战两月，准时展出

场地定下后，已是 1983 年 10 月了。如同天桥打把式卖艺的那样，圈完地摊有了站脚之地，我和尚煜虽然吃下颗定心丸，但是不仅没喘气松劲，反倒更加提心吊胆，马不停蹄了。因为办如此大型的、在当时成为社会焦点的、具有重大政治影响的展览，说实在的我们心中实在没底。于是，我这个"过了河的小卒子"也就横胡噜开了。在市局党委和局办公室的领导下，首先分批调集人员。第一批是美工人员。这部分共 20 多人，有政法系统借调的工作人员和从社会上聘请的待业人员。这些人统统由交通管理处宣传科的郑艺同志领导管理。郑艺同志名副其实，多才多艺，善于团结调动青年同志。他比我和尚煜年龄都大，又患慢性病，但全身心投入筹备工作。他是展览的总设计师，从亲手制作直径一米的警徽为会标，到设计参观券图案，事必躬亲，他是那次展览的顶梁柱。第二批是场地警卫人员，这又分两个部分，一是场地外围警戒，由武警一支队调一个班，记得班长叫周新和。为安排他们食宿，我找到"军博"西门外水利局河管处，让战士们在该处办公大院借住并自行起伙。另一部分是由治安处治安大队调了几个民警成立保卫组，负责场地内卫和参观秩序。我在"军博"西门该馆招待所的简易房里，租了两间客房，作为筹备组办公室，我几乎是常住，尚煜也经常来议事。掌握财政的是行政处的孙冶同志，他的手虽然很"紧"，但由于市局领导支持，大处该花的钱能到位，同志们的误餐补助也能落实。时令正值三九寒天，后勤工作基本上保障了一线筹备工作的需要。经过全体同志的齐心刻苦奋战，同年12月中旬，不到两个月的时间，实物、照片、插图、解说词均已征集、制作完备，展厅布局大体就绪。第三批是调集解说员和接待人员。解说员主要是公安学校的女学员，少数是局机关的女同志。负责接待的人员由局机关办公室抽调，记得有信访处的戴其瑞、康建民，预审处的曹志等。总计展览期间，先后参与的工作人员有百余人。

四、局领导支持，党团支部保证

回顾这次展览之所以较为成功，我的体会是：市局党委领导既重视、支持、关怀，又放手让我们在一线的干部大胆创新，展览会临时党团支部，充分发挥了组织保证作用。时任市公安局党委书记的杨毓秀同志，在筹备和展出期间，几次到"军博"展览场地，检查指导工作。他十分关心同志们的生活，还亲切地和警卫班的战士座谈。有一件事，我至今记忆犹新，感动不已。那是展览快要结束的时候，局里要招一批民警，有个帮助绘制展板的社会青年，听说有这个机会就积极报名，因身高不够被"卡"住了。那位小同志求我帮忙，我虽然爱管"闲事"出了名，但自知干部问题是说不上话的，便没有答应。有天下午快下班的时候，我到市局西院浴室的大池子泡澡，正巧杨毓秀同志也在池子里。我和他打过招呼，他想起来我是办展览的，就问了一些展览会的情况，我们边洗边聊，突然想起那位小同志的事，便向他反映，这次办展览，发现咱们局里这方面专业人员太少，我们为此很作难，即便是展览结束了，我们也需要这方面的人才。目前在展览会帮忙的一个小青年，画得不错，也愿意当民警，就是身高不达标，能不能破格录取？他当时没表态，等我们在大通铺上边休息边穿衣服的时候，他郑重地对我说，如果那位同志其他方面审查都合格，他有这个专长，我们又需要，可以录取。写到这里，不禁感慨万分。和领导同志同池泡澡，同一窗口排队买饭的"游击习气"就是那么"丑陋"，"有伤大雅"吗？难道一点积极因素都没有，非根除不可？！我企盼着有生之年能再见到这种风气。

展览会的人员组成，前面已略述了，把这么一支队伍调动起来，使其步调一致，其难度是可想而知的。我和尚煜商量，还是遵照毛泽东主席倡导的老办法行事——把支部建在连队上。于是，我们成立了展览会临时党团支部，把各个部门的党团员分别编成党团小组，要求党团员在各自的工作岗位上，发挥带头和保证作用。我任党支部书记，市司法局法制报的美编刘仁庆同志任副书记，团支部书记是康建平同志，坚持正常的组织生活。团支部还组织青年同志搞文娱活动，调剂紧张的加班生活。康建平受到表扬，他当时是党培养的积极分子，记得临时党支部还给他作了一份鉴定。大家紧张愉快地完成了展览任务。闭馆时，"财神爷"孙冶以展览会的名义，赠给每位工作人员一个带把的瓷盖杯作为纪念。闭馆后我又扫了一周的尾，与"军博"的有关同志交割完，最后撤离。

原载《北京公安史志》2007年第3期

跨界荧屏[1]

——电视剧《明天是星期天》策划、摄制记

1984 年夏，北京市公安局策划、摄制了一部两集电视剧，片名《明天是星期天》（以下简称《明》剧）。曾于中华人民共和国成立 35 周年之际，先后在北京电视台和中央电视台播出。与近些年动辄数十集的电视大片相比，《明》剧确实不值一提。但在 25 年前改革开放之风刚刚吹动湖面泛起些许涟漪的时候，一个公安局竟敢"不务正业"地举起一杆小旗，向影视圈"招兵"，确实有点可追忆之处，作为该剧的制片主任，借《史志》一角，补上几笔，供局内同志用作笑料。

一、动议与策划

1984 年春末，我局在军事博物馆举办的第一次"严打"战果展览刚刚闭幕。时任市局办公室副主任兼宣传科科长的刘尚煜同志有个想法，就是把办展览时节省下的经费约两万余元，让宣传科再用它开展一项对外宣传工作。

大家都知道 20 世纪 50，60 年代，我局的对外宣传工

---

① 本文原名《荧屏外的故事》，本次出版时改为现名。

作一向是十分封闭的，"文化大革命"期间林彪、"四人帮"砸烂"公、检、法"，更加堵塞了对外交流的正常渠道。"文化大革命"结束以后，为了维护社会治安，在全国范围内开展了严厉打击严重刑事犯罪的斗争（简称"严打"）。我局需要向社会宣传"严打"政策；社会媒体也很想知道我们是如何操作的。这可以说是不谋而合的要求。于是，一时间呈现出《北京日报》、《北京晚报》、《人民日报》、新华社北京分社、中央新闻电影制片厂等媒体的记者，争先到局探寻"社会新闻"的场面。特别是王兰昇同志以长篇新闻通讯的形式，披露北京至丹东第 27 次火车车厢内发现碎尸的凶杀案侦破始末后，更吸引了文学艺术界人士的眼球。诸如"八一"电影制片厂的老编导柳琪辉、后来成名走红的军事片导演翟俊杰、当时已小有名气的导演尤小刚、编剧陆天明，以及评书编演名家田占义等都来我局挖掘创作素材。

就是在局内外这样的氛围中，刘尚煜萌生了拍个和刑事犯罪作斗争的电视剧的想法。反映刑侦战线干警的机智与顽强。对内鼓励士气；对外配合"严打"斗争，宣传教育群众。因为"文化大革命"前拍摄的公安题材电影片，不仅数量少而且内容多是反特的，群众对更为接近他们生活的刑事人民警察的真实形象并不了解。刘尚煜是位工作热情高，说干就干的同志，请示市局领导得到同意后，宣传科把拍电视剧列入工作计划，立刻行动起来。摄制过程中，剧组得到白平同志、刘光人同志的大力支持和具体指导。

因为我在治安处负责对外宣传，和新闻媒体及影视方面有点接触，又处于刚刚结束军事博物馆"严打"展览的空隙。刘尚煜再次拉"夫"，让我筹措有关事宜。他把宣传科的车豫正、杜欣路派给我，我把治安处的郭振军带上，因为他业余学过导演，多少有点影视知识。刘尚煜还以办公室的名义请治安处支援车辆和财会人员。我便在天堂河农场借了两位职工，一位老赵管账，一位小孙开车。又在治安处治安大队借了一辆212后开门北京吉普车。就这样，我们这五六个门外汉，怀揣着两万元人民币，驾驶一辆破吉普车，一路风尘地就闯进了影视圈。

二、剧本、导演、演员

拍电视剧，至少要有个剧本。这是再外行的人也应该懂的常识。可俺们硬是没有。

我在1973年"文化大革命"后期落实政策回北京后，曾以1966年10月北京发生的张德恒杀死出租汽车司机，又驾车撞昏沙河大桥值勤的外事民警，抢走"五四"式手枪、子弹逃逸案，及1965年12月发生的花继皋尾随从银行提款的人，行凶抢劫大量现金案为素材，写了个《案中案》的小故事自娱。无奈中,我硬着头皮把这个故事的草稿拿出来,作为构思剧本的提纲。

这个提纲,经过两任导演的梳理,形成了一个剧本大纲及一个分镜头剧本。剧情的梗概是:

女刑警队长辛岚,在一个周六下午,下班铃声响后,刚要迈出办公室门,被一连串急促的电话铃声拦回了。京北大桥桥畔,发现一具无名女尸。她放弃回家的念头,立即率领侦查员和技术员驱车赶赴现场。女尸左胸部有刀伤,上衣口袋有个绿色塑料钱包,内装3张印有伍市斤字样的全国通用粮票和一张字条,上写751842–53数字,似电话号码。沿着电话号码追查死者身份及来历。经过数度周折查清死者是胶东渤海边一家新成立的渔业联营公司的出纳员,为买130汽车,携带四万元现金来京。是什么人图财害命呢?凶手原来是死者的经理。这凶犯在"文化大革命"期间以造反为名,在京打死过人还抢得大量珠宝,为逃避"清查"拟潜往境外。不难看出,剧情增加了为改革开放政策保驾护航及谴责"文化大革命"破坏治安秩序的宣传内容。刘光人同志根据剧情,参照电影《今天我休息》的含义,把这个剧定名为《明天是星期天》。

导演和演员必需外聘。我通过"八一"电影制片厂的老编剧,在该厂演员剧团请了一位女同志担任导演,后来因故那位女同志不干了。车豫正又通过关系请来许同均做导演，那本分镜头剧本就是他搞的。他又介绍了北京人艺的老演员修宗迪（饰刑侦处长韩钊）、长春电影制片厂的老演员安琪或叫安娥（饰死者玉华的母亲），遗憾的是女一号刑警队长辛岚的饰演者，我忘记了。只知道是"八一"厂的演员。此外，还介绍了一位搞美工的同志叫何宝通，此人后来曾担任电视剧《三国演义》的美术总设计。这些在影视界已有名气的人物，能够屈驾加盟我们的小戏，反映出"文化大革命"期间我国文坛沙漠化的严重程度，即使"文化大革命"已经结束8年了，他们仍没有展示身手的场地。

三、缕缕花絮耐回味

小打小闹。戏要开拍了，剧组演职人员要集中。我找到市局东边北京军区空军招待所的所长张某，他是我的小老乡，减价租了几间客房。拍戏晚了有的同志就住在那里。有一天晚上我没在那里住，第二天早上我到招待所，就发现气氛反常。原来助理导演小郭被自己的同志借故打了，小郭一气之下离开了剧组。后来我才知道是有个人想当副导演，便于日后以此为资本跻身影视圈，唆使"混球"干的。如此一折腾，惊扰了其他客人，我不便让老乡为难，赶快把剧组撤走了。

大海蟹足吃满带。胶东海滨渔村的戏，我们选在唐山市乐亭县拍外景，得到该县公安局周局长的大力协助，边防派出所用巡逻快艇带剧组人员游渤海湾。又让渔民打捞数筐鲜海蟹，在海边支起大铁锅，边煮边吃，蟹肥味鲜，当时在北京的大饭店也吃不到。也只有在这时候，演员们才不埋怨我的破吉普车颠他们的屁股了。回北京时，他们敞开包带了许多肥硕的鲜蟹。

借戏中人吃、喝、玩。有场戏是犯罪分子向西北逃窜，本来是经过八达岭长城，有人听说密云县境内的金山岭长城刚开发没去玩过，便专程去金山岭拍外景，又给密云县公安局添了些麻烦。当时西直门外莫斯科餐厅附近新开了一家地下餐厅，专供西餐大菜，他们就指定把请客的戏放在那里拍，真吃真喝。我听老赵说，有一天晚上在地下餐厅拍戏，还没开机，盘子里的牛排就光了，只好又补一盘。

以上种种，对于时下的明星大腕而言，自然不可能发生。但对我这圈外人来说，确实长见识了。

我所得益之处，是在乐亭县拍外景时拜谒了大黑坨村李大钊烈士的故居。他的女儿李醒华同志生前遗嘱身后将其葬到她童年居住过的小屋门外的杏树下。她的丈夫照办了。我的感触特深。

2009 年 6 月 22 日

《北京公安史志》刊登有删节

荣子的文具盒

荣子是位漂洋过海来中国的日本姑娘，全名叫山下荣子。荣子有个红色塑料文具盒，谁也不相信，这文具盒比她生命还重要呢！

荣子父亲是个老石匠，荣子心灵手巧，又爱读书，父亲最疼爱这个小女孩，便咬咬牙给她买了个在日本也不算便宜的化学文具盒。从此，这个渗透了父亲的血汗和寄托着希望的文具盒便和她形影不离了。

日本帝国主义发动侵华战争，荣子一家和中国人民一样遭了灾难。战争后期日本国粮食奇缺，荣子和其他女同学被驱赶来我国吉林省的山沟垦荒种地。她们撒下的种子还没有长成，日本鬼子就投降了。荣子决定在我国谋生，便嫁到了康家店赵沟。后加入了我国国籍。这样，日本樱花便在邙山岭扎下了根。

三年自然灾害时期，有一天，她叼着烟卷掀开箱盖找东西，不慎烟灰掉进箱里，等她往地里送粪回来，木箱已经燃着了，她拼命把文具盒抢出来，她说："即使什么东西都烧光了，文具盒也不能烧"，因为文具盒里有她的命根子——中华人民共和国国籍证呀！

原载《龙啸文学报》1992 年 3 月 25 日第 4 版

山下荣子扎根中国山村 ①

　　在一个秋高气爽的日子里，我来到河南省巩义市（原巩县），见到了华籍日本老人山下荣子。我走进她的卧室，刚刚把送她的几斤苹果放到桌上，竟意外地听她操着一口浓重的河南口音说："咦，买这弄啥哩。""您的当地土语说得真标准！"我不禁脱口而出，她微微一笑，轻轻地说："我已经在这里生活 41 年了。"语音虽轻却异常深沉。这使她又忆起了遥远的岁月……

　　1925 年，她出生在日本山梨县的一个石匠家庭。兄妹 7 人，荣子排行老五，父亲山下半重郎含辛茹苦地凿石刻花养活家小，双手磨出的老茧硬得好似铁板，虎口处震裂的无数道深深的伤痕总是张着"嘴巴"，仿佛在无声地诉说日子的艰辛。特别是到了日本帝国主义侵华后期，日本政府一面向外疯狂掠夺，一面又驱使国内大批青年到中国东北开荒种地，即所谓"勤劳奉仕"。1945 年 3 月，20 岁的荣子和山梨县甲府市女子高等学校的 60 名同学一起在女教师齐藤先生的带领下，来到中国吉林省的一个深山沟，开办了山梨县农场。天真的荣子只有一个愿望：来年收获后，

---

　　① 本文为张虚与张忆群父女二人合著。

将分给她的那份微薄的军余粮，转给国内年迈的父母和不懂事的弟妹充饥。然而，姑娘们撒下的种子还没有长成粮食，日本军阀就投降了。齐藤先生带领全班同学回国了，而荣子却留了下来。她想，回到家乡也是吃不饱，不如在中国找个吃饭的门路……

荣子毕竟年纪轻，阅历浅，她只看到中国地面大，没想到刚刚收复的东三省百孔千疮，民不聊生，何谈就业？！她从吉林山沟只身流落到长春市，一路上的所见所闻，使她一心想当秘书或者教员的美梦彻底破灭了，只好给一资本家当佣工糊口。荣子帮工的附近，正巧有一个国民党军队的汽车修理所，22岁的河南兵赵留柱时常在修理所见到容貌俊美的荣子出出进进地帮人打工，心中很是爱慕。经好心的同事撮合，这对异国青年男女，竟然情投意合，结为夫妻了。这可真应了那句"千里姻缘一线牵"的老话。其实，牵连他俩的那条线并不是天命，而是中日两国劳动人民相同的苦难。原来，自幼丧父的赵留柱也是在大灾之年，被迫从中州大地的邙山脚下流落他乡，帮人拉大锯学木工，走村串户卖力讨饭，后在陕西省华阴县火车站被一群国民党兵抓来的。抗战胜利后，赵留柱本要回家种田，还没来得及脱掉军装就被蒋介石强迫空运到东北内战前线。

荣子同情留柱的遭遇，留柱更爱怜荣子的贤淑，日子虽然清苦，但小两口却和和美美。

1948 年东北解放后，留柱被分配到沈阳市财政局当司机，荣子也在沈阳市毛纺厂当了工人，实现了她漂洋过海寻求职业的愿望。生活安定了，留柱的思亲之情自然地涌上心头。荣子通情达理将心比心，极力主张留柱往原籍去信打听亲人下落，心想自己与家人团圆办不到，促成留柱找到亲人也是一份孝心。于是，留柱怀着忐忑的心情试探着写了封平安家信。当他意外得知老母尚还健在，并且盼儿望穿双眼的时候，更是归心似箭。可是一想到荣子，他又愁得睡不着觉。他实在不忍心把荣子拉回山沟沟活受罪。那窑洞如同原始人的穴居一样，恐怕她见了黑洞洞的连进都不敢进，更不要说成年累月地生活了。再就是荣子生在岛国，养成了洗洗涮涮的习惯。我们的老山沟不要说天天洗涮了，连吃水都困难。至于庄稼活，先不说会不会干，光是从家里出来到岭上的坡地，走那二里山路就够受了……何况她还是个洋人，话又不通，日子还怎么过？

荣子看出留柱有心事，再三探问，留柱才坦白了自己的顾虑，并想出了个折中办法：他个人先回家看看，争取把母亲接出来……荣子听罢，思想斗争也很激烈；与其留在中国的山沟里受苦，还不如回富士山下讨饭。可是，不跟留柱回家吧，又怕把她一个人扔在沈阳。虽然她完全可以再建立个家庭，在城市里过比山沟舒适得多的生活。但是她不能那样做，她舍不得同甘共苦的丈夫。

1950 年春天，当富士山下的樱花盛开的时候，荣子跟随留柱进了山海关，来到了黄河边。从此，牡丹仙子就成了荣子心中的樱花，中国河南省的巩县便成了荣子的第二故乡。从"土改"分地到初级社、高级社、"大跃进"，直到人民公社；从反霸、镇反、"社教"、"四清"，直至"文化大革命"，她和亿万中国人民一道，经历了 40 余年风风雨雨，樱花终于在黄河岸边，扎根—开花—结果。

巩县有个风俗：妇女生孩子满月时，姥姥要把母子（女）接回娘家住几天，叫作"挪挪窝，消灾避难"。可是荣子的娘家却远隔千山万水，头一次做母亲的荣子思念着远在岛国的爹娘，常常暗自流泪，没想到孩子满月那天，本村赵老太太主动上门硬是把荣子娘俩接到她家。赵老太太是位心地善良的老妈妈，看着荣子一年到头干活，生了孩子连窝都不能挪挪，实在可怜，便决心当荣子的中国妈妈。从此，山沟里兴起了"国际友爱"之风。以后荣子又先后生下 5 个儿女，孩子满月时，乡亲们都争着往自家接，他们都想做"洋媳妇"的娘家人。

荣子在这么多"娘家人"的抚慰下，慢慢地爱上了黄河、邙山和土窑洞。1957 年她终于申请加入了中国籍。

1958 年，荣子怀着对第二故乡的热爱，与邙山姐妹们并肩战斗，改造山川。为了引黄河水上山，她们用最原始、最简陋的木制机械，从山下分级车水，全程 500 多米。荣子发挥了她特有的耐性，一人顶两三个人干活，坚持日夜车水，被选为县劳动模范。

荣子不但经受住了劳动的考验，也经受住了生活的磨炼。荣子的婆婆曾亲眼见过日本侵略者残害中国老百姓的情景，对日本侵略者恨之入骨。但朴素的民族感情竟使她把一腔怨恨都发泄到了荣子身上，一百个看不上荣子。动不动就躺下怄气。荣子把饭菜端到床头，她却故意不理睬。每逢这时，荣子便一声不响地站在床头，一直等婆婆端起饭碗吃罢饭为止。1960 年前后，三年自然灾害时期，天灾人祸把邙山人民刚刚舒展的心又攥成了一团。躺在病床上的老婆婆，听着左邻右舍争口粮的吵骂声，望着自己枕边难得的馍馍，对照荣子又黄又亮的浮肿脸庞，含着泪花感慨地说："你真比亲闺女还亲啊。"荣子舒心地笑了。

时光荏苒，岁月如梭。一年一年里，每当荣子在田间遥望嵩山的时候，就想起了富士山，思乡之情油然而生，她觉着从邙山望嵩山和从故乡甲府市胜沼望富士山一样清晰，估算邙山距嵩山的远近与胜沼距富士山的远近差不多。可是何年何月才能回到富士山下呢？ 30 多年过去了，她依然准确地铭记着离开祖国的时刻：1945 年 2 月 22 日下午 7:05。蹉跎岁月里，思亲的泪水流成了河，但荣子却坚强地熬过来了，始终没有给日本家中写过一封信。她不愿在动荡的年代给中国的亲人们再找什么麻烦。

直到 1979 年，在留柱的再三催促下，荣子才试着分别给哥哥、姐姐和姑姑写了信。过了很长时间荣子突然接到哥哥山下实由横滨寄来的回信。原来她寄出的信唯有姑姑收到了，姑姑的儿子把信转给了荣子在横滨的哥哥。可是，哥哥的回信充满疑问，不相信山下荣子真是他的亲妹妹。原来 1945 年日本投降后，当地政府曾通知她家：山下荣子于是年 7 月在吉林省附属医院病故。从那时起，荣子的名字就被作为"亡灵"写在牌位上供起来了。荣子只得又回了封长信，把哥哥、姐姐和弟弟的年龄及属相都写个明白，还记叙了一段童年往事。哥哥这才相信妹妹还活着，激动地砸毁了"亡灵牌"。

1980 年 11 月的一个晴朗的早晨，荣子带着两个未婚的男孩，从北京机场起飞，跨越大海，开始了她 35 年来第一次回娘家的行程。当到达东京的时候，孩子们的两个舅舅、姨和舅妈早已在东京国际机场等候多时了……

来年 5 月，当人们在富士山下的樱花林中，载歌载舞欢度赏花节时，荣子带着两个儿子

▲ 赵留柱和山下荣子

告别了东京的亲人，登上了归程。此时，黄河岸边的洛阳牡丹也绽开了笑脸，仿佛在迎接远方的亲人……

如今，67 岁的赵留柱心宽体胖，容光焕发，远远望去，简直是个结实的棒小伙儿。荣子的身体也很好，她是河南省巩义市人民政治协商会议的委员，参政议政的劲头儿很足，处处表现出当家做主的气派。他们的 4 个儿子、2 个女儿都已成家立业。一家人十分和睦，不仅儿媳妇孝顺，两个姑爷对她也很好，他们都是中国人民解放军的复员军人。邙山人爱说："丈母娘疼女婿"，荣子不仅疼他们，还夸他们呢。她时常操着标准的邙山土话说："俺的两个女婿统（很）好哩，他们也不嫌择（弃）俺（是外国人）。"

黄河之水天上来，流过邙山脚下，汇入滔滔东海，送去牡丹，带回樱花。啊，愿鲜花的彩桥，把邙山和富士山世世代代联结在一起……

原载《明日》杂志 1992 年第 2 期总第 16 期

旧中国巩县名流"戒毒"戏

多少有点历史常识的中国人，都知道 1840 年的鸦片战争。鸦片这种 19 世纪的新式武器，对一个被侵略的国家和民族而言，辐射之广、穿透之深以及延续的时间之长，用现代公式换算，其杀伤力远远超过美国投到日本的原子弹的千百万倍。巩县被"原子弹"击中，伤亡最惨烈，最具反面教育代表性的要数康百万家族。康百万家族的溃败，最明显最直接的原因，就是他家几代相传的 28 支"烟枪"。

《康百万家族与庄园》一书列举的 28 支"烟枪"中，有个康家 19 世孙叫康若谷的，我少年时代曾见过他所谓戒烟毒的表演。

说句公道话，若谷这支"枪"，在 28 支"枪"中，"火力"算是最差的，他没有发展到倾家荡产典卖妻子的地步。因为他有位精明干练的老娘，牢牢掌握他家的经济大权，虽然可以维系他的吸毒恶习，但不许他对家庭经济命脉"伤筋动骨"。于是，给后人留下了如今作为展览的"4 号院"和珍贵的"石屏窑"。若谷是他的字，他学名思谦，小名叫如，在四兄弟中排行老大。他妈姓王，是洛阳府名门大户的小姐。自从生了他，他妈就被称为"如他妈"。虽然作者在《康百万家族与庄园》一书中多次用敬佩与褒扬的文字提到她，可惜始终没有写出她的名字。这就是旧中国女权被剥夺的例证。

1947 年春，蒋介石在南京要当总统。20 年前他提倡的"新生活运动"又在蒋统区城乡刮起一阵风。"肃毒"自然是一场重头戏。巩县的县、乡官员必须造造声势，以响应

"领袖"的"新生活"号召。若谷在洛西乡挂上了号，树大招风，不得不逢场作戏，摆出个戒毒的架势。

国民党当局设立的戒毒场所，分三六九等，因人而治。下等的与小偷、流氓、盗贼一齐关进衙门的牢狱饿饭；中等的罚钱取保，明戒暗抽；若谷则被安置在巩县卫生院住单间，由随身小厮伺候着，把黑的变成白的，把象牙烟枪变成锡箔纸，易地吞云吐雾。当时的巩县卫生院，地处巩县城鳌岭的南门里路西。那曾是刘芙秋女士任校长的女子小学旧址。日本投降后，张静吾教授任河南省政府卫生处处长，一来想为家乡民众办点实事，因为他是巩县城关北瑶湾村人；二来为答谢其学生王华五抗战期间逃难途中对他的相助之恩，便任命王华五为光复后的第一任巩县卫生院院长，并通过各种途径拨款资助修缮扩建，确实归置成一处整洁安静的院落。若谷就住在门诊楼后边职工宿舍的平房里。当年家母在该院妇产科工作，和他的房间相距很近，康孟两大家有多门亲戚，他称家母表姐。我当年在北官庄新心中学读书，每逢周六回县城，经常见到若谷。有一次，他当家母的面和相关亲友毫不掩饰地说：我从家往县城来的那天，故意磨蹭到半晌 10 来点钟，本来可以叫车把式把轿车赶进洞里门前广场上车，我特意下到洞门外，踩着栽绒凳垫，和乡亲们招手上车，让大家都知道，我是去医院戒烟毒的。

若谷不犯毒瘾时，也是个知书达礼、十分聪明的人，高兴时还写字绘画，书法很有功底。他根据家母的处境和性格，曾以篆体书写两幅条幅赠家母。一曰"自力更生"，一曰"剑胆琴心"。可惜在战乱中遗失。据说他曾素描一幅《百蝶图》，形态各异，很有特色。一年后，我在开封城又见到他，他没钱吸毒，竟然伸手向我这个14岁的穷学生要钱，我哪里有钱给他。有人问他还看书写字否？他说：那些物件我早扔到墙外边的火坑里了，连纸灰都不想看。可见他的精神已经颓废崩溃到极点。后来，听说他流浪到西安街头，最终客死异乡。

康若谷在巩县卫生院戒毒的闹剧尚未谢幕，接踵登场的是位更为显赫的人物——时任河南省主席刘茂恩的大公子刘兴捷。刘兴捷当年20来岁，体态魁梧，方圆脸，肤色黑黄。由其生母王氏及侍女伴随，占用门诊楼后边的几间平房。王氏夫人是陕西人，当年50来岁，个子不高，脑后梳卧式卷形发髻，经常穿一件月白色市布单旗袍，对一般职工尚算和气。

刘兴捷戒毒并不安分。他常把站街镇澡堂胡同"班子"（妓院）里的妓女接到卫生院给他唱戏。一天晚上，有个穿一身白绸裙的女人，自称是东山张家的几小姐，给他清唱河南曲子戏《蓝桥会》。因为是在院子里唱的，我也有幸饱"耳福"。事后，王夫人还让侍女给她做了碗面叶汤，让她就着酱咸菜当消夜。

还有一次，刘兴捷要游藕坑。所谓"藕坑"，就是民国初年发大水被淹没的巩县老县城。水涝一直没排出，多年来形成数百亩水域的湖泊。春夏季节，芦苇茂密，荷花争艳，秋后百姓则采食"茭白"荷藕充饥，倒是乡民苦中作乐的去处。官家无颜冠以雅号，民间叫它"藕坑"。王夫人便命当时的智信乡官员备木舟游览。刘兴捷游兴未已，要下水游泳，被其母坚决制止。回来后，王夫人还说：不知坑底水情，不敢让他下去。可见无论贫富贵贱，父母对儿女的爱心都是一样的。可惜王夫人的苦心，在儿子身上白费了。

"一叶知秋。"从康若谷与刘兴捷的戒毒戏，我们可以看到国民党政权土崩瓦解的必然趋势，也可感受到新中国对于禁毒肃毒的坚定决心。

2008 年 6 月 16 日

杍 玉

杍玉，是个女人的名字。20 世纪初，她的父亲引经据典给她起了这个十分费解的名儿，害得后人在世纪之末，还要查对几种字词典，才勉强推断出名字的含义——安顺而秀美。

杩玉年轻时肤色确实白皙光泽，老年举止依然端庄文雅，就字面讲可算名副其实。

1908 年，杩玉出生在洛河西岸古称黑石渡的一个九世同居的封建大家庭。这个家老幼百十口人，她的父亲是总管家，以孔孟之道为家训严以管理。她家虽没出过大官儿，在地方上却颇有声望。与毗邻的"康百万"齐名，被誉为"孟善人"。

缘于"门当户对"的旧俗，杩玉自幼许配白家。公爹曾任清朝的小官吏，民国初年当过新疆督军杨增新的幕僚，后来先后任过主管纺织和关税事务的督办。她的丈夫在白家排行老三，也在督军府供职，曾任督军的机要秘书。不幸年仅 23 岁就英年早逝。白老太爷随后离任，寓居京城，购置北京西城二龙路西京畿道 29 号的房产为寓所。为了抚慰年轻遗孀的三儿媳，杩玉被接到北京与公婆叔侄共同生活多年。

这所宅院在北京并不起眼，用白老太爷的话说，当年我的手要多少松点儿，你们现在的住处就宽敞多了，吃喝也用不完了。院子坐北面南，四合院里又建了一座小洋楼，安装抽水马桶等卫生设施，算得上时髦的中西合璧。杩玉被指定住在楼后西跨院的平房里。这间小屋和 20 世纪洛河岸边"康百万庄园"的"寡妇窑"没有实质上的区别。因此，她十分明白自己的身份和处境。为了强制自己消磨时光，她只好向女佣学做北京宅门里的应时小吃。诸如小巧精致的油炸麻花、油炸嫩玉米粒、腌制松花蛋（也叫变蛋）

等小点心和拼盘冷菜。尽管公馆里有专职厨师，公婆还是喜欢她孝敬的小吃和素菜。因为她注重切菜的"刀口"和选料，就连极普通的凉拌白菜心，经她手做出来，看了就让人觉得清脆爽口。再就是用做针线活儿打发日子。她的服装一般不请裁缝师傅制作，即便是裁缝做好的，她也要亲手拆改，直到真正合体满意才上身。她对服饰色调的搭配特别严格，基本上是黑、白、灰、蓝四色，顶多变换成玉白、银灰、油绿、藏蓝，连宝石蓝、藕荷紫等色彩较为明快的衣料，她都很少选用。日常着装，夏天多半是上身穿牙黄色鲁山柞丝土绸或玉白色竹布料的掩襟褂子，下身穿黑汴绸长裤或盖脚面的百叶筒裙。冬天则穿黑市布或灰自由布棉袄罩衣。春秋季节，常见她在夹袄外面，套一件藏蓝色俄国产薄呢绒制的披肩。她的发型不土不洋，始终是在脑后横着卷个椭圆发髻，用玳瑁壳精致的发卡绾着，显得中等匀称的身条更加利索洒脱。

枥玉一生最感激的人是丈夫的四弟，也就是她的四小叔子。老四跋山涉水从万里之遥的新疆，用骆驼驮着棺木运回丈夫的遗骨。那年代军阀混战，兵匪横行，且不说花费银钱，就是性命都不保险。四小叔子那年也才20岁出头，硬是率领一帮人穿越戈壁沙漠，绕道进入绥远，搭乘汽车经河北到达河南，然后棺外加椁丘封在邙山岭上。她一生最大的憾事，是没听公婆的话，把老四的儿子过继到自己名下。这全怪她那时还年轻，体会不到日后没有儿女的难处。再者就是她干净得过分，只怕小孩拉屎撒尿弄脏她的住处。这一点倒颇似"大观园"借住的妙玉。不料在以后的多半辈子里，她真的吃了妙玉洁癖的苦头，受到了命运的捉弄。

1937年"七七"卢沟桥事变，日本侵略军打到北京城的广安门外，白家公馆清晰地听到城外的枪炮声。只见张自忠、佟麟阁的队伍，挥舞着大刀片开进开出，着实振奋了军民的抗战情绪，但也有不少人怀疑北京城能否守得住？白老太爷当机立断，把家小分为两路：一路由老四陪伴老太太和孙子、外孙子等人逃出城，奔天津英租界避难；另一路由他亲自挂帅，带领三儿媳、四儿媳及小孙子回河南老家。从此，杼玉结束了北京城四合院的生活。

原籍的白家大院，坐落在洛河与黄河环抱的邙山岭上。古老的邙山曾经是中华民族先民繁衍生息的地区之一，距白家所在的牛沟不远处的康沟就有殷商文化遗址。邙山经过千百万年的风化冲刷，形成了朝南流入洛河，冲北流入黄河，无数条如同鲤鱼脊骨排刺似的，由上向下横穿的沟壑。先民们借沟壑崖壁上的天然洞窟藏身，后人称之为穴居。在北京住洋楼的白老太爷，回到家乡便不习惯"穴居"，他曾筹建了几座带木棚板的瓦屋，杼玉就住在其中的一间屋中。

日月穿梭，一晃十多年过去了。中华人民共和国成立后，消灭封建制度根基的土地改革运动迅速全面展开。回头看看，当年白老太爷在北京结诗社，吟诗诵赋，以文会友的雅兴，倒是给儿孙们修了条自食其力的路。他为官多年，从不注重置买田地，"土改"前全家仅39亩地，在原籍生活的家庭成员按三份分，每家13亩，"土改"时政府以每家人均土地占有量及参加劳动情况的政策，划分阶级成分。老大家5个儿子，人均5分地，定为中农；老二家三口人，不参加劳动，定为地主；老三儿媳，一人一户，无劳动力，土地出租，于是，杼玉成了法定的"地主婆"。她何尝不愿意儿孙满堂，而偏要占有这13亩寡妇地呢？

从"土改"到她去世的38年中，杼玉跟随着时代的脚步，学习农业劳动。从自己分得的那1亩3分地起步，随大流进入初级、高级农业社，敲锣打鼓升到"一大二公"的人民公社，然后又回到她的那份"自留田"里。她始终默默地挺直腰杆干力所能及的活计。她虽然天天和黄土地打交道，服装却始终保持整洁，即便补个补丁，也要尽量挑颜色相近的碎布，补得平平展展。她绝不蓬头垢面，破衣烂衫，让人当叫花子看。

几十年的孤独生活，她练就了一套保护身心的"防卫术"，也叫"礼、理、宽"三字经。具体运用是：无论对任何人都要以"礼"相待，"礼多人不怪"，避免不必要的人际纠纷；处理任何事都要占"理"，不干无理的事，不说不讲理的话，才能"有理走遍天下"；心胸要"宽"，心里的疙瘩只能由自己化解。本着这套由孔孟之道家训演化来的处世哲理，她从不惹事，也不与人争吵，赢得了人们的同情和敬重，即便有人想向她寻衅，也无故可借。在"文化大革命"时期，"造反派"说什么，她只管听，从不多说半句话，终于挺过了一场灾难。不过也有个小插曲，颇发人深思。

有一天，本村小学校的学生帮军烈属和孤寡老人干活儿，争着学雷锋，巧遇枂玉从沟底下的水井旁，提着半瓦罐水往家走。孩子们发现了服务对象，急忙迎上去夺过瓦罐盛满水，送她回家，倒进她专用的水缸中，又借来水桶抬了两桶水，小水缸立即满了。这期间，枂玉一再说，你们给我抬水不合适，但孩子们没理会，他们欢蹦乱跳地走了。不大一会儿，又红头涨脑地返回来了，指着枂玉说，你这地主婆不老实，为什么骗我们？不由分说，就把煤渣、脏土倒进水缸里扬长而去。原来是另一小组学生向学校报告了，说他们把屁股坐偏了。孩子们怕被"上纲"挨批判，便回来搞了这场恶作剧，表明立场。枂玉又用小瓦罐一趟趟把脏水提到门口倒了，她什么也没说，心想：这就叫孩子。

以后的十几年，枂玉完全丧失了劳动能力，生产队按人均口粮的最低标准，分给她一份粮食（小麦、玉米和红薯）赖以糊口。但是，没钱买煤和油盐等生活必需品，她便到路边、田间、坡头，捡拾枯枝落叶，废纸破烂。烧柴代煤，卖破烂换油盐，即使如此潦倒，她依然把捡拾物，井井有条地分别放置。她的住房旁边有个废弃的灶棚，她把干树枝折成相等的长度，捆成筷子把一样，码得整整齐齐，简直像商店的货架子。废纸、废塑料袋也一张张摊平打成卷儿，连收破烂儿的人都感叹不已。她从不向亲戚们张口要钱，零用花费仅靠娘家侄儿给捎十块八块钱，再就是前面提到的那位小叔子，一两年接济她点钱，也极为有限。这老四抗战开始以后，再没回过老家，中华人民共和国成立后漂泊到南方落脚，只因孩子多，靠有数的工资维生，手头也很拮据，但他始终没忘老家这位孤苦一辈子的嫂子，可是三五元又不值得邮寄，只好趁乡亲回乡之便，隔一二年给捎一二十元。这些钱杼玉从不轻易花用，她盘算着还有个大用项——自己的后事。

杼玉一天天衰老了，走路都很吃力，自知即将结束孤苦的一生了。她开始动手料理殡葬的琐事。棺木和寿衣她早已备好，尽管质地不能和以前相比，也算看得过去，尤其是寿衣，经她亲手裁缝，至少自己是满意的。不放心的是，还有两样物件没落实。一样是入殓前棺木底撒的炉灰渣，另一样是填在棺内的谷草把。前一样用于尸体腐烂后吸收溶化的液体，起渗湿作用；后一样填在棺内尸体四周，起固定作用，防止移动棺木时晃动尸体。这些本属儿孙后代人办的事情，她不敢指望别人肯替她安排。

因为她多年来不舍得烧煤做饭，家里没有煤灰渣，便到左邻右舍讨要（绝不到垃圾堆捡拾），用个小口袋，一斤半斤的拎回家，然后轧碎，再用罗筛去粗渣，把细面收存起来，直到她认为足够用了为止。与此同时，她又四处讨要谷草，一把一把，均均匀匀，整整齐齐地捆好。而后，把这两样物件，放在她的床边，人们一眼就能看到的地方。她把这一件件大事小情安置妥当之后，便于 1989 年的一天凌晨安然地走了。她孤苦而顽强地在洛河岸边生活了 81 年。多亏四弟万里运灵柩，杼玉终于在 60 年后与丈夫合葬于邙山，入土为安。杼玉：谁敢说你不是生活的强者！

2000 年 1 月 6 日

请尊重原著

——电视剧《保卫延安》观感

杜鹏程同志的长篇小说《保卫延安》改编成电视剧，作为中华人民共和国成立 60 周年的献礼片即将播出了。这消息对于我们这群 50 年前该书的老读者，确实是极大的兴奋剂。于是，我天天盼着有一天晚上的黄金时段，在中央电视一台和它见面。我终于看到了，但视线却越来越模糊……

谢护士成了周大勇连的中心。周大勇我是很熟悉的，他是杜鹏程同志呕心沥血塑造出来的具有革命英雄主义气概的人民战士形象，是《保卫延安》书中的主人公。谢护士又是哪里掉下来的呢？查遍全书，无处问津。显然是电视剧编导无中生有增添的角色。这对原著主题以及对观众导向，起到什么积极作用了？现将荧屏上关于谢护士的"闪光点"拉近距离，供众人品评。

请看，她疯了似地去悬崖边呼叫李振德老人和栓牛（其实李振德根本没见过这位"闺女"），不惜引来正在寻找我军主力的胡蛮军。周大勇无奈，只能派大个子王老虎丢下心爱的轻机枪去当她的卫兵。结果是演了一出王老虎扛着谢护士逃遁的戏，满足了半个多世纪后部分观众追求浪漫和刺激的视觉需求，却伤害甚至侮辱了长眠在黄土高原的英雄战士王老虎们的心。

这里必须说明的是，我并不反对在文艺作品中歌颂英雄的白衣战士。事实上当时在西北野战军中，有成百上千位护士在战斗，张护士、王护士……，何其多，又何其出色！问题是荧屏上的这位谢护士的言行，与她的身份、教养以及所处的战场环境极不相符。因为不真实而使人腻烦。她虽然被戴上了诸如在延安中央交际处工作过、周恩来副主席都认识她等桂冠，但是编导却忘了根据上述经历，她应该在延安至少参加过最后一批整风。那么一位有文化、有修养、又经历过整风教育的干部，怎么就不知道尊重基层连队干部和遵守战时纪律呢？更有甚者，她时隐时现展示暧昧，竟使周大勇与王成德产生醋意。她的表现活脱是一位千金小姐在自家后花园任性、撒娇、耍横的形象。这是对广大参战护士的丑化。那场变魔术般地从怀中揣出红十字旗一幕，则更不真实。试问野蛮残暴又无知的国民党官兵，懂得南丁格尔精神和国际公约吗？

积玉峁攻坚战大着笔墨，竟是为了显示敌军女报务员苗真及其顽抗到底为蒋介石殉葬的白马王子。从原著看，杜鹏程同志并没有对积玉峁战斗正面落笔，因为主人公周大勇没有参加强攻积玉峁。然而最能代表周大勇的精神面貌与周大勇英雄群体的第五章《长城线上》，连文艺老前辈冯雪峰同志都舍不得删去的可歌可泣的故事，却被电视剧给阉割了。还让在长城线上浴血战斗的小成子跑到野战医院给苗真端洗脚水，借以感化她。这个情节的设置是不符合当时的政治气氛的。当时蒋介石、胡宗南还远没服输，苗真们满脑子对国民党的正统思想，对蒋介石还有幻想，我军没有功夫也没有必要在战地为她做那么多工作（当然俘虏政策还是要严格执行的）。因此，杜鹏程同志在原著中关于这方面的事只字未提。至于李振德老人赶上毛驴把她往胡宗南占领的延安城送的一幕，如果放在60年后，国共两党再次构建平台，营造泯恩仇氛围而创作的《保卫延安外传》也许有票房价值。

关于熊向晖同志在电视剧出现的戏，我认为意义不大。原著没有丝毫披露熊的地下共产党员身份。事实上那是我方情报部门掌握的重要机密。杜鹏程同志不可能知道，即便知道在解密之前也不可能在文学作品中指名道姓，这是起码的纪律要求。再说《保卫延安》是反映正面战场斗争的，展示的是毛泽东、周恩来、彭德怀等老一辈无产阶级革命家的雄才大略和人民战士忠于党忠于人民的钢铁意志，而不是展示隐蔽战线的《潜伏》英雄，不可能沿着这条线展开创作。因此，搬出熊向晖同志，不仅对原著无补，反而让人感到编导在取材上轻率、浮躁。

以上几点管见，无意更不可能否定电视剧《保卫延安》的主要成就，只是想借此把影视界改编经典名著时，如何严肃慎重对待的问题提出来，请方家听听普通观众的声音。

我以为改编者应该尊重原著，也就是敬重原著作者。理解他们贯穿全书的真情实感，珍惜他们洒满字里行间的心血。我相信当今的改编者，也希望后人同样看待自己今天的劳动。千万不能像阔裁缝改衣服那样，一剪子下去，把长衫改成短裤，把纽襻改成拉锁，中不中，洋不洋，让人没法穿着上街。

就拿《保卫延安》的作者杜鹏程同志来说吧，不仅他的作品教育人，他的创作毅力和为该书招致的灾难以及抗暴的斗争性，也感人至深而且值得学习。他出生在一个贫寒的穷乡农家，早年丧父。仅读过三年乡小，16 岁参加革命活动，17 岁到延安参加革命，一直在陕甘宁边区学习、工作、战斗。对共产党、毛泽东主席、人民军队、边区人民群众有极深的阶级感情，出于这种感情，他把记述保卫延安战役，作为历史责任自觉承担起来。边学习文学创作知识，边从事创作实践。先是写了百万字的报告文学稿，又改成 60 多万字的长篇小说，四年九易其稿终于在 1954 年面世，被誉为建国初期少有的史诗般的文学巨著。但是从 1959 年以后，由于当时人所共知的原因，该书被下令停止销售和禁止借阅，后来又被下令就地销毁。至于作者本人的遭遇就可想而知了。

杜鹏程同志于 1991 年过早地离开了他热爱的人民和敬仰他的读者。如地下有知，当周大勇们质问他："老杜，你咋把俺们弄成那样子了？"他该怎样回答！

2009 年 7 月 4 日

为电视剧《吕梁英雄传》叫好

为庆祝抗日战争胜利 60 周年，中央和地方的电视台，播放了多部反映中国共产党领导人民群众与日本侵略军殊死搏斗的电视剧，其中《吕梁英雄传》我最喜欢。

《吕梁英雄传》是马烽和西戎同志于 20 世纪 40 年代中期创作，50 年代初正式出版的长篇小说，曾改编为同名电影，受到广大读者和观众的欢迎。内容是抗日战争时期我晋绥边区日军据点汉家山镇附近一个叫康家寨的山村，村民团结起来与日军、汉奸、恶霸斗智斗勇，一步步"挤敌人"保家乡的故事。生动而深刻地体现了毛泽东同志的人民战争思想，塑造了主人公雷石柱以及孟二楞等一大批青年农民有血有肉、个性鲜明、生龙活虎的民族英雄形象。近年来，被文艺界誉为红色经典。我为这部电视剧叫好，它"好"在哪里呢？

一好是尊重原著。从篇头到主要人物的姓名、主要事件发生的时间、地点、情节都基本上保持原样，给观众以原汁原味的印象。我认为这是对原作者及观众负责，也是编导人员良好的职业道德的体现。

二好是尊重历史。故事发生在 20 世纪 40 年代，日军占领的晋西北贫困山区，在敌人据点附近活动的民兵，只能采取他们力所能及的斗争方式打击敌人。本片没有盲目制造脱离实际的形形色色轰动场景，拔高民兵的"神通"，而是展现了他们从自发到组织起来，摸索着由挫折走向成熟进而夺取胜利的发展过程。始终没有超越本村本区的活动范围，发挥了保家护村亦农亦兵的职能，令观众可亲可信。

　　三好是尊重人物的自然美。剧中无论是正面人物还是反面人物，都能融化在当时当地的真实生活中，与他们的身份、性格、语言特点以及风俗习惯相吻合。使观众欣赏到真实生活中的自然美，学习到源于生活又高于生活的美学观。

　　以上几点是对文学作品的起码要求，原本不需特意指出。可惜眼下在改编同名经典作品为电视剧时，违背上述常识的现象却屡见不鲜。君不见白洋淀那个天真、淘气、机智、勇敢的小嘎子，上了荧光屏一下子就长"高"长"大"了，连老罗叔都得跟着他转，编导还莫名其妙地硬拉来个鬼子的干儿子给他做伴，对塑造嘎子的形象有多少帮助？凡此种种，让一个对那个时代尚有些体会的老读者老观众看了，实在堵心。

病榻与孝经

　　常言道，"床前没有百日孝。"为什么人们要把病床和行孝联系起来并作孝道的警语呢，以往我没有思考过。上个月我的老病发生恶化了，大夫不许下地，于是，吃、喝、拉、撒都在床上，我只能看看书报。孩子们给我带来的旧体诗词普及本等书中有一本新书，很是醒目，我立即抽出翻阅，原来是民政部原副部长李宝库主编的《中华孝道故事》。书中收集了我们党和国家老一辈领导人及社会贤达的尊老敬老、行孝侍亲的故事，也有现代普通百姓孝敬老人的典范，读来生动易懂，情节都很感人，还附了我国古代"二十四孝"彩绘图。

这本书在病床读，使人更有一层感悟，因为每位病人都有切肤感受。以前有远房侄子对我说，在老家时，他有一天夜里路经某人的窑坑院上，听见响动，便在那家坑院窑顶驻足，往下一看，原来是某人正在院子当中的樱桃树下给她亲爹洗身上的粪污，不料尚未擦净又拉出来一摊，她一气之下，随手在老爸的大腿上打了两下，还数落了两句。可是她又长长地叹口气说：谁叫恁是俺爹哩。又再换裤子，再擦洗。须知那时农村没有自来水，黄土地连人畜吃水都困难，难怪她发火。

这个带普遍性的行孝小插曲，说明老汉的女儿还没有真正体会老人的困难。当然城市大医院医疗护理的条件好多了，老人的生活困难减少了，但他（她）们只要有一刻的清醒，考虑的都是如何减少子女的精神和物资负担。

我劝病床上的老人和床头的子女，有条件的都读读《中华孝道故事》，达到心理沟通，必然收到事半功倍的效果。

2012 年 11 月 20—22 日

像题诗小集

——诗自像中来，像在诗中吟

张虚作于 1999—2006 年间

▲ 一家人在 20 世纪 60 年代的合影

山雨欲来风满楼，四口一夜成煤球①。
任你摇攥填炉烧，铁骨钢筋不低头。

▲ 父亲（张虚）与祖母（孟隐芳）一起
　缠毛线

慈母手中线，缠绕儿孙心。
思念无形丝，世代系后人。

---

① 即"文化大革命"期间所谓的黑帮党羽及家属。

拾陆茫然入东嶽[1]，
一觉醒来六十多。
幸亏未曾求"进步"[2]，
年逾古稀身不挫。

▲ 张虚

▲ 张虚的孙子（张骏杨）

▲ 张虚儿时的肚兜

爷爷兜肚孙儿戴，
不忘曾祖老太太。
甲子迎来河清日，
滴血女红释心怀。

---

[1] "东嶽"即京城朝外东岳庙，北京市公安学校初创校址。
[2] "进步"系借用电影《南征北战》中老大娘的话，即升官。

河洛育英豪，骏杨身心壮。
扎根黄土地，屹立邙山上。
学习争先进，爷爷不失望。
长大成人后，报国孝爹娘。

▲ 张虚的孙子（张骏杨）

玉兔金猴火焰驹，
各有特性自闪光。
要问小将名和姓，
刘瑗薛山张骏杨。
三人手足紧相连，
互助互学齐向上。
敬业报国争先进，
孝顺父母永不忘。

▲ 小辈们的合影

宦海多暗礁，
为官履薄冰。
生就硬骨头，
淡泊一身轻。

　　　——望儿女终生体验

　　1999 年 8 月 18 日

▲ 张虚

▲ 一家人的合影

《逐鹿中原》搭《金桥》，
《三战陇海》笑《采椒》。
字字心血三百万，
化作弹雨射强盗。
《熙如诗草》绿塞上，
苦辣酸甜千百行。
莫把菊花当蓬蒿，
子孙世代继书香。

2005 年 8 月 21 日晨 6 时　骏杨三岁生日前一天

▲ 回母校

抚杖蹒跚回母校^①，

犹闻绒花香扑鼻。

"文庙"业已无处寻，

排排瓦屋何方觅？

难忘垫草卧苇席，

红薯面糕争充饥。

莘莘学子苦作乐，

今非昔比悲中喜。

2005 年 7 月 19 日

---

① 即巩义市第一高中，原名为巩县中学（初中），位于老县城鳌岭。

▲ 游康百万庄园

步入康百万门洞，童年琐记油然生。
若谷①本居四号院，吸毒潦倒在西京。
崇烈纨绔骑大马，泰山倾倒梦未醒。
游客只知看稀奇，怎知人间浮沉经。

2005 年 7 月 24 日

---

① 即康若谷，名思谦，天资聪颖，沾染恶习，幸其母严加约束，中华人民共和国成立前未能倾家荡产。但其恶习不改，终于抛尸异乡。崇烈自幼不学无术，家道败落后仍不知奋进，靠任国民党地方官员的老泰山混吃喝，浑浑噩噩。

▲ 李淑华与她的牵牛花[1]

绛紫、藕荷、宝石蓝，
朵朵喇叭向青天。
谁道"子孙"长得丑[2]，
撒向人间保平安。

2005 年 7 月 17 日

---

[1]　老妻李淑华热爱生活，爱护生命，2005 年春义务将自家的各色牵牛花籽撒在北京市老年公寓的藤萝架隙及华严里沿街的篱笆下，夏季鲜花盛开，为老人添趣。

[2]　即牵牛花籽在中药里的名称"黑白丑"。

祖孙相依稳如山，
小手举铃高过肩。
虎背熊腰赛铁塔，
昂首挺胸男子汉。

　　　　2006 年 4 月 1 日

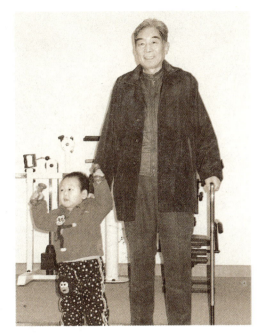

▲ 张虚与孙子张骏杨

河洛神蹟① 中华魂，
激励爱国军人心。
倭寇贼心仍未改，
芦沟杀声犹相闻。

　　　　2006 年 8 月 10 日

――――――――――

　　① 巩义市石窟寺内的"河
洛神迹"碑，系一位国民党爱国
军官于 1937 年"七七"事变后
所立。

▲ 与"河洛神迹"碑合影

身矬眼大腰板硬，
未曾说话脸先红。
双手养活老父母，
敢于接近被管兵。
莫道人心全不古，
乡亲邻里有杆秤。
有朝一日黄河清，
斤斤两两算分明。

▲ 有治（左）[1]与张虚（右）

2006 年 8 月 23 日

来自土窑洞，
成家在北京。
满口豫西话，
全身过时衣。
大脚穿布鞋，
豫剧最爱听。
未觉高楼适，
不忘穷邙岭。

▲ 老年张虚

2006 年 4 月 10 日

① 有治是个吃苦耐劳、本分的少年，敢于接近"文化大革命"时期
遭诬陷、被监管的我，并说"人人心中都有一杆秤"。

邙岭老屋
——诗书继世长

▲ 宣武区大齐家胡同 20 号东屋，10 平方米蜗居，"文化大革命"时我们一家五口曾经居住过的地方。（摄于 2006 年该址旧房改造之前）

斗室盛满离合情，夜半月光透窗明。

箱下① 幼女惊喜目，风霜雨露不言中。

姐妹学唱"样板戏"，爷爷床边含笑听。

烤坯② 捡砖搭小屋，瑷孙摄影补课程。

2006 年 4 月 10 日

① 即将板箱架在单人床床头上，两个孩子躺下将腿伸进箱下空间。
② 即雨季和泥脱坯无处晾晒且不易干，便放在小蜂窝煤炉旁烤。

▲ 丙戌正月初一游长椿寺宣南文化博物馆¹

长椿古刹数百年，沧桑巨变换新颜。

此前曾居南禅房，全家蜷曲栖两间。

新春佳节逢丙戌，祖孙三代游故居。

拍下小照留凭证，显示人间今胜昔。

————————————

①　这里早先是座寺庙，叫长椿寺，建于明朝万历二十年（1592 年），
至今已有近 430 年的历史。清朝乾隆二十一年（1756 年）重修。北京解放
初期，长椿寺内共有大小房屋 227 间，住户 130 户，大部分是织布厂工人和
小手工业者。20 世纪 70 年代曾经是北京市公安局宿舍。粉碎"四人帮"后，
我家居住其中的两间南房，终年不见阳光。但我们住进去时，孩子们却有
"天堂"之感。可见平民生活之一斑！2003 年宣武区人民政府重修了长椿
寺，并将长椿寺打造成了宣南文化博物馆。

常言人生如梦，
老来方信为真。
试问明日之事，
谁能预料得准？
回眸过来的路，
从无坦直平稳。
后生欲求上进，
务必温故知新。

▲ 游元大都公园

2006 年 5 月于元大都公园

知足常乐心地广，一家三代喜洋洋。
往事应记不必叹，携手共进奔小康。

2006 年 9 月 5 日

▲ 一家人的合影

五

怀念篇

缅怀次兄柯岗老[1]

张熙如

（一）

青年学子自请缨，驱寇建国时日匆。
历尽沧桑花似锦，小康初度不居功。

（二）

半生戎马又衷文，炮火隆隆笔底闻。
业绩丰功出不尽，江山如画慰忠魂。

---

[1] 柯岗，为本书作者张忆群的祖父张克刚（柯岗）。

（三）

家访最难忘，开朗一老翁。

壮怀说往事，竹梅耐寒冬。

（四）

不复大潮流，献身无所求。

袒怀如赤子，情系水源头。

（五）

不改毫锋劲，墨香"诗草"娴。

安得积远念，落笔意拳拳。

（六）

又是秋风起，落英飞漫天。

生前期相会，未卜是何年！

2002 年 9 月

我心中的父亲①

张少旭（张虚）

我的老家在邙山，那里也是我父亲柯岗（原名张克刚）的出生地。

邙山位于黄河南岸，是十三朝古都洛阳城的北面屏障。黄土厚而肥、林木茂而密，不仅养育了千千万万勤劳的邙山人，也安葬了历朝历代许许多多王公大臣和社会名流的尸骨。因此，邙山又称北邙，成了坟茔的代名词。我家就在洛阳市东面巩义市境内邙山上的张岭村张家老坟底下。这地名听来有点可怕，但是我不仅没有恐惧感，还觉得很亲切，因为我们世世代代都在守护着祖先。

张氏家族在邙山岭繁衍生息了 600 多年。我们是耕读世家，祖父曾参加辛亥革命。辛亥革命之后，军阀混战，争权割据，祖父因而愤然脱离政界，潜心研究中医学，行医施药为善乡里。老人提倡新学，给父亲聘请的启蒙塾师，不仅教经书、数学，还教英语；老人思想开明，追求民主、进步。1938 年，他鼓励和资助父亲、姑姑奔赴延安，参加抗日救国战争，并相约"后会如有期，同向光明路"。日本

---

① 为张克刚（柯岗）。

投降后，蒋介石发动内战，祖父积极参加八路军太行八分区敌后情报联络站工作，与儿女们战斗在同一条战线上。

父亲离家去延安时我刚 5 岁。中华人民共和国成立后，我们父子第一次相见时，我已经参加革命工作，加入中国共产党、成为一名公安干部了。几十年来，虽然与父亲接触不多，但是我们之间的感情是深厚的，父亲对我的成长有很大影响。

——

我出生时父亲正在上海读大学，听母亲说：那年寒假他特意从上海带回两桶冠生园生产的高级饼干，并向全家人"郑重"宣布：这是给我儿子买的！为此，母亲嗔怪他——不足成（即不足够成熟）。母亲一直将那两只湛蓝、锃亮的方形饼干桶放在八仙桌上的座钟两边，让我总能看见它们，随时想着爸爸。可惜，1944 年被日伪"皇协军"抢走了。就在父亲投奔八路军那年冬天，他匆匆赶回老家。我记得他用红纸条写上"打倒日本"四个字，贴在我家学院儿过厅屋的墙上，让我坐在专为我制作的黑漆小罗圈靠背椅子上，面对墙壁教我认字，还教我唱："大刀向鬼子们的头上砍去！"

在一个雪后的早上，父亲领我到家门外南沟的园子拔菠菜。他手持长把铲在前边开路，我跟在后边。到园子里，他拨开积雪、拔出菠菜，他的动作是那么矫捷，在我的眼里显得比谁都高大。

父亲和姑姑离家的那天，母亲抱着我站在村头韩坟边沿的高岗上，目送他们兄妹远去。我记忆最深的是爷爷心爱的白马和猩红色的鞍套。白马驮着他们的行李缓缓向东，红鞍在白马背上格外显眼……看不见人影了，却依稀听到马的嘶鸣声。从那以后好多年，每逢我唱起"风在吼，马在叫……"时，眼前总闪现出送别父亲的这一幕。

二

父亲随刘邓大军进军大西南后，给我写了第一封信。信是姑姑转交我的。内容是："你已经十七岁了，应该参加基层工作，好好锻炼。"还鼓励我多读好书，"要'做读书的人，不做吃书虫'。"我领会他的意思是让我善于汲取书中的精华，学以致用，不要死读书。他要求我尽量扩大知识面，对有些事物不一定样样精通，但是要懂，我的确是按照他的教诲走入革命队伍的。先是在县的民教科工作，后又在公安派出所当民警、干事、侦察科科员……一直在首都公安战线战斗了44年。

1951年"三反""五反"运动中，为了清除"旧警察"作风，树立人民警察的新形象，当时北京市公安局出版的《首都公安报》于1952年4月4日，曾发表了专访我的文章《青年团员张虚同志》，文中还引用了父亲来信的内容：

"……一个人最好是把一件小事做好，最可怕的是天天想做大事，而连小事也做不成。你要做老实人……"

三

父亲的性格和为人对我影响很深，但他从来没有命令我应该做什么、不应该做什么，而是通过叙述自己和他人的经历，启发我从中汲取经验、教训，这可以说是我们家的传统家教方法。

我自幼就经常听爷爷在我家大院的梧桐树下和家人侃侃而谈，谈往事、谈见闻、谈感想……让人们领悟他的主张。我那时很小，听不懂爷爷谈话的内容，但知道不能吵闹，扰乱听讲气氛。

对于父亲的话，我多数是用心琢磨领悟的。有一次他说，当年在太行山八路军 129 师宣传部，几位老同志闲谈。有位同志问他："某某与你在性格上有什么不同？"他说："我是想说什么就说什么，他是该说什么才说什么。"（自然是对同志而言）此话听起来有点可笑，却为在座者认可。原因是它确实反映了父亲坦诚、正直甚至不失童真的本色。我继承了父亲的这个基因，因此吃了不少苦头，但是也和父亲一样终生捍卫了做人的正理。

父亲在弥留之际，口述给我的遗言说："历经坎坷，两袖清风……"在市场经济的大潮中，我更加为有两袖清风的父亲而自豪。一定让子孙后代都成为像他们的爷爷、老爷爷那样，站得直、走得正、有益于人民的人。

父亲，您平静地、慢慢地走向远方吧！

2002 年 5 月 13 日

大写的人生之路

——父亲[①]教我学做人

张小岗

父亲走了，走得很突然。

谁也想不到，就在与癌魔顺利地抗争了三年，那预想之中的"最后时刻"还仿佛很遥远的时候；就在他和我们一道，不仅迎来新世纪，而且准备向 90 大寿迈进的时候，父亲却猝然逝去，让我们毫无思想准备！

然而，父亲走得也很安然。这倒不是因为他毕竟活到了让许多人羡慕的 87 岁高龄；也不是因为在最后的三天里，他基本没有受太大的痛苦，甚至由于心跳、呼吸都停止得太快，竟使他得以避开了他最怕的生离死别的场景！尽管父亲

----

① 为张克刚（柯岗）。

一生经历了太多的坎坷，人生对于他来说，有着太多的不公和遗憾，而我却认为，父亲用 87 年的时间，走完了正直、坦诚、坚韧，从不向恶势力低头，从不趋炎附势、追名逐利，堂堂正正、爽爽朗朗的人生之路。所以，他是安然的。

理智与情感

在我的记忆里，父亲在大是大非面前是很理智、很严肃的，全没有感情用事、儿女情长之说。1978 年年底，我从部队回京探亲，刚住了几天，突然接到部队发来的加急电报："有任务，速回。"后来，才知是部队将在中越边境方向有军事行动。要打仗了！多少年军旅生涯终于有了过"真招"的机会，心里说不上是兴奋还是紧张。就在军人责任感和畏战情绪的矛盾之中，我买了机票，准备第二天返回部队。当晚，我心里很乱，觉得有很多话要说，有一种"壮士一去不复返"的感觉。父亲却镇定如常，仅以一个老兵的口吻，给我说了一些诸如"养兵千日，用在一时""上了战场要沉着冷静"的话。那晚，全家按时就寝。清晨，我背起行囊离家，父亲竟只送我到了楼下公交车站，仿佛我就是去出几天差而已！

这一去，我便有了人生最危险也最难得的战斗经历。每当与死神擦肩而过，每当深夜趴在异国的战壕里，遥望红河北岸祖国土地上灯火闪亮时，我总在想，我们的父母们此时能否想象他们儿子的处境？

我的女儿听了这段故事后，曾惊讶地问他的爷爷："您难道没想到您的儿子是去打仗？那可是要死人的呀！"父亲的回答是："当兵打仗是战士的职责，做父母的在这个问题上唯有义无反顾！这是我们家的传统。"

父亲讲的传统是实实在在的。有诗为证：

> 明知行役苦，不忍便留汝。
> 汝等到人间，父母掌上珠。
> 汝有时乘船，我心寄桨橹。
> 汝有时乘车，我心寄轮轴。
> 有时徒步行，我心寄尘土。
> 逆旅风霜赊，我心在露宿。
> 世路多崎岖，明察迈健步。
> 迎着朝阳去，同走光明路。

这首诗，是65年前祖父送父亲和姑母赴延安从军抗日前夜写下的。30年前，父亲略加增修后，书赠我和妹妹探家归队。这里面饱含了我那未曾谋面的祖父从祖上传承下来的精忠报国的家学家风，也渗入了父亲戎马多年的人生体验。

如今，当我也到了"知天命"的年龄时，我更加明白了，父爱，是与母爱不完全相同的一种爱。古人云：养不教，父之过。对于子女，父亲的首要责任是教育，教他们做好人、走正道，为国家、社会培养有用之才。

实在地说，一个人生命里没有当兵的经历是遗憾的，而当兵一场，如果没有经历过实战，也堪称是一种缺憾。联想起当年确有一些类似《高山下的花环》中赵蒙生母亲那样的父母，因"爱子"心切，剥夺了自己孩子履行职责，赢得宝贵人生经历的机会，父亲的大理智和其中蕴涵着的大感情就愈加令我难以忘怀。

其实，父亲是很重感情的人，尤其是对自己的亲人和挚友。我出生时，父亲已经 36 岁。中年得子，应该是很高兴的事。但是，母亲一个人在昆明，与远在康藏筑路部队深入生活的父亲天各一方，思念之苦本已难诉，又加交通阻隔，我降生的消息，竟在三个月以后才传到父亲耳里，真不知当时的父母承受了多大的精神重负！

据父亲说，那是一个傍晚，他正在帐篷外的雪地上独自散步。大雪封山已经有好几个星期了，山上与外界早已断了消息。暮色中，只见远处匆匆走来一个人，浑身落满雪花，嘴里哈着白气，风尘仆仆地来到父亲面前，问道：

"请问，这里有个叫张柯岗的吗？"

"我就是，什么事？"父亲奇怪，居然是找自己的。

"嗨，你看有多巧，我从山下上来，带了一封电报，正愁这么多人哪儿去找呢，偏偏第一个就问到了你。"

父亲打开电报："心儿于 12 月 19 日降生，母子平安。"而此时此刻，已是 1952 年 3 月中旬了。

出于对人生险恶的切身体验，父母预先给我起了个小名——小心，取意于伏契克的名言："人们啊，我爱你们，但你们要小心啊！"

尽管是迟到的喜讯，却无疑让远在雪域的父亲感受到真真切切的亲情与温暖。他把那张电报纸深藏在贴身衣兜里，愈加精神百倍地奋笔疾书他所热爱的部队、战士，写他难忘的金沙江、雀儿山、然乌湖……待他归来时，我已经一岁多了。那天在机场，母亲指着远处过来的那个晒得黝黑的人让我叫爸爸，我便蹒跚地扑了过去，父亲一把将我抱起，高高举过头顶，脸上笑开了花。

父亲常年在外，一旦与家人团聚，总是非常地投入。我从小身体弱，经常感冒发烧，只要父亲在，总是他背着我去医院看急诊。山城的夜晚，弯弯的石坎路，昏黄的路灯，趴在父亲微湿的背上昏昏欲睡……这些，至今仍朦胧地留在我儿时的记忆里。据说，我两岁那年得麻疹，连续 10 多天高烧不退，父亲和母亲昼夜不停地轮流抱着我摇啊摇，哄我入睡。一次，疲惫不堪的父亲伸手接过两眼熬红的母亲递过来的药瓶，用勺子盛了药水往我嘴里连喂了两勺，谁知我竟大哭不止，忙用鼻子一闻，吓坏了，原来是给我擦身子降温用的酒精！如今我酒量尚可，不知与这从小的"锻炼"有无关系。

孩提时，常因打针、拔牙或外伤换药而哭闹，父亲则不失时机地在一边做"思想工作"，给我讲刘帅剜眼不用麻药，被德国医生称为"军神"；讲华佗为关云长刮骨疗毒，"刀子刮在骨头上嘶嘶作响，关羽却面带微笑，下棋如常"……每每这时，我就不由得一咬牙，一闭眼，挺过去了。为增强我的抵抗力，父亲曾在我五六岁时强迫我洗冷水浴。重庆的冬天，气温也只在零上几摄氏度，我在淋浴喷头下冻得大喊大叫，父亲在一旁看着表，一分钟时间到，才用军大衣把我紧裹起来抱走。

我的一张婴儿照的背面，有父亲写下的一句话："祖国，我们用乳汁为你哺育了英雄。"也许，这就是父亲在把他全部的父爱施与我时所常常想到的。它让我感受到父亲丰富的内心世界中，情感的品位与分量。

傲气与傲骨

父亲是知识分子出身，大学毕业后，他本可以去继续深造，完成经济学研究生的学业，做一名学者或实业家。然而，在强虏入侵、国家将亡的危急时刻，父亲经过审慎的理性思考，毅然放弃了个人的前途，郑重地选择了中国革命，继而选择了中国共产党。回顾自己的一生，父亲把经历过的历次整风、审干比作"九蒸九晒"，自信自己动机之纯洁，立场之坚定，是早已无可怀疑的。而每每在遭受不公正待遇时，他总会感慨地说："我们这些人不是被谁强迫来革命的，除了信仰，我们别无他求！"也许有人因此而认为，像父亲这样的一些知识分子干部都有些自傲，然而在我的印象里，父亲并无傲气，但的确不乏傲骨。

父亲一生仕途不顺，这是他决心以笔为枪、愤而著书，继而成为当代颇有成就的军事文学作家的原因。其实，父亲的气质、本性早已决定了他不能得意于官场。"安能摧眉折腰事权贵，使我不得开心颜"。不能设想像父亲这样的人，能为一官半职而去说违心的话，做违心的事，让自己活得猥猥琐琐。他不是做"官"的料，或者说，他骨子里崇尚的人格平等与自由，与官场"规则"天生相左。

父亲的傲骨，在恶势力面前表现得尤为突出。"文化大革命"初期，父母因"为刘、邓树碑立传"而遭迫害，成为四川文艺界有名的"夫妻黑店"，批斗、游街，苦不堪言。

一次，"造反派"祭起车轮战法，连续批斗父母近一月之久。对父亲的拷问翻来覆去就是一句话："你到底反没反刘、张①？"

---

① "文化大革命"期间四川省革委会成员。

"反了"父亲的回答只有这两个字。

一个耳光打过来:"你再说一遍"

"反——了!"父亲的声音又高了八度。

啪!又是一记耳光:"你这么大声干什么?!"

"声音小了怕你们听不见!"这一回,父亲的声音几近怒吼,"造反派"竟一时瞠目结舌,无言以对。

批斗无效,便转为劳改。抬石头、挑大粪、插秧割麦……50多岁的人,每天要干10多个小时的重活,收工回来,还要罚站"请罪",常常因饥渴疲惫而晕厥倒地。好在父亲有延安大生产运动打下的底子,一边照顾母亲,一边咬牙挺着。

在长期的囚禁中,我和妹妹时而收到父亲送出的纸条,基本的意思只有一个:他们可以把我整死,但不可能把我整垮;我决不会自杀,如果有一天我死了,那他们就是凶手!1967年8月8日夜,一伙暴徒冲入家中,强行绑架父亲。父亲奋力抵抗,一口咬住一只来捂他嘴的手,对方负痛急忙抽手,将父亲的两个门牙带掉。几个月后,父亲从看守的谈话中得知他们当晚就要"动手"灭口,立即夺门而出,绝地求生。不想门外是一条走廊,两边各有一个人挺着钢钎冲过来。千钧一发之际,父亲毫不犹豫地翻过走廊栏杆,高喊着"他们要杀人!"跳了下去。"我就是死,也不能让他们悄悄弄死,要让群众知道真相。"父亲后来这样说。

万幸的是，死神放过了父亲，但给他留下了脊椎、左腕粉碎性骨折的终身残疾。说起来，这是父亲一生中的第二次跳了。第一次是在太行山反"扫荡"，在日本兵围追几昼夜，突围无望的情况下，父亲与几位战友毅然跳下山崖，赖树枝牵挂，得以逃生。这两跳，时隔 25 载，却传承着一条信念：宁为玉碎，不为瓦全。多么难能可贵的男子汉宣言！

待人之诚与防人之心

父亲个性豪放却不善交际，众多旧友世交中，真正可以两肋插刀、推心置腹的可谓寥寥。这也难怪，父亲实在太不懂得人情世故了。平时，客人来去，他很少迎送，该干什么还干什么；求人办事，不但无礼相送，而且口气还挺大："这件事你给办办"，连"请"字都没有一个。在他看来，朋友如同家人，用不着什么虚情假意；朋友之交就应该把心亮给对方，如果让人成天琢磨不透，以至互相没有安全感，那实在称不上朋友。

如今，"与人方便自己方便""多栽花少栽刺"，日益成为大多数人的处世哲学。父亲则不然。他始终认为交友就要交净友。"君子之交淡如水"，是指相互间的物质需求，而君子之交还应"浓于血"，那就是精神上的互通有无。因此，他的处世信条是"当面栽刺，背后栽花"，无论在工作岗位还是离休以后，很少听到他当面说什么人的好话，而说到人家的缺点，却往往直抒胸臆，不留情面。

父亲的率直是罕见的，心里想什么，就直截了当地说出来，从不遮遮掩掩，可谓真正的心口如一。然而，就像鲁迅先生说的，夸别人家孩子将来要当官发财的，被奉为上宾，而说这孩子将来要死的，就被打出门去。父亲这种口无遮拦的本性，常常会无意中得罪一些人，使许多习惯了人世沧桑而处世谨慎的人远他而去，当然，也因此影响了他的仕途前程。战争年代，曾经有一位部队的高级领导找他谈话，指出他对当时部队中存在的一些现象"发牢骚、说怪话"，犯了自由主义。父亲在接受批评的同时，竟又把与自己有同样看法的其他几位同事"供"了出来："其实好多人都这么想，只不过没说而已"。那位领导的回答让父亲终生难忘："心里想是他自己的事，只要不说出来，就没这回事！"原来想与说竟有这么大的差别！父亲虽然明白了，但却一生不改初衷。1959年庐山会议后，在讨论彭德怀问题的会上，父亲根据自己的印象，脱口说了一句："彭老总其他问题我不清楚，但他工作作风艰苦朴素，这是大家都知道的嘛"，结果，被扣上右倾的帽子，勒令检查。

"害人之心不可有，防人之心不可无。"从我记事时起，父亲就经常这样告诫我。我理解，对朋友、同志，父亲总是赤诚以待，恨不能把心掏给别人看，但对敌人，对他经过长期观察了解和生活积累，认定为"坏人"的人，父亲的"防线"可谓牢不可破。记得小时候，家里有3支枪，都是父亲的至爱。一支左轮，是国民党四川省主席王陵基的佩枪，父亲一位战友送给他的战利品；一支小口径手枪，是父亲的老乡、原黑龙江省军区副司令张万春伯伯送给他的礼物；还有一支小口径步枪，是父亲老战友、原大连警备区文化部部长黎塞叔叔送的。那时，家住在大连"八七"疗养院一幢位于偏僻山坡上的小楼里，周围荒无人迹，每到夜深人静，颇有些"空庭流萤"的冷寂感。父亲常把他的"宝贝"们擦得锃亮，不时拎着到阳台上巡视一圈。后来，又不知从哪儿弄来一大堆鹅卵石，堆在阳台上，煞有介事地对我说："儿子，如果有人敢来偷袭，咱就打他个落花流水！"

父亲堪称我家的忠实守护者。每天晚上入睡前，他都要巡视所有的门窗，检查水龙头、煤气开关。有时忘记了，还要从床上爬起来完成全套"程序"，如此数十年不辍，直至临终之前。经历"文化大革命"苦难后，父亲对"口蜜腹剑"的所谓"朋友"的戒心日益加重。出于被迫害后刻骨铭心的感受，他手书了英国作家菲尔丁的一段话，装在镜框里，与家人共勉：

害人的人如若不能把被害者害死，他将永远不会忘记被害者。即使时过境迁，被害者已经忘记，或者原谅，他们却仍然窥探时机再下手，置被害者于死地！

家里几个孩子中，我与父亲接触最多，特别是自1979年以来，我和父亲共同生活了23年。常言说，近朱者赤，近墨者黑。如今，我常常对着父亲的遗像审视自己，感到自己越来越像父亲，与其说是长相，不如说是精神。父亲的傲骨，父亲的坦诚，父亲的理智、感情乃至堪称家训的"年年防旱、夜夜防贼"，这些无形的精、气、神，不知什么时候，好像已慢慢地融入我的血液中。是遗传，抑或叫耳濡目染？总之，不经意间，父亲已教会我如何做一个大写的人。

母 亲①

张 小 岗

清晨，我登上八宝山殡仪馆的灵车，扶着母亲的灵柩缓缓西去。7年前那个暮春的早晨，我这样送走了父亲，7

---

① 为曾克。

年后凛冽的寒风下，轮到母亲了。从初中至今 45 年相交如故的挚友王南，专程从成都飞来北京，送老娘最后一程。此刻，只有他伴着我，两人相视无语，思绪万千！

灵车出协和医院，向南、向西，就上了长安街。晨曦微露，朝霞从身后铺洒下一片嫣红，正要把新的一天繁华喧闹的序幕悄悄揭起。这尘世，这都会，这芸芸众生，一切都和昨天一样，只有我，感受着昨天今天，阴阳两隔的异样！

魂系天安门

车轮唧唧，天安门的巍峨身影渐渐地近了、近了……

突然有一个念头从心底涌起：这条出殡的路——母亲人生最后的足迹——是命中注定的。就应该走长安街，由东往西去，因为，这样就必经天安门，必经母亲一生最为难忘而辉煌的圣地。想想，这对于母亲的生命历程，该是多么的圆满。并非所有人都能拥有这样的经历！此刻，母亲最后一次来到了天安门，她虽然默默静卧在那里，但我知道，她的魂魄还在，她在体味这一切，她是死而无憾了。

光荣的代表

1949 年秋，第二野战军完成淮海决战，挥师南下，以摧枯拉朽之势强渡长江天险，迅速席卷浙、赣、闽诸省，开始做挺进大西南的各项准备。这时的母亲 32 岁，在二野新华社野战记者团做记者。也许，是因为她记下了太多这支英雄大军南征北战的真实进程，也许，是因为女人本不属于战争，而万马军中她们就显得尤为出众，总之，母亲自己并没有想到，一件显赫、荣耀，可遇而不可求的特殊任务，即将摆在她的面前。

8 月 27 日，第二野战军政委邓小平和副政委兼政治部主任张际春致信滕代远、杨立三、蔡树藩、张南生："二野参加新政协会议代表，经我们请示中央，现决定以刘伯承、滕代远、杨立三、蔡树藩、钱信忠、高树勋、廖运周（率110 师起义，任四兵团师长）、布克（16 军组织部部长）、马宁（12 军随校副校长）、曾克（女、作家、记者）十同志为代表，以张南生、卫小堂二同志为候补代表。伯承同志将随后到达，曾克同志已在北平。"

新中国如同一个新生儿，就要呱呱坠地了，能够亲耳聆听他的第一声啼哭，亲自为他的诞生、成长做准备和筹划，这是母亲那一代为新中国而不懈奋斗的共产党人最最向往的殊荣啊！多少先烈没有等到这一天就含笑九泉了；多少前线将士仍在浴血杀敌，无暇思考庆祝胜利；还有多少尚在国民党占领区像江姐那样的同志，只能在黑牢、密室里，"含着热泪绣红旗"，遥祝祖国的新生。比起他们，荣幸地成为代表二野几十万将士的唯一女性，赴北平出席中国人民第一届政治协商会议，参加开国大典，天哪！母亲你太幸福、太令人羡慕了。

"曾克同志已在北平？"那么母亲是先于代表团其他人抵达北平了，大概是还要参加全国首届文学艺术工作者代表会议吧。母亲是军人，同时也是延安和解放区文学界的重要作家。在成为二野政协会议代表之前，她已被选为二野首届文代会代表，先期从部队赶赴北平。非常遗憾的是，至今没有找到母亲专门回顾参加一届政协会的文章。在整理自己一生作品准备出版《曾克文集》时，她在"开国大典"目录下，只注明了"待查"二字。也许，她是写过的，但写过的东西太多，连自己也记不起在哪儿了。这使我们今天无法全面系统地了解母亲这一段难忘的经历，只能从她的一些其他作品的字里行间，依稀分辨出在那些激动人心的日子里，母亲的亲历、亲为，所思、所感。

"1949 年，我跟着刘邓战淮海、过长江。8 月中旬，我又从浙江前线来到北平参加全国第一届政协会议。亲眼看见了五星红旗第一次在天安门广场升起，还为人民英雄纪念碑奠基挖了土。""刘伯承司令员是第一届全国政治协商会议第二野战军代表团的团长。差不多有半个月的时间，我天天和刘司令员在一起开会、接见记者，我向他学习了很多东西。"

用新"武器"去战斗

母亲是以记者身份当选代表的，她是来工作的，不是来参观的；她要把这永载史册的时刻记录下来，不负新闻工作者的职责，不负二野几十万官兵的重托。她夜以继日地记着、写着。然而，那时的军队和解放区毕竟是一穷二白，随军记者的全部"装备"最多也就是一个本子一支钢笔。母亲回忆说："政协会议期间，看到不少大后方来的新闻记者，人人都带着照相机，有的甚至拿着小型摄影机采访。我像孩子看到小朋友吃糖那样贪馋地向代表团负责人之一张南生同志提出：希望能得到一个照相机。"于是，张南生向邓小平政委反映了这个情况，远在千里之外的小平政委立即批准同意，令人从北平寄卖行给母亲买了一部德国蔡司 120 相机。"这是给你装备的新的武器，你要认真学会使用它！"邓政委的关怀和嘱咐，给了母亲极大的鼓舞和鞭策。我们至今仍能看到，母亲用邓政委装备的新"武器"，边干边学，拍摄了许多大会纪实照片。

著名的"开国大典"照片，版本其实很多，徐肖冰、侯波夫妇的作品也许是经典，还有其他人在不同的角度也拍了。母亲"十一"那天也在天安门城楼上，也拍摄有毛泽东手持演讲稿，林伯渠、张澜、周恩来、李济深等人环立两侧的照片。尽管站立的位置不是很好，有点儿低了，焦距也有些许不清，但这毕竟是一个女兵平生第一次使用照相机这种新式"武器"的战果啊。在天安门上，母亲还抓拍了许多镜头，其中较珍贵的有：蔡畅、康克清、李贞和杨之华四位大姐的合影；刘伯承、陈毅、粟裕、滕代远等将领观看阅兵式；民主人士和外国友人观礼游行盛况等。此外，作为女代表，母亲出席了全体女代表合影。从她留下的照片上看，这是正式合影前抓拍的，现场略显凌乱，人还没有坐好，合影者除贺龙外，无一男性，母亲由于拍摄，没有在镜头中出现。不过，近日有人给我发来一张正式照，显然是专业水平，比母亲照得清楚许多，母亲在前排最右边席地而坐，大概是最后一个入列的吧。

无微不至的关怀

由于职业性质的关系，母亲与许多著名领导人有过接触，其中印象最深，感情最真的，当属周恩来、邓颖超夫妇。那是因为，在 1940 年国民党特务横行的重庆，是周恩来、邓颖超夫妇保护并安排母亲奔赴延安，从此向着光明之路飞奔。9 年之后，母亲在第一次政协会上，首先见到了同为妇女代表的邓颖超。在大会休息时或妇女、文艺界分组讨论会上，她们亲切畅谈。邓大姐还把母亲接到中南海西花厅家中，从工作到生活，无微不至地关怀、问讯。她用手抚摸着母亲军帽上的红星和胸前白底黑字的"中国人民解放军"胸章，深情地说："佩戴五星帽徽的姑娘，你更漂亮了。我那八角帽上的红五星，不是党的其他工作需要，我可舍不得摘下它。红五星是革命烈士鲜血铸成的，它将千秋万代镶铸在中华人民共和国的国旗上。新中国是中国人民解放军——人民的枪杆子，用生命夺取的。作为一个女军人是值得骄傲的！希望你佩戴着它，把革命进行到底，解放全中国。"在开国大典的人群中，母亲忽然听到有人呼唤她的名字，定睛一看，竟是周恩来副主席！"你怎么还是这样瘦啊！解放军不会吃不饱饭吧？"周恩来走过来握住母亲的手，关切地问："大概是在大别山跟小保队（地主反动武装）斗争累了吧？在首都抓紧时间休息一下。可是不能停步哟！要记住毛主席的话，夺取全国胜利，这只是万里长征走完了第一步。"母亲激动得流出了热泪，她感叹周恩来的惊人记忆力和对干部无微不至的关心、了解，这也是母亲革命到底的巨大动力。

从此，母亲的生命，就同她深爱的祖国，同天安门血肉相连了。从天安门出发，她随刘邓大军乘胜西进，足迹踏遍云贵川。从天安门出发，她开始了自己崭新的60年创作生涯。每年的国庆节，她可以哪儿也不去，但必定要去天安门，去摸一摸她亲手为之奠基过的人民英雄纪念碑，去望一望那红墙金瓦的巍峨城楼，站在"世界第一"的大广场上聆听、遐想，久久地、久久地不愿离去。

走出美丽童话的"少年作家"

"每当提及我从事文学创作经历的时候，就首先想到我走上革命道路的过程。这除了时代的条件外，我的家庭、学校所给予我的影响，是十分重要的。"这是母亲在自己小传中的开篇之语。

"多少人为自己的理想牺牲了生命！多少人为自己的理想在刚毅地韧性地挣扎！多少人为自己的理想吞咽着苦辛要活下去，跌倒了爬起来，抚着创伤再往前走。

从孩子的有梦的年代，我的理想就在小小的受难的心灵上滋生了。'伊甸园'和'天国'，是我那时理想的最高境界。我想着，只有在那些地方，我的小朋友黄包车夫的孩子，才能和我一块儿跟坐着橡皮车的美国牧师的公子小姐玩耍。所有的拉萨路——那些终日被野狗追逐着的乞食者，才有饭吃。祖母和母亲才不再因为柴米油盐流着眼泪祈祷；父亲才能够挺起被生活压驼的脊背；我自己也才不因为讨伙食和文具费，终日踯躅在院子里。

但，我越生活，眼泪越向我深心浸渗，'天国'却总不到来。……"

这是母亲对自己幼年心灵世界的真实描绘。从美丽的童话中走出，又进入另一个童话的世界，只因为真实的世界是破碎而扭曲的。

基督教家庭的进步女学生

母亲原名曾佩兰，曾用笔名：田木峦、海牟、一可。1917年4月14日生于河南省太康县一个贫苦的知识分子家庭。母亲的祖父原是清末秀才，遵从孔孟之道，从无非分之想。然而就在他刚刚20出头的年纪，西方宗教文化势力随着坚船利炮一同侵入中华大地，地处中原的河南省一时间教堂四起、洋教盛行。年轻的曾外祖父就像今天的年轻人无法抗拒西方时尚潮流冲击一样，冒背叛孔孟儒教要遭点天灯极刑之大不韪，皈依了基督教。曾外祖母原本对丈夫笃信洋教而感到羞辱，但终受丈夫影响，把基督教当成了她困苦生活中唯一的精神慰藉。曾外祖父为传教奔波劳累，患肺病早逝。这时，母亲的父亲，我的外祖父还只有三岁。母亲的祖母以极大的决心和勇气，辛勤地劳动着，虔诚地祈祷着，顽强地生活着，不知吃了多少苦，终于把儿子抚养成人。

曾次亮，外祖父的这个名字略带了一些自谦，不求最亮，次亮足以。事实上，他做到了。先是考取北京高等师范大学，受到"五四"运动反帝反封建思想的影响，接受了唯物论，抛弃了基督。毕业后，他回到河南开封从事中学教育。大革命时期，他曾不顾自己身染肺结核吐血，用微薄的工资资助危拱之等革命女学生奔赴湖北前线。1927年年初，他加入了"左派"国民党。大革命失败后，外祖父由于不肯到国民党大员铨叙那里登记而被通缉，并通知河南全省不准录用其工作，这便促使他下了彻底革命的决心。解放战争中，他曾受到刘伯承、邓小平的接见。1950年到北京，在国家新闻出版署工作，后在中华书局任编审。他学养高，造诣深，精通天文历法，并兼攻文学，对《红楼梦》研究颇深，在天文史研究等领域是著名的专家。1958年，曾次亮加入了中国共产党！

外祖母武翠莲，原是外祖父曾次亮青梅竹马的小学同学。她心地善良，勤俭贤惠，嫁到曾家后耳濡目染，也成了一位基督徒。因习读圣经，她识了不少字，后来还自己创办了一所私塾小学，以微薄收入支持丈夫上学并补贴家用。五个子女长大成人后，她支持他们投入革命营垒，为此，外祖父给她改名为武育英。

母亲的童年是在她的祖母和母亲讲述圣经故事、民间故事、寓言和赞美诗的吟哦声里度过的。故事里的"伊甸园"和"天国"，曾在她幼小的心灵上留下挥之不去的梦境。祖母、母亲在吃饭、睡觉、起床前，都一定要她和她们一同做祷告，第一句总是说："我有罪，请上帝饶恕！"这句话，母亲像念经一样背得烂熟。但是慢慢地她不想这么说了。因为她的祖母、母亲常常对她说，上帝要求每个孩子都要遵守"不打人，不骂人，不说谎，不骗人"这四条戒律。她问祖母和母亲："我本来没有罪却说有罪，这不是骗人吗？"她们无言以对，但总是要求幼小的母亲必须这样做。直到接受了唯物主义思想的父亲回到家里，母亲才逐渐摆脱了那每日唯心费解的痛苦之举，并得到父亲给予的解除封建枷锁的自由——不准女孩子缠足、穿耳、说婆家。

母亲五岁就到外祖母办的私立初级小学读书。之后，入开封第五小学和第一小学读高级小学。1929年至1936年，她就读于著名的开封私立北仓女子中学。这是一所由开明、正直人士创办的女校。学校陆续聘请了不少具有进步思想而又有真才实学的人任教，他们敢于坚持真理、传播真理，对母亲这些思想活跃而又天真迷茫的少女们最初思想的启蒙发挥了重大作用。几十年中，这所学校培养了许多优秀人才，其中有不少人后来成为革命家、科学家、作家、画家和教育家。抗战爆发后，该校一个班43名学生中就有40人奔赴抗日战场，参加了八路军、新四军或当地的爱国组织。我的外祖父曾次亮就是这所学校就职时间较长的史地教员。

母校北仓女中为母亲开启了一扇她从未窥探过的大门。她开始沉迷于古今中外文学名著里。《格林童话》《灰姑娘》《白雪公主》《卖火柴的小女孩》《皇帝的新衣》及古典文学名著《红楼梦》《西游记》等作品，不仅最早给她带来文学上的趣味，还在她的心灵深处留下了善恶、美丑的直观印象。后来，她从父亲和老师罗绳武、楚图南、柯仲平等进步人士那里进一步接触到"五四"以来的新思想，阅读了《新青年》《小说月报》《东方杂志》等新潮刊物刊登的中外新文学作品。来自苏联的小说、诗歌、散文，特别是老师讲述的希腊神话中英雄普罗米修斯为人类盗取天火而牺牲自己的故事，这些精神食粮令她如醉如痴，成为激励她热爱祖国，仇恨日本侵略者和卖国贼，追求人生光明，向往共产主义的动力。在老师引导下，母亲积极投入进步学生活动，参与成立学生会、出墙报、办读书讲演会，讨论社会进化史、大众哲学和妇女解放问题，并开始发表诗歌与散文。后来，母亲与四个志同道合的同学自办了墙报《五只手》，决心"把我们想说的话说出来，把我们不解的问题提出来，把我们知道的告诉大家！"。

1935年冬，开封大、中学校学生因响应北平"一二·九"抗日爱国学生运动，举行罢课、卧轨、请愿运动，母亲作为学生会的骨干，毫不犹豫地投入其中。她连夜奔走串联其他学校，到开封女中做抗日救国及"一二·九"运动的宣传，与同学们编印传单，在省政府门前静坐请愿，到陇海和京汉路上卧轨，使火车中断一百多小时。这场斗争整整持续了四天四夜。外祖父和外祖母都是学生爱国运动的热情支持者，他们容留学生在自己家开会，为卧轨学生送水送饭。事后，学校方面提出，当局已注意到母亲的言行，为防止影响学校安定，劝母亲退学。翌年春，在楚图南、罗绳武、冯素陶等老师的帮助下，19岁的母亲第一次走出家乡的土地，只身投奔大上海，开始了自食其力的独立生活。

投笔谋生与以笔抗争

上海江湾有一所私立的"腾佩福幼儿园"，是一位信仰基督教、腿有些残疾的修女办的私人幼儿园，当时楚图南、柯仲平等人的儿女们都寄养在这儿，还收托了一些中小资产阶级家庭的孩子。托老师们的面子，加上会弹风琴、唱赞美诗，母亲在这儿找到了一个保教员的工作，每月工资25元，扣除伙食、杂用等费用，尚可补贴家用、储蓄三五元。然而，用母亲自己的说法："从开封到上海，从学生到佣工，我就像一只向往自由的小鸟，从大笼子跳进了更小的笼子。"工作时，她不能穿家里带来的"土"衣服；晚上，不能长时间使用电灯读书看报。在上海的马路上，她和女同学也曾受到过喝醉酒的法国兵无礼的追逐，看到过公园门口"华人与犬不得入内"的标记。这些生活经历，使母亲进一步体会了生活的艰辛，阶级的对立，半殖民地人民的屈辱与悲愤，也成为她文学创作的营养与基础。

通过老师们的帮助，母亲和几位在沪的同学组织读书会，继续学习革命的基础理论，同时参加上海中共地下党文委领导的外围组织"上海青年妇女俱乐部"，开始接触艾思奇的《哲学讲话》（后改名《大众哲学》）和斯诺的《西行漫记》，对马克思列宁主义、十月革命以及社会主义苏联、中国共产党领导的工农红军，有了进一步的认识。

1937年，母亲考入上海大夏大学教育先修班。同年，"八一三淞沪会战"爆发，母亲坚定地投身抗日，参加了大夏大学地下党组织的"大世界难民收容所"的服务工作，进而认识了他的学长并同为河南老乡的张克刚。不久，她回到河南大学借读，同时投入开封学生的抗日救亡活动，参加魏伯组织的河南学生救亡演剧队，并同也回到家乡的张克刚及朋友黎辛创办了救亡刊物《争存》半月刊。接着，他们一同投入有共产党活动的国民党部队从事民众工作，随部队开赴抗日前线后，又转投东北军181师学兵队和第五战区臧克家组织的文化工作团，从事文艺宣传。在这段火热的战斗生活中，母亲和张克刚本该进一步发展他们的感情，完成一对志同道合青年人水到渠成的结合，但不知为什么，母亲最后却选择了已有两个孩子并与妻子分手的东北流亡作家于黑丁。

1938年，母亲与于黑丁一同到武汉，在李辉英等作家的帮助下开始发表和出版作品。母亲的处女作散文《战斗的心曲》发表在武汉《大公报》副刊"战线"上，接着，她出版了中篇报告文学《在汤阴火线》。这是一部受到文艺界普遍好评的抗战作品，也是母亲第一部具有代表性的报告文学作品。《在汤阴火线》集中描述了"捉汉奸""包饺子"和"美人计"三个故事。作品表现了战士和老百姓情同手足、同仇敌忾的爱国精神。作品写得相当细腻：除夕，妇女队长赵大嫂带领全村妇女紧张地包饺子，送到战壕慰劳前方战士。当敌人进犯时，战士们嘴里的饺子还没有咽下便冲向敌人。一个小战士牺牲了，当人们把他抬回来时，发现他的口袋里还有咬过一口的饺子。这是十分感人的精彩情节。一个是妇女，一个是战士，他们，也就是全中国人民，都有一种精神，这是不可征服的伟大精神。

当时，并不相识的茅盾先生曾在《文艺阵地》上以笔名"玄"发表评论并向公众热情推荐这部作品：

"在《中华儿女》中，我们已经看见勇敢的女性怎样在炮火的硝烟下工作；现在我们又看到另一个战区里勇敢的女性的剪影了。这本《在汤阴火线》就是那一群勇敢的女性的工作的记录，作者曾克也就是这一群中的一个。

……这里充满了为民族自由解放而战斗着的奋发而愉快的面影。……那一种紧张、热烈、愉快的空气，构成了壮丽的场面。

这本书的特色是：充满了对于胜利有确信，对于工作有热情的，一群青年们的，活泼兴奋倔强愉快的笑声。"

在大后方的抗战热流中

1939 年，母亲他们转赴重庆，加入全国文艺界抗敌协会，参加文艺界、中苏友好协会、东北流亡总会的抗日宣传活动。在怀念老舍先生的文章《礼重义更重》中，母亲生动地描述了那时她生活的窘迫和对老舍先生仗义相助的感激。当时，老舍常邀请母亲等一些文学青年去书场或茶馆听相声等曲艺节目，"每次几乎都是老舍同志请客。虽然一张门票一杯盖碗茶，也不过两三分钱，但一周两三次，对于当时无固定职业的流浪作家来说，也是不小的一笔开支，因为有时我们也才花两三毛钱分吃一餐'猫儿头'饭（冒尖的一大碗饭，饭上有少许的辣椒和泡菜）。"后来，母亲经人介绍，找到在重庆私立复旦中学教初一语文并兼女学生管理员的工作。老舍先生得知母亲在山城瑟瑟寒夜里的寄宿学校，竟然连一套自己的被褥都没有，就亲自送来一床他自己正在使用的半旧俄国花毛毯。这雪里送炭的温暖，让母亲有了生活的勇气。后来，这床饱含深厚情谊的毛毯，母亲一直带在身边，直到赴延安参加革命。曾用它为上山开荒或烧炭的同志抵御过风寒，为生病战友和新生婴儿保持过体温。日本投降后，母亲才用老舍的重礼和自己生产的一些小东西，与老乡换了一条小毛驴，驮着五岁的孩子（我的哥哥）和简单的行李，奔赴了太行前线。

在复旦中学，母亲努力在自己的工作范围内，向同学灌输进步思想，掩护一些同学的进步活动。然而，一个学期没过完，发生了惨绝人寰的"重庆大轰炸"，日寇飞机炸塌了学校女生宿舍，母亲虽侥幸逃生，但却再次失业了。母亲一面为生计奔波，一面坚持她的文学创作。1940年，重庆的《妇女生活》连载了母亲的另一部7万余字的中篇报告文学《在战斗中》，茅盾主编的香港《文艺阵地》刊登了其中个别篇章。这部纪实作品是母亲几年前跟随部队踏遍河南战区十几个县所见所闻所思的结果。文中所描写的对象除了抗日战士，还有普通民众，妇女、儿童，所涉及的生活面相当广泛深入，写作上更为自由、灵活。这部报告文学主要表现军民英勇杀敌，视死如归，把同敌人你死我活的战斗视为"闪光的梦"，描写了愿把青春献给保卫祖国伟大事业的抗日故事，但也记述了行军途中见到的战争制造的各种惨状和凄凉，反映了士兵的厌战情绪，写了充满生命意识的生与死的挣扎和战斗中一些平常小事。总之，这些悲壮的平常的故事和描写，使人读来更多了一些亲切和真实。

在这几年里，母亲凭着顽强的毅力，锲而不舍地写作，用她那支尚显稚嫩的笔，倾尽全力去反映她眼中真实的抗日战场和苦难中的人民大众，先后在武汉、重庆和香港的《妇女生活》《自由中国》《抗战文艺》《大公报》《文学月报》《新蜀报》《文艺阵地》等报刊发表小说、报告文学及话剧计30多万字，其影响颇为当时文坛所关注。著名的"狂飙"诗人高长虹在1940年3月31日《新蜀报》副刊"蜀道"第84期上以《新星》为题评介母亲的作品，称她是"少年作家"中最"少"的一个，他说："我看到这些作品，觉得很惊奇，出乎意料地，这沙漠中的绿洲，却像是天生下来叫她写作的。"高长虹对母亲作品的艺术成就尤为赞赏，称她的那些描写"十分灵活""用很少的几笔画出人物的姿态、性格来""不是报告文学的写法，已经是一种艺术的写法了"。

从延河水到大别山

在举行母亲告别仪式的八宝山殡仪馆东大厅的门口，悬挂着一幅黑色挽幛，内容是我同兄妹、妻女、老友反复推敲、磋商后拟定的。

上联：中原女儿，太行大别，携笔赴戎书壮举；

下联：文坛巾帼，延安北平，亲莅两会传美名。

横批：深刻怀念曾克同志。

凡来告别的领导、亲友、叔叔阿姨，都说这个挽幛写得好，"把你妈妈的一生概括得恰到好处"。而我想说的是，不是我们写得好，是母亲走过的路确实很充实、很精彩！

三千里辗转赴延安

70 年前的冬天，母亲在国民党统治区重庆已失业半载，饥寒交迫、前路茫茫，面临着生死抉择。正在这时，她听说了中共驻重庆的代表，党中央军委副主席周恩来非常关心进步青年和文艺工作者，亲手帮助许多愿意到延安和敌后根据地去的人脱离黑暗，奔向了光明。通过抗日救亡组织负责同志的介绍，周恩来了解了母亲的情况，立即表示尽快安排母亲离开重庆去延安。

一天傍晚，母亲从牛角沱坐轮渡赶回江北一间借住的小屋里，吹熄了小油灯，正准备入睡，忽然听到几下只有她自己才能听懂的敲门声，她立即开门，悄悄进来的正是那位救亡组织的负责人。他没有等母亲开口，就故意高声大嗓地说："医院通知你有床位了，现在你要马上去。"母亲明白了他的意思，一言未发，迅速带上早已收拾好了的文稿和牙具，立即跟那人出了门。一路上他们相距很远，各走各的，似不相识。母亲这时完全沉浸在当晚就要登程去延安的遐想中，不料她却被带到一个陌生的去处。那位同志告诉她："你已经被国民党的特务鹰犬盯上了，周副主席从敌人文化特务的黑名单中发现了你的名字，他要我负责帮助你即刻甩掉尾巴。"

仅仅过了两天，母亲就得到了启程的通知。临行之前，在曾家岩八路军办事处那座被特务四面包围的小楼底屋，母亲见到了久闻大名的周恩来和邓颖超。"他们是那样的平易近人，和蔼可亲，首先以长辈的关怀问到我的身体能不能经住艰险的旅途。周副主席说：'我看你太瘦了，肯定是吃不饱饭吧！不要紧，到延安去，咱们边区的小米一定能把你吃胖的。'我的眼泪随着他这温暖的话夺眶而出！接着，周副主席不惜花去相当长的时间，对我谆谆教导：一个革命青年，一定要走毛主席指出的道路，和工农相结合，否则将一事无成。文艺工作者一定要长期参加工农群众的革命斗争，要像鲁迅那样'横眉冷对千夫指，俯首甘为孺子牛。'"这些珍贵的教诲，为母亲后来在延安如饥似渴地聆听毛主席在文艺座谈会上的讲话，奠定了思想上的基础。

1940年深秋，母亲怀着身孕启程奔赴延安，我的同胞兄长就这样在妈妈肚子里跟着走完了这漫长艰险的"朝圣"之路。他们通过"中国记者协会""国民党军队第一战区"等公开关系，弄到了记者、征询处工作人员等身份证明，坐上了国民党名为从大西北运送苏联援战轮胎，实为走私发国难财的商车，在宝成公路上艰难跋涉了近两个月。一路上，司机天天敲竹杠要钱，一不如意就抛锚郊野或以送检查站相威胁，母亲她们随身带的一切可以换到钱的东西全部卖光了。一向食量偏小的母亲，这段时间变得特别馋，可能是肚子里的孩子作怪，她特别想吃鸡蛋，但却只能每天嚼着难以吞咽的干锅魁（大饼），喝着半开不开的生水。12 月中旬，终于到了西安七贤庄八路军办事处，圣诞节的前一天，她们乘坐八路军的汽车，抵达了延安。屈指算来，这"朝圣"的路，走了足足三千里。

母亲回忆说："到了久盼的母亲怀抱。我开始了安定、愉快、温饱的生活。虽然主要吃的是小米干饭，可是越吃越香甜。喝的是延河水，它是从上游曲曲折折流下，特别清凉甜美。我的精神和身体都在健壮地成长。"

1941 年 6 月 13 日，母亲在中央医院平安地生下了第一个儿子。因为诞生在革命圣地延安，因此取名为"延婴"。当护士第一次把孩子抱来让母亲看看这降生圣地的幸运儿时，延安"文抗"的支部书记郑文和秘书长吴伯箫同志带着 30 个新鲜的大鸡蛋和两斤红糖来医院看望母亲，他们说："这是乔木同志代表中宣部给你送来的，让你好好过月子，把娃娃养得胖胖的，你自己也要认真休息。"在那样的年月里，这是难得的照顾，是党对她的母女般的深情！母亲终于有了鸡蛋吃，但她却把鸡蛋和糖一并交给了护士长，让她煮给同房的产妇吃，把党的深情留在更多人的心里。

圣地、教诲、清泉

"珍藏在老窖的醇酒，年代愈久，香味愈浓烈，既诱

人品尝，又舍不得打开——这就是我对延安的记忆。"母亲
对延安的记忆，最为刻骨铭心的，莫过于参加延安文艺座
谈会。"那是初夏的延安，一派江南春日的气息。解冻了的
延河，已是碧波荡漾、清澈见底；延河两岸以及城郊四周，
杨花落尽，绿叶泛着晶亮的眼睛；鹅黄色的新柳条轻摇着
腰肢，桃、杏、红果花儿红白交映、争相飘香；金黄的野
蔷薇、淡粉的野百合、浅蓝的马兰花满野竞开；清凉山、
宝塔山红旗飘扬，巨人似的挺立着。"1942 年 4 月的一天，
作为延安文艺界抗敌协会一个普通的青年女作家，母亲荣
幸地收到一份由毛泽东、凯丰签名的粉红色请柬："为着交
换对于目前文艺运动各方面问题的意见起见，特定于五月
二日下午一时半在杨家岭办公厅楼下会议室内开座谈会，
敬希届时出席为盼。"

被邀请参加 5 月 2 日至 23 日召开的这个意义深远、具
有里程碑作用的重要会议，对于母亲来说，不啻是人生的
一次重大转折。

"毛主席穿着非常朴素，操着浓重的湖南方言给我们作
报告。他站立着，每次一讲就是两三个小时。他的话乍听
起来很费劲，但是，他提出了当时文艺工作中大家最关心
的问题。他的讲话又像说故事，形象的例证，幽默的语言，
语句抑扬顿挫，谈笑风生，还不时打着手势，使我们很快
就明白了个中的深意。"

可以说，在参加座谈会，聆听"讲话"之前，母亲对革命、对革命文艺都认识不深，只知道要打日本，并没有充分认识到文艺工作是一条战线，是整个"革命机器"的一个组成部分，是团结人民、教育人民，打击敌人、消灭敌人的有力武器。座谈会召开之前的一个周末，母亲到延安文化俱乐部参加舞会，有幸见到了毛主席、朱老总。母亲上前邀主席跳舞，主席看了看她，说："先谢谢了，我可不会跳，你要当老师教我才行啊。"于是，母亲和主席跟着音乐节拍，像步兵操练似的"一、二、三、四"地走着，话匣子也随之打开。听说母亲是刚从重庆来到延安的青年作家，主席意味深长地说：工农劳动大众是人类财富的开拓者、创造者。革命的作家靠他们养育，要创作，主要写他们，为他们创作，这就是我们革命者心目中认定的，人民是我们的母亲。革命作家要为人民服务，主要写他们的生活和斗争。要帮助他们获得文化和知识，参与他们的生产、创造和斗争。及至参加文艺工作座谈会，母亲才似乎真正体味到毛主席那番话的个中深意。

针对当时解放区文艺界存在的突出问题，毛主席在两次讲话中阐述了文艺的目的、文艺服务的对象、文艺与整个革命工作的关系，并进一步和到会同志研究如何去为工农兵服务并服务得更好。他说，这需要解决作家的世界观、立场、感情问题。毛主席还以自己做例子，讲他作为一个知识分子，如何从嫌弃劳动人民转变到热爱他们的过程。母亲的心被深深地触动了。

5月23日，会议中间休息时，突然礼堂门口有人叫："快来照相啊！"母亲急忙跑去，原来是毛泽东、朱德等中央领导要和与会人员合影留念。大家很快站好，当时延安最好的摄影师吴印咸很熟练地从几个角度按下了快门。现在见得最多的是那张正面的合影照，毛泽东、朱德在第一排，毛泽东的左右是田方、张悟真，朱德的左右是陈波儿和丁玲。母亲一身黑衣梳两条长辫站在第三排。因当时有人去上厕所或到屋外散步，没赶上合影，故参加座谈会者并不都在照片上。

开始"真正的"创作生涯

"讲话"像清泉滋润着母亲干渴、贫瘠的心田，她开始思考一个革命文艺工作者应有的觉悟和职责。座谈会后，母亲立即按"讲话"的要求行动起来，首先去接近工农兵，向他们学习。在中央党校四、五部，她和来自各解放区部队基层的同志一起生活、学习了半年多，听他们总结开辟敌后根据地的工作经验，被他们艰苦、紧张、惊险、机智的战斗生活所感动。随后，又积极参加了陕甘宁边区劳模大会的服务工作，到中央党校三部学习并参加了大生产运动。劳模们热爱党、热爱边区以及吃苦耐劳的高尚品质和劳动的汗水冲洗着她的学生气，荡涤着思想上的小资产阶级意识、小有名气作家的优越感和个人主义灰尘。在边区火热生活的感染、鼓舞下，母亲几年中写了10多篇小说和报告文学在《解放日报》发表，她开始觉得脚底下生了根，心中也踏实了许多。她决心要像"安泰"那样双脚永远不离开大地，更深、更深地去深入群众，更亲、更亲地去亲近人民。

日本投降后，母亲离开延安到了太行山区，担任晋冀鲁豫文联理事，《北方杂志》编委。她仍以深入生活为主，仍然从事专业创作，骑着小毛驴，带着孩子，一头扎进太行腹心地区左权、武乡、长治、邢台等老区，和群众一起住窑洞、睡热炕，一面共商发展生产、土地改革、支援自卫战争的新任务，一面收集八路军129师在抗战中留下的动人故事和朱德、彭德怀、左权、刘伯承、邓小平等同志神话般的传说。火热的斗争生活，使她的创作格外活跃，短短时间里，写了20多篇作品，结集为《新生命的检阅》，后来又辑为小说集《新人》、散文集《光荣的人们》出版。其中《新人》共辑短篇小说8篇，有的描写中国共产党如何领导太行山群众与敌人进行尖锐复杂艰苦的斗争，有的表现军民粉碎日寇频繁而疯狂残忍的扫荡及建立巩固的抗日民主政权、发展人民武装和坚持毛主席的战略方针。作为中国人民浴血奋战、抗日救国的历史记录，这些文字的价值不可低估。著名文学评论家唐弢、严家炎主编的《中国现代文学史》评介道："曾克在抗战后有散文通讯集《光荣的人们》，这些作品是她在太行山区和延安时期写的，其中写到的许多人物，都是从抗战和大生产运动中考验过来，并且还有埋头苦干的无名英雄，表现了女性作者对斗争生活独到的细致观察和特有的敏锐感受。"

母亲把延安文艺座谈会以后的这段时间看作自己创作生涯的第一个丰收期，而把 1942 年 5 月 23 日，看作她文学创作的生日，并宣布自己的创作生命是从这时真正开始的。"每逢这一天，不论在什么条件下，我都要打开记忆的酒窖，让醇液冲刷一下头脑，以免僵化、生锈，让浓香驱散各种污染的侵袭，把生日的珍贵礼品《在延安文艺座谈会上的讲话》——这一马列主义、毛泽东思想的文艺理论文献，永远作为引导我前进的指针和动力。"

青春的足迹留在大别山

1947 年春，母亲加入刘邓大军，以野战记者团记者身份，开始了她一生引以为豪的女兵生涯。同年夏，刘邓大军奉命执行挺进大别山，揭开战略反攻的序幕。由于是无后方孤军深入，千里跃进，前途艰险，部队决定，除了卫生部门和文工团外，非战斗部队的女同志一律不参加南征。母亲深知这一战略行动的意义和影响，焦急万分，坚决要求随军出征，却没有被批准。她连夜找到刘伯承司令员递交决心书，话语中带着呜咽。

"战士是不用眼泪求战的！"刘司令员一边安慰母亲，一边带她去见张际春副政委。张副政委说："你的要求，我们正准备研究解决，你倒把司令员给搬来了。"刘司令员忙风趣地解释说："不是她搬司令员，是司令员怂恿她找你当面解决问题哟！"

"报告副政委，请不要把我送回邯郸去，不要剥夺我参加战略进攻的权利！"母亲孩子气地急忙说道。当得知组织上是考虑她已是做妈妈的人，身体又瘦弱，去大别山前途艰险，因此决定照顾她留下来时，母亲坚决地表示："请用对一个普通战士的要求来要求我！我保证不让部队背包袱！"

"那就特殊处理一下吧，际春同志！"早已被母亲说动的刘司令员表态了。张副政委立刻与邓小平政委通电话，邓政委明确回答："完全同意特殊处理，列入战斗人员编制！"母亲终于破涕为笑了。

于是，女记者夜"闯"野战军司令部，向刘、邓、张首长请战，终获批准的事，一时在部队成为美谈。

接下来，就是早有准备而又始料不及的艰苦卓绝。天上飞机轰炸，地上追兵尾随，江、淮、河、汉道道天堑，黄泛区泥泞一望无边……"每天要赶一百多里呀，那不是行军，是跑、是拼命！身上的东西能扔的都扔了，实在跑不动了，上来两个战士架着我继续跑。过黄泛区时，脚上的布鞋被淤泥黏掉，只剩鞋带勒在脚面上，我就这么踩在两坨泥团上跑了一天！"回忆这段经历，母亲自己都觉得不可思议。

就这样，刘邓大军终于进入阔别十多年的"鄂豫皖苏区"，大别山的苍松翠柏、莽莽林涛张开双臂把它的儿女拥入怀中。为了进一步培养锻炼母亲的独立工作能力，组织上安排她到皖西区做重建根据地的工作，担任岳西县二区"土改"工作队队长。大别山是我党曾经三度撤离过的根据地，群众遭受过国民党还乡团残酷的报复性屠杀。这次，蒋介石为解心腹之患，从各解放区调回几倍于我的兵力对付我军，加之初期建政和"土改"时，我们的政策也犯有右和"左"的错误，致使工作十分艰险。考虑到一位女同志可能遇到的风险和困难，兼任皖西军区副政委的阎红彦和区党委书记彭涛把一位有经验的保卫干事分配到母亲的工作队，不久，阎副政委还送给了母亲一支勃朗宁小手枪。母亲有生以来第一次以"领导"的身份，独立开展工作，度过了半年颇带传奇色彩的难忘生活。她穿着便衣，腰挂小手枪，白天带领群众打土豪、分浮财，晚上组织工作队员深入老乡家中做宣传，召开积极分子会议。一时间，工作队和曾队长声名鹊起，群众拍手叫好，敌人则恨之入骨。一次，地主武装"小保队"获知母亲要到某村开会，预先设伏于会场——一间小屋内，专等"曾队长"上钩。所幸的是，母亲临时有其他事情，派通信员代她去赴会，那位小同志一进门就被砍了一刀，幸而转身逃脱。这一刀，是替母亲挨的呀！

那些日子，在大别山人民中间，在战士的行列中和行军、作战及大小会议上，到处活跃着母亲的身影。人民军队与人民的血肉关系和集体英雄主义的气概，指战员前仆后继、视死如归的高贵品格，野战军领导刘伯承司令员、邓小平政委高超的指挥艺术、卓绝的胆略、精诚的团结，这一切都深深教育着母亲。她把见到的、经历的、感受到的尽一切可能都记下来，在马背上、在战斗空隙里，写了二三十万字的小说、散文、报告文学等。由于部队频繁转战，稿件寄发困难，除少数短稿作为新闻稿通过电台发往晋冀鲁豫《人民日报》等报刊发表外，直到中华人民共和国成立后，才得以陆续出版。其中包括短篇小说《战地婚筵》、中篇报告文学集《走向前线》和堪称代表作的著名报告文学集《挺进大别山》。茅盾先生在该书序文《读〈挺进大别山〉》中说："我觉得这里所写的人物虽然还不过是一种素描，有时还只是一个剪影，可是很生动，具有强烈的吸引力。……可以看得出来：作者'随时记录'，未尝刻画求工，用一句老调，便是'信手拈来'，神韵尽然。为什么能够如此呢？因为作者是生活在部队中，在战斗中，她的脉搏是和部队和战斗相一致的。"这本集子包括六组速写，综合来读，可以"看到挺进大别山这一伟大的英勇的进军的轮廓"。在各篇中，茅盾喜欢《送别》《沙原上》《史玉伦同志永垂不朽》《突击》《我认识的第一个营长》《过涡河》《陈锡联司令员会见了妈妈》等篇。他评论说："这里也时常有小段的风景描写，作为人物的衬托，也颇轻灵可爱。应当特别指出的，是这些'涉笔偶感'的风景描写大抵是能够和人物的行动有机地联系起来，换言之，作者并不是为了要给人物找衬托这才描写风景的，更不是为写风景而写风景——风景和人物相当地做到了'血肉相关'。"

大别山，令母亲一生魂牵梦萦，她曾不止一次说过，那是我"留下青春最难忘足迹的地方，是我创作的第二个丰收期"。

六十载沧桑痴心不改

父亲 2002 年去世后，在他《留给孩子们的话》里，我发现这样一段话：

"一定要十分爱护、尊敬妈妈。她不仅是生你养你的母亲，还是一位值得敬爱的中国共产党党员、热心的政治活动家。"

"她对人对事都比较热情而冷静，乐于助人，善于团结人，比较克己，留有余地。"

由于自己长年公事繁忙，未及认真阅研父母的一生，对父亲的遗言也并未在意。母亲去世后，静下心来读了不少母亲写的和写母亲的东西，以往自以为稔知的母亲的形象，仿佛又有了新鲜的轮廓。真的如父亲所说！

开始新的生活

母亲当年随部队撤离大别山后，重返中原战场，战淮海、渡长江，席卷大西南，亲眼看见和参加了解放战争的全过程，成为军内外闻名遐迩的战地女记者、女作家。1950年，重庆刚刚解放，仅仅穿了不到三年军装的母亲，就奉刘邓首长之命，转业、"归队"，到地方文艺战线工作。

母亲的转业证上写着，姓名：曾克，性别：女，民族：汉，年龄：33 岁，政治面目：中共党员，职务：正团。她就是以这样的一个起点，开始了自己整整 60 年"新生命的检阅"。

在解放战争加入刘邓大军后，母亲有机会与同乡、同学张克刚有了较多的接触。当时，母亲在野战军政治部，有时随纵队行动，张克刚在六纵队（后第 12 军）任宣传部副部长兼新华支社社长。由于工作关系，他们在战斗间隙经常见面，总是互相鼓励，彼此关怀，时时提醒记者的责任，询问笔耕的收获。于是，一种特殊的历史背景，把他们从友情、同志之情中拉了出来，送他们踏上爱情之路。

在《夏日的清晨》一诗里，父亲张克刚这样写道：

在这花朵样的夏日的清晨，
我出发到火线上去。
朝阳把东方的浮云镶上金边，
有小雀飞过那开满红花的石榴树，
把晶亮的露珠惊落进怒放着的花心。

淡色而修长的路，
从我家门前劈开了熟透的麦田，
直伸向老远老远的地方，
那里有炮火在轰响。

我的马备好了鞍子拴在路旁，
它性急地吹着鼻子，
敲着前蹄。

我是刘伯承将军的老战士，
我曾经跟着他把日本强盗杀死，
我必须跟着他打倒卖国贼，
我跟着他习惯了胜利。

我懂得胜利的诗要用英雄的血来写成，
我懂得那诗里要有自己的血，
我的亲属，
爱人和朋友就更光彩。

现在我要出发到火线上去，
再有一分钟我就跃马扬鞭。
我的美丽的夏日的清晨，
将被我保护得更美丽，
我的艳红的花要为我怒放到凯旋。

　　这首诗是 1947 年夏天，父亲从平原到前线之前写给母亲的。它和那些卿卿我我的爱情诗不同，是一个战士扑向枪林弹雨前向自己亲人的表白。母亲说："我和你父亲从相爱到共同生活，坎坷多难，分离时间多，但通信却少。就是那些不多的信件，也在'文化大革命'十年中毁掉，所能珍藏的只有他写给我的这两首诗。"母亲所说的两首诗中的另一首，是 1952 年 5 月父亲从西藏高原归川途中遇雀儿山雪崩路断，滞留德格，偶见白发丛生，拔除三根，置于母亲自云南昆明寄来的红花袋内，信手自题，借记心痕的《雪山情思》：

红花白发共一色，春霄酷寒情梦绕。

雪崩路断行不得，冰封三月音信杳。

边疆鹊懒误家书，寄语万里阳关道。

遥祝花都春长在，五月高原花开少。

形影憔悴思情浓，扬骨天涯爱难消。

卫国爱家生命任，云端峭峰人可到。

夜闻孩啼唤爹娘，惊魂白发似秋草。

且将白发伴红花，红花白发慰寂聊。

关山重重自题心，心随冷月上树梢。

但愿冷月识真情，寄我情思莫辞劳。

　　这诗的字里行间虽然多了些亲情，但更多的仍然是战士的浩荡情怀。1950 年父母结婚以后，父亲即奔赴康藏公路筑路部队二野 18 军深入生活，独处雪域高原。母亲则在云南昆明纺织厂做恢复生产、民主改革和"三反"运动工作。天各一方，只能靠鸿雁传书，却不料因大雪封山，母亲发给父亲告知我出生消息的电报，竟被耽搁了数月。前诗中提到的"夜闻孩啼"，指的就是已经诞生半年却尚未见过父亲的我。

凯歌嘹亮时代的充实与快乐

　　母亲自幼酷爱文学，笔耕不辍，无论在什么岗位，写作都是她的第一追求。然而，自从转业地方以后，她的绝大多数时间是在做文艺行政工作。先是担任西南军政委员会文教委员，参与组建了重庆市、西南大区文联、作协。遵照邓颖超大姐在第一届文代会上关于"要尽可能多接触在大后方坚持工作特别是海外归来的人，增进了解，互相学习，加强团结，加快解放全中国和建设新中国速度"的教诲，母亲同从部队下来的文艺工作者们奔走于成都、重庆、贵州等地，挨门挨户地请出沙汀、艾芜、邓君吾、李劼人、林如稷、陈翔鹤、方敬、蹇先艾、林辰、袁珂、丰中铁、李广田、刘树德、李乔、廖新学等一大批创造社、左联和抗战时期"文抗"的老作家、艺术家，壮大了大西南的革命文艺队伍。此后的十多年里，母亲先后担任重庆市、云南省和四川省文联、作协副主席、党组成员，被推举为重庆市党代表，并担任重庆市、四川省政协委员等。这期间，母亲把几乎全部的精力都放在发展地方文艺事业上。她利用自己接触各级领导广泛且善于同不同类型的各界人士交往的特点，加强上下左右的联络交流，积极争取领导支持和群众参与，注意发现、培养新生力量，在大专院校文学系讲授毛泽东《在延安文艺座谈会上的讲话》，介绍解放区文学创作，为四川乃至西南文艺界的繁荣兴旺做出了贡献。

母亲一生曾多次担负出国访问和接待外国文学代表团

的任务，堪称中外文艺界交流的使者。1956 年，她参加中国作家代表团出访罗马尼亚、保加利亚等国，实现了新兴社会主义国家之间文学界的学习交流，此行著有散文集《遥寄祖国的孩子们》；1990 年，担任中国作家代表团团长，访问巴基斯坦，为加强传统的中巴友谊做了有益的工作，留有散文《张开友谊的翅膀》等；1996 年，79 岁高龄的母亲又一次奉命出访泰国，带去了改革开放后中国文学界的新风貌。几十年中，母亲参与和负责接待了苏联、秘鲁、希腊等多国作家访华活动，结识了卡达耶夫、聂鲁达等一批著名作家、诗人和艺术家。

在繁重的行政领导工作之余，母亲抽出时间与父亲一道坚持写作。他们走遍云南边疆，体验部队生活；先后创作出版了小说集《一同成长》《新人》《前赴后继》《第十四个儿子》，报告文学集《第一窑砖瓦的诞生》等，深受读者喜爱。20 世纪 60 年代初，父亲正要动笔创作第二部反映刘邓大军解放战争历史的长篇小说《三战陇海》，适逢国家遭遇严重天灾人祸，早已脱掉军装的父母在"天府之国"也未免缺粮少肉的清苦。老首长、老战友宋任穷、陈锡联、曾绍山、李震等人邀请他们到沈阳军区，住在大连的"八七"疗养院，潜心创作，全家过了 3 年较为舒适的日子。这期间，母亲同父亲重返鲁西南、大别山战地采风，补充写作资料，并到海岛部队体验生活，共同创作了反映海防前线军民关系的歌剧《第九户人家》。

就在共和国凯歌嘹亮、日新月异，母亲的身体和精力也达到最佳状态，进入创作高峰期的时候，灾难突然降临了。

苦难历练坚强

"文化大革命"强加于母亲的罪名是两条：一是"走资派"，即"走资本主义道路的当权派"，二是"文艺黑线"人物。整整 4 年中，抄家、批斗、毒打、劳改、关押……，是母亲不想却只能承受的全部。从雅安附近的名山，到阿坝州的茂汶，再到西昌的米易，母亲被辗转"流放"于这些当年红军经过的地方。好在有父亲陪伴在一起，所谓"夫妻黑店"，却得以让他们互相搀扶着走完了那段黑暗。

"文化大革命"对于母亲来说，损失最大的不是身心的严重摧残，而是 20 多年来花费大量心血积累的创作素材，其中正在创作的长篇小说《千里跃进》手稿被劫掠一空，宝贵的创作时间白白流逝。

1972 年，父母终于被"解放"了。应重庆市话剧团邀请，创作了反映 1945 年"重庆谈判"的话剧《针锋相对》。那段历史是他们亲身经历过的。日本投降后，蒋介石迫不及待地动手争夺抗战胜利果实，毛泽东毅然决定亲赴重庆谈判，并告诫大家要"针锋相对，寸土必争""你们在前方打得好，我就安全一些，打得不好，我就危险一些。你们打了胜仗，我谈判就容易一些，否则就困难一些。"毛泽东说的"打"，指的就是当时刘邓指挥的晋冀鲁豫部队反击国民党军进攻的"上党战役"。父母在剧本中如实反映了这种"谈"与"打"的关系，剧本排演后，受到广大群众的好评，没想到却招致了灾祸！"四人帮"及其在四川的死党千方百计罗织罪名，硬说"写重庆谈判不应写上党战役""写上党战役就是为邓小平翻案"。话剧被禁演，父母包括其他相关人员甚至肯定过剧本的人都受到打击迫害。

1975年秋，经叶剑英、邓小平向毛泽东反映情况，毛泽东亲自批示该剧可以演出和拍电影，但张春桥却扣押了批示，直到"四人帮"粉碎，事实真相才得以大白。之后，《针锋相对》在北京、安徽、大连、成都、重庆等地连演不衰，轰动一时。

烈士暮年

粉碎"四人帮"时，母亲59岁，虽然已近暮年，但她却一点不显老态，活得更不乏精彩。

1978年，母亲被调到北京参加恢复中国文联、中国作协的筹备组工作，并任中国文联及作协领导小组（党组）成员。年过六旬的她，不知疲倦地参与了大量恢复筹建工作。以后，她担任作协创作委员会委员、《中国》双月刊编委等职；一面从事文学编辑工作，一面继续文学创作。

1980 年，在李达、秦基伟等老领导的支持下，母亲和父亲以及其他一些二野老同志联合发起撰写《刘伯承传》，得到中央军委批准，列入全军 8 个元帅传记的统一编撰规划。母亲撰写了"挺进大别山"的两章（父亲写了抗日战争时期和解放战争前期六章）。这期间，母亲还经常在《人民日报》发表纪实散文，其中，《盗天火的诗人》于 1985 年收入人民教育出版社出版的《现代文选读》。

20 世纪 80、90 年代，母亲曾担任中国作家协会驻会老作家党支部书记十余年。丁玲、张天翼、沙汀、康濯、罗烽、白朗、草明、舒群、严辰、逯斐、李准等著名作家都是这个支部的成员。母亲工作尽心尽职，热情周到，使党支部活动内容丰富，有声有色。1994 年，这个党支部荣获"中直机关优秀党支部"称号。

1986 年 7 月，69 岁的母亲离休了，但她仍然关注党、国家和人民军队的大事，热衷公益事业，继续不停地写作，病弱的身躯里，似乎充盈着无穷的兴趣与精力。她参与建立延安文艺协会并担任副会长，身体力行践行和传播毛泽东《在延安文艺座谈会上的讲话》精神；她创办《中国风》杂志，并亲任主编，使刊物成为坚持党的四项基本原则、热情讴歌新时期主旋律的阵地。1989 年春夏之交，北京发生政治风波，她连夜汇编了《血的见证》一书，以延安文艺学会为主联合其他几个群众团体，到首都戒严部队慰问、赠书；香港回归祖国后，她组织老作家老同志赴深圳，向解放军驻港部队赠送书画作品。中国人民解放军建军70周年、中华人民共和国成立50周年、新世纪的到来，这些重大纪念日她一个也没放过，自筹资金编辑出版了大型图文集《长征鼓角》《世纪的辉煌》《世纪的步伐》，继续为弘扬中国革命、人民军队优良传统和光荣历史奉献余力。

年逾八旬以后的母亲，以顽强的毅力克服体弱多病的困难，坚持文学创作，连续出版了《水晶般的心》《乘着歌声的翅膀》《战犹酣——刘伯承邓小平从太行山到大别山》《比翼奋飞》等作品。她还经常撰文推荐新人新作，热情扶持文学新人成长。

母亲晚年对曾经战斗过的革命老区感情笃深。她和大别山区岳西、太湖县的领导和群众一直保持着密切联系，经常通过书信、电话和当面谈话，了解老区的发展变化和人民群众的生活情况，为老区的发展出谋划策，在《人民日报》撰文回顾和介绍大别山的革命历史。母亲曾多次向大别山老区捐献财物、书籍，并把自己一本新出版作品的稿费全部捐给了岳西希望小学。

母亲自1949年加入中国作家协会，曾参加中国作协第一、二、三、四次代表大会。2006年，89岁高龄的母亲作为特邀嘉宾，又参加了第七次作代会。

2007年4月14日，母亲90大寿。作家协会委托书记处书记高洪波及老干部办公室的同志到家里祝贺，母亲身着亮丽的生日礼服，高兴地收下了鲜花、寿桃。家人在"七彩云南"饭店举行隆重的寿筵，席间最难忘的，一是母亲的小妹曾恬动情地朗诵了自创诗《我的大姐》，其中提到，周总理在一次会议上曾经说过："你们女同志要向曾克同志学习"，可惜小姨不久就患癌症，并先于母亲去世了，使我未来得及考证这句话的出处。二是生日蛋糕端上来后，母亲望着蜡烛不知所措，我们提醒她："许个愿吧，活一百岁。"她立马大声而坚决地说："许愿，活一百二十岁！"把大家都逗乐了。

自 1992 年起，母亲享受国务院特殊津贴，2000 年起，享受副部级医疗待遇。但是，这些，都无法抗拒自然规律。母亲突然病倒，是由于她不顾酷暑炎热，连日加班工作。那天，小保姆告诉我"奶奶尿血了"，我一惊，忙去查看马桶，鲜红鲜红的！再量母亲体温，38.9℃。毕竟是 91 岁的人了！我赶紧送母亲住进协和医院。那一天，是 2008 年 7 月 24 日。

肺部感染、膀胱异物……医生在第二天就向我提出气管切开的方案，说否则无法吸痰，有可能一口气上不来就过去了。我没有选择的余地，毕竟母亲才刚进医院 3 天啊！就这样，她戴着气管、食管、尿管，整整坚持了 1 年零 5 个月。这其中，前 9 个月她是清醒的，虽不能讲话，但可以通过手写板与人交流。我的老友王南来看她，对她说："比起挺进大别山，这点病算不了什么，是吧？"她微笑着点头同意。大别山老区同志来看她，她在小板上艰难地写下："我这一场病害得很厉害，已经基本三个月没做事，现在决心彻底治好，继续对（为）党工作"。贺敬之、丁宁、金炳华等战友、领导先后前去看望她，希望她能挺过来，她都以乐观坚定的态度回应之。后6个月，她连续高烧、肾衰竭，昏迷后再也没有醒来。

母亲一生"顾全大局、团结同志，光明磊落、作风正派，坚持原则、注意方法，以永远进取的人生态度和深入生活、勤奋创作的精神，为我们展现出老一代革命作家的动人风采"，但没想到好人却没能善终，最后竟要忍受那样长时间的痛苦折磨！母亲一生著述、发表了300多万字的作品，最大的遗憾，是没能收集整理自己的作品，出版一部文集。然而我觉得，她所写的都已经印在认识她和不认识她的人们心里了，已经融入中国革命文学的长河里了，没有《曾克文集》，大家也永远会记得曾克！所以，她应该可以安心地去了。

2010年9月于北京

注：本文原名《革命女作家曾克的人生轨迹》，本次出

版时改为现名。2011 年 4 月 14 日，张少旭（张虚）在中国军网刊发的张小岗撰写的该文的扉页写道：

全面、系统、真实、深情。子孙们应学习并引以为荣！

张少旭　2011.4.14

温和　执着　坚定的父亲（摘选）①
张巧莎

女儿的眼中，爸爸总是高大有能耐坚强的人，更是永远坚定的革命者。他对党、对人民和人民军队、对祖国怀着终生的挚爱，对正义的事业永远抱着坚定支持的态度。这样深刻的理念和具体生动的形象，是我与爸爸生活相处40 余年，逐步建立并越来越感受深切的。爸爸的一生真诚耿直勤奋，从不做墙头草、风吹两面倒，更不屈从于一时邪恶的势力或风向，做违心的事，说违心的话。他把毕生的理想和爱好都倾注在文学创作上，有时竟忘我到不吝惜自己身体的程度，所以才有了 300 万字优良的作品面世。我感受最真切的是，在爸爸的作品中，绝大多数的篇幅是

———————————

① 为张克刚（柯岗）。

表现人民军队和人民战争的。这是爸爸的最爱，也是爸爸革命足迹的记录，并以此为荣。爸爸记得最牢的就是，他们那一代人，是从哪里来，要到哪里去。他的目标是永远不会改变的。

我曾记得我幼儿时，父母把我送到成都较好的党校幼儿园，全托入园。该幼儿园特别体谅我们的父母，害怕我们这些淘气的儿童会影响他们的工作，所以就有大礼拜小礼拜一说。大礼拜就是孩子可以住园两个星期一接，小礼拜是一个星期一接，如遇父母出差在外，还可以更长时间不接。我是铁定住园大礼拜的幼儿。每次接送并不是爸妈而是保姆。看到人家的小孩都是爸妈亲自接送，孩子一看见爸妈就一下子扑上去，亲热撒娇起来，我心里就觉得挺没意思的。但当我回到家跟爸妈讲我在幼儿园的事，他们都挺感兴趣。我给他们表演歌舞"我的板板车哟，拉的黄金谷呦。拉到哪里去哟，拉到城里去，送给工人叔叔吃，工人叔叔吃了有力气，……"我还说幼儿园里有个男孩叫赫鲁玉，很厉害，老是欺负我，还打我，我也还手打他，可又打不过，怎么办呢？爸爸就给我出主意说，你要把实情告诉老师，再不就很厉害地对他说，你不对的！还不行就还手自卫，打不过也要打。"人不犯我，我不犯人；人若犯我，我必犯人。"这好像就是爸爸最初给我讲的革命自卫的道理。在家里，只要我和哥哥干架了，爸爸总是站在我这边，他说，这是"保护弱小民族"。

有一天上午，我们小朋友都在认真听老师给我们上课。忽然又一位老师来到我们上课的屋里，大声说，张巧莎，你爸爸来看你了，快去吧。我简直不敢相信这是真的。爸爸把我领到大院里一个安静的地方坐下来，叫着我的小名说，你知道今天是什么日子吗？我摇摇头。爸爸又说，今天是你五岁的生日啊！我给你带好吃的来了，跟你一块儿过生日呐。还是热的，趁热吃吧。说完就拿出五个带着温热气的白煮鸡蛋。我看着这五个煮鸡蛋，高兴得眼睛发亮，一下子都有点手舞足蹈了。当时是困难时期，虽然幼儿园的供应是有保证的，但我感到还是不能吃得多饱，伙食总还不如家里好。爸爸把鸡蛋挨个剥了壳，蘸上带来的一小包细盐，满意地看着我把五个鸡蛋都吃掉了。接着又拿出一小包糖果，让我吃了。我俩在幼儿园的安静大院子里，说着话，我吃着我爱吃的东西，爸爸并没有吃一点。度过了一小会儿的幸福时光。

到我六岁时，我们要搬家了。爸爸妈妈都忙得不亦乐乎地收拾东西。为什么要搬家呢？我不懂，只是觉得非常的新鲜有趣好玩。我们的目的地是大连。新家比成都的家宽敞多了。爸爸有了一间大写作屋，白天是坚决不让我走进去的。爸爸坐在大写字桌前，铺开稿纸，砚好墨，手握一杆小楷毛笔就写呀写的。我不知道他要写多久，才能写完。每当我刚推开门，想进去待着或玩耍时，爸爸就坚决地不让我进去。并问我，你想吃糖吗？我说，想吃。那你就不要进来，让我安静地写作，才能有糖吃。这样在白天里，坚决地把我拦在了写作屋外。

妈妈又打听到离家不太远的地方，有一所日托的幼儿园，就领着我去找了园长。园长了解到我的情况后说，没有几个月的时间就该上学了，家里又有保姆，入园还要办手续，每天接送，太不值当了。妈妈才只得作罢，我也只能待在家里等入学了。

入学前的这段时间，我自己个家里家外、房前屋后地跑着玩，也淘气得够厉害的，闯过一些祸。受批评挨点打也在所难免。但我再也没有白天进爸爸的写作屋了。很快我就入学了。每天早晨我与哥哥一块儿上学去。星期天，我和哥哥一起找小朋友们，在很宽广的区域里疯玩。

这段时间，爸爸的写作屋更加属于他自己独有。白天，他自由地徜徉在想象的时空里，抒发着一腔豪情。小楷毛笔十分帅气地在稿纸的小方格之间移动，摆出的字，让高中毕业的陈姐姐抄稿时都很难认。

我不知道，爸爸到底写了多少小楷字，用了多少稿纸。而当时的情况是，一部热情讴歌人民解放战争，记述人民解放军取得鲁西南战役胜利史实的长篇小说《三战陇海》初稿，就在此时成文了。爸爸书中的开篇即有这样的文字：

高粱穗儿好像成串的珊瑚珠子，闪烁着滋润、耀眼的光芒，向人们显示它在"土地还家"之后的第一次成熟。

撕裂天地的隆隆炮声，从不远的陇海线上传来。战争来临了……卖国贼蒋介石和他的主子帝国主义，为了从人民手中夺取胜利果实，于1946年又一次强加在中国人民头上的战争。

豪迈的鲁西南原野愤怒了。

为了保卫家乡、保卫土地、保卫胜利的今天，创造美好的明天，不屈的人民在毛主席和中国共产党的领导下，再一次跃马扬鞭，举起了自卫的刀枪。

后来，我们家又搬到旅顺住过一段时间。在这二三年的时间里，是爸爸文学创作状态最高涨、最娴熟、最顺畅的时期。这时爸爸和妈妈也参加过一些社会活动，参观游览一些地方，与大连市业余文学作者座谈，参观海军舰队演习，这都使他们丰富了生活，感触颇深。在这一时期，爸爸和妈妈合写了歌剧《第九户人家》。这年月也是我学习和家庭生活最幸福最温暖的时期。

后来，"文化大革命"来了，爸爸被戴上了九顶帽子，有"地主、叛徒、特务、反动学术权威、走资派的黑后台……"之后，家里就没有了安生的时候，虽然也想办法躲到了北京、东北，但终归还是被抓回了四川。回来后，爸妈被分别关押了，而我的任务是，一天给爸妈送三顿饭，见三次面。但时间很短，基本是放下饭就走，不能多说话，旁边有"造反派"严厉地盯视。就这样，在父母的关押生活中，我无形中成了爸妈的见证人和保护人。这是我这一生的骄傲。爸爸说，我当年是"我们家的李铁梅"。

在顽强地度过了那段黑暗的人生岁月后，"刘、张"①被打倒了，爸妈被"解放"，我们一家人又团聚起来，生活又好起来。

很快，我和哥哥都到了部队，成为一名光荣的解放军战士。爸爸看到我和哥哥穿军装的照片，非常高兴。常写信给我们，热情地教育鼓励我们。爸爸在 20 世纪 70 年代初期，又开始了写作。这时的他非常勤奋，工作起来废寝忘食，完全没有节假日的概念。在较短时间里，很成功地写出了话剧《针锋相对》。还写了数万字的反映刘邓大军革命经历的回忆录等。由于爸爸过于勤勉又为着赶时间，在他刚写完话剧《针锋相对》时就暴发了急性青光眼，双目有短暂的失明，这给他后来的创作带来诸多的不便。重庆市话剧团听说了《针锋相对》，就邀请爸爸、妈妈到剧团一同加工演出。因为演出颇受好评，很快全国有好几家话剧团都排演了此剧。1977 年，安徽省话剧团排演了《针锋相

---

① "文化大革命"时四川省革命委员会成员。

对》，7月，特邀爸妈去合肥观看指导。爸妈愉快地接受了。当时，正赶上我探亲回家，就跟他们一道去了。到合肥的第二天晚上，省市和文化局的主要领导陪同我们观看了全剧。爸爸在看后就说，他们演得不错，像部队像兵，但有不足。第二天上午，剧团领导就召集主创人员和主要演员开会，请爸爸去讲解点评《针锋相对》的历史背景和他们的表演得失。爸爸当时认为，这是很严肃的工作，没让我去听。这是我人生中多个遗憾中的一个。这天中午过后，就不断地有人来看爸妈，称赞说，太好了，柯老师，您讲得太好了。多少年了，我们都没有听过这样不落俗套的讲话。当天晚上，他们又演出了一遍《针锋相对》全剧。这一次，在听了爸爸给他们的讲解后，全体演员群情激奋，表演得非常投入、非常有激情，更是出色地表达出了该剧的政治意义和艺术特色。

这一次，我们走了许多地方，好的地方和穷的地方，我们都去了，像黄山和岳西县（1947年妈妈曾在此做恢复红色新政权的工作）。与我们相伴同路的，有作家陈登科、丁宁、李纳、谢蓬松等，还有省文化局的干部陪同。这一次，我充分透彻地体察到爸妈的做人为人。对同行和同志，他们是热情、真诚、亲切的。在一切的应酬场面，爸妈都能做到从容得体，风度极佳。陈登科在酒宴上，一次又一次地替爸爸挡酒，这样深厚的情谊令人感动。我们一行人一路都是欢声笑语，吟诗歌唱，欢快之极。对我来说真有如沐浴春风，畅饮甘霖。

后来，爸妈找回了"文化大革命"中失散的尚未完成的长篇小说《三战陇海》的手稿，终于完成了全书的创作。

几十年来，回想起爸爸对我的教育，至今令我难以忘怀。"从今不复闻謦欬，此后何堪忆笑容。"爸爸，您虽然永远地离开了我，但您的高大形象和革命精神却永远地留在了我的脑海里。

爷爷，您在天堂还好吗？

张忆群

亲爱的爷爷，您离开我们独自远行，已经整整 28 天了，用民间的话说，今天正好是"四七"。我在单位值班，闲下来时，想起了您，泪水又一次打湿了衣襟。这些天，我最害怕的就是独自闲坐，因为一旦四周静寂下来，手头又没有了要处理的工作，思念就会像大山一样迅速向我压来，内心的痛苦无法排遣。有一次在单位吃早餐的时候，我没能调整好心情，竟然当着领导和同事们的面流下泪来。我原打算来到新单位后，第一个月的工资一定要为您买个像样的礼物，然后做出点成绩来向您汇报。没想到，我刚刚上班三个星期，您就永远地离开了我，这叫我如何不伤感。这些天，我平时总是克制着、忍耐着，让繁忙的工作占据我整个的身心，就是害怕悲伤会随时偷袭我的心。而今天，单位里只有我一个人，我不想再难为自己了，我要打开情感的闸门，一任泪水长流。我要让这泪水中有思念、有悲伤、有感激、有回忆，我要让自己的泪水在这一天里痛痛快快地流个够，然后就听您的话，再也不悲伤了。

爷爷，我不知道民间在"四七"这一天要为走了的人做些什么，但是，今天我要给您写封信。我知道天国没有邮局，但这封信是心灵的呼唤，它不需要邮递员。

爷爷，您还记得您临走前的那一天吗？那天的上午，父亲和学众妹妹去友谊医院急诊观察室陪您，喂您吃饭、喝水，帮您解大小便，下午是叔叔一家陪您，而我却为了孩子升学的问题，跑到龙潭湖公园参加中招咨询，下午又陪着孩子上家教，晚上七点才赶到医院陪您。送走叔叔一家的时候，我对您说："爷爷，我今天不回去了，我在这里陪您。"您点了点头。当时，您用着喷射式呼吸机吸氧，呼吸非常吃力，浑身的衣服都被汗水湿透了，我不断地用毛巾为您擦额头上的汗。晚上8点多的时候，您说该吃药了，于是就叫保姆小刘把窗台上您的木制小药箱拿来，放在您的身边，我赶忙把您扶了起来。您像平时在家里一样，把几十种药一样不落地严格按规定数量吃完后，像完成了战斗任务似的，松了一口气说："睡吧！"于是就平静地躺在了枕头上，但严重的呼吸困难使您无法入睡。汗水把粘在脸上的氧气吸管都冲掉了。无奈，我只好叫护士换了一种不需要粘胶布的吸管，一头套在耳朵上，一头直接插在鼻孔里，过了一会儿，您的呼吸不那么困难了，浑身的汗水也落下去了。我伸手摸了摸您贴身穿的背心，感觉又湿又凉，就跟您商量，是否把衣服从里到外换上干净的，这样睡觉舒服些，您说："可以。"于是我和小刘就开始帮您换衣服，您配合得特别好，一会儿就换完了，接着您就舒适地睡着了，呼吸匀称，也不打呼噜，有时还能自己翻个身，我和小刘放心地一个坐在木椅子上，一个坐在您的轮椅上，在床边守护着您。这期间，我还给父亲打了电话，告诉他，您没事儿，挺好的，已经睡着。

半夜 12 点左右，您突然间呼吸急促起来，额头上又冒出了层层汗珠。仔细一看，原来是氧气瓶没有氧气了。我赶紧告诉了护士，护士迅速通知医院里的一个工人取一瓶新的氧气来换上，在这瓶氧气到来之前，护士暂时用病房中心供氧系统的氧气给您吸。但这种氧气显然没有喷射式呼吸机里喷出的氧气浓，您的呼吸又显得困难起来。大约过了十分钟，新的氧气瓶来了，您又重新用上了喷射式呼吸机，慢慢地睡着了。但此时，您的呼吸已不像前半夜那样匀称了，而且还不时地醒来，指着呼吸机问，这演的是电影还是电视剧，怎么老是"砰砰"地响。我当时还没有意识到，您的思维已经在大脑严重缺氧的情况下开始混乱了，还跟您说："这不是电视剧、电影，是呼吸机。"过了一会儿，您又醒了，要小便，我把您扶了起来，小刘从床下拿出小便壶递给您。您自己摸索着解完小便，我把壶接过来一看，里面只有很少的一点尿，您说："尿在裤子上了，赶快换换吧，不然褥子就湿了。"我一看，果然裤子湿了一大片，赶紧跟小刘一起为您里里外外地换了裤子。我当时觉得您挺清醒的，一点也不糊涂。换完了裤子或者是裤子还没有换完，您就又睡着了。现在回想起来，您当时应该是昏迷了，而不是"睡着了"。后来几乎是每个钟头，您就醒来一次，问"几点了？"我就告诉您："一点了。""两点了。""三点了。"凌晨三点钟的时候，您忽然睁开了眼睛，说："小刘，把小锥子给我。"小刘问："小锥子在哪儿？"您说"在小木筒里。"小刘听出您说胡话了，就对您说："爷爷，这不是在家里，是在医院，小锥子不在这里，在家里。"我问您："小锥子是干什么用的？"您说："去问奶奶，她会告诉你小锥子干什么用。"我清楚地感觉到，您当时还能分清我和小刘的不同身份。过了一会儿，您问："找到小锥子了吗？奶奶告诉你小锥子是干什么用的了吗？"我只说还没有找到小锥子，但却不忍心告诉您这里不是家，而是医院。您一听还没有找到小锥子，就有点着急，竟然自己坐了起来，还戴上了眼镜，并说："就在小木筒里，我自己找。"我赶紧让小刘把小药箱拿来，放到您的腿上，于是您亲自一点一点在小药箱里仔细寻找着。这时，我发现您的眼睛好像已经什么都看不见了，像盲人一样摸索着。反复找了几遍之后，您失望地一句话也不说就慢慢躺下了。我站在你的左侧，帮您把眼镜摘下来，然后用左手轻轻地握住您的左手。您把手从我手心里抽出，然后又轻轻地握住了我的手，默默地、意味深长地抚摸着我的手，一句话也没有。爷爷，其实您那个时候还能够讲话，可是您为什么一句话也不说？您真的有什么难言之苦吗？看着您又"睡着了"，我重新坐回到轮椅上。不一会儿，您又醒了，问："几点了？"我说："四点了。天已经蒙蒙亮了。您再睡一会吧。"您说："好。"五点钟的时候，氧气瓶里的氧气又用完了，刚才那位工人又为您换了一瓶新的氧气。您醒了，还是那句话："几点了？"我告诉了您，并说天已经亮了。这时，我清楚地听到仿佛是从您的心底里发出的一声深深的叹息："哎——"这是一种什么样的声音啊，直钻入我的骨髓。是对生活的怅然？是对自然规律的无奈？是对人生的眷恋？还是对子孙的牵挂？只有您自己最清楚。总之，这一声长叹，深深地震撼了我的心。我当时真想打电话叫父亲和叔叔早一点到医院来，可是我又不忍心吵醒他们，他们为了您已经相当劳累了，今天有我在这里，他们才得以放心地回家。"再让他们睡一会儿吧"我想。而且当时我根本就没有想到情况会急转直下，您竟然那么迅速地离开了我们，甚至我们都还没有来得及悲伤。

早上6点钟的时候，您平静地坐了起来，眼睛里充满了神采，脸色也较昨天夜里好多了。您说的第一句话是："我吃蛋羹。"我听了别提多高兴了。您居然想起了昨天晚上我从医院附近的饭馆为您买回的鸡蛋羹。我赶紧用小勺子挖了一大块羹放在您的饭碗里，又往里倒了一些开水。正在这时，护士来了，说要给病人试体温，您说吃饭的时候试体温肯定高。我说没关系，不然一会儿人家来收表，咱们还没有试怎么行。于是把体温计放在您的腋下，就开始一勺一勺地喂您吃蛋羹。您吃得有滋有味，还让我把整个勺子都放在您的嘴里，以免汤水洒出来。吃蛋羹的时候，您的眼睛一直在不停地打量着我的脸，一副欲言又止的样子。吃完后，我问您"还吃吗？"您说"不吃了。我吃萨其马。"小刘赶紧拿出一块萨其马递给您，我用湿毛巾给您擦了擦手，您就大口地吃了起来。我真怕那黏东西黏住您的喉咙，但是您却一口接一口地吃，根本没有停下来的意思。吃完后，您又说："我喝牛奶。"于是小刘把事先热好的牛奶倒在缸子里，我要喂您，您说："不用，我自己喝。"结果，我和小刘眼看着您喝完了一袋牛奶。我把您的擦脸毛巾拿过来，刚要给您擦擦嘴，谁知您接过去自己擦了起来。擦完之后，您顺势把毛巾往身后一丢，说："这就是我的早餐。"那动作看上去很潇洒，一副无所谓的样子。护士过来收走了体温计，您问："多高？"她说："37.8℃。"紧接着医生又来为您量血压。您问："多少？"医生说："150/80。"例行检查结束后，您说要小便。我和小刘帮助您解了小便。之后您又喝了一瓶太极通天口服液，然后我们扶您躺下，并架着您的胳膊往床的上方挪了挪。这时您忽然说，要穿上毛衣和棉裤，我们赶紧给您穿上了毛衣。穿毛衣的时候，您贴着我的耳朵说了句："你们两个人昨天晚上给我换衣服，就像给死人穿衣服一样。"我听了没说话。穿完毛衣后，您又要穿棉裤，我说怕一会儿解大便脱着不方便，您同意暂不穿。就这样您穿好毛衣重又面向右侧躺下。刚过了几分钟，您忽然用左手指了指左前方轻轻地说了句："我要到那边去躺。"我问"为什么要到那边去躺？"您说："那边躺着舒服。"我看了看您手指的方向，那边的病床上躺着一个病人，我想您肯定不是要去人家的病床上躺，而是要翻身翻到左侧睡。于是我就为您翻身，想帮您翻到左侧来。谁知刚刚把您的身体翻到仰面朝上的位置，就再也动不了了。好像病床突然间变成了一块磁铁，牢牢地吸住了您的身体。紧接着，您开始大口大口地深呼吸，我和小刘赶紧把您的棉衣、棉裤垫到您的后背底下，使您的上半身抬高些，利于呼吸，又赶紧叫来大夫，问是否被痰卡住了？要不要用吸痰器？大夫说，病人有意识的时候不能用，否则容易出危险。正在这时，父亲来了，此时刚好七点钟，我赶紧对您说："爷爷，我爸来了，我爸来了。"您"嗯"了一声，就坚持着起身并用手招呼着父亲，示意他到您跟前来。父亲快步走上前来，您用尽全身力气对他——您的长子少旭说了一句您平生最想对他说的、憋了一辈子、就等着到最后时刻说给他听的话，但却已是含混不清、不知所云。爷爷，为什么在您能够讲话的时候，不把要说的话说完？昨天夜里看着您欲言又止的样子，我还问过您："爷爷，您有什么事吗？"您说："没有。"如果那时您把要跟父亲说的话告诉我，我一定会原汁原味地转告父亲，哪还会有今天这个永久的遗憾？

您走后，父亲为您洗了脚，叔叔为您洗了脸，他们哭得那么伤心，令在场的人无不动容。我和母亲在附近的寿衣店为您买了新衬衣、衬裤和被褥、枕头，叔叔又开车回家取来了一套新军装，作为您的外衣。您走得虽然匆忙，但因为有奶奶的镇定自若，现场忙而不乱，一切井然有序。奶奶不愧是曾经与您并肩作战、驰骋疆场的人，她的情感自控能力连有些很有成就的男人都比不上。我被她折服，我为她自豪。全家人都来了，您单位老干部局的同志也来了，大家都在为您的悄然远行而默默祈祷。您轰轰烈烈、坎坎坷坷、两袖清风的一生就这样猝不及防地结束了吗？这件事在我心中留下了太多太多的遗憾！

4月29日上午，在新建成的八宝山革命公墓竹厅，您的老首长、老战友、亲人和家乡代表200多人为您举行了简短而庄重的告别仪式。宋任穷、李德生、杨白冰、袁宝华、王国权、郭洪涛（原国家经委副主任）、林默涵（原文化部副部长）、贺敬之（中宣部原副部长、原文化部代部长）、臧克家、魏巍、雷加、柯岩、白刃、吉迪马加、金坚范（作协书记处书记）等领导同志为您送了花圈。杨白冰、贺敬之、王国权等同志还前来向您告别。

最后送您上路的是我和刚福。我们亲自为您在火化炉上铺好一条洁白的布单，然后和火化工一起将您和棕黄色木棺抬到上面。我对您说的最后一句话是："爷爷，您慢慢走，我们在这里等您。"然后，我们眼看着火化工按动了电钮。炉内巨大的强风，把那块布单的四个边儿一下子吹了起来，紧紧地包裹住棺木，炉门慢慢地向我们关闭了，而天堂之门却在此时此刻向您打开了。爷爷，难道这就叫生离死别吗？

两个小时之后，炉门慢慢地打开了。而此时，您的灵魂早已驾鹤西去，留下的只是一具洁白而坚硬的遗骨。叔叔来了，望着空空的火化炉黯然神伤。无情的事实告诉我们，此一去，您真的将永远不再回来了。其实，人的一生，不管多么努力，为亲人带来过多少欢乐和幸福，最终的离去都将会令亲人痛苦和悲哀，而且二者的关系是成正比的。为了尽力减轻这种痛苦，我和叔叔、刚福一起把您的骨灰一点一点地拣起、收齐，装进了一个红色的布袋。我把布袋紧紧地抱在怀里，感觉烫烫的，就像是您的体温。

爷爷，87年前，您刚刚在邙岭老屋咱家窑洞里出生的时候，第一个怀抱您的一定是您的母亲张任氏。而当时，有谁会想到，87年后的今天，怀抱您的骨灰，离开火化场的人是我——您的孙女？难道这就是人们所说的"轮回"吗？爷爷，我为您买了河南玉雕龙骨灰盒，把您的骨灰完整地放在了里面，为的就是让您和老家巩义的邙山岭永远在一起。

爷爷，通往天堂的路到底有多长？如果说老家就是天堂的话，那么天堂其实并不遥远。您已经走了整整28天了，您现在在哪里？是否已经走到了黄河边？抑或是您知道"5·23"快到了，又回到了您曾经学习和战斗过的延安？想再看一看宝塔山，喝一口延河水，和我们一起庆祝毛泽东《在延安文艺座谈会上的讲话》发表60周年？爷爷，我知道您一定走得很累了，找个驿站歇歇吧，也不知那里有没有蛋羹、萨其马和牛奶？您的双脚一定很疼吧？没关系，我会很快为您送去一辆小马车。这是一辆色彩斑斓的唐三彩马车，一位车把式正全神贯注地赶着车，车厢里还有一名侍者面窗而坐，像是在向窗外张望，寻找他的主人。

这辆小马车是我今年三月在咱们老家河南买的。当时买这辆马车的时候，并不知道干什么用，但冥冥之中分明有人在主张我把它买下来。现在我知道了，是为您准备的。

爷爷，再过几天我们就会把您的骨灰安放在松柏常青、背山面水、群英仙聚的万安公墓里。到那时，我会把这封信连同您的原妻孟隐芳和我的爸爸分别给您写的信，一起放在这小马车的车厢里，送给您。您坐上马车，会一路顺风，很快到达天堂的。在咱们老家的院子里，有父亲不久前为您栽下的花椒树。父亲说，将来他还要把您为他亲笔书写的、您在太行山抗日时发表的第一首诗刻在石碑上，立于花椒树旁：

我在漳河岸上走，
她们在花椒树下笑。
她们一声笑，
剪落一串红玛瑙……

父亲说这个设想是您生前同意了的。

您的五卷本反映中国 20 世纪革命军事题材的著作《柯岗文集》所折射出的思想性、艺术性和人民性，将成为我毕生努力追求的方向。我会永远记住您曾亲口对我说过的话："人生的道路不会总是平坦的，在遇到困难的时候要坚强，不要哭。挺过去，一切都会好起来的。"

爷爷，接到信后，请您一定给我写封回信。告诉我：您在天堂还好吗？

您的好孙女：小群

2002 年 5 月 18 日

爷爷①，你永远活在我心里

张芊芊

亲爱的爷爷：

转眼间，你离开我已经九个月了。九个月来，除了你刚走的那段时间以外，平时我似乎很少去想你。这固然有客观原因，毕业、工作、考研……一连串事情弄得我焦头烂额。但是，从你我之间的那种感情来看，却没有任何一件事情能够成为使我不思念你的理由。我自己心里也十分奇怪：跟爷爷的感情那么深，为何就少有思念之情呢？可是，爷爷，尽管我白日里不去想你，却仍旧抵挡不住你熟悉的身影在夜里我的梦中一次又一次地出现。爷爷，我想

---

① 为张克刚（柯岗）。

你一定是生我的气了吧，不然为何我这段时间总是夜不能寐，心神不宁？这一次，我终于决定坐下来，好好完成奶奶一再催促的、被我一拖再拖的纪念你的文章。然而，当我刚刚铺开纸，拿起笔，思绪刚刚开始延展的时候，我的整个人，突然就被一种有如潮水般的、不可言状的悲痛紧紧包围了，使我深陷其中不能自拔。我也曾试图摆脱这种情绪的影响，可每每笔尖未落，眼里的东西先汹涌而出，纸上便盛开了一朵朵"泪花"。几次努力都无法成文。我经历了自你走后九个月来最刻骨铭心的、令人心痛欲裂的情感体验。这时我终于才明白，原来思念无时无刻不在我的心中，只是我在刻意回避它罢了。而之所以回避，就是因为我真的害怕这种感觉，害怕体验这种与思念相伴而来的无边痛苦。当悲伤的潮水慢慢退下后，如礁石般凸现在我脑海中的，是与你在一起的那些历历往事，它们是那么迫近，又那么遥远，那么清晰，又那么模糊，既记忆犹新，又恍若隔世。

爷爷，你我的祖孙情始结于 1980 年的炎炎夏日。7 月底一个溽暑蒸人的傍晚，得知我出生的你抑制不住心中的喜悦之情对我父母说，这个初探人世的小生命就叫"芊芊"吧，希望我能像春天的草木般健康、茁壮地成长，永远充满勃勃生机。于是，便有了我这个人见人夸的好名字。可是你却很少叫我这个名字。你总是叫我："好孙女"。"好孙女"成了我在你心中的代名词。从你叫我"好孙女"的那一刻起，你我之间的那种无法言说的、心有灵犀的、旁人难以体会的特殊的祖孙亲情便深深种下。

在我的印象中，跟我最亲的亲人是你，爷爷。从小，你送我上幼儿园。那时你已年近古稀，但仍然身体硬朗，精神饱满，走起路来大步流星。每天早晨你都同小阿姨一起把我送到幼儿园门口，几乎是风雨无阻。你走路和推着我的小阿姨一样快，不时地跟我逗笑，给我几块好吃的糖果哄我开心。一路上，洒下多少祖孙俩的欢声笑语。我还记得那一次，过马路时你被一辆自行车撞倒了，可你却从容不迫地爬起来，掸掸身上的土，面对惊慌失措的骑车人只说了句："我没事，你走吧"，便赶到我们跟前。那时我还太小，根本不知道害怕，只是觉得你做得挺潇洒的。现在想起来真是有些后怕：万一……后果不堪设想。后来，我渐渐长大了，上了学，不再需要你送了。可你还是每天要把我送出家门，总不忘叮嘱一句"路上小心啊"或"Be careful yourself"（英语蛮不错的嘛），然后总要趴在阳台的窗口上，目送我远去才放心。就这样在你的目光中，我走过了我的学生生涯：从小学、中学，到大学；一点一点长大、成人。可你却一天比一天衰老了。爷爷啊，以前尽管我也能够深切地体验到你对我的爱，但不知为何并未十分在意，总觉得这是很自然的，甚至有时还曾因为你的"过分"关心而心存一丝不悦。可是现在，当我发自心底地认识到有你的关爱是多么幸福的一件事时，你却已经永远地离我而去了。难道世事皆如此吗，当你永远失去一样东西时，才能体会到它的珍贵？

爷爷，我永远忘不了和你在一起时的那些快乐的时光。你是一个热爱自然、热爱生活的人。你卧室的阳台上，总是养满了各种花草，米兰、文竹、扶桑、朱顶红……让人一进去便觉得春意盎然。曾经有一段时间，咱们家同时养有一只猫、两只鸟和一缸鱼。而照顾它们的任务"责无旁贷"地落在你的身上。你"尽职尽责"，把它们一一侍弄得井井有条，而且乐此不疲，被我们戏称为"海陆空总司令"。还记得咱们一起种"庄稼"的事吗？那时，每年一到清明前后，咱们就把阳台上的几个大花盆松好土，在里面播种下一颗颗丝瓜、葫芦、牵牛花的种子，一同为它们浇水、施肥、搭架，一同看着他们发出嫩芽、长出新叶、蜿蜒攀上支架……实际上，每次除了牵牛花盛开得比较好以外，丝瓜和葫芦都接不了几个果实。但尽管如此，当咱们拿了小剪刀，去"收割"咱们的"劳动成果"时，两个人的脸上还是都笑开了花。每年的这一刻，便是咱们祖孙两个最快乐的时光。

写作之余，除了饲养动物花草，你还有许多其他的兴趣爱好。你喜欢音乐，经常唱起一些革命老歌，有很多歌，我是从你那里第一次听到并学会的。你还爱好书法，没事的时候，我经常站在你身旁，看着你挥毫泼墨。你的字，柔中带刚，刚柔相济，别有韵味。字的内容，多是诗词名句，或名言警句，也有不少是有感而发的心里话。从你写的字中，能够看出你为人处世的态度。你酷爱体育，尤其喜欢足球，而受你的影响我也迷上了它，于是经常能看到电视机前你我二人和父亲一同为中国队的比赛而振臂高呼、呐喊助威的情景。你是一个忠实的"爱国"球迷，国家队的每一场比赛都令你牵肠挂肚。你曾经说过："不看到中国队打进世界杯，打败韩国队，我死不瞑目。"中国队打进了世界杯，你看到了，也激动过了。可惜的是，中国队到现在也还没有战胜过韩国队，而你也永远看不到了。这不能不说是一个遗憾吧。

总之，你在的日子是丰富多彩的，是耐人寻味的。你的一首打油诗《离休》便是我们快乐生活的真实写照：

> 窗外红云一片，斗室独坐书案。
> 晨风夜雨喧闹，磨砚笔耕不倦。
> 忽闻门铃叮咚，原是孙女芊芊。
> 问到考试若何？祖孙欢欣无限。
> 无限，无限， 窗外红云一片！

你那乐观开朗、积极向上的生活态度，深深地感染着家中的每一个人。

爷爷，作为一名身经百战、出生入死、饱经革命炮火洗礼的军旅作家，你那顽强的意志品质和事业上取得的辉煌成就，为我所深深敬佩；而你也不断地用自己丰富的人生阅历，对我进行着不断的教诲，指引我走好自己的人生道路。记得中考时，我考得不理想，一段时间里情绪十分低落。你在一张纸上为我写下了这样的话：

失败是成功之母。要善于总结成功的经验和失败的教训。戒骄戒躁，一步一个脚印，无休止地向前奋进。在人生的道路上，谁笑到最后，谁笑得最好！

这张纸，一直压在我书桌的玻璃板下面。每当我因失意而灰心丧气的时候，看一眼这张纸，看到上面你熟悉的字迹和殷切的希望，便浑身又充满了力量。你的五卷本《柯岗文集》是你毕生心血的结晶。当它问世后，你特地挑选了一套送给我，并在扉页上题写道：

世界上本没有路。路是人走出来的。这五本书是爷爷走过的路。给我的好孙女芊芊留念。爷爷将永恒地惦记着你。

第一次接过这几本书，看到扉页上的题字时，我就被感动得热泪盈眶。之后无论何时，只要我捧起这套书，想起爷爷的良苦用心和对我的一片全身心的爱，还是会不禁潸然泪下，思绪万千。

晚年，你在饱受病魔煎熬之时，仍忘不了对我的教育。你充分认识到人生的短暂和青春的易逝，挥笔写下了"纵有千金，难买年少"的书法条幅，装裱好后挂在我小屋的墙上。我知道，这是你在时刻激励我，要珍惜自己的青春年华，发奋图强，不要"少壮不努力，老大徒伤悲"。

爷爷啊，我怎么也没有想到，你就这样匆匆地离我而去了，连一句离别的话都没有留下！我永远忘不了那一天：2002年4月21日，一个天气与我的心情一般阴沉的日子。当我一大早赶到医院的时候，你已经永远地闭上了眼睛。爷爷啊，你为什么不等等我呢？你知道不知道你的好孙女还有太多的话要对你说？那一刻，我真是欲哭无泪。后来，听小群姐姐讲述那天夜里你的情况，我深深地深深地后悔当时没有陪伴在你的身边，陪你走过生命的最后一刻。也许爷爷你不愿意我看到你痛苦的样子，但这个遗憾还是会永远地留在我的心里。我以前曾千百次地设想，要是你能一直健康地活着，能够看到我大学毕业，看到我光荣入党，看到我找到一份好工作，甚至看到我结婚、生子……那该有多好！可惜，岁月无情，自然规律是无法抗拒的。人总归会有这一天。但是，爷爷啊，你的这一天对我而言是来得太早了！你的好孙女还没来得及用自己的努力回报你对我的爱，你就已经离开我到另一个世界去了！中国有一句老话："树欲静而风不止，子欲养而亲不待。"也许，这就是人生最大的悲哀吧。所幸，你走的时候，神态是平静而安详的。爷爷，是不是你已心知你好孙女的一片深情，而感到坦然和欣慰了？

爷爷，你放心地远行吧！你的好孙女已经长大成人，她会健康、快乐、幸福地生活，勇敢、顽强、乐观地面对困难，积极、努力、执着地挑战自我，寻求自己的人生价值。我想，这些应该是你最希望看到的吧！

爷爷，你将永远地、永远地活在我的心里！

你的好孙女：芊芊

2003 年 1 月 25 日

遥远的泡桐树

张忆群

夏夜，每当万籁俱寂的时候，你幽幽的香气便在不知不觉中悄悄地穿过纱窗，萦绕在我的床前，一层比一层紧，一阵比一阵香，深深地吸一口，心都醉了。我知道，这一定是你——开在故乡窑洞门前的泡桐花。

你以为我忘记了你吗？不会的。你知道吗？在我的阴冷、潮湿的居室的窗前，真的齐刷刷地挺立着一排粗壮高大的泡桐树。它们是你的同伴，也是我的守护神。

那一年的春天，爸爸把你种在故乡的窑洞门前的时候，你和我一样都是一棵柔弱的小苗儿。在"文化大革命"的年代里，我"失去了"父爱，整天抱着爸爸留给我的小石板，写呀画呀，把无边无际的思念写在上面，画在上面。忽然有一天，接到了爸爸来自故乡的信。当我断断续续地读完这封信的时候，我知道，生活已经把我变成了你。爸爸说，他无时无刻不在牵挂着轰轰烈烈的都市里孤孤单单的我。为了排遣这无尽的思念，他在窑洞的门前种下了你，并且把我的名字刻在了你的身上。他为你浇水施肥，为你修枝剪叶，把浓浓的一腔父爱全都给了你。他说，看见你就好像看见我一样。从那以后，你长，我也长，在漫漫长夜里，我们虽远隔千里，却心心相通。

我知道，只有你最懂爸爸的心。为了安慰他凄苦的心灵，你长得那么苗壮，花儿开得那样美丽，香气是那么沁人心脾。我由衷地感谢你，在那个凄苦的岁月里，是你给爸爸带来了温暖，是你使爸爸变得异常坚强；是你把爸爸人生旅途的沙漠地带变成了芊绵的绿洲，同时我也由衷地

▲ 老屋的泡桐树

羡慕你，替我享受了童年的父爱。

　　如今，爸爸早已回到了我的身边，我也早已为人妻、为人母了，辛酸的往事谁都不忍提起，但我们却都默默地想念着你。每每想起你，我就忍不住悄悄地落泪。你是否也有了自己的儿女？你是否也在尽享天伦之乐？哦，遥远的泡桐树，我窗前的这排泡桐树是否是你的化身？你知道吗，去年10月，在西藏高原那宏伟、神奇的布达拉宫脚下，我曾虔诚地为你祈祷，我相信你一定感应到了，不然，为什么在朋友为我拍照的一瞬间，湛蓝的天空中会突然出现一道绚丽的彩虹呢？这张珍贵的照片，我将永远保存着，为了你，也为了我。

哦，遥远的泡桐树，有朝一日，我一定要陪同咱们的爸爸回到阔别的故乡，一睹你卓越的风姿……

原载《中国社会报》1995 年 9 月 19 日

后　记

　　说句心里话，年届六旬的我第二次出书，心中的确有些小欢喜，有些小忐忑，但更多的是感激。

　　欢喜的是，历时数月，我终于将所思所想凝结成了这本书，双手呈献给了读者；忐忑的是，到底会有多少人喜欢这本书呢？她会发挥出预期的社会效益吗？

　　让我感激不尽的是，这本书能够出版，得益于很多家乡父老的支持和帮助：其中，在巩义历史文化方面，得益于王振江、孙宪周、贺宝石、魏三兴同志主编的《史话巩义》；在张岭村风土人情方面，得益于《张氏家谱》《张岭村史》《巩县志》《巩义地名》等史料；在革命史实方面，得益于《巩义市文史资料》以及"八路军太行情报纪念馆"提供的史料；在《邙岭老屋》的先人传记方面，得益于先人们留下的诸多珍贵的文字和图片资料，以及健在的亲属们的亲自修改和完善；在写作方面，得益于作家古野、金鑫等人的精心指点。同时，还要特别感谢中国旅游出版社的领导和编辑们的鼎力支持和帮助，他们为这套书的编辑出版倾注了大量心血。

总之,在大家的共同努力下,《邝岭老屋》这套弘扬革命家风、赓续红色基因的图书正式出版了。希望这朵小红花能够得到人们的喜爱。

由于水平有限,书中不足之处,诚请广大读者批评指正。

张忆群

2021 年 9 月